KB261675

전복적 이성

전복적 이성

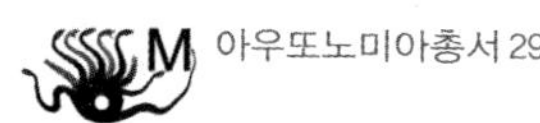 아우또노미아총서 29

전복적 이성 State, Capital and Class

지은이 워너 본펠드
옮긴이 서창현

펴낸이 조정환
책임운영 신은주 편집부 김정연·오정민 프리뷰 권범철·박종성

펴낸곳 도서출판 갈무리 등록일 1994. 3. 3. 등록번호 제17-0161호
초판인쇄 2011년 9월 11일 초판발행 2011년 9월 29일

주소 서울 마포구 서교동 375-13호 성지빌딩 302호
전화 02-325-1485 팩스 02-325-1407
website http://galmuri.co.kr e-mail galmuri@galmuri.co.kr

ISBN 978-89-6195-039-8 94300 / 978-89-6195-003-9 (세트)
도서분류 1. 정치철학 2. 정치학 3. 철학 4. 정치경제학 5. 경제학 6. 사회학 7. 국제관계학 8. 외교학

값 20,000원

이 도서의 국립중앙도서관 출판시도서목록(CIP)은 e-CIP 홈페이지(http://www.nl.go.kr/ecip)에서 이용하실 수 있습니다.(CIP제어번호 : CIP2011003873)

State, Capital, and Class

전복적 이성

워너 본펠드 지음
Werner Bonefeld

서창현 옮김

포스트신자유주의
시대의
자본, 국가, 계급
에 대한
비판적 성찰
On Negation and Subversive Reason

차례

한국어판 서문

이 책은 어쩌면 다음 세 개의 인용문들로 가장 잘 소개될 수 있을 것이다.

사회는 갑자기 순간적인 야만 상태로 다시 돌아간 것처럼 보인다. 기아와 전면적인 섬멸전이 모든 생존수단의 공급을 중단하는 것처럼 보인다. 공업과 상업은 파괴된 듯이 보인다. 왜 그런가? 그것은 너무 많은 문명, 너무 많은 생존수단, 너무 많은 공업, 너무 많은 상업이 있기 때문이다. 사회의 뜻에 맡겨져 있는 생산력들은 더 이상 부르주아적 소유 조건들의 발전을 촉진시키지 못하게 된다. 반대로 생산력들은 이러한 조건들이 감당하기에는 너무 강력해져 있어서, 이 조건들에 의해서 방해받는다. 그리고 생산력들은 이 방해를 극복하자마자 부르주아 사회 전체를 혼란에 빠뜨리고, 부르주아적 소유의 존립을 위태롭게 한다. 부르주아 사회의 조건들은 그 자신에 의해 만들어진 부를 포용하기에는 너무 협소하게 되어 버렸다. 그렇다면 부르주아 사회는 이 위기들을 어떻게 극복하는가? 한편으로는 대량의 생산력들을 부득이 파괴함으로써, 다른 한편으로는 새로운 시장들을 획득하고 옛 시장들을 더욱 철저히 착취함으로써.[1]

이러한 맥락에서 『공산주의자 선언』은 부르주아의 세계시민적 성격에 대해 말하며 국가가 부르주아의 집행위원회라고 규정한다. 남아 있는 두 개의 인용문은 이 점에 초점을 맞춘다.

국가가 비록 일국적 토대 위에서 정치적으로 구성된다 할지라도, 그 계급적 성격은 일국적 용어들로 규정되지 않는다. 소유 및 계약에 관한 자본주의적 법률은 일국적인 법률 체계들을 초월하고, 세계 화폐는 일국적 통화들을 초월하기 때문이다.[2]

무엇보다도, 국가는 분명 **자본주의적** 국가이지, 계급 갈등의 외부에 서 있는 중립적 대리인이 아니며, 좌파 전략들이 '국가 내부에서 국가에 맞서' 아무리 정교하게 작동한다 할지라도 …… 성공할 가망은 거의 없었다.[3]

신자유주의에 대한 비판은 필요하다. 그렇다 하더라도 이러한 비판이, 물건을 만드는 것이 화폐를 바꾸는 것보다 더 중요하다는 인간화된 자본주의를 옹호하거나, 경제 회복 수단으로서의 민족발전 국가

---

1. Marx/Engels, *The Communist Manifesto*, London : Pluto Press, 1997, pp. 18~19 [칼 맑스·프리드리히 엥겔스, 「공산주의당 선언」, 『칼 맑스 프리드리히 엥겔스 저작선집 1』, 최호진 외 옮김, 박종철출판사, 1995, 406쪽].
2. Clarke, "The Global Accumulation of Capital and the Periodisation of the Capitalist State Form", in Bonefeld et al. (eds.), *Open Marxism*, vol. II, London : Pluto Press, 1992, p. 136.
3. Radice, "Globalization, Labour and socialist renewal", *Capital & Class*, no. 75, 2001, p. 118.

를 옹호하는 것으로 귀결되어서는 안 된다. 이 책은 자본이, 그 형태가 무엇이건 간에, 근본적으로 착취관계라고 주장한다. 더욱이, 자본주의 국가가 근본적으로 자유주의 국가 — 다시 말해 시장을 강화하고 촉진하는 국가 — 라고 주장한다. 따라서 세계시장적인 자본의 사회를 비판하는 것은 또한 자본의 정치적 형태를 비판하는 것이 되어야 한다. 국가 형태는 대다수의 인구를 생산수단으로부터 분리시키는 것을 전제로 한다. 이러한 분리가 자본과 그 정치적 형태 — 즉, 국가 — 가 의존하는 사회적 기초이다. 각자의 자유로운 발전이 모두의 자유로운 발전을 위한 조건이 되는 사회는 이러한 분리에 의존할 수 없다. 인간의 생산력을 하나의 상품으로 만드는 것이 이러한 분리이다. 그리고 코뮤니즘적 개인이 그 자신의 인간적 세계를 위한 투쟁 속에서 타파하는 것도 이 분리이다.

조건들이 자본주의 사회관계들의 정당하고 진지한 개혁들에 의해 개선될 수 있다는 것은 의심의 여지가 없다. 비인간적 조건들의 인간화는 인간해방을 위한 투쟁을 올바른 방향으로 향하게 한다 — 그러나 역설적으로 이 투쟁은 또한 자기 모순적이다. 인간화 노력은, 그 인간화 노력을 최초로 유발하는 비인간적 조건들이 영원할 것이라고 가정한다. 자본주의가 인간화될 수 있다는 생각은 의도는 좋다. 하지만 그것은 사회적 정의와 사회적 개혁의 언어로, 그것이 표면상 반대하는 바로 그 자유주의적 원리를 명료화한다. 다시 말해 그것은 점진적 축적이 부의 낙수효과[4]를 가져와 빈자들을 부유하게 한다는 생각이 궁극적 진리라고 주장한다. 이러한 주장을 펼치는 사람들은, 외면상 자본

---

4. [옮긴이] trickle-down : 대기업의 성장을 촉진하면 덩달아 중소기업과 소비자에게도 혜택이 돌아가 총체적으로 경기를 활성화시키게 된다는 경제이론.

에서 노동으로 흘러가는 것처럼 보이는, 부의 재분배에 초점을 맞춘다. 하지만 부는 어떻게 생산되며 누가 부를 생산했는가? 부의 낙수가 일어나기 위해서는 노동착취를 통해 어느 정도 이윤을 남겨야 한단 말인가? 이러한 맥락에서, 인간화된 자본주의라는 선의의 언어는 이윤을 향한 자본가의 관심을 — 부의 두 가지 자원들인 토지와 노동자가 치러야 할 비용이 무엇이 되든 — 경제성장 속의 국익으로 번역한다. 자본주의적 사회관계의 인간화는 피억업자들에게는 결코 끝나지 않을 파국이다. 그러한 노력은 경제성장에 의존하며, 결국에는 노동계급, 즉 이 노력으로 이익을 얻어야 하는 바로 그 계급에 대한 경쟁적인 국제적 착취에 의존한다. 자본주의에서, 그 형태가 신자유주의적 정치경제이건 발전지향 국가5의 정치경제이건, 착취로서의 부의 생산 없이는 부의 재분배란 존재할 수 없다. 다시 말해 부의 재분배는 자본의 소유인 노동생산물을 전제로 한다. 따라서 노동계급의 조건들을 인간화하려는 노력은 노동계급을 착취당하는 계급으로 긍정하는 역설을 낳는다. 이 노력은 또한 여전히 국가권력의 대상이다. 국가의 사법적 권력은 자본가계급이 대가를 치르지 않고 노동을 전유하는 동안 그들의 뒤편에 서서, 노동계급이 노동생산물에 대한 권리를 주장하기 위해 자신의 집단적 힘을 사용하지 못하도록 한다. 요컨대, 신자유주의 국가이건, 발전지향 국가이건, 또는 자유민주주의 국가이건, 국가 형태의 목적은 국가의 부르주아적 성격 속에 함축되어 있다. 국가를 부르주아 집행위원회6로

---

5. [옮긴이] developmental state : '발전지향 국가', '발전주의 국가'로 옮겨질 수 있는 이 개념은, 2차 세계대전 이후 경제 발전에서 국가의 주도적 역할을 강조하기 위해 도입된 개념이다. 자세한 내용은 다음 링크를 참조하라.
http://blog.naver.com/PostView.nhn?blogId=clubdin3&logNo=110048115475
http://en.wikipedia.org/wiki/Developmental_state
6. [옮긴이] 저자는 이 책 전체에서 국가를 '부르주아 집행위원회'(executive committee of

보는 오래된 이야기는 이것을 잘 요약한다. 2008년의 위기와, 노동자들에 대한 긴축 통제를 겸비한 금융사회주의 수단으로 자본이 그 위기에서 벗어난 것은 이러한 통찰을 전면화할 뿐이다. 피억압계급들에게 긴축의 정치학은 예외가 아니다. 긴축의 정치학은 피억압계급이 맞서 투쟁해야 하는 [자본의 — 옮긴이] 지배이다.

신자유주의적 정설orthodoxy에 대해서 정확히 어떤 일국적 대안이 존재하는가? 세계시장의 노동 분업을 일국적 노동 분업으로 축소해 유지하려는 시도는 가장 위험하다. 사회주의는 일국적일 수 없다. 사회주의를 일국적인 일로 개념화하는 것은 지난 세기의 비참한 이념들(과 실천들) 중의 하나이다. 이것은 우리로 하여금 시간, 고통, 많은 불의의 대가를 치르게 했다. 지난 세기를 통해 우리는 많은 교훈들을 배웠다. 그것들 중에 주요한 것은 사회주의가 오직 국제주의를 의미할 수 있을 뿐이라는 것이다. 일국적 노동 분업은 국제적 노동 분업을 전제하며, 일국적 보호주의는 결국 자본의 세계시장 사회에 맞서는 것이 아니라 그 내부에서 자신을 방어한다. 자본주의적 사회관계들은 언제나 위기내재적crisis-ridden 세계시장 관계들이다. 자본의 도피가 노동 투쟁들에 대한 징계적disciplinary 대응이라는 점은 사실이다. 그렇지만, 자본이 어디를 가든 계급 갈등이 따라간다고 말하는 것도 마찬가지로 사실이다. 그렇다면 이제 자본은 어디로 갈 수 있는가? 지난 수년에 걸친 위기내재적 발전 이후, 보다 고분고분한 노동자들을 찾아 자본이 갈 수 있는

---

the bourgeoisie)로 규정하는데, 이는 맑스의 『공산주의자 선언』의 다음 구절에서 가져온 것이다. '부르주아의 …… 발전 단계들의 각각에는 그에 상응하는 정치적 진보가 수반되었다. …… 이들 부르주아는 대공업과 세계시장의 형성 이후에는 마침내 현대 대의제 국가에서 배타적인 정치적 지배권을 쟁취하였다. 현대의 국가권력은 부르주아 계급 전체의 공동 업무를 처리하는 하나의 위원회일 뿐이다.'(칼 맑스 · 프리드리히 엥겔스, 「공산주의당 선언」, 『칼 맑스 프리드리히 엥겔스 저작선집 1』, 402쪽, 강조는 옮긴이).

장소는 좀처럼 찾기 힘들다. 우리는 고도의 불확실성의 시대에, 바로 그렇기 때문에 기회의 시대에 살고 있다. 어느 순간도 [자본주의 — 옮긴이] 최후의 순간이 될 수 있는 것으로 보인다. 중동의 봄에서 위스콘신Wisconsin의 노동자들에 이르는, 파리의 거리들에서 북경 및 서울의 거리들에 이르는, 위기와 위대한 해방운동들의 시기에 자본주의적 사회관계들을 유지하는 것은, 파국을 그 전제로서 함축한다. 우리는 또 다시, 지배계급이 불확실한 것을 확실한 것으로 바꾸려고 필사적으로 노력하고 있는 시대에 살고 있다. 자본은 새로운 굴종의 규칙을 확립하기 위해 노력을 아끼지 않을 것이다.

따라서 우리는, 피억압자들의 전통이 우리에게 '우리가 살고 있는 "비상사태"가 예외가 아니라 상례'[7]라는 것을 가르쳐 준다는 발터 벤야민의 통찰과 일치하는 역사 개념에 도달할 필요가 있다. 우리는 또한 모든 개별 작업장과 모든 지역 공동체에서 일어나는 잉여가치의 생산과 전유에 대한 일상의 투쟁이, 단지 지역적 투쟁이 아니라, 근본적으로 볼 때, 전 세계적 규모에서 일어나는 계급투쟁의 토대라고 이해하는 계급투쟁 개념을 발달시켜야 한다. 계급투쟁을 '국가 간[국제]'[8] 질서의 일정한 기본 단위인 일국적 수준으로 축소하는 것은 이러한 투쟁의 전지구적 성격을 억압하며, 투쟁을 경쟁적인 지역 단위의 형태들로 분할한다. 또한 그것은 투쟁하는 노동계급을, 군사적 자원으로 호출이 가능한 경쟁하는 생산요소들로 취급하며, 전쟁의 비상사태를 활용하

---

7. Benjamin, "Geschichtsphilosphische Thesen", *Zur Kritik der Gewalt und andere Aufsätze*, Frankfurt : Suhrkamp, 1965, p. 84 [발터 벤야민, 「역사철학 테제」, 『발터 벤야민의 문예이론』, 반성완 옮김, 민음사, 2004, 347쪽].

8. [옮긴이] 필자는 '국가 간의' 관계를 강조하기 위해 'international'을 'inter-national'로 표현하고 있다. 우리말 '국제(적)'이 그런 의미를 함축하고 있으므로 이후에는 모두 '국제' 또는 '국제적'으로 옮긴다.

건 그렇지 않건 국내의 노동에 대한 지배계급의 장악력을 공고히 하는 어떤 상상된 국익을 기초로, 계급의식을 녹여 버린다. 프롤레타리아 국제주의가 자본주의적 사회관계들의 전지구적 위기에 대한 유일한 대답이다. 오늘날 포퓰리즘적 민족주의나 전쟁이 일어날 가능성은 없는가? 한 세기 전 또는 4반세기 전에도 마찬가지로 그러한 일은 불가능해 보였지만 일어났었다. 그런데 그런 일들은 과거보다 오늘 더 가망성이 있어 보인다.

2011년 3월

워너 본펠드

1장

서론

하나의 특이한 개체로서, 하나의 집단으로서, 아니면 하나의 대중으로서 자신을 주체로·이해하는, 그리고 단순한 객관적 실존에 맞서 스스로를 방어하는 존재를, 정치학에서, 종교에서, 철학에서는 인간Man이라 한다. 우리는, 전복이 진실로 인간적인 현상이라고 말할 수 있다. 인간은 전능자의 단순한 장난감이 되는 것을 싫어한다. 그럴 때 인간은 단순한 대상에 지나지 않는다. 마찬가지로, 인간이 주인의 노예라면, 우리가 이것을 사회적이거나 종교적인 술어들로 진술한다 하더라도, 인간은 단순한 대상에 지나지 않는다. 그럴 때 인간은 (정치 정당들이 이야기하는 바와 같이) 결코 정치의 중심에 있지 않으며, 정치의 수단이다. …… 그리고 인간이 무지의 상태에 포획되어 있을 때 인간은 대부분 대상으로 머문다. …… 전복은 자연, 그리고 그와 더불어 인간 존재 역시 항상 위협하는 사유의 체계들, 정치적·경제적 체계들에 맞서 작동한다.[1]

---

1. Agnoli, *Subversive Theorie*, Freiburg : Ça ira, 1996, p. 29.

부정적인 인간 조건들의 부정은 전복적 이성의 정언명령[2]이다. 그것은 사회적 형태들forms의 억압적인 사회적 내용을 폭로함으로써 사회적 형태들 각각의 외관[가상][3]을 비판한다. 이 비판적 이성은 '인간이 천대받고 예속되고 버림받으며 경멸받는 존재로 되어 있는'[4] 관계들에 대한 실천적인 비판을 함의한다. 인간 타락의 사회적 구성에 대해 알고자 하는 것은 비합리적인 것일까? 예속화의 세계를 바꾸는 것은 비합리적인 것일까? 전복적 이성의 기준은 인간 존재, 그의 존엄과 가능성들이다. 그러한 비판적 이성은 혁명을 인간의 권리로 인정한다.

전복에는 매우 부정적인 함축이 들어 있다. 이것은 놀라운 일이다. 전복적인 교묘함 없이 학문적 발전을 상상한다는 것은 도무지 불가능할 것이다. 그것은 비판적 학문의 본체이다. 전복적 인물에 대한 최초의 기록은 성경에서 찾아볼 수 있다. 성경에서 우리는, 신의 말이 곧 법이라며 스스로에게 만족했던 아담과는 달리 자신의 존재를 단순히 전능자의 대상으로 바라보는 것에 반항했던 이브의 이야기를 읽는다. 이브는 금단의 사과 — 지식의 사과 — 를 땄을 뿐만 아니라, 사과를 먹고 그것이 맛있다는 것을 알았다. 이 사건의 부정적 함축은 아담과 이브에게 닥친 운명과 관계가 있다. 신화에 따르면, 이 둘은 낙원에서 추방된다 — 이것은 약식 판결[5]로 알려진 최초의 사례이다. 전복은 권력 쟁

---

2. [옮긴이] categorical imperative : 칸트의 철학 개념으로서, 행위의 결과에 구애됨이 없이 행위 그것 자체가 선(善)이기 때문에 무조건 그 수행이 요구되는 도덕적 명령을 말한다. '지상 명령'으로 이해해도 좋을 것이다.

3. [옮긴이] 'appearance'는 기본적으로 '외관[가상]'으로, '본질'과 대비적인 의미로 사용되는 맥락에서는 '외관[현상]'으로 옮겼다.

4. Marx, "Contribution to the Critique of Hegel's Philosophy of Law. Introduction", *Collected Works*, vol. 3, London : Lawrence & Wishart, 1975, p. 182 [칼 마르크스, 「헤겔 법철학 비판 서문」, 『헤겔 법철학 비판』, 강유원 옮김, 이론과 실천, 2011, 20쪽].

5. [옮긴이] 'summary sentence'를 옮겼다. 절차를 무시하는 권력의 전횡을 강조하기 위한 표현으로 이해하면 좋을 것이다.

취를 원하는 사람들을 포함하여 현존 권력들에 도전한다. 전복의 도전은 그와 다르게 구성된 사회세계의 지평을 열어 놓는다. 이 세계는 억압과 지배의 현존 상태에 기원을 두지도 않으며, 이러한 상태와 경쟁하지도 않는다. 현존하는 것에 대한 전복의 비판은 전적으로 부정적이다. 계급 사회에 대한 비판은 계급에 대한 부정 속에서만, 계급 없는 사회 속에서만 자신의 긍정(성)을 발견한다.

전복은 사회적 지식과 상상적 의식의 거대한 실험실이다. 이 지식은 여러 단면들을 지니는데, 그중에서도 가장 중요한 것은 다음과 같은 통찰이다. '피억업자들의 전통은 우리에게, 우리가 살고 있는 "비상사태"가 예외가 아닌 상례라는 점을 가르쳐 준다. 우리는 이러한 통찰과 어울리는 역사 개념에 도달해야 한다.'[6] 그렇다면 우리는 비참해지지 않기 위해 무엇을 알아야 할까? 인간 존엄의 조건들을 성취하기 위해 무엇을 할 수 있을까? 우리는 무엇을 희망할 수 있을까? 이 내용, 즉 인간의 사회적 관계들은 왜 그러한 형태, 자본의 형태를 취할까? 비판적 사회이론의 목표는, 사회적 범주들이 자연적인 기원을 갖는다고 시사하는 경제적 범주들의 외관상의 독립을 부정하는 것이다. 이러한 독립이, 대체로 정설定說이 자신의 학문적 신임의 근거로 삼았던 토대이다. 사회적 범주들은 자연적인 기초를 지니며, 이 기초가 생산관계들과 갈등하는 생산력들을 낳는다는 것이다. 역사가 물질적 힘을 갖는다고 주장하는 역사적 유물론의 전통적 개념들과 반대로, 전복은 물질들의 사회적 구성을 폭로하기 위해 사태를 뒤집어엎는다. 전복의 유물론은 인간 실천의 유물론이다 ― 그것은 자신의 발생을 사회적 실천 속에

---

6. Benjamin, "Geschichtsphilosphische Thesen", p. 84 [발터 벤야민, 「역사철학 테제」, 『발터 벤야민의 문예이론』, 347쪽].

서 설명함으로써 물질things의 교조적 출현을 부정한다. 이제 이것은 전복의 또 다른 단면을 가리킨다. 즉, 그것은 사회세계를 체계세계system world와 생활세계life-world로 나누지 않는다. 단 하나의 사회세계social world만이 존재한다 — 그리고 이 세계는 사회적 실천 형태들이 자본주의적으로 구성되어 있는 세계이다. 그/녀가 경제적 범주들의 인격화personification인 한에서만 사회적 개인을 다루고 있다는 『자본론』에서의 맑스의 진술은 여기에 제대로 초점을 맞춘다. 하지만 감각적sensuous인 사회적 실천이 초감각적supersensible 물질세계의 내부에서 전개되는 것이 사실이라면, 우리가 어떻게 감각적인 사회적 실천의 사회적 구성을 이해할 수 있으며, 그것을 초월하기 위해 어떤 종류의 실천이 필요할까? 감각적 실천이 물질세계를 통해 존속한다면, 그렇다면 그것은 그 실천이 물질로부터 유래하고, 물질에 속하기 때문이다. 물질에 속하는 실천은 물질에 맞서지 않는다.

맑스의 작업은 형태들 — 처음에는 의식 형태들(예컨대, 종교와 법), 나중에는 자본 형태들 — 의 사회적 구성에 초점을 맞춘다. 사회형태들에 대한 그의 초점은 전도된 사회형태로서의 자본주의적 사회관계들에 대한 비판으로 이어졌다. 그리고 여기에서 사회형태의 구성적인 사회적 실천은 추상적인 사회적 법률들의 단순한 대행자로 출현한다. 맑스의 비판은 이 모든 전도된 사회형태들이, 물질들 사이에서 이루어지는 인간의 사회적 협력과 사회적 '공동체'를 드러낸다는 점을 보여준다. 그의 비판은, 개인들이 자신들을 개인들로 주장하기 위해서는 이 허위의 사회를 극복해야 함을 보여준다. 인간해방이라는 단순한 생각이 실천적 이성으로 바뀌는 것이 가장 어렵다.

물신주의에 대한 비판은 자본의 정치 형태, 즉 국가를 포함하는 자본의 구성된 형태들이, 사실상 인간 실천이 [그 안에서 그리고 그것을 통해서] '존재하는' 형태들임을 폭로한다. 우선, 이 형태는 '즉자적'이다. 그것은, 사물들의 구성된 형태가 사회적 실천 형태와 그 조건들의 분리인, 그러한 사물들 사이의 관계들이기 때문이다. 또한 이 형태는 '대자적'이다. 그것은 인간의 사회적 관계가 사물들 사이의 관계 속에서, 그리고 그러한 관계를 통해 존속하기 때문이다.7 보다 잘 표현하면, 이러한 사회적 관계들은 자본주의적으로 구성된 인간의 사회적 관계의 전도된 실존 형태들로서, 인간의 계급분할적인 사회적 실천 속에서 그리고 그 실천을 통해, 그리고 '능동적 인간성'에 의해 재생산된 사물들의 세계로서 존속한다. 그 결과, 인간의 사회적 실천은 또 '그 자신에 대립하여', 한편에서는 전도된 사회적 범주로서, 그리고 다른 한편에서는 역사를 만드는 힘으로서, 그리하여 그 자신의 전도된 실존을 초월할 수 있는 힘으로서 존속하게 된다. 인간의 사회적 실천 그리고 변형적 역능이 없다면 구체적인 세계는 존재하지 않을 것이다. 그러한 세계는 의미를 박탈당한 세계가 될 것이다. 그러므로 인간의 실천은 자본의 형태 속에서 즉자적으로, 대자적으로, 그리고 자신에 반하여 존재한다. 인간의 의미심장한 사회적 실천이, 지금까지 역사를 단지 기괴하고 유혈 낭자한 찡그린 얼굴로만 보이게 만들어 온 상황으로 인해, 이러한 이해는 주목을 받지 못했다. 이제야 그것에 다소 초점이 맞추어지고 있다.

1부와 2부에서 나는 경제적인 것과 정치적인 것 양자 모두에 대한 비판으로서의 정치경제학 비판을 전개한다. 1부에서는 자본주의적 범주들capitalist categories의 사회적 구성을 소개하고 경제적 범주들을 사회

---

7. [옮긴이] 헤겔 철학에서 '즉자'는 주관이 주관 안에 머물러 있는 상태를 말하고, '대자'는 주관이 외화된 상태를 말한다.

적 실천의 범주들 속에서 해독한다. 1부에서 나는 비판의 의미가 무엇인지를 묻고, 경제적 범주들과 사회적 실천에 대한 관습적인 개념화들을 비판하며, 반자본주의 투쟁의 사회적 구성을 탐색할 것이다. 2부에서는 자본주의적 국가 형태를 분석한다. 여기에서 나는 국가가 부르주아 사회의 정치적 범주라는 점을 밝히고, 계급이 국가의 개념에 관건임을 주장할 것이다. 또한 혁명과 사회혁명에 대한 관습적인 개념화에 의문을 던지고, 국가를 부르주아 집행위원회로 보는 맑스주의의 정의에 대한 통찰력 있는 한 예증으로서 (신)자유주의적 국가 이론을 평가한다. 3부에서는 자본주의적인 사회적 실천의 사회적 구성에 초점을 맞추면서, 그러한 구성의 실천적 함의들에 집중한다. 여기에서 나는 반자본주의의 특정 형태들 속에 있는 반유대주의 요소들을 비판하며, 사회적 자율이 코뮤니즘적 개인의 실천적 이성이라는 생각을 전개한다.

이 책을 코뮤니즘적 개인과, 코뮤니즘적 개인의 투쟁, 상상력, 전복적 이성과 영특함cunning에 바친다. 전복적 이성은 그 모든 아름다움의 원천이다.

1부
변증법과 부정 : 자본 비판에 대하여

2장

비참한 시대의 부정변증법

아도르노와 실천

I

전쟁과 테러, 전지구적인 경제 위기, 강탈, 실업과 절망적인 비참함의 맥락에서, 아도르노의 실천 개념을 논하는 것은 이상하게 보일지도 모른다. 여기에 나열된 것들은 야만의 현대적 형태들이고, 아도르노는 '1968년'을 '의사擬似운동'으로 매도했던 이론가이니 말이다. 그럼에도 아도르노의 부정변증법은 중요하다. 부정변증법은 우리로 하여금 '아니오'라고 말하는 것이 무엇을 의미하는지 생각하도록 자극한다.

무언가에 '아니오'라고 말하는 것은 쉽다. 그러나 '아니오'가 무엇인지 말하는 것은 어렵다. 그 이유 중의 하나는, '아니오'가 그것이 반대하는 사회에 외부적이지 않고 그와 동일한 사회 내부에서 작동한다는 점이다. 계급투쟁이 역사의 동력이라는 맑스의 언명처럼, '아니오'는 부정적 세계를 앞으로 전진시킨다. '아니오'는 부정적 세계의 역동적인 힘이다.[1] 더욱이, '아니오'가 부르주아 사회 그 자체의 거짓된 총체성을 제외하고는 어떤 유용한 내용도 갖지 않는 무언가에 찬성하며 '예'라고 말함으로써 긍정적으로 되어버리는 한은, '아니오'가 무엇인지 말하는 것은 '아니오'를 손상시킨다. '아니오'는 거짓된 사회에 내재적이고, '아니오'는 그 사회에 속하며, 그 사회에 자신의 역동성을 부여한다.

어떠한 종류의 실천이 야만과 싸우는 데 필요한가? '이런' 분노에는 '저런' 행동 방침이 적절하다거나, 반대로 '이런' 행동 방침에는 '저런' 분노가 어울린다는 식의 단순한 도식으로 이 싸움을 환원하는 것이 가능한가? 그리고 누가 '이런' 가능성 그리고 '저런' 가능성을 구성하는 사회적 전제조건들을 부정하는가? 『국제사회주의』*International Socialism* 잡지가 말하는 것처럼, 전형적인 파시즘적 제스처를 반복하면서 '자본주의 없는 자본주의'를 요구하는 〈무슬림 형제단〉과 연합하여 야만과 싸운다는 것이 가능한가?[2] 물화된 의식은 단지 내 적의 적이 내 동지라고 선언할 수 있을 뿐이다. 원래 이데올로기 비판은, 인간의 사회적 실천이 물질들 간의 관계들로 드러나는, 그리고 '물질 논리'의 단순한 인간적 대행자로 드러나는, 외관상의 이 필연적인 전도를 폭로하려고 노력했다. 계몽이 이데올로기 비판의 비판적 의도였다. 비판적 사유는 사회세력들의 표현이 아니며, 이론적 용어들로 사회세력들의 '실재적' 이

---

1. Heinrich, *Versuch über die Schwierigkeit nein zu sagen*, Marburg : Stroemfeld/Roter Stern, 1982를 보라.
2. Zizek, *Welcome to the Desert of the Real*, London : Verso, 2002, p. 131 [슬라보예 지젝, 『실재계 사막으로의 환대』, 김종주 옮김, 인간사랑, 2003]을 참조하라. '나는 우리가 특정한 이슈들[팔레스타인이나 이라크]에 대해서는 〈무슬림 형제단〉과 공동 작업을 해야 한다고 생각한다.'(International Socialism, "Egypt : the pressure builds up", *International Socialism*, no. 106, 2005, p. 31)

익을 대변하는 것처럼 행세하는 것도 아니다. 그것은 이 세력들 자체를 목표로 삼으며, 그 세력들의 붕괴를 추구한다. 말하자면, 계급 사회에 대한 비판은 계급을 위한 정치(학)에서가 아니라 오직 계급에 대한 부정 속에서만 자신의 해결책을 발견한다.

아도르노의 시각에서 볼 때, '노동력이 상품으로 전환되면서 산 사람들은 죽은 사람들로 대체되었다.'[3] 모든 사회적 활동은 언제나 이미, 맑스가 경제적 범주들이 인격화된 활동이라고 불렀던 것이라고 그는 말했다. 따라서 물화된 세계가 오직 물화된 활동만을 허용할 것이었기 때문에 해방적 실천 같은 것은 존재할 수 없다. '야만과 싸우는 실천을 위한 시간'이 도래했음에도 불구하고, 이러한 실천은 불가능한데, 그 이유는 '우리가 무엇을 하든, 그것은 거짓이기 때문이다.'[4] 결국, '모든 것이 똑같다.'[5] 그러나 꼭 그런 것은 아니다. 1968년에 학생들이 〈사회연구소〉를 점거했을 때, 아도르노는 경찰에게 전화를 걸어 학생들을 무력으로 몰아냈다.

내가 보기에 아도르노의 행위에 대해 요하네스 아놀리[6]가 취한 반응은 적절하다. 아놀리가 말한 바와 같이, '경찰을 불러들인 그 아도르노the Adorno는 아도르노의 후계자임이 분명하다.'[7] 아놀리는 아도르노의 부정변증법을, 은둔할 수밖에 없을 때 땅굴을 파면서 반란을 준비

---

3. Adorno, *Minima Moralia*, London : New Left Books, 1974, p. 229 [테오도르 아도르노, 『미니마 모랄리아』, 김유동 옮김, 길, 2005; T. W. 아도르노, 『한줌의 도덕』, 최문규 옮김, 솔, 1995, 323쪽]

4. Adorno, *Einleitung zur Musiksoziologie*, Frankfurt : Suhrkamp, 1962, p. 30.

5. Adorno, "Soziologische Schriften", *Gesammelte Werke*, vol. 8, Frankfurt : Suhrkamp, 1972, p. 369.

6. [옮긴이] Johannes Agnoli (1925 ~ 2003) : 이탈리아 태생의 독일 맑스주의 정치이론가.

7. Agnoli, "Die Schnelligkeit der realen Prozesse. Vorläufige Skizze eines Versuchs über Adornos historisches Ende", in Schoeller (ed.), *Die neue Linke nach Adorno*, München: Kindl, 1969, p. 202.

하는 두더지의 작업에 비유한다.[8] 특히 [오늘날과 같은— 옮긴이] 비참의
시대에, 작업하는 두더지를 보기 위해, 그것의 철학적 파괴 및 전복적
영특함을 되새기기 위해, 물화된 세계 내의 인간의 사회적 실천이라는
개념을 탐색하기 위해, 아도르노의 부정변증법을 살펴보는 것은 납득
할 만한 일이다.

II

　자신의 『부정변증법』*Negative Dialectics* [9]에서 아도르노는, 역사적 유물
론이 좋게 보았을 때, 교조적으로 이해된 것들에 대한 비판이라고 올
바르게 주장한다. 역사적 유물론은 견고해 보이는 모든 것을 용해한다.
아도르노의 부정변증법은 이런 점에서 볼 때 역사적 유물론이라고 할
수 있다. 아도르노의 부정변증법은 현실을 관통한다. 그리고 동일한
것을 동일하지 않은 것에 향하게 함으로써, 개념 속에서 비개념적인
것을 폭로함으로써 현실의 사태posture를 용해한다. 아도르노에게, 비판
적인 사회이론의 임무는 경직된, 물질 같은, 응결된 관계들을 탈신비
화하여 그것들의 직접성을 투명하게 만드는 것이다.
　개념성이 '현실Sache 자체 속에서 지배력을 행사한다는', 그리고 사
유가 자신의 비판 대상을 관통해야 한다 — 사유는 '사물 자체를 목표로 한
다' — 는 아도르노의 주장은 객관적으로 주어진 사회법칙들로서의 자
연법칙들의 존재론화를 거부한다. 구조주의적 전통과 달리, 아도르노

---

8. 또한 Krahl, *Konstitution und Klassenkampf*, Frankfurt : Verlag Neue Kritik, 1971을 보라.
9. [옮긴이] 테오도르 아도르노, 『부정변증법』, 홍승용 옮김, 한길사, 1999.

는 맑스주의 이론의 가장 강력한 모티프가 자연법칙들의 존재론화가 아닌 그것들의 폐지를 암시한다고 주장했다.[10] 더욱이 그는, 특히 『실증주의 논쟁』*Positivism Dispute*에 실은 자신의 논문들에서, 초역사적인 경제적 범주들이 역사적으로 특수하게 모습을 드러내는 것을 자본주의의 해부라고 판정하는 것이 비판의 목적이 아니라고 주장했다. 그가 보기에, 이러한 시도는 순수한 신비화가 되었다. 비판의 목적은 오히려 사회적 기초 위에서 자본주의적 형태들을 해독decipher하는 것이었다. 즉, 개념들은 그것들이 기원하는 사회에 속한다. 개념들은 '초역사적인' 타당성[유효성]validity을 갖지 않는다. 아도르노의 비판이론에 따르면, 사회적 재생산의 자본주의적 법칙들은 자본주의라는 유한하고 일시적인 현실의 유한하고 일시적인 산물들이다. 따라서 상품 물신주의를 구조적인 역사적 법칙들의 비합리적 양태들을 기초로 설명해서는 안 된다. 그 대신에 상품 물신주의는 사회적 기초 위에서 설명되어야 한다. 물신주의는 자본주의적 노동양식과 관련되며, 물신주의에 대한 비판은, 노동이 아무리 객체[대상]의 형태 속에서 전도된다 할지라도, 자본주의적으로 구성된 사회적 노동양식의 형태들인 경제적 범주들의 탈신비화를 수반한다.

그는 '개념이란 자신들의 형성을 요구하는 현실의 계기들이며, 모든 개념들이 비개념성들을 참조한다'[11]라고 말한다. 이것이 의미하는 바는, 맑스가 다음과 같이 화폐 물신에 대해 쓸 때 분명해진다. '한 사회관계, 개인들 간의 일정한 관계는 …… 금속, 광석, 즉 그 자체로 자연에서 발견되고, 형태 규정도 자연적인 존재와 구별되지 않는 순수하게

---

10. Adorno, *Negative Dialectics*, London : Verso, 1973, p. 355 [테오도르 아도르노, 『부정변증법』, 460쪽]를 보라.

11. 같은 책, p. 11 [같은 책, 65쪽].

유형적인 외부의 사물로 현상한다.'[12] 오직 하나의 세계만 존재하며, 그 세계는 외관[가상]의 세계이다. 우리는 세계의 사회적 구성을 드러내기 위해 세계를 사회적 관계들 속에서 해독할 필요가 있다. 사회적 관계들은 하나의 광석으로 나타나며, 이 광석 속에서 나타난다. 이 외관[가상]은 실재적이다.

그런 까닭에 비판적 전통에서 볼 때, 개념화는 메타이론[13]을 상술하는 것을 의미하지 않는다. 메타이론의 상술은 사회적 실존에 대한 이신론적 개념화들이 가득한 '보이지 않는 손'의 교의와 유사하게, 무한회귀적으로 끝난다. 이러한 교의들이 종교적인 형태를 띠건, 세속화된 형태 — 소위 물질들의 논리라고 하는— 를 띠건 말이다. 그 대신에 개념화의 비판적 목적은 보이지 않는 원리들의 사회적 토대를 밝히는 것이며, 인간의 사회적 실천 속에서 그러한 원리들의 발생을 보여 주는 것이다. 비판이론은, 인간의 사회적 관계들이 종교적인 형태 속에서건 또는 세속화된 형태 속에서건, 보이지 않는 것에 대한 그 자신의 예속화를 생산할 뿐만 아니라, 그 형태들의 외관[가상] 속에서 — 말하자면 금속이나 광석 속에서 — 사라진다고 주장한다. 개념성은 또한 하나의 사물을 다른 사물에 참조하여 설명하는 것이 아니다. 그런 사유는 외부적인 참조를 통해서 그 자신의 술어를 명확하게 만들기 위해 하나의 사물에서 다른 사물로 이동한다. 국가는 경제적인 것을 참조하여 설명되며, 경제적인 것은 국가를 참조하여 설명된다. 이와 마찬가지로, 수요는 공급에 의해 설명되며, 공급은 수요에 의해 설명된다. 이런 악순

---

12. Marx, *Grundrisse*, English Edition, Harmondsworth : Penguin, 1973, p. 239 [칼 맑스, 『정치경제학 비판 요강 I』, 김호균 옮김, 백의, 2002, 233쪽].
13. [옮긴이] 메타이론은 어떤 대상영역이 아니라 다른 이론을 연구 대상으로 삼는 이론을 말한다. 이론에 대한 이론이라고 할 수 있다. 메타 이론은 한 이론의 논리 구조, 개념 체계, 한계, 발전 가능성, 그 이론 내부의 증명 절차 등을 탐구한다.

환에 의해 설명은 동어반복이 된다. 더욱이, 개념성은 예컨대 애덤 스미스[14]가 단언한 것처럼, 소위 교환하고자 하는 인간의 자연적인 경향 같은 자연법칙들의 발견을 의미하지 않는다. 인간은 먹어야 한다는 것이 인간의 생존양식에 대해, 그리고 생존양식이 수반하는 사회적 필연성들 — 소위 사회법칙들 — 에 대해 말해 주는 것은 하나도 없다. 자연이 아닌 역사가 비판의 출발점이다. 경제적 범주들은 '초역사적인' 타당성도, 신 같은 무한성도 갖지 않으며, 자연에 의해 그 자신을 정립하지도 않는다. 경제적 범주들은 그것들이 기원하는 사회에 속한다.

아도르노의 비판이론은 '실존'the existent [15]을 그것 자체의 본질for what it is, 즉 '사회적 관계 속에서의 인간 자신'[16]으로 인식한다. 이러한 사회적 관계들이 하나의 금속으로 등장하면서 물화된다는 것이, 마치 물화된 세계가 분리된 세계인 것처럼, 그것을 덜 '인간적이게' 만들지는 않는다. 물화는 객관적으로 '주어진'given 어떤 것이 아니다. 그것은 자연에 의해 정립된 것이 아니다. 그것은 역사에 의해 정립된, 하나의 사회적 산물이다. 맑스가 말했듯이, 가치는 '사물들의 관계로 표현된 두 사람 사이의'[17] 관계이다. 따라서 사회적 현상을 자연 속의 어떤 기초로

---

14. [옮긴이] Adam Smith (1723 ~ 1790) : 스코틀랜드 출신의 정치경제학자이자 윤리철학자이다. 『국부론』의 저자인 그는 이 책에서 국가가 여러 경제 활동에 간섭하지 않는 자유 경쟁 상태에서도, '보이지 않는 손'에 의해 사회 질서가 유지되고 발전된다고 주장하였다. 고전경제학의 대표적 이론가인 스미스는 경제학의 아버지로 여겨지며, 자본주의와 자유무역에 대한 이론적 기초를 제공했다. 스미스는 사람은 태어나면서부터 자신의 처지를 개선하려는 욕망을 가지고 있으며, 이러한 이기적 본능이 인간 행동의 원동력으로서 가장 지속적이고 강력한 힘을 발휘한다고 여겼다. 그리고 개인의 이기적 행위가 종국적으로는 공공복지에 기여하게 된다는 것이 스미스 경제학의 근간이다.
15. Adorno, "Spengler Today", *Zeitschrift für Sozialforschung*, vol. 9, 1941, 318.
16. Marx, *Grundrisse*, p. 712 [칼 맑스, 『정치경제학 비판 요강 II』, 389쪽].
17. Marx, *Capital* vol. I, Lawrence & London : Wishart, 1983, p. 80, fn. 1 [칼 마르크스, 『자본론 I (상)』, 김수행 옮김, 비봉출판사, 2008, 94쪽, 각주 29번].

소급하여 추적하는 전통적인 역사적 유물론자와 반대로, 아도르노의 부정변증법은 사회적 현상이 인간의 사회적 관계 속에서 발생한다는 것을 추적함으로써 그것의 사회적 내용을 해독하려고 노력한다. 부정변증법은 사물의 사회적 구성을 찾으며, 그러는 만큼 그것은 사물의 외관상의 '자연'에도, 그리고 사물의 '자연화'에도 모두 적대적이다.[18]

아도르노에게 비판이론의 의도를 특징짓는 이러한 '인간으로의 환원'reducio ad hominem은 객체를 주체로 대체하는 것을 함의하지 않는다. 그것은 객체를 주체의 실존양식의 하나로 파악하는 것을 의미한다. 객체성의 의미 속에서는 객체 역시 주체가 될 수 있다는 가능성은 배제된다. 하지만 객체가 된다는 것은 주체성의 의미의 일부이다. 주체성은 대상화를 의미한다. 이 대상화가 아무리 외관상 왜곡된다 할지라도 말이다. 외관[가상]Schein은 '주체가 그 자신의 세계에서 보여 주는 마술이다.'[19] 대상화Gegenständlichkeit가 소외나 물화로 나타난다는 상황은, 사물 그 자체 내부에 유일하게 존재하는, 아직 발견되지 않은, 그리고 사실상 발견될 수 없는 논리가 존재한다는 점을 함축하지는 않는다. 객

---

18. 경제적 범주들이 자연 속에서 그 기초를 갖는다는 시각은 애덤 스미스가 말하는 교환을 하려는 자연적 기질에서부터 알뛰세의 다음과 같은 생각, 즉 경제적 범주들이 '초역사적' 실존을 갖는다 — 이 초역사적 실존은 특정한 생산양식들 속에서 '중층결정된' 방식들로 나타난다 — 는 생각에 이르기까지 널리 퍼져 있다. 그리하여 하나의 생산양식은 객관적인 경제법칙의 역사적으로 특수한 해부를 나타낸다. 스타로스타(Starosta, "The Commodity-Form and the Dialectical Method", *Science and Society*, vol. 72, no. 3, 2008)는 맑스의 추상노동 개념이 근육들이 당분을 연소시킨다는 사실과 관계가 있다고 조언을 한다. 카르체디(Carchedi, "On Chris Arthur's 'New Dialectics' and Value Form Theory", *Historical Materialism*, 17(1), 2009)는 인간 에너지의 지출이 가치의 실체이며, 가치란 그래서 열량의 생산적 소비에 의해 측정된다는 입장에 서 있다. 추상노동에 대한 이러한 자연주의적 개념화들에 대한 비판들로는 Arthur, "The Practical Truth of Abstract Labour", *Historical Materialism*, 2010과 Bonefeld, "Abstract Labour : Against its Nature and On its Time", *Capital & Class*, vol. 34, no. 2, 2010을 보라.

19. Adorno, *Stichworte Kritische Modelle 2*, Frankfurt : Suhrkamp, 1969, p. 159.

체는 오직 사회적으로 결정된 객체로서만 하나의 객체일 수 있다.[20] 이
성은 존재한다 ― 그러나 그것은 비합리적인 형태로 존재한다. [그런 점
에서 ― 옮긴이] 비합리적인 세계는 합리적인 세계이다. 그렇다면 실재
의 개념은 무엇인가? 드보르[21]는 다음과 같이 말한 바 있다. '거꾸로 뒤
집혀져 있는 세계에서, 참된 것은 허위적인 것의 한 계기이다.'[22] 그리
하여 진실은 부정되는 존재양식 ― 현존하는 비진실 ― 으로 존재하는 것
으로 나타난다. 하지만 그것은 진실하다.

III

　'모든 사회적 생활은 본질적으로 실천적이다.' 맑스의 포이에르바
하에 관한 여덟 번째 테제에 속하는 이 명제는 사고하기[23]를 포함한다.
사고하기는 사회적 생활의 일부이며, 모든 사회적 생활은 본질적으로
실천적이다. 테제는 이렇게 이어진다. '이론을 신비주의로 이끌고 가는
모든 신비들은 인간의 실천에서 그리고 이 실천의 개념적 파악에서 그
합리적인 해결을 얻는다.'[24] 이 테제는 명확하며 그와 동시에 가장 어렵
다. 사유는 탈신비화함으로써 현실을 드러낼 수 있으며, 탈신비화는
인간 실천에 대한 이해에 의존한다. 그러므로 인간의 실천이 본질적인

---

20. 같은 책, p. 157을 보라.
21. [옮긴이] Guy Ernest Debord (1931 ~ 1994) : 프랑스의 맑스주의 이론가, 작가, 영화제
　　작자. 국제상황주의자(SI)의 창단 회원이다.
22. Debord, *Society of the Spectacle*, London : Rebel Press, 1987, para. 9 [기 드보르, 『스펙
　　타클의 사회』, 이경숙 옮김, 현실문화연구, 1996, 13쪽].
23. [옮긴이] 'thinking'은 '사고하기'로, 'thought'는 '사유'로 옮겼다.
24. [옮긴이] 칼 맑스, 「포이에르바하에 관한 테제들」, 『맑스 엥겔스 저작 선집 1』, 189쪽.

것이며, 사유의 목적은 전복적인 것이다. 사유는 사물들의 숨겨진 본질을 인간의 실천 속에서 드러낼, 그리고 사물들의 직접적 외관[가상]을 투명하게 만들 책임을 지고 있다. 어려운 점은, 사물들의 사회적 구성을 탐구하지 않는 사유는 허위라는 점이다. 그것은 실존을 신비화한다. 사유가 사유이기 위해서는 사물들의 사회적 구성을 드러내어야 한다. 탈신비화가 사유의 비판적 목적이다. 다시 말해, 사유가 사유이기 위해서는 인간의 실천을 파악해야 한다. 인간의 실천을 파악하는 것이 탈신비화이다. 맑스는 어떤 종류의 인간적 실천을 염두에 두고 있는가? 그것은 어디에서 발견될 수 있는가? 경제적 범주들의 인격화로서 또는 그 구조적 특성들의 담지자로서 드러나는 인간 실천의 외관[가상]은 인간의 실천을 드러내지 않는다 ─ 하지만 인간의 실천을 파악할 때에만 사물들의 세계를 설명할 수 있다. 만약 외관이 인간의 실천을 드러낸다면 본질과 외관[현상]이 서로 일치하기 때문에 탈신비화는 필요하지 않을 것이다. 맑스의 테제는, 자신을 부정하는 형태들로 인간의 실천의 외관[현상]을 드러내는 신비를 파악하기 위해, 인간의 실천이 사유에 의해 발견되어야 한다고 시사한다. 요컨대, 인간의 실천에 대한 파악이 탈신비화이지만, 인간의 실천은 그 자신의 외관[현상] 속에서 직접적으로 주어지지는 않는다.

본질이 현상해야 한다는 헤겔의 관념은, 인간 주체가 사물의 세계에 맞서 자신을 드러냄으로써 외관[현상]을 만들어 낸다는 것을 의미하지는 않는다. 즉 헤겔은 계급투쟁을 위기의 시기에 자본관계를 외부로부터 깨뜨리는 하나의 힘으로 개념화한다. 본질이 현상해야 한다는 헤겔의 관념이 의미하는 것은, 본질이 현상할 수밖에 없다는 것이다. 즉 본질은 그 자신의 황량한inhospitable 세계에서 현상하지 않을 수 없다. 그리고 본질을 본질적이게 만드는 것은 외관[현상] 속에서 존속한다.

본질의 외관[현상]은 따라서 그와 동시에 본질의 소멸이다. 본질은 현상하지 않을 수 없으며, 본질이 필연적으로 현상한다는 것은 본질이 사라진다는 것을 함축한다. 본질은 자신의 외관[현상] 속에서 사라진다. 본질의 법칙은, 외관[현상]으로서, 자신의 소멸이다. 다시 말해서, 자본의 '요술에 걸려 전도된'[25] 세계에서 본질은 '하나의 사물로'[26] 현상한다. 본질이 자신의 외관[현상] 속에서 소멸하는 상황은 다른 한편으로 '개별 주체들이 없다면, 그들의 자발성이 없다면 아무것도'[27] 존재하지 않을 것이라는 사실만큼이나 실재적이다. 경제법칙들, 그리고 사회적·정치적 구조들은 불변적 특징, 즉 인간과 독립적으로 존재하는 어떤 특징을 지니고 있지 않다. 경제적 범주들 내부에서 볼 때, 인간 주체는 형이상학적인 방해물에 지나지 않는다. 아도르노의 비판은 이 방해물이 사실상 본질이라는 점을 보여준다 ― 이 본질은 가격이나 이자율 같은 경제적 범주의 외관[현상] 속에서 소멸한다.

칸트에 따르면, 인간 존재들은 가격이나 존엄 중 어느 하나를 갖는다.[28] 존엄은 본유적으로 인간적이다. 그와 반대로 가격은 인간에게 부과된 어떤 것처럼 보이며, 인간을 경제적 타산에 종사하는 꾀바른 수단으로 전락시킨다. 존엄은 인간이 목적 그 자체라고 말한다. 그와 반대로 가격은 인간을 경제적 계산이나 정치적 권력의 목적들을 달성하기 위한 수단으로 만든다. '**가치**value, 즉 인간의 **값어치**worth는 다른 모든 사물들과 마찬가지로 그에게 매겨진 가격이다'[29]라고 홉스는 말한다.

---

25. Marx, *Capital* vol. III, London : Lawrence & Wishart, 1966, p. 830 [칼 마르크스, 『자본론 III (하)』, 김수행 옮김, 비봉출판사, 1993, 1019쪽].
26. Marx, *Grundrisse*, p. 157 [칼 맑스, 『정치경제학 비판 요강 I』, 138쪽].
27. Adorno, *Negative Dialectics*, p. 304 [테오도르 아도르노, 『부정변증법』, 402쪽].
28. Kant, *Grundlegung der Metaphysik der Sitten*, Stuttgard : Reclam, 1974, p. 87.
29. Hobbes, *The Leviathan*, Oxford : Oxford University Press, 1996, p.59 [토마스 홉스, 『리

존엄은 판매될 수 없다. 존엄은 상실될 수 있을 뿐이다. 경제적 범주들 내부에서 볼 때, 모든 인간에겐 가격이 매겨지며, 기쁨, 그리고 심지어는 자살조차 비용 편익 분석 — 진정으로 마법이 풀린 경제적 합리성의 세계 — 에 의해 가격이 매겨질 수 있다.[30] 감각적인 인간 실천으로부터 자율적으로 된 사회는 그 자신의 내재적인 초감각적 논리에 의해 발전한다. 하지만 아무리 자율적이라 할지라도 사물들의 세계는 인간의 사회적 실천으로부터 독립적으로 현존할 수 없다. 사회의 자율은 인간 실천의 한 형태이다.[31] 즉 라이켈트[32]가 말한 바와 같이, '인간의 감각적인 실천은, 인간의 전도된 사회적 실천의 객체[대상]이기도 하고 주체이기도 한 사회의 자율화 속에서 초감각적인 실존을 통해 존속한다.'[33] 다시 말해, 사유가 사유의 주체 문제에 적절해야 한다는 요구는 사유가 기대하는 것 이상을 함축한다. 이 적절성은 반증이나 검증에 의해 입증될 수 있는 것이 아니다. 진정한 '본질'it is이란 없다. 무언가가 '~이다'라고 말하는 순간 이미 '그것이다'라고 선언된 정체성에 의문이 던져진다. 사물에 개념을 부여하기 위해서는 개념이 사물의 경험에 개방될 필요가 있다. 임금노동이라는 경제적 범주는 임금노동의 [실제 — 옮긴이] 경험과 모순된다. 임금노동의 경험 속에서, 임금계약의 자유는

바이어던 1, 2』, 진석용 옮김, 나남출판, 2008].

30. Bowmaker (ed.), *Economics Uncut. A Complete Guide to Life, Death and Misadventure*, Cheltenham : Edward and Elgar, 2005에 실린 서문들을 보라.

31. 즉 맑스가 말한 바와 같이 '종교에서는 인간 자신의 두뇌의 산물이 인간을 지배하듯이, 자본주의적 생산에서는 인간 자신의 손의 산물이 인간을 지배한다.'(Marx, *Capital* vol. I, p. 582 [칼 마르크스, 『자본론 I (하)』, 김수행 옮김, 비봉출판사, 2008, 848쪽]).

32. [옮긴이] Helmut Reichelt (1939 ~) : 프랑크푸르트학파의 경제학자이자 철학자. '새로운 맑스 독해'(Neue Marx-Lektüre)의 주요 저자들 중의 하나. 맑스의 가치이론 분야에서 가장 유명한 이론가들 중의 한 사람으로 평가받고 있다.

33. Reichelt, "Social Reality as Appearance", in Bonefeld/Psychopedis (eds.), *Human Dignity*, Aldershot : Ashgate, 2005, p. 65.

자유의 개념과 대립한다. 변증법은 개념들을 개방한다.

변증법은 실재reality에 적용되는 형식적인 절차나 방법이 아니다. 그 대신에 변증법은 사회적 내용들에 초점을 맞춘다. 변증법은 사물들에 '대해서'about 사고하지 않는다. 변증법은 사물들로부터 사고한다. 변증법은 그것이 다루는 사회적 내용에 내재적이며, 외관[가상]의 세계를 초월하는 제2의 실재가 존재하지 않는다는 것을 안다. 변증법은, 실재란 구조적인 발전 법칙들과 인간 행위자들의 사회적 행위 간의 상호작용을 포함하는 것이라고 말하면서, 현상이란 본질과 구별되는 어떤 것이라고 거짓말을 하는 속임수를 부리지는 않는다. 생활세계와 체계세계라는 용어들로 이해되건, 아니면 구조와 행위라는 용어들로 이해되건, 변증법은 용어들을 서로 간에 외적으로 준거함으로써 일관성을 획득하려는 규정적 사유의 악순환에 빠져드는 것을 거부한다. 소위 구조와 행위의 변증법은 변증법에 나쁜 이름을 부여한다. 변증법이 부정적으로 될 때는 그것이 결정적 부정으로써 실재를 구체화할 때이다. 변증법의 비판적 긴장은 세계를 '인간적 토대'[34] 위에서 묘사함으로써, 인간 실천 속에서 사물의 사회적 구성을 드러냄으로써, 개념적인 것들 속에서 비개념적인 것들을 드러냄으로써, 이 세계를 결정하는 것이다. 말하자면, 사물의 의미는 사물 안에서 부정되는 것에 기초한다. 다시 말해, 사물은 사고하지 않고, 행동하지 않으며, 파업을 하지 않는다. 또한 투쟁하지도 않으며, 막대한 부를 축적하지도 않으며, 사람을 죽이지도 않는다. 인간이 이 모든 것을 행한다. 그리고 인간이 그러한 일을 행하는 동안 그와 동시에 인간의 감각적인 존재는 초감각적인 사물의

---

34. Marx, *Capital* vol. I, p. 94 [영어 본에 'human basis'라는 표현은 나타나지 않는다. — 옮긴이].

세계 속에서 부정된다. 더 정확히 말하자면, 인간 행위의 합리성이 사물을 통해 존속한다. 아도르노의 부정변증법은 매우 실천적이다. 그의 변증법은 인간의 실천 형태들이 개인으로부터 아무리 많은 자율성을 얻는다 하더라도 그것들이 여전히 인간의 실천 형태들이라고 주장한다. 인간의 실천이 그 외관[현상] 속에서 아무리 소멸되었다 하더라도 말이다. 인간의 실천은 그 자신의 외관[현상] 속에서 사라진다. 하지만 그 소멸 또한 하나의 외관[현상]이다. 내가 앞서 설명한 것으로 돌아가 보자면, 인간의 실천은 '금속, 광석, 즉 순수하게 유형적인 외부의 사물'[35]로 현상한다. 즉, 아도르노의 부정변증법은 사물의 분리된 통일을 사고하고, 실재의 모순적인 구성 내부에서 움직인다. 부정변증법은, 외관상 소멸하는 인간 실천이 사물을 '구성하는 불'[36]이라는 것을 밝혀냄으로써 사물들의 실재를 해독한다. 사물을 통해, 사물 속에 존재하는, 그러면서 동시에 사물에 맞서 존재하는 실천.[37]

변증법은 '우선 대상들이 그 개념과 동화되지 않는다는 점'[38]을 말할 뿐이다. 변증법의 비판적 목적은 사물의 사회적 구성을 드러내는 것이다. 변증법은 사물을 개념화하면서 사물의 비개념적 내용을 결정하려고 한다. 예를 들어, 가변자본의 인격화로서의 임금노동자 개념은 자신이 부정하는 것 — 인간의 감각적 존재 — 과 대면한다. 그리고 이 '비개념'이 임금노동 개념에 포함되고, 그래서 그 개념에 붙어 다니고 또 그 개념과 모순된다. 감각적 존재는 가변자본 개념 속에서, 부정되는 존재양식으로 나타난다. 더욱이, 가변자본이 기능하기 위해서는, 인간

---

35. Marx, *Grundrisse*, p. 239 [칼 맑스, 『정치경제학 비판 요강 I』, 233쪽].
36. 같은 책, p. 361 [같은 책, 377쪽].
37. Bonefeld, "Capital, Labour and Primitive Accumulation", in Dinerstein/Neary (eds.), *The Labour Debate*, Aldershot : Ashgate, 2002를 참조하라.
38. Adorno, *Negative Dialectics*, p. 5 [테오도르 아도르노, 『부정변증법』, 57쪽].

의 의식적인 실천의 현명함과 자발성이 필요하다. 하지만 이러한 것들 역시 그 정립된 개념 속에서 부정된다. 개념 속에서 부정된 것은 그 개념과 분리된 실존을 갖지 않는다. 그것은 그 개념 내에서 그리고 그 개념을 통해서 살아갈 뿐만 아니라, 그 개념에 맞서기도 한다. 따라서 변증법은, 화해reconciliation, 통합integration, 혼성incorporation에 의해서건, 아니면 단순히 사회적 내용에 대한 형식주의적 무관심에 의해서건, 모순을 진정시키는 사유 형태가 아니다. '탈신화화'가 변증법의 계몽적 목적이다.

　'변증법이 비동일성에 대한 일관된 의식'[39]이라는 아도르노의 생각에서는 사물에 외부적인 어떤 것이 다루어지고 있지 않다. 아도르노의 비동일성은 내부적인 비동일성이다. 비동일적인 것은 추상적인 동일성 안의 구성적인 현전이다. '그것은 동일성을 꿰뚫은 비동일성이다.'[40] 즉, 인간의 사회적 관계들은 하나의 광석 안에서 나타나는 사회적 관계들의 동일성 내의 비동일적 현전이다. 비동일적인 것은 부정되는 방식으로 동일성 안에 존재한다.[41] 변증법적으로 사유한다는 것은 '사물 속에서 일단 체험한 모순 때문에, 또 그 모순에 맞서, 모순들 속에서'[42] 사유한다는 것이다. 교환 속에서 동일한 것으로 보이는 것은 동일성의 국면 아래에 있는 비동일성이다. 사물의 독특한 특징은, 즉 사용가치로서의 그것들의 비동일성은 일정한 양의 화폐 — 동일성의 척도 — 로서, 교환 속에서 확인됨과 동시에 소멸된다. 비동일성은 어떻든 동일성 속에 내재한다. 비동일성의 인식은 변증법을[43] 부정적으로 만든다.

---

39. 같은 책, p. 5 [같은 책, 58쪽].
40. 같은 책, p. 189 [같은 책, 234쪽].
41. Gunn, "Against Historical Materialism", in Bonefeld et al (eds.), *Open Marxism*, vol. II 를 참조하라.
42. Adorno, *Negative Dialectics*, p. 145 [테오도르 아도르노, 『부정변증법』, 220쪽].

부정변증법은 '모든 동일성을 의심'한다. 그리고 개념의 '방향을 돌려 비동일성을 향하게' 만든다.[44] 대상 속으로 들어가지 않는 사유는 대상을 인식하지 못한다. 사물을 이해하기 위해서는 사물 내부에 있어야 한다.

요컨대, 비개념적인 것은 개념적인 것의 부정적 힘force이다. 실재는 자신을 부정하는 힘에 의해 전개된다. 따라서 파업을 하는 것은 경제적 범주들의 인격화가 아니라 인간이다. 파업을 하는 순간에도 인간은 경제적 범주들의 인격화로 존재하고 있다. 물신주의는 실재적이다. 하지만 물신주의 개념은 겉으로 드러나는 것보다 더 많은 것을 포함한다. 개념에 비동일적인 것은 개념을 추동한다. 자신의 개념을 초월하는 비밀스런 실재는 존재하지 않으며, 공격을 가하기 좋은 외부의 '유리한 지점'도 존재하지 않는다. 실재는 자신의 내부에서 분할된다. 내재성의 변증법적 내용의 귀결은 그러한 맥락 자체이다.

결말

아도르노의 부정변증법은 부정적인 조건들과의 화해를 꺼린다. 부정의 부정이 긍정성이라는 생각은 합리적이지 않다. 이런 생각은 '긍정성을 상정하는 자만이 옹호할 수 있을 뿐이다.'[45] 사물을 보이는 대로 시인하기를 거부하는 것은 화해불가능성을 함축한다. 부정의 부정은, 부정이 부정했던 것을 부정하지 않는다. 부정은 부정적인 인간 조건을

---

43. [옮긴이] 원문은 dialects로 되어 있으나 맥락상 dialectics로 옮겼다.
44. 같은 책, p. 12 [같은 책, 67쪽].
45. 같은 책, p. 160 [같은 책, 237쪽].

부정한다. 간단히 말해, '부정된 것은 사라질 때까지 부정적이다.'[46] 그릇된 것은 그르다. '전체는 그르다.'[47] 전체는 사라져야 한다. 하지만 만약 전체가 그르다면, 우리가 하는 모든 것은 그르다. 부정적인 조건들을 갖는 부정변증법의 화해불가능성은 따라서 부정변증법의 실천적 차원을 불능으로 만드는 것처럼 보인다. 아도르노의 말에 따르면, 야만과 싸우는 실천을 위한 시간이 도래했다. 하지만, 우리가 무엇을 하건, 모든 것은 똑같다. 야만에 맞서는 싸움은 야만적 세계의 원동력에 속한다. 그리하여 그 싸움은 야만 내부의 투쟁이며, 야만을 가능하게 만드는 반란일 뿐이다. 그릇된 세계에서 벗어날 탈출구는 없다는 것이다. 그러나 꼭 그렇다고 할 수는 없다.

나는 개념에 대한 아도르노의 생각이 매우 실천적이라고 주장했다. 아도르노의 부정변증법은 인간의 행위가 객관적인 사회적 구조들과 사회적 법률들의 테두리 내부에서 펼쳐진다는 생각에 굴복하지 않는다. 부정변증법은 오히려 구조들이 부르주아의 사회적 실천의 구성된 형태들이라고 폭로한다. 아도르노의 '실천' 개념은 독특하다. 루카치[48]에 따르면, 노동자는 물화에 저항할 수 있는데, 그 이유는, 노동자가 물화에 의식적으로 반항할 수 있는 한, '그의 인간성과 영혼이 상품들로 변화되지 않기'[49] 때문이다. '저항하는 노동자'의 영혼이 당이라는 진술은 여기에서는 관심 밖이다. 오히려 여기에서 중요한 것은, 노동

---

46. 같은 책, p. 160 [같은 책, 237쪽].

47. Adorno, *Minima Moralia*, p. 50 [테오도르 아도르노, 『미니마 모랄리아』].

48. [옮긴이] Georg Lucács (1885 ~ 1971) : 헝가리의 철학자 · 문학사가. 1918년의 헝가리 혁명에 참가한 후에 소련에 망명하였고 2차 세계대전 후에 귀국하였다. 맑스주의의 관점에서 문학사, 사상사, 미학을 연구하였다.

49. Lukács, *History and Class Consciousness*, London : Merlin, 1970, p. 172. [게오르그루카치, 『역사와 계급의식』, 박정호 · 조만영 옮김, 거름, 1999].

자의 영혼과 인간성이 마치 이 세계에 속한 것이 아니라 신성한 문제인 것처럼 여겨져서, 물화가 노동자의 영혼과 인간성에 영향을 미치지 못한다는 점이다. 블로흐[50]는 물화 내부의 물화되지 않은 것을 '물질의 내적 초월'로 이해했다.[51] 네그트[52]와 클루게[53]는 그것을 '유물론적 본능'으로 이해했다.[54] 하트[55]와 네그리[56]는 삶권력bio-power에 대해 언급

---

50. [옮긴이] Ernst Bloch (1885 ~ 1977) : 독일의 철학자. 하이델베르크 대학교에서 막스 베버에게 배우고 야스퍼스ㆍ루카치와 사귀었다. 그는 인간의 내부에 있는 희망을 새로운 미래에로 향하는 긴장으로서 받아들이고, 이것을 미의식(未意識)이라고 규정하고, 그 미의식의 생성을 미래를 향해 여는 것이 철학이라고 생각했다. 그래서 미완의 주체ㆍ인간의 '최종상태'에 이르는 자기실현의 과정을 현실(역사)이라고 생각했고, 맑스주의에 새로운 생명을 부여하고자 했다.

51. Bloch, *Logos der Materie*, Frankfurt : Suhrkamp, 2000.

52. [옮긴이] Oskar Negt (1934 ~) : 비판이론 전통에 서 있는 철학자이자 사회이론가. 현재 하노바 대학의 사회학 교수로 재직 중이다.

53. [옮긴이] Alexander Kluge (1932 ~) : 독일 출신의 영화 제작자로 20세기 후반 주요 독일 소설 작가들 중의 하나이며, 주요한 사회 비판가이기도 하다.

54. Negt/Kluge, *Public Sphere and Experience*, Minneapolis : University of Minnesota Press, 1993.

55. [옮긴이] Michael Hardt (1960 ~) : 미국 듀크 대학의 문학 소설 연구학부 교수. 네그리와 함께『제국』과『다중』을 공동집필하는 등 그와 협력 작업을 지속하고 있다. 주요 저서로는『들뢰즈 사상의 진화』(김상운ㆍ양창렬 옮김, 갈무리, 2004),『디오니소스의 노동 1ㆍ2』(이원영 옮김, 갈무리, 1996/7)가 있다.

56. [옮긴이] Antonio Negri (1933 ~) : 자율주의의 대표적인 이론가. 마이클 하트와 함께 쓴 세 권의 책『제국』(2000)과『다중』(2004),『공통체』(*Commonwealth*, 2009)로 전 세계의 주목을 받고 있는 그는 평생을 코뮤니즘을 위해 투쟁해 온 혁명적 투사이자, 맑스, 들뢰즈, 마끼아벨리, 스피노자를 아우르는 당대 최고의 지성 중 한 사람으로 평가받고 있다. 여러 저서들 중『지배와 사보타지』(윤수종 옮김, 중원문화사, 2010),『맑스를 넘어선 맑스』(윤수종 옮김, 중원문화사, 2010),『야만적 별종』(윤수종 옮김, 푸른숲, 1997),『자유의 새로운 공간』(가따리와 공저, 조정환 옮김, 갈무리, 2007),『전복의 정치학』(장현준 옮김, 세계일보사, 1991),『디오니소스의 노동 1ㆍ2』(마이클 하트와 공저, 이원영 옮김, 갈무리, 1996/7),『제국』(마이클 하트와 공저, 윤수종 옮김, 이학사, 2001),『혁명의 시간』(정남영 옮김, 갈무리, 2004),『전복적 스피노자』(이기웅 옮김, 그린비, 2005),『혁명의 만회』(영광 옮김, 갈무리, 2005),『귀환』(윤수종 옮김, 이학사, 2006),『다중』(마이클 하트와 공저, 조정환ㆍ정남영ㆍ서창현 옮김, 세종서적, 2008),『굿바이 미스터 사회주의』(박상진 옮김, 그린비, 2009),『예술과 다중』(심세광 옮김, 갈무리, 2010) 등이 한국어로 출간되었다.

하는데, 삶권력은 실질적 포섭[단계]에 놓인 자본주의의 최선의 노력들에도 불구하고 코뮤니즘적 저항의 토대로서 역사를 횡단하면서 여전히 활동적인 어떤 종류의 생물학적 잔여residue를 나타낸다.57 그렇다면 아도르노는? 아도르노는 이것들 중 어느 것도 취하지 않을 것이다. 아직 사물의 논리에 의해 식민화되지 않은 외부의 세상이 존재한다는 생각은 부조리하다. 사회 개념을 정식화하는 대신에 이런 식으로 체계와 영혼·초월적 물질·유물론적 본능·삶권력으로 사회를 구획하는 것은 원래 서로 묶여 있는 것을 분리시킨다. 실제로, 어느 정식화를 선호하건, 그것들은 모두 사회와 구별되는 것으로 여겨지는 주체를 강조한다. 단언된insisted 주체는 사회적 주체가 아니다. 그런 주체는 선언된asserted 주체일 뿐이다. 이 선언된 주체는 적대적 사회 내부에서 이루어질 수 없다고 여겨지는 일, 즉 주체가 자신의 왜곡된 실존양식에 맞서 전투를 치름으로써 사회적 주체를 실현하는 일을 하지 않으면 안 된다.

아도르노의 부정변증법은 연구되어야 한다. 특히 [이] 비참한 시대에는 더 그렇다. 부정변증법이 용감하게 부르주아의 사회적 실천이라는 개념을 꺼낸 것은, 맑스의 그 유명한 두더지가 요새에 터널을 뚫음으로써 혁명을 준비하는 것과 동일한 효과를 지닌다. 그 두더지는 철학적이다. 일단 작업이 끝나면 두더지는 떠난다. 두더지의 떠남은 다음과 같은 것을 요구한다. 아도르노는 실재 개념과 실재의 경험을 대립시키는데, 이러한 대립은 개념 속에 비개념적인 것이 들어 있다는 비판이론에서 벗어나, 비개념적인 것이 불행한 의식의 실재적인 '삶-활동'58(모든 개별 작업장과 모든 지역적 공동체에서 이루어지는 잉여가

---

57. Hardt/Negri, *Multitude*, London : Penguin, 2004 [마이클 하트·안토니오 네그리, 『다중』, 조정환·정남영·서창현 옮김, 세종서적, 2008].
58. Marx, "The German Ideology", in Tucker (ed.) *The Marx-Engels Reader*, New York :

치의 생산·착취·분배를 둘러싼 일상의 투쟁)과 관계된다는 것을 실천적으로 이해하는 것으로 바뀌어야 한다는 것이다. 인간이 경제적 범주로 현존한다고 해서, 그것이 인간의 의식이 경제 의식 그 자체로 환원된다는 것을 함축하지는 않는다. 인간의 현존은 경험된 개념으로서의 경제 개념, 그리고 경험된 의식으로서의 경제 의식을 함축한다. 인간의 경험은 동등하게 공유되지 않는다. 그것은 계급에 따라 분할되는 경험이다. 노동력의 판매자들은 경제적 강제의 힘들을 수익을 챙기는 사람들과는 다르게 경험한다. 적어도, 예속적인 대중에게 있어 경제 의식은 불행한 의식이다. 화해가 필요한 것은 바로 다음과 같은 의식이다 : '자유는 억압에 맞서는 가운데 억압의 변화하는 형태들 속에서 구체화된다. 자유롭게 되고자 하는 의지를 가진 사람들이 있었던 만큼의 자유 의지가 존재했다.'[59] 그리고 이러한 통찰 때문에, 우리가 부르주아 사회의 거짓 총체성 속에서 바르게 살아갈 수 없다는 아도르노의 진술은 부분적으로만 옳을 뿐이다. 올바른 삶은 부르주아 사회의 허위에 맞서는 투쟁 속에서 시작되기 때문이다. 어떤 미래가 되건, 미래란 언제나 미래의 현재이다.

후기

그릇된 친구들과 연대하고 그릇된 갈등에 참여하는 것을 통해서는 부르주아 사회의 허위에 대항하지 못한다. 도리어 그러한 연대와 참여

Norton, 1978, p. 154 [칼 맑스·프리드리히 엥겔스, 「독일 이데올로기」, 『칼 맑스 프리드리히 엥겔스 저작선집 1』, 최호진 외 옮김, 박종철출판사, 1995, 202쪽]를 보라.
59. Adorno, *Negative Dialectics*, p. 265 [테오도르 아도르노, 『부정변증법』, 357쪽].

는 모든 면에서 허위를 강화할 뿐이다. 그릇된 친구들과 연대하고 그
릇된 갈등에 연루되는 것은, 최선의 경우, 체제순응적인 반란 속에서
급진주의의 자세를 독단적으로 긍정하는 것이고, 최악의 경우, 자신들
의 주체성을 강탈당한, 주체성을 상실한 맹목적인 사람들과 유사한 조
치를, 원한에 치를 떨며, 요구하는 것이다. 그리고 그러한 행위가 완수
될 때, 침묵의 잔인함은 귀청이 터질 지경이다. 긍정적인 것은 어디에
있는가? 그것은 그릇된 단어들 속에서 발견될 수 있을 것인가? '오늘날
과 같은 비참한 시대에 긍정은 오직 부정 속에만 있다.'[60]

---

60. Agnoli, "Destruction as the Determination of the Scholar in Miserable Times", in
  Bonefeld (ed.), *Revolutionary Writing*, New York : Autonomedia, 2003, p. 33.

3장

사회형태, 비판 그리고 인간의 존엄

I

　칸트가 계몽을 스스로 초래한 미성숙에서 벗어나려는 인류의 엑소더스로 규정한 것은 여전히 전복적인 의미cunning를 지닌다. 칸트는 스스로 초래한 미성숙, 즉 인간Man이 미성숙하다고 말하면서도 그와 동시에 인간 존재가 자신이 창조한 왜곡된 세계를 극복할 수 있는 능력을 지닌 주체라는 점 역시 강조하고 있다.[1] '스스로 초래한 미성숙을 극복한다'라는 생각은 기존의 권력관계들에 대한 반대를 전제한다. 그리고 학자의 역할에 대한 칸트의 결정은 이 점을 인정한다. 칸트는 보통의 인간이 존엄을 갖추도록 돕는 학문만이 참되다고 주장했고[2], 학자

---

1. 이 글 전체에서 'Man'은 'Mensch'라는 의미로 사용된다. [이 장에서 Man은 모두 '인간'으로 옮겼다. — 옮긴이]
2. Kant, *Nachlass*, in Sämmtliche Werke, Hartenstein edition, vol. 8, Leipzig : Leopold

의 작업은 국가의 헌법의 본성을 밝혀야 한다고 요구했으며, 그렇게 하지 못한다면 학문은 기만적인 선전publicity이 된다고 말했다.3

맑스는 지금까지의 역사가 '역사 이전'이며, 인간이 더 이상 착취의 자원이 아니라 목적인 사회적 관계들을 인간이 창출할 때 인류사가 시작된다고 주장함으로써, 칸트의 비판적 계몽[개념 — 옮긴이]과 공명했다. 맑스는 구성된 권력의 본성을 '밝히는 것'으로는 충분하지 않다고 주장함으로써 칸트보다 더 나아갔다. 맑스의 비판은 단지 폭로를 원하는 것이 아니라 이 구성된 형태들이 인간의 사회적 실천 형태들임을 보여 주고자 했다. 이러한 비판이 인간을 버림받은 존재로 만드는 모든 관계들이 자유롭고 평등한 사람들의 사회를 위해 폐지되어야 한다는 맑스의 혁명적 요구를 위한 물질적 토대이다. 그 사회는 인간에게, 다시 말해, 더 이상 '스스로 부과한' 추상에 의해 지배되지 않으면서 그자신의 사회적 활동을 통제하며 자기 자신을 소유하는 인간에게 모든 것이 돌려지는 인간 존엄의 사회이다.

아도르노가 주장하는 바와 같이,4 맑스의 비판이 인간관계들에 대한 학문이라고 말하는 것은, 맑스의 비판이 인간 실존의 비인간성에 대한 학문이라는 의미에서만이다. 이러한 통찰은 본질적으로 무반성적unreflected인 전제들, 다시 말해 자본주의적 형태들을 자기구성적이고 능동적인 사물들로 보는 전제들에 대한 비판이 되는 맑스의 물신주의 비판에 초점을 맞춘다. 바크아우스5에 따르면,6 이 비판은 인간 존재를

Voss, p. 625.

3. Kant, *Conflicts of the Faculty*, trans. and introd. by Gregor, New York : Abaris, 1979.

4. Adorno, "Zur Logik der Sozialwissenschaften", in ibid. et al., *Der Positivismusstreit in der deutschen Soziology*, Munich : dtv, 1993, p. 141.

5. [옮긴이] Hans-Georg Backhaus (1929 ~) : 독일의 경제학자이자 철학자. 맑스의 가치이론 분야에서 가장 유명한 이론가 중의 한 사람으로 꼽힌다. 대학생 시절부터 이미 라이

이미 존재하는 주체로 바라보는 부르주아적 관념을 포함한 모든 물화에 비타협적인 사회적 구성 이론이 된다. 요컨대 맑스는, 이론적 신비주의들이 인간의 실천에서 그리고 이 실천의 [개념적 ─ 옮긴이] 파악에서 그 합리적인 해결을 얻는다고 주장함과 동시에,7 곧바로 인간의 실천은 경제적 객관성의 단순한 인격화인 자본의 형태로 자기 자신에 반反하여 존재한다고 설명한다. 그리고 이것이 맑스의 비판의 핵심적인 '문제틀'이다. 인간이 이미 존재하는 추상들에 의해 지배당하는 것처럼 보이는 가운데에서도, 인간의 사회적 실천이 구성적인 역할을 하는 이 상황을 어떻게 이해할 수 있는가.8

아도르노에 따르면,9 인간 주체를 자본 형태 속에서 부정되는 방식으로 존재하는 주체로 보는 맑스의 비판적 이해는, 정치경제학 비판을 하나의 부정적 존재론으로 특징짓는다. 사회세계는 사회적 실천을 통해 존속하고 그 실천에 의존하지만, 인간 존재는 자연의 한 힘으로 나타나는 사회적 객관성이라는 단순한 역할을 담당한다. 이 때 정치경제학 비판은 사회의 구성적 본질(즉 인간 존재)을 기초로 하는 자본주의적 사회관계들에 대한 비판에 그치는 것이 아니라, 인간이 타락하고, 착취당하고, 천대받고, 버림받으며 예속화된 존재로 살아가는 곳에서 모든 관계들이 파괴되어야 한다는 요청이기도 하다. 그러한 사회는 인간에게 어울리지 않는다. 그것은 인간 존엄이 결여된 사회이다.

켈트와 오랫동안 협력 작업을 시작했다.

6. Backhaus, *Die Dialektik der Warenform*, Freiburg : Ça ira, 1997.

7. Marx, "Thesis on Feuerbach", *Collected Works*, vol. 5, London : Lawrence & Wishart, 1975, p. 5 [칼 맑스, 「포이에르바하에 관한 테제들」, 『칼 맑스 프리드리히 엥겔스 저작선집1』, 최호진 외 옮김, 박종철출판사, 1995, 189쪽]를 참조하라.

8. Reichelt, "Jürgen Habermas' Reconstruction of Historical Materialism", in Bonefeld/Psychopedis (eds.), *The Politics of Change*, London : Palgrave, 2000을 참조하라.

9. Adorno, *Gesellschaftstheorie und Kulturkritik*, Frankfurt : Suhrkamp, 1975, p. 51.

II

　　독자적 사유, 즉 과학적 사고의 원리인 비판적 사유는, '연구하라, 연구하라, 연구하라, 그러나 사고하지는 마라'라는 교의가 지배하는 세상에서는 그 가치를 상실한다. 연구가 점점 사실fact을 분석적으로 해석하고 통계학적으로 평가하는 사유 없는 행위가 될 때, 사회는 점점 더 인간 존재의 사회가 아닌 것으로 나타나게 된다. 오히려 인간 존재는 그 자신이 하나의 사실 — 소위 생산의 인적 요소 — 이 된다. 블로흐는 '눈에 보이는 것, 그것이 진리일 수 없다'[10]라고 주장했다. 이렇게 해서 블로흐는 '사실들', 즉 객관적인 실존과 본질 간의 동일성을 부정했으며, 추상적 동일성의 기치 아래 축적의 피라미드 위에서 희생되는 경제적인 인간 자원이라는 외관[현상] 속에서, 본질이 사라지는 사회적 실존의 폭력을 지적했다. 사실들을 객관적인 진리를 함축하는 자료로 전제하는 사유 형태들과 대조적으로, 블로흐는 독자적 사유를, 다시 말해 비판적 사유를 학자적 작업의 원리로 떠받들었다. '사유하는 것은 위험을 무릅쓰고 넘어서기를 감행하는 것을 의미한다.'[11] 하지만 이러한 생각에는 긍정적인, 즉 구성적인 힘이 결여되어 있다 — 이 힘은 사회구조를 사유의 전제조건으로 가정하는 것을 거부한다. 이 구성적 힘은 사회구조가 존엄한 사람들 — 사회적 개인들 — 을 구조적 특성의 단순한 행위자로 만드는 주체적인 사물들이 아니라고 주장한다. 사회구조가 자기 자신을 인간 존재에 객관적으로 강제하는 힘이라고 가정하는 것은, 필연적으로, 인간 존재가 객관적인 조건들 — 이 조건들은 주어진

---

10. Bloch, *Philosophische Grundlagen I*, Frankfurt : Suhrkamp, 1961, p. 65.

11. Bloch, *Das Prinzip Hoffnung*, Franfurt : Suhrkamp, 1973, p. 2 [에른스트 블로흐, 『희망의 원리』, 박설호 옮김, 열린책들, 2004].

것으로 가정되며 또 그것이 마치 별개의 인간인 것처럼 받아들여진다 — 에서
유래한다는 설명으로 귀결된다. 이러한 시각에서, 인간 존재는 단순히
‘구조를 재생산하는’ 행위자라고 주장된다. 구조가 능동적 사물로 인간
화되는 것 — 더 정확히 말해, 자본을 주체로 인정하는 것, 그리고 역으
로 인간을 ‘구조를 생산하는’ 행위자로 인정하는 것, 이것은 사기이다.
이것은 자본의 형태를 객관적인 사물로 합리화하고, 자본의 권력이 자
기 구성적이라는 결론을 이끌어 낸다 — 이것이 소위 자본의 객관적 논
리이다. 맑스는 이러한 합리화가 상품형태의 물신주의의 이론적 표현
이라고 비판한다.[12] 상품형태 개념은 사회적 노동의 생산물들이 인간
의 지배를 받지 않고 오히려 인간을 지배하는 것으로 보이는 인간 실
존의 사회적 현실에 초점을 맞추고 있다.[13]

　　사회적 노동의 생산물이 원래의 생산자들의 등 뒤에 객관적으로
존재하는 환경은 마치 사회가, 그리고 그 사회의 규칙들이 개별적 인
격을 갖는 것처럼 보이게 만든다. 그렇지만 사회가 아무리 행동하는
주체들에게서 자율적으로 된다 해도, 주체들이 없다면 사회는 아무것
도 아니다. 사물의 구성된 권력을 사유의 전제로 받아들이는 것은 무
비판적이다. 그것은 인간 실존이 ‘인간 이외의 것’ — 즉 경제적 객관성의
체계적 힘들 — 에 의해 지배당하는 운명에 처해 있다는 구성된 신화에
서 사유가 벗어나지 못했음을 확인시켜 줄 뿐이다. 맑스의 물신주의
비판은 물신주의가 실재적이라는 사실을 부정하지 않는다. 그와 반대
로 맑스는 물신주의의 사회적 실재를 파악하기 위해 그것의 사회적 구
성을 해독하려고 애쓴다. 사물의 세계는 자연적으로 구성되는가 아니

---

12. 이에 대해서는 특히 Sohn-Rhetel, *Warenform and Denkform*, Frankfurt : Suhrkamp,
　　1978을 보라.
13. Marx, *Capital* vol. I, p. 85 [칼 마르크스, 『자본론 I (상)』, 103~104쪽]를 참조하라.

면 신적 창조의 결과인가? 제2, 그리고 제3 인터내셔널은, 스미스의 역사 단계 이론과 유사한, 발전의 목표를 포함한 역사가 마치 사회주의로의 이행이 '객관적인 가능성'이 될 때까지 오랫동안 가차 없이 움직여 가는, 사회와 역사에 대한 자연화된 개념들을 승인했다. 수정주의자들은 혁명이 필연적이지 않다는 것을 주장하기 위해, 그리고 정통파는 혁명이 자연적 필연성의 산물이라는 점을 주장하기 위해, 그렇게 했다.[14] 도대체 역사가 객관적인 역사 발전 법칙의 결과라고 말하는 것은 무엇을 의미하는가? 역사가 역사를 만드는가?

아도르노에 따르면, 사회의 운동 법칙은 '그 개별 주체들로부터 추상되었다. 역사는 개별 주체들을 단순한 수행자로, 또 사회적 부와 투쟁의 단순한 가담자로 격하시켰다. 그러나 다른 한편으로 실제로 개별 추체들이 없다면, 그들의 자발성이 없다면 역사는 아무것도 아닐 것이다.'[15] 따라서 물화는 '자신의 한계를 물화된 인간 속에서 발견한다.' 즉 사회적 개인이 그 안에서 쉴 새 없이 움직이는 현실은 불변적 속성을, 즉 인간과 독립적으로 존재하는 어떤 것을 갖지 않는다. 맑스의 정치경제학 비판의 특징을 '실존에 대한 판단'으로 보는 호르크하이머[16]의

---

14. Krahl, *Vom Ende der abstrakten Arbeit*, Frankfurt : Materialis Verlag, 1984, pp. 115~116을 참조하라.

15. Adorno, *Negative Dialectics*, London : Routledge, 1990, p. 304 [테오도르 아도르노, 『부정변증법』, 402쪽]. 비판이론과 맑스의 정치경제학 비판의 관계에 대해서는 Backhaus ("Between Philosophy and Science", in Bonefeld et al. (eds.), *Open Marxism*, vol. I. London : Pluto, 1992; "Die Irrtümer der nationalökonomischen Marx-Kritik als Grundmängel der nationalökonomischen Theoriebildun", in Brentel et al. (eds.), *Gegensätze. Elemente kritischer Theorie*, Frankfurt/New York : Campus, 1996; "Über den Begriff der Kritik im Marxschen *Kapital* und in der Kritischen Theorie", in Bruhn et al. (eds.), *Kritik der Politik*, Freiburg : Ça ira, 2000)을 보라.

16. [옮긴이] Max Horkheimer (1895 ~ 1973) : 유대계의 독일 철학자이며 사회학자. 프랑크푸르트학파의 대표적인 철학자이다.

관점은 근본적으로 위와 동일한 생각을 표현한다. 이러한 시각에서 볼때, 소위 자본의 자립화Verselbständigung 속에서 인간은 보이지 않게 되지만, 그럼에도 불구하고 그 생산관계들이 인간의 사회적 실천 속에 존재하고, 인간의 사회적 실천을 통해 존재하고, 인간의 사회적 실천에 의존한다는 것은 분명하다.[17] 자본이 아무리 사회적 개인의 등 뒤에 모습을 드러내는 하나의 경제적 범주로 스스로 자립화하는 것으로 나타난다 하더라도, 자본은 자신의 실체substance로 인간의 사회적 관계들을 전제한다. 물신주의 비판은 그래서 무반성적 전제들에 대한 비판이 되는데, 이러한 비판은 사물들 자체의 실체 — 인간의 사회적 관계 — 를 드러내려고 애쓴다. 이 실체들이 자본의 외관[현상] 속에서 소멸한다는 점이 그것이 [무언가로 — 옮긴이] 현상한다는 사실 자체를 바꾸지는 못한다 — 외관[현상] 속에서 현상하는 것은 사물들 간의 사회적 관계로서의 사회이다. 간단히 말해, 정치경제학 비판은 사회적 실천begriffene Praxis[18]의 총체성 개념이 된다. 이 사회적 실천이 바로 자본의 인간 외적 형태들을 구성하고, 채우는 동시에 부정하는 그것이다.

그저 대안적인 경제 과학에 머무르지 않겠다는 맑스의 비판의 목적이 실현되기 위해서는, 자본의 구성된 형태들의 인간적 내용(그것이 아무리 왜곡되고 타락했다 할지라도)이 비판을 통해 드러나야만 한다. 내용 없는 형식은 존재하지 않는다. 마르쿠제[19]가 말한 바대로, '세계의 구성은 개인들의 등 뒤에서 일어난다. 하지만 그것은 그들 자신의 일

---

17. Adorno, "Zur Logik der Sozialwissenschaften", p. 173을 참조하라.

18. Schmidt, "Praxis", *Gesellschaft : Beiträge zur Marxschen Theorie 2*, Frankfurt : Suhrkamp, 1974, p. 207.

19. [옮긴이] Herbert Marcuse (1898 ~ 1979) : 독일 태생의 미국 철학자로서, 맑스의 사회주의 이론과 프로이트의 정신 분석 이론에 기초를 두고, 고도로 발전된 현대의 관리 사회가 초래하는 인간 소외의 상황을 날카롭게 분석·비판하였다.

이다.'[20] 따라서, 자본의 구성된 물신이 인간의 사회적 실천을 비가시적으로 만들고 그것을 객관적 법칙들에 수반되는 단순한 행위로 보이게 만드는 환경은 탈신비화를 필요로 한다. 전쟁을 만들어 낸 것은 '국가들'도 아니고, '역사'도 아니다. '역사는 오직 자신의 목적을 추구하는 인간의 활동일 뿐이다.'[21] 그리고 자본은 단지 역사적으로 특정한 사회적 노동양식 — 자본주의적으로 구성된 사회적 생산의 조직화 — 을 위한 이름일 뿐이다.[22] 그래서 맑스의 정치경제학 비판은, 자연과의 사회적 물질대사 양식의 특정한 형태들인 자본주의적 경제 범주들을 해독하려고 하는 연구 프로그램 — 적어도 이것이 맑스 정치경제학 비판의 비판적 의도이다 — 을 포함한다. 사회적 재생산 형태들은 사회적 개인으로부터 추상된다. 그러한 상황에도 불구하고, 그 형태들은 그[사회적 재생산 형태들 — 옮긴이] 속에서, 그리고 그것을 통해서 존속하는, 또한 자신들에 맞서서 존재하는 인간의 사회적 실천 형태이다. 인간의 사회적 실천이 아무리 물화되었을지라도 말이다.[23] 이러한 시각에서 볼 때, 노동력의 상품으로의 변형은 교환관계의 인격화 형태 속에 인간의 사회적 실천을 정립하는 것을 의미한다. 그렇게 해서 인간들은, 단순한 모나드[24]로, 인물형들[25] 혹은 '생산에서는 인간이 객체화하고, 인간[소비 — 옮긴이]에서는 사물이 주체화되는'[26] 교환관계들의 인격화로, 통약 가능한

---

20. Marcuse, *Negations*, London : Free Association Press, 1988, p. 151.

21. Marx/Engels, *Die heilige Familie*, MEW 2, Berlin : Dietz, 1980, p. 98.

22. Schmidt, *Marx's Concept of Nature*, London : New Left Books, 1971을 보라.

23. Adorno, "Zur Logik der Sozialwissenschaften", p. 108을 참조하라.

24. [옮긴이] monad : 라이프니츠의 철학 용어로, 넓이나 형체를 가지고 있지 않으며, 무엇으로도 나눌 수 없는 궁극적인 실체를 가리킨다.

25. [옮긴이] character mask : 맑스주의적 의미에서는, 사회적 상호관계에서 인간이 맡는 역할을 뜻한다. 더 자세한 내용은 다음의 위키피디아 링크를 참조하라. http://en.wikipedia.org/wiki/Character_mask#cite_note-60. 국내 번역본에서는 '등장인물', '역할' 등으로 옮겨져 있다.

commensurable 존재들로 된다. 인간의 사회적 재생산이 '사물'의 세계를 통해 존속하는 것과 동시에, 사물들 간의 관계의 재생산은 인간의 사회적 실천과 변형적 역량에 의존한다. 호르크하이머는 '인간 존재들은 그들 자신의 노동을 통해 점점 그들을 예속화하는 현실을 생산한다'[27]라고 주장하면서 이것을 간명하게 표현했다.

맑스는 일찍이 가장 좋아하는 모토가 무엇인지 질문을 받은 적이 있었다. 그는 '모든 것을 의심하라!'de omnibus dubitandem라고 대답했다. 의심은 모든 과학적 사유의 토대이다. 본질과 현상이 일치한다면 의심은, 그리고 그것과 함께 모든 과학은 불필요하게 될 것이다. 과학은 본질과 현상 사이의 차이에 의해 구성된다.[28] 본질은 현상해야 한다. 본질이 현상되지 않는다면, 본질이 본질일 수 없을 것이기 때문이다. 따라서 과학은 구조들의 세계와 그것들의 소위 객관적인 법칙들이 정립하는 독립이라는 외관[현상]을 해독하는 문제이다. 사물 세계의 구성적 본질을 밝히려는 시도는 사물들 자체의 외관을 의심 없이 받아들이거나 그 외관에 근거하는 이론적 기획을 통해서 진행될 수는 없다. 맑스의 논평처럼, '안개처럼 몽롱한 종교적 환상의 현세적 핵심을 분석에 의해 발견하는 것은, 현실의 생활관계들로부터 그것들의 천국형태를 전개하는 것보다는 훨씬 더 쉬운 일이다. 후자의 방법이 유일하게 유물론적인, 따라서 유일하게 과학적인 방법이다. 자연과학의 추상적 유물론(즉, 역사와 역사적 과정을 배제하는 유물론)의 결함은, 그 대변자들이 일단 자기의 전문영역 밖으로 나왔을 때에 발표하는 추상적이며 관념론적인 견해에서 곧 드러난다.'[29] 달리 말해, 정치경제학 비판은 사

---

26. Marx, *Grundrisse*, p. 89 [칼 맑스, 『정치경제학 비판 요강 I』, 58쪽].

27. Horkheimer, *Kritische und traditionelle Theorie*, Frankfurt : Fische, 1992, p. 229.

28. Marx, *Capital* vol. III, p. 817 [칼 마르크스, 『자본론 III (하)』, 1007쪽]을 참조하라.

물들의 사회적 구성을 밝힘으로써 사물들의 교조적 물질성을 해체한
다. 정치경제학 비판은 사물들의 독립이라는 외관[현상]이 제공하는 그
대리 공동체를 뒤집는다. 이러한 형태들 자체를 구성하는 사회적 관계
들 ― 비록 이 관계들이 사물들을 개인 속으로 주체화하면서 보이지 않게 된다
할지라도 ― 을 표면화하기 위해서 말이다. 모든 생산은 특정한 사회형
태 속에서, 그리고 그 형태를 통해서 이루어지는 자연의 전유이다 ―
그리고 자본주의적 생산의 구성된 사회규칙들이 인간을 사물들 자체
의 파생물로, 즉 그저 하나의 수단으로 전도시킨다는 사실에도 불구하
고, 자본주의 생산 또한 마찬가지로 그러하다. 모든 사람에게 값이 매
겨진다는 것은 사실이다. 그렇지만 자본이 산 노동으로부터 잉여가치
를 추출하면 할수록 더 왕성하게 살아가는 자립화된 힘처럼 보일지라
도, 자본은 여전히 물질적 생산의 특정한 양식이며, 사회적 생산관계
들의 특정한 조직화이다. 여기에서 '노동에 대한 강권'[30] 아래에 놓인
사회적 노동은 추상적 부를 위한 추상적 부 ― 과정 속의 가치, 과정 속의
화폐, 자본 그 자체 ― 를 생산한다. 라이켈트가 말한 바와 같이, '자본의
역동성을 온전하게 이해하는 데 있어서 노동이 차지하는 구성적 중요
성이 간과된다면, "경제학"은, 자연적으로 주어진 요소들을 다루는 이
론이 된다.'[31] 달리 말해, 자본의 자립화된 가치 생산 체계의 사회적 성
격이 인간의 사회적 실천 형태로 개념화되지 않는다면 우리는 그것을
이해할 수 없게 된다. 이러한 개념화가 맑스의 정치경제학 비판의 도
약대이다.

따라서 맑스의 정치경제학 비판은 근본적으로 물신주의 비판이

---

29. Marx, *Capital* vol. I, p. 352, fn. 8 [칼 마르크스, 『자본론 I (하)』, 501쪽, 각주 4번].
30. Marx, *Grundrisse*, p. 418 [칼 맑스, 『정치경제학 비판 요강 II』, 30쪽]을 참조하라.
31. Reichelt, "Jürgen Habermas' Reconstruction of Historical Materialism", p. 122.

다.[32] 사물들이 맺는 관계들의 사회적 구성을 밝히려는 그의 시도는, 인간의 사회적 관계들이 사물들 간의 구성된 관계에서 파생되었다는 소위 부르주아 사회의 해부를 비과학적인 것이라며 받아들이지 않는다. 대신에 그의 비판은 인간의 사회적 관계 형태인 자본주의적 형태의 신비성을 발가벗긴다. 그의 주장에 따르면, 자본은 하나의 사물도, 또는 자기 구성적인 '주체'도 아니다. 그것은 오히려 명확한 사회적 관계이다 ─ 그것은 '노동 조건들에 의해 나타나는 형태',[33] 다시 말해 '객체 없는 **자유노동자들**'[34]로서의 노동의 실존양식이다. 이러한 내용은 인간 실존이 미리 전제된 객관적 법칙들로부터 파생된다고 제안하는 사람들의 모순적인 시각에서 확인된다. 한편에서는, 인간 존재들은 사물들의 단순한 인격화들로 가정되고, 다른 한편에서는, 사물들의 세계가 제대로 존재하고 작용하는 것은 활동적인 인간적 속성에 의존한다고 주장된다 ─ 생산과정 속에서 이루어지는 노동력의 효율적·효과적·경제적 소비는, 사물들의 세계를 이롭게 하는 자원으로서, 그리고 그 자신의 확대된 재생산을 가능하게 하는 자원으로서 긍정된다. 인간이 사물들의 단순한 인격화로 간주된다 할지라도, 사물들 자체의 안녕은 인간의 생산력의 효과적인 응용에 의존하는 것으로 여겨진다. 그러므로 '사회'가 구조적 법칙들의 지배를 받는다고 주장하는 것은, 자동화된 조립 라인을 통한 노동의 소비를 세상에서 가장 좋은 것으로 승인하는 것과 같다.[35]

<hr>

32. Backhaus, *Die Dialektik der Warenform*.

33. Marx, *Theories of Surplus Value* Part III, London : Lawrence & Wishart, 1972, p. 492.

34. Marx, *Grundrisse*, p. 507 [칼 맑스, 『정치경제학 비판 요강 II』, 136쪽].

35. Adorno, *Gesellschaftstheorie und Kulturkritik*, p. 106.

III

맑스의 작업은 형태들에, 처음에는 의식 형태들(예컨대 종교와 법)에, 그리고 나중에는 정치경제의 형태들에 초점을 맞춘다. '맑스에게 있어, 형태에 초점을 맞추는 것은 전도된 사회적 실존 — 인간 존재들의 생활실천에 의해 구성된 실존 — 형태들에 대한 비판과 동일했다.'[36] 맑스의 비판은 이 모든 형태들이 — 사물들에 의해 세워진 — '공동체'의 전도된 형태들로 존재한다는 것을 보여준다. 맑스는 개인들이 항상 서로 '개인들로서'[37] 상호작용하기 위해서는 이 추상적 공동체로부터 스스로 해방되어야 한다고 고발한다. 이 핵심적인 생각은 『독일 이데올로기』에서 가장 강력히 주장된다. '코뮤니즘이 창출하는 현실das Bestehende은 바로 개인들로부터 독립된 어떤 현실도 불가능하게 만들기 위한 실재적wirkliche 토대인데, 그 현실이 개인들 자체의 지금까지의 교류의 산물 이외에 아무것도 아닌 한에서만 그렇다.'[38] 따라서 인간의 사회적 실천에 대한 이해는 미리 가정된 자본주의적 형태들과 그들의 소위 객관적인 발전 법칙들을 토대로 해서는 진전될 수 없다. 자본주의 사회에 대한 가정된 해부로부터 인간관계들이 파생되었다고 주장하는 것은 이 해부를 인간 실존의 객관적인 테두리로 전제하는 것이며, 그럼으로써 물화된 세계를 실재적 주체로 긍정하는 것이다. 가정된 구조들로부터 사회적 관계들을 도출하는 것은 구성된 사물들의 우상화를 의미하며, 그것은 사유를 '물화의 이데올로기 — 죽음의 현실적 가면'[39]으로

---

36. Reichelt, "Jürgen Habermas' Reconstruction of Historical Materialism", p. 105.
37. Marx/Engels, *Die Deutsche Ideologie*, MEW 3, Berlin : Dietz, 1962, p. 70f [칼 맑스·프리드리히 엥겔스, 「독일 이데올로기」, 『칼 맑스 프리드리히 엥겔스 저작선집 1』, 249~250쪽].
38. 같은 책, p. 70 [같은 책, 250쪽].

변형하기에 이른다. 그러한 우상화는, 생산 및 생존 수단에서 분리된 노동력의 판매자로서의 노동자가, 노동력의 구매자와 동등하고 자유롭게 관계를 이룬다는 것을, 하나의 영원한 역사적 조건으로 승인하고 투사한다. 요컨대, 그러한 우상화는 그들 각자가 맺는 관계들이 그들의 등 뒤에 구조화되어 있는, 단지 원자화된 개인들 간의 교환관계를 인정할 뿐이다. 이에 대해 맑스의 정치경제학 비판은 다음과 같이 언급한다 : 이 우상화는 그저 표면상의 외관들이 서로 외적인 관계를 맺는 것처럼 보이게 만든다. 유기적으로 상호 연결된 요소들이, 보이지 않는 손이나 세이의 수요공급 법칙에 의해 지배되는 순전히 사변적인 관계 같은 우연한 관계들 속에 놓인다는 사실은 이 우상화가 포괄성이 떨어진다는 사실을 명확하게 보여준다.

맑스의 정치경제학 비판은 인간의 사회적 관계들을 미리 가정된 경제적 형태들로부터 도출하는 대신, '인간으로의[사람에 대해 — 옮긴이] 환원'reductio ad hominem 40에서 시작한다. 맑스가 언급한 바와 같이, 비판은 '사람에 대해'ad hominem 증명되어야 한다. 그리고 '이론은 철저한 것이 되면 곧바로 사람에 대한 것임이 증명된다. 철저하다는 것은 사태를 뿌리에서 파악한다는 것이다. 그리고 인간에게 있어 뿌리는 바로 인간 자신이다.'41 그리고 '인간에게는 인간이 가장 중요한 존재이다.'42 맑스의 비판은 부정된 존엄으로서의 인간 존엄에 초점을 맞추며, 이것은 인간의 사회적 관계들의 전도된verrückte 형태들인 자본의 형태들에 대한 비판을 수반한다. 그래서 맑스의 비판은 자본주의 사회에서 인간

---

39. Adorno, *Gesellschaftstheorie und Kulturkritik*, p. 60.
40. Adorno, "Zur Logik der Sozialwissenschaften", p. 143.
41. Marx, "Contribution to the Critique of Hegel's Philosophy of Law. Introduction", p. 182 [칼 마르크스, 「헤겔 법철학 비판 서문」, 『헤겔 법철학 비판』, 20쪽].
42. 같은 책, p. 182 [같은 책, 20쪽].

존엄의 부정이 필연적인 부정임을, 즉 그것이 인간의 목적의식적인 실천의 실존양식임을 보여 주어야 한다. 비판의 기준은 인간이다. 인간 존엄은 부정당하는 존재양식으로 실존한다. 말하자면 존엄은 자신의 부정에 대한 반대와 저항을 통해 물질적으로 실존한다 ― 존엄의 물질적 실존은 '인간이 천대받고 예속되고 버림받으며 경멸받는 존재로 있는'[43] 모든 관계들의 전복을 통해서 드러난다. 그렇다면 비판은 그러한 사회적 구성을 보여 주기 위해 사물들의 세계의 인간적 토대까지 추적해야zurükführen 한다. 사회형태의 '귀환' ― 사회형태를 인간의 사회적 실천 형태들로 개념화하는 것 ― 은 '추상적 인간 개체'로서가 아닌 특정한 사회형태의 구성원으로서의 인간 존재를 함의한다.[44]

맑스의 초기 저작으로부터 뽑은 이 인용문들은 때로 별로 중요하지 않게 보이는데, 그 까닭은 맑스가 정치경제학에 대해 진지한 연구를 한 결과 [후기 저작에 이르러서야 ― 옮긴이] 완숙해졌다고 말해지기 때문이다. 이 관점은, 정당하게도, 맑스가 매우 뛰어난 학자였다는 점을 인정하는 것이며, 바로 이런 이유로 그의 후기 작업은 사실 매우 진지하게 받아들여져야 한다. 맑스가 자신의 완숙기의 저작에서 주장하는 바와 같이 비판은 사물들 자체의 관계를 '인간 간의 관계'[45]로 되돌려야 하며, 상품형태의 물신주의에 대한 비판은 '인간적 토대'[46]에 기초한 해독을 수반한다. 더욱이, 맑스는 자신의 정치경제학 비판이 '경제적 범주들의 전 체계에 대한 일반적인 비판'[47]을 의미한다고 강경한 주장을

---

43. 같은 책, p. 182 [같은 책, 20쪽].
44. Marx, "Thesis on Feuerbach", p. 5 [칼 맑스, 「포이에르바하에 관한 테제들」, 『칼 맑스 프리드리히 엥겔스 저작선집1』, 189쪽].
45. Marx, *Theories of Surplus Value* Part III, p. 147.
46. Marx, *Capital* vol.I, p. 94 [칼 마르크스, 『자본론 I (상)』, 116쪽]를 참조하라.
47. Marx, *Theorien über den Mehrwert* Vol. III, MEW 26.3, Berlin : Dietz, 1976, p. 250. 또

펼친다. 따라서 맑스의 입장에서 볼 때, 그의 비판 프로그램은 경제적 신비화의 실재적 체계를 해독하려는 시도가 되며, 그는 사회적인 것이 사물들의 세계를 구성한다는 점을 드러냄으로써 그렇게 한다. 이러한 탈신비화가 없다면, 부르주아 세계는 오직 객체의 형태로만 파악될 수 있을 것이며,[48] 이것은 사물들의 세계에 대한 긍정으로, 게다가 미리 전제된 객관적인 구조들에서 인간의 사회적 관계가 파생한다는 점에 대한 긍정으로 귀결될 것이다. 맑스의 비판 프로그램은 이러한 긍정의 반대편에 서 있다. 이러한 긍정은 단지 자본주의적인 사회적 관계들의 구성된 총체성을 파악하고, 이 총체성 위에 그것의 실재적인 운동과 구성으로부터 추상된 객관성을 부여한다. 맑스의 관점에서 총체성의 실재적인 운동과 구성이란, 그것이 아무리 물화된 대상의 형태로 전도되어 있다 할지라도, 바로 실재적 인간 존재의 사회적 실천이다.

맑스의 비판이 경제적 범주들에 대한 비판보다는 경제적 범주들에 대한 비판적 이해를 더 많이 제공한다는 생각은 맑스의 비판에 대한 경제적 해석, 소위 맑스주의 경제학에서 강조된다. 맑스주의 경제학 분야 내에서, 맑스주의의 용법에서, 비판은 보통 고전적 정치경제학보다 뛰어난 대안적인 경제이론으로 이해된다. 고전적 정치경제학은 경제적 설명을 일관되게 제시하지 못하거나 경제적 범주들과 그것들의 상호관계에 대해 모순되고 일관성 없는 설명들을 제공했다는 것이다.

한 MEW 13에 실린 1859년의 서문과 MEW 29, p. 550에 실린 「라쌀레에게 보낸 편지」를 보라. 맑스(*Capital* vol. I, p. 94 [칼 마르크스, 『자본론 I (상)』, 117쪽])를 보면 '인간들의 사회적 관계의 불가사의한 형태들'에 대한 언급이 나온다. 더 확실한 독일어 원문은 Marx(*Das Kapital* vol. I, Berlin : Dietz, 1962, p. 106)에서 찾아볼 수 있다. 경제적 범주들에 대한 비판으로서의 맑스의 비판에 대해서는 특히 Backhaus(*Die Dialektik der Warenform*)를 보라.

48. Reichelt, *Die logische Struktur des Kapitalbegriffs bei Karl Marx*, Frankfurt : EVA, 1971 을 보라.

모혼[49]에 따르면,[50] 맑스주의 경제학은 다음 세 가지 물음들에 답해야 한다. 1) '노동시간은 왜 가치 있는가, 그리고 어떤 종류의 노동시간이 그러한가?' 2) '화폐란 무엇이며 그것이 왜 가치형태인가?', 3) '노동시간의 총량은 어떻게 화폐의 총액으로 표시되며, 이 재현의 의미는 무엇인가?' 맑스주의 경제학의 비판적인[결정적인] 물음은, 맑스의 작업이, 교환에 있어서의 가치형태(가격)에 대한 신고전주의적 관심을, 생산에 있어서의 노동의 객관적인 내용(가치로 노동에 구현된)에 대한 리카도주의적 강조와 성공적으로 통합하는가이다. '이 내용이 왜 그러한 형태를 띠는가'[51]라는 맑스의 물음은 따라서 '어째서 노동이 가치로 표현되며, 그리고 어째서 노동시간에 의한 노동의 측량이 노동생산물의 가치량으로 표현되는가'[52]라는 물음으로 환원된다. 경제적 범주들을 긍정하면서 맑스의 정치경제학 비판을 경제학적으로 해석하는 것은, 첫 번째 물음을 제거해 버리고 두 번째 물음을 강조한다. 이것은 인간적인 토대 위에서 경제(학)를 해독하려는 맑스의 시도를 좌절시킴으로써 정치경제학 비판을 양자택일적인 경제 과학으로 변형한다. 다시 말해, 경제적 범주들을 자본주의적으로 구성된 사회적 실천 형태들의 범주들로 탈신비화하는 맑스의 비판적 의향intention과는 반대로, 경제 과학은 사회적 관계들을 경제적 범주들의 파생물로, 단순한 행위자로

---

49. [옮긴이] Simon Mohun : 영국 태생의 이론가로 런던의 퀸메리 대학의 정치경제학부 교수로 재직 중이다. 자본주의 발전 경향을 설명하는 다양한 범주들에 대한 이론적 탐구에 몰두하고 있다.

50. Mohun, "Value, Value Form and Money", in ibid. (ed.), *Debates in Value Theory*, London : Macmillan, 1994, pp. 214~215. 이 부분의 맑스주의 경제학에 대한 참조는 모혼에 힘입은 바가 크다. 대부분의 맑스주의 경제학자들과 달리 경제적 범주들에 대한 그의 개념화는 비판적[결정적]이다.

51. Marx, *Das Kapital* vol. I, p. 95를 참조하라.

52. Marx, *Capital* vol. I, p. 85 [칼 마르크스, 『자본론 I (상)』, 103쪽].

환원[축소]한다. 이러한 범주들이 마치 자연의 힘인 것처럼, 자연에 속하는 것처럼 말이다.[53]

맑스주의 경제학은 물신주의 비판을 어떻게 다루는가? 모흔은 외관[가상] 문제의 뿌리가 상품형태의 물신주의에 있다는 점을 받아들이고, 이로부터 상품 물신주의에 대한 설명이 이데올로기에 대한 설명에 결정적이라고 결론짓는다.[54] 그리하여 모흔에 따르면, 지식과 이데올로기의 차이를, 그리고 그 둘의 관계를 밝히기 위해서 맑스주의 이데올로기 이론이 요구된다. 그는 이것이 인식론의 고전적인 임무라고 주장한다. 인식론의 고전적인 문제에 대한 맑스의 대답 — '즉자와 대자의 분리, 실체와 주체의 분리는 추상적 신비주의이다.'[55] — 을 논외로 한다면, 맑스주의 경제학은 맑스의 노동가치 이론에 어떤 의미를 부여하는가? 모흔은 이 물음에 다음과 같이 쉽게 대답한다. '노동가치 이론은 거시경제 이론'이라고 말이다.[56] 이것은 맑스주의 경제학이 정치경제학 비판과 — 맑스의 물신주의 비판이 속임수이며 도착된 것이라고 주장하는 — 거시경제적 범주들을 화해시킨다는 것을 함축하지는 않을까? 각각의 '형태', 예컨대 상품 같은 가장 단순한 형태조차 '이미 하나의 전도inversion이며, 사람들 사이의 관계들을 사물들의 속성으로 나타나 보이도록 한다'[57]는, 즉 보다 명확히 말하자면, 각각의 형태가 '전도된 형태'라는 맑

---

53. 이에 대해서는 Backhaus("Some Aspects of Marx's Concept of Critique in the Context of his Economic-Philosophical Theory", in Bonefeld/Psychopedis (eds.), *Human Dignity*, Aldershot : Ashgate, 2005)와 Bonefeld("Critical Economy and Social Constitution", *The British Journal of Politics & International Relations*, vol. 6, no. 2, 2004)를 보라.

54. Mohun, "Ideology, Knowledge and Neoclassical Economics", in Green/Nore (eds.), *Issues in Political Economy*, London : Macmillan, 1979.

55. Marx, *Kritik des Hegelschen Staatsrechts*, MEW I, Berlin : Dietz, 1981, p. 265 [칼 마르크스, 『헤겔 법철학 비판』, 143쪽].

56. Mohun, "Value, Value Form and Money", p. 228.

스의 이해는, 정치경제학에서 파생된 맑스주의 경제 과학을 위해 뒤집힌다.[58] 가장 진전된 전도인 자본의 구성된 물신이 자본이 그 자신과 맺는 관계, 사물이 그 자신과 맺는 관계라고 맑스가 주장했다고 해서,[59] 맑스의 비판을 거시경제 이론으로 승인하는 것은 맑스가 자본주의적인 사회적 재생산 형태의 가장 진전된 전도라고 비판했던 것 — 자본이 바로 자본이며, 뒤집어도 자본이 바로 자본인 자기관계self-relation — 을 받아들이는 것이다. 건[60]이 보여주는 바와 같이, 이러한 이론적 정교화는 메타이론들의 끝없는 퇴행이 된다.[61] 보이지 않는 원리들의 실천적 의미를 발견하기 위한 경제이론의 영속적인 탐색은 비합리적인 일이 되고 마는데, 그 이유는 그러한 탐색이 이해하고자 하는 것이 이성으로서는 파악할 수 없는 어떤 것으로 전제되어 있기 때문이다.

요컨대, 경제이론 — 맑스주의적인 용어로 표현되건 아니건 — 은 자본의 전도된 형태들에 의해 힘을 잃는다.[62] 맑스는 이 전도된 형태들에 대해 어떠한 긍정적인 언급도 하지 않았으며, 그것들이 명확한 사회적 관계들의 형태들이라는 점을 드러냈다. 사회에서 인간보다 더 본질적인 것은 있을 수 없다. 본질이 인간 외의 다른 어떤 것으로 이해된다면, 사회는 인간 없는 세계entmenschte Welt로 변형된다. 사회의 본질이 인간 존재가 아니라는 시각은, 예컨대 자본이 주체라고 주장하는 제솝[63] 같

---

57. Marx, *Theories of Surplus Value* Part III, p. 508.

58. Backhaus, *Die Dialektik der Warenform* ; Clarke, "The Global Accumulation of Capital and the Periodisation of the Capitalist State Form".

59. Marx, *Theories of Surplus Value* Part III, p. 515를 보라.

60. [옮긴이] Richard Gunn : 에딘버러 대학에서 정치학을 강의하고 있다. 여러 잡지에 맑스주의, 헤겔의 정치사유, 스코틀랜드 철학에 대한 글들을 썼다. 『자본과 계급』(*Capital & Class*), 『공통관념』(*Common Sense*)의 편집을 맡고 있다.

61. Gunn, "Marxism, Metatheory and Critique", in Bonefeld/Holloway (eds.), *Post-Fordism and Social Form*, London : Palgrave Macmillan, 1991.

62. Reichelt, *Die logische Struktur des Kapitalbegriffs bei Karl Marx*.

은 사람에 의해 옹호되어 왔다.[64] 주체는 주체이기 때문에 본질일 수밖에 없다 ─ 비본질적인 주체란 용어상 모순이기 때문이다.[65] 비데[66]는 자본이 ─ 그 경험적 현실은 계급투쟁에 의해 매개되는─ 추상적인 시장 구조의 논리를 구현한다고 주장했다.[67] 히르쉬[68]는 이와 유사한 용어들로 다음과 같이 주장했다. '그 일반적 법칙들의 테두리 내에서, 자본주의적 발전은…… 행동하는 주체 및 계급들과, 그들로 인한 위기의 구체적 조건들과, 그 위기의 정치적 결론에 의해 결정된다.'[69] 이들이 자본을 주체로, 역사적으로 능동적인 힘으로 받아들이는 것은, 이론적인 맥락에서는, 비인간적 세계의, 추상들이 지배하는 세계의, 그리하여 스스로 초래한 미성숙의 세계의 외관[가상]의 형태들을 그저 '파악할 수 없다'고 단정하는 것이다.

---

63. [옮긴이] Bob Jessop (1946 ~) : 영국의 정치사회학이자 저술가로 국가이론과 정치경제에 대해 광범한 글들을 써 왔다. 현재 랭커스터 대학의 사회학 교수로 재직하고 있다. 프랑스 조절이론과 그람시의 헤게모니론을 접목시킨 '전략 관계적 국가이론'으로 유명하다.

64. Jessop, "Polar Bears and Class Struggle", in Bonefeld/Holloway (eds.), *Post-Fordism and Social Form*, London : Palgrave Macmillan, 1991.

65. 바크아우스의 주장에 따르면, 자본을 주체로 바라보는 맑스의 개념화는 단지 정치경제에 대한 이론적 가설을 정립한 것에 지나지 않는다. 튀르케(Türcke)는, 자본을 주체로 이해하려는 노력은 보이지 않는 것을 가정하는 시도, 즉 신을 개념화하려는 시도가 된다는 점을 보여주었다. 인간 존재를 자원으로 보려는 시각에 대한 비타협성은 자기구성된 주체로서의 자본에 대한 '비판적인' 합리화로, 그리고 자본과의 화해로 대체된다. 전통적으로, 이러한 것들은 인적 자원을 포함한, 경제적 자원들의 합리적인 계획을 위한 요구로 귀결된다.

66. [옮긴이] Jacques Bidet (1935 ~) : 프랑스의 철학자이자 사회이론가이다. 현재 낭트의 파리 10대학에서 철학과 명예교수로 재직하고 있다.

67. Bidet, *Que faire du Capital?*, Paris : Klincksieck, 1985.

68. [옮긴이] Joachim Hirsch (1938 ~) : 현재 요한 볼프강 괴테 대학의 정치과학부의 명예교수로 재직하고 있다. 독일의 조절이론을 대표하는 학자이다.

69. Hirsch, "The State Apparatus and Social Reproduction", in Holloway/Picciotto (eds.), *State and Capital : A Marxist Debate*, London : Edward Arnold, 1978, pp. 74~75. 강조는 인용자.

인간의 사회적 실천을 강조하는 것은 단지 부르주아적 인간성 및 합리성 개념을 부정하는 것만은 아니다. 이러한 강조는 자본 형태의 객관적 성격이 자본의 본질에 대한 부정을 통해서 존속한다는 점 역시 밝혀 준다. 하지만 아무리 부정될지라도, 사물들의 세계는 인간들이 만든 세계이며, 인간의 변형 능력에 의존한다. 인간 존엄의 부정과 인간 존엄의 가능성 — 또는 부정되는 양식 속의 본질이라는 생각, 혹은 아도르노가 맑스의 비판을 부정적인 존재론으로 간주하는 것이 소환하는 가능성 범주 Möglichkeitskategorie[70] — 은 맑스의 정치경제학 비판 작업에 내재적[본질적]intrinsic이다.[71]

요컨대 맑스의 비판은 자본에 대한 어떤 추상적인 부정을 의미하는 것이 아니다. 오히려 그것은 어떤 결정적 추상을 의미하는데, 이 추상이 자본의 형태들을 인간의 사회적 관계들의 전도된 형태로 결정한다. 그의 비판은 어떠한 물화와 물신주의에 대해서도, 사물들 간의 관계들이 '인간 외적'extra-human 자질들을 구현한다는 어떠한 관념에 대해서도 비타협적이다. 간단히 말해, '노동이 생산적인 것은 그가 자신의 반대, 즉 자본을 생산함을 통해서만이다.'[72] 그리고 자본과 노동 간의 소유상의 불평등이, 노동력의 구매자와 판매자 사이에서 이루어지는 교환의 토대이다. 이들은 각기 독립적인 사적 소유자 — 생산수단의 소유자와 노동력의 소유자 — 로서 이러한 관계에 참여한다. 모든 특수한 사회적 실천을 일자─※로, 어떤 추상적인 노동 형태로, 보편적으로 환

---

70. Bloch, *Das Prinzip Hoffnung* 을 참조하라.
71. 이에 대해서는 Bonefeld("Emancipatory Praxis and Conceptuality in Adorno", in Holloway et al. (eds.), *Negativity and Revolution*, London : Pluto, 2009)와 Psychopedis ("Das politische Element in der Darstellung der dialektischen Kategorien", in Bruhn, J. et al. (eds.), *Kritik der Politik*, Freiburg : Ça ira, 2000)을 보라.
72. Marx, *Grundrisse*, p. 305 [칼 맑스, 『정치경제학 비판 요강 I』, 310쪽].

원하는 것의 또 다른 측면은 개인들이 서로에게서 독립한다는 것이다. 어느 누구도 다른 사람에게 인격적으로 의존적이지 않다. 이러한 독립은 사회가 만든 것이지만, 개인들은 이제 물화된 비인격적 관계들에 의존하게 되기 때문에 그것은 환상에 지나지 않는다. 개인의 독립은 사물에 의해 지배된다. 개인은 사물을 통제하지 못하며, 사물은 마치 자연의 힘처럼 인간 주체에 대해서 압도적인 힘을 발휘하는 것으로 보인다. 따라서 개인의 독립성은 '단순히 하나의 환상일 뿐이고, 보다 정확히 말하자면 무관심[무차별성]indifference이다.'73 그들의 독립성은 '자유롭게 서로 접촉하며 이 자유 속에서 교환할 수 있는'74 원자화된 개인들의 독립이다. 사회적 개인들로서의 그들의 연결은 비인격적 관계들에 의해서, 그리고 사물들 자체에 의해서 구성되는 것으로 보인다. 하지만, 이러한 관계들이 '불가항력적인 자연과정의 힘을 가지고' 작용한다 할지라도, 자기를 증식하는 가치로서 자본은 사회적 재생산의 특정한 형태인 것만은 아니다. 그것은 사회적 노동의 특정한 양식이 '자립화하는 운동'이기도 하다.75

IV

비판은 사물들의 세계의 사회적 구성에 대해 해명할 책임이 있다. 맑스의 정치경제학 비판은 근본적으로 물신주의 비판이며, 결국은, 무

---

73. 같은 책, p. 163 [같은 책, 145쪽].
74. 같은 책, pp. 163~164 [같은 책, 145쪽].
75. Marx, *Capital* vol. II, p. 185 [칼 마르크스, 『자본론 II』, 김수행 옮김, 비봉출판사, 2004, 122~123쪽]를 참조하라.

반성적인 전제들에 대한 비판이다. 이 비판은 그 사회적 구성의 맥락에서 '가치'를 이해하는 방식을 제공한다. 이러한 이해방식에 따르면, 가치란 사회적 관계들이 사물들 간의 관계로 모순적으로 존재하는 전도된 형태이다. 경제적 범주들에 대한 비판은 경제적 관계들이 사회적 관계들의 특정한 양식을 의미한다는 점을 보여준다. 달리 말해, 자본주의에서 인간의 사회적 실천의 사회적 성격은 정치경제학 범주들 속에서 그리고 그러한 범주들을 통해서 실현된다. 이러한 범주들은 전도된 사회관계들의 구성된 현존Dasein을 정립하는 한에서만 적절하다. 하지만, 자본의 구성된 형태들이 실천적으로 능동적인 사물들이라는 가설은 그것들의 사회적 구성으로부터 추상된 것이지만, 다른 한편으로는, 자본의 물신주의를 '자기구성된' 주체로 긍정한다. 그리하여 이것은 바크아우스가 화폐 형태와 관련하여 주장한 바와 같이, '순수 착란Reine Verrücktheit을 정립하는 가장 무의미한, 가장 아둔한 형태'[76]의 이론적 용인이 된다.

맑스의 정치경제학 비판이 갖는 중요성은, 자본주의 형태들이 필요할 수밖에 없게 되는 조건들을 그것이 보여준다는 점에 있다. 마르쿠제에 따르면, 맑스의 비판은 부정적임과 동시에 긍정적이다. 맑스의 비판은 인간 조건의 긍정적인 지양suspension, Aufhebung을 고려하여 부정적인 인간 조건을 보여준다.[77] 달리 말해, 맑스의 비판은 자본주의 형태들이 정립하는 독립이라는 외관[가상]을 해독한다. 그 외관[가상]의 본질이 무엇인지를 보여 줌으로써, 즉 그 본질이 잉여가치를 짜내는 기계라는 것을 보여 줌으로써, 부르주아의 의도적인 활동의 정중한 형

---

76. Backhaus, "Between Philosophy and Science", p. 928에서 인용.
77. [옮긴이] '지양' 개념에 대해서는 이 책의 10장을 참조하라.

태들을 폭로한다. 자본주의적 형태들이 잉여가치를 짜내는 기계로 현상한다 할지라도, 그것은 여전히 인간관계의 형태들이다.[78] 인간들이 — 그들 자신의 노동을 통해 재생산되는 '스스로 초래한' 추상들의 지배를 받는 인격화로서가 아니라, 사회적 조건들을 통제하는 사회적 개인들로서, 존엄한 인간들로서 — 서로 관계 맺기 위해서는, '인간에 대한 자본의' 경제적 '지배'가 제거되어 인간의 사회적 재생산이 '인간에 의해 지배되도록'[79] 해야 한다. 그러므로 맑스의 정치경제학 비판의 진실은 그것의 거시경제적인 해석에 있는 것이 아니라, 오히려 거시경제적인 해석의 부정에 있다.[80]

하지만 이 부정은 순환적이지 않다. 이 부정은 부정의 부정을 수반하지 않으며, 인간적 비존엄의 기존 관계들과의 화해를 수반하지도 않는다. 요컨대, 맑스의 비판은 경제적 규제의 문제들이나 정의와 공정함의 정치적 문제들에 대한 해결책들을 제공하지 않는다. '해결책'이라는 말은 적대적인 이해관계들이 합의에 도달할 수 있다는 공상, 그리고 자본주의적인 사회적 재생산 형태의 파괴적인 힘이 단지 하나의 우연한 — 그리하여 바로잡을 수 있는 — 곤경Miβstand이지 필연적 상황notwendiger Zustand이 아니라는 공상에 기초한다. 공정임금이란 무엇이며, 노동하는 주간週刊에 어느 정도의 노동시간이 정당하단 말인가? 그리고 소유의 불평등을 전혀 고려하지 않은, 법 앞에서의 형식적 평등인 추상적 평등 개념에 기초한 세계에서 정의가 어떻게 유효할 수 있단 말인가? 사회적 노동을 가치형태 속에서 측정할 수 있다는 것은 인간 존엄을

---

78. Marx, *Capital* vol. III, ch. 48 [칼 마르크스, 『자본론 III (하)』, 48장]을 참조하라.
79. Marx, *Capital* vol. I, p. 85 [칼 마르크스, 『자본론 I (상)』, 103~104쪽]를 참조하라.
80. Marcuse, *Vernunft und Revolution*, Darmstadt : Luchterhand, 1979, p. 242 [헤르베르트 마르쿠제, 『이성과 혁명』, 김현일 옮김, 중원문화사, 2011].

부정하는 것이다. 실제로, 그러한 측정 가능성은 차이를 등가^{等價}로 정립하며, 그리하여 차이를 단순히 양적인 구별과 동일시한다. 추상적 등가는, 계산하는 기계처럼 부를 축적하는 사회형태와 관계가 깊다. 그것은 비용이 얼마나 드는가? 그것은 시간이 얼마나 걸렸는가? 시간이 돈이며, 돈이 시간이다 — 무엇이 생산되건 간에, 그것이 자동차건 시체corpses건 간에. 아도르노가 환기하는 바와 같이, 아우슈비츠가 추상적 평등과 추상적 정체성의 부르주아적 관계들의 폭력만을 확인시켜 준 것은 아니다. 아우슈비츠는 또한 부르주아 교환관계의 순수한 정체성이 죽음이라는 것을 입증했다.

요컨대, 특히 비참한 시대에는, 비판은 사물들의 세계의 사회적 구성에 대해 해명할 책임이 있다. 계몽은 매우 전복적인 일이다. 계몽은 사물들의 외관[현상]을 의심하며, 세계의 본질을 밝혀내기 위해 세계를 뒤집어 생각한다. 세계의 본질은, 자신의 열악한 조건들의 생산자로서는 '자신에 맞서서' 존재하며, 존엄을 갖춘 자기 자신과 관련되는 '아직-아닌'not-yet 주체로서는 '대자적으로' 존재하는, 다시 말해 자원이 아닌 목적으로서 '대자적으로' 존재하는 인간 존재이다. '모든 해방은 인간의 세계와의 관계를 인간 자신에게로 복귀시키는 것이다.'[81]

---

81. Marx, *Zur Judenfrage*, in MEW 1, Berlin : Dietz, 1964, p. 370 [칼 마르크스, 「유태인 문제에 대하여」, 『마르크스의 초기 저작』, 열음사, 1996, 361쪽].

4장

주체로서의 자본과 노동의 실존

서문

맑스는 가치형태들을 언급할 때 '감각적 초감각적 사물들', '미친 대상들', '전도된 형태들', '신학적인 기벽들', '모호한 사물들' 등등의 용어들을 자주 사용한다. 이런 표현들은 결정적으로 '비경제적'이며, 맑스의 정치경제학 비판이 경제적 범주들의 사회적 구성에 대한 이론이 된다는 점을 암시한다. 경제이론에는 사회적 구성이라는 유령이 어른거린다. 경제이론은, 자기 자신을 마침내 타당한 과학으로 정립하기 위해, 주체 문제의 인간적인 사회적 실재를 경제학에서 방출되어야 하는 '형이상학적' 수하물로 바라본다. 인간의 사회적 관계들이 신비로운 경제적 형태들 속에서 자기 자신에 맞서 존재한다는 것은 사실이다. 이 신비로움은 해결책resolution을 필요로 한다. 경제적 범주들에 대한 비판은 근본적으로 사회적 구성 이론이 된다. 말하자면, '모든 사회적 생활은 본질적으로 실천적이다. 이론을 신비주의로 이끌고 가는 모든 신비들은 인간의 실천에서 그리고 이 실천의 개념적 파악에서 그 합리적인 해결을 얻는다.'[1]

I. 도입

맑스는 정치경제학이, 노동자들에게서 탈취한 획득물을 어떻게 분배할 수 있을지를 두고 벌이는 학문상의 싸움이 되었다고 비난했다.[2] 정치경제학은 경제적 범주들이 마치 물질계 바깥의, 자연적인 사물들인 것처럼 다룬다. 정치경제학은 경제적 범주들의 사회적 구성을 개념화하는 대신, 교조적으로 이해된, 전제된, 구성된 경제적 형태들을 기초로 하여 사회적 실존을 개념화한다. 그렇게 함으로써, 자신이 설명하려고 하는 것을 [설명하지 않고 — 옮긴이] 전제한다. 정치경제학은 경제적 범주들을 능동적인 사물로 전제한다.

경제학은 주체 문제의 사회적 구성을 밝히려 시도해 왔지만 성공하지 못했다. 인간의 사회적 관계들은 왜 자본주의의 경제적 범주의 형태를 띠는가? 이러한 실패로 인해 몇몇 주목할 만한 시인是認들이 이루어졌다. 예컨대, 뮈르달[3]은 자신이 보기에 경제학이 확정 불가능한 소프트 사이언스[4]가 되었으므로 노벨경제학상이 폐지되길 원했다. 하

---

1. Marx, "Thesis on Feuerbach", p. 5 [칼 맑스, 「포이에르바하에 관한 테제들」, 『칼 맑스 프리드리히 엥겔스 저작선집1』, 189쪽].
2. Marx, *Capital* vol.I, p. 559 [칼 마르크스, 『자본론 I (하)』, 813쪽].
3. [옮긴이] Karl Gunnar Myrdal (1898 ~ 1987) : 스웨덴 출신의 경제학자이며 1973년 노벨경제학상을 수상하였다.
4. [옮긴이] soft science : 자신의 근본 주제로 인간들을 다루는, 그래서 보통 엄밀한 실험에

이예크[5]는 잘못된 예견들을 만들어 내는 경제학자들의 능력에 회의적이었으며, 경제학이 마침내 도덕철학이 되었다고 주장했다.[6] 칼도르[7]는 경제 과학이 자신의 주제를 전혀 결정할 수 없다고 확신을 갖고 주장했다.[8] 다니엘 벨[9]은 이에 동의하면서 다음과 같이 지적했다. '경제이론은 개인들, 회사들, 정부들의 관습적인, 비합리적인, 논리적인, 이기적인, 자기본위적인, 편협한, 이타적인 행위들을 측정하려고 하는 "마치 ~인 것처럼"[을 남발하는— 옮긴이] 하나의 편리한 공상이다 — 하지만 경제이론이 현실의 모델이 아닌 공상적 관념으로 규정되더라도, 이것이 문제적이라는 점에는 변함이 없다.[10]

조안 로빈슨[11]은, 경제학을 하나의 과학으로 확립하는 것이 가능할 수도 있으며, 이것은 지금까지 형이상학적으로 파악된 근본적인 개념들의 제거를 수반할 것이라는 희망적인 시각을 제공했다.[12] 슘페터[13]

기초하지 않는 것으로 간주되는, 사회학이나 인류학 같은 학문을 일컫는다.

5. [옮긴이] Friedrich August von Hayek (1899 ~ 1992) : 오스트리아 태생의 영국 경제학자. 화폐적 경기론과 중립적 화폐론을 전개하였고, 신자유주의의 입장에서 모든 계획경제에 반대하였다. 1974년 화폐와 경제변동의 연구가 인정되어 스웨덴의 뮈르달과 함께 노벨 경제학상을 수상하였다.

6. Brittan, *Financial Times*, 19 December 2003.

7. [옮긴이] Nicholas Kaldor (1908 ~ 1986) : 전후 시기의 주요 캠브리지 경제학자들 중의 한 사람이다.

8. Backhaus, *Die Dialektik der Warenform* 을 참조하라.

9. [옮긴이] Daniel Bell (1919 ~ 2011) : 미국의 사회학자로 정치적 · 경제적 제도 및 이러한 제도가 개인의 형성에 작용하는 방식을 연구하였다. 대표 저서로 『이데올로기의 종언』이 있다.

10. Bell, "Models and reality of economic discourse", in Bell/Kristol (eds.), *The Crisis of Economic Theory*, New York : Basic Books, 1981.

11. [옮긴이] Joan Violet Robinson (1903 ~ 1983) : 영국의 경제학자. 완전경쟁과 완전독점의 이원론적 가정을 극복하여, 독점 하에서 경쟁의 이론화를 시도한 불완전경쟁의 이론을 확립하였다. 케인스 이론의 장기화를 목표로 한 고용이론을 전개하였다.

12. Robinson, *Doktrinen der Wirschaftswissenschaft*, Munich : Beck, 1965.

13. [옮긴이] Joshep Alois Schumpeter (1883 ~ 1950) : 미국의 경제학자. 오스트리아 경제

는 자신의 스승 빅셀[14]을 따라 일찌감치, 과학으로서의 경제학이 자신이 다루는 범주들을 자연법Naturgesetze의 범주들로서 간주해야 한다고, 따라서 경제학이 그 사회적 전제조건들을 결코 정당화하지 않도록 주의해야 한다고 주장했다. 만년晩年에 그는 경제학이 실제로 과학으로 불릴 수 있을지 결정을 못 내리는 것 같았다 ―이 문제는 여전히 미해결 상태로 남아 있었다.[15] 과거에도 그랬던 것처럼 오늘날에도 프루동의 냉소가 적절한 것으로 보인다. '경제학이 어떻게 과학일 수 있는가? 두 경제학자가 어떻게 웃지 않고 서로를 바라볼 수 있을까? …… 경제학에는 원리도 토대도 존재하지 않는다. …… 경제학은 아무것도 모른다. 경제학은 아무것도 설명하지 않는다.'[16] 독일 잡지 『슈피겔』Der Spiegel은 1984년 '경제학은 과학이 아니라 숫자들을 가지고 노는 철학이다'[17]라고 주장하면서 이러한 시각을 되풀이했다. 숫자의 사회적 의미는 무엇인가? 2 더하기 2는 4, 이것은 결정된 구조이다. 그렇지만 4라는 답은 또한 무수한 가능성들 중의 하나이며, 그리하여 결정되지 않은 방정식들 중의 한 답이다. 따라서 논점은 설명을, 설명해야 할 대상 속에 전제하지 않는 것이다. 그렇다면 '"노동의 가격"이라는 말은 노란색의 대수代數라는 말만큼이나 불합리하다'[18]라고 맑스가 주장했을 때, 그가 옳지 않을 수 있을까? 하지만 아무리 노랗다 할지라도 대수는 사회적 힘들

학파에 많은 영향을 준 경제학자로 꼽힌다.

14. [옮긴이] Johan Gustaf Knut Wicksell (1851 ~ 1926) : 스코틀랜드 학파의 지도적인 스웨덴 경제학자. 케인즈주의 경제학파와 오스트리아 경제학파에 지대한 영향을 미쳤다.

15. Schumpeter, *Geschichte der ökonomischen Analyse,* Göttingen : Vanderhoeck & Rubrecht, 1965, pp. 35, 37.

16. Proudhon, *Was ist Eigentum*, Vienna : Monte Verita, 1971, p. 106 [피에르 조제프 프루동, 『소유란 무엇인가』, 이용재 옮김, 아카넷, 2003].

17. Backhaus, *Die Dialektik der Warenform* 에서 인용함.

18. Marx, *Capital* vol. III, p. 818 [칼 마르크스, 『자본론 III (하)』, 1008쪽].

을 낳는다. 최소한 숫자들을 경제적 사실들로 다루는 사람들에게 있어
서는 그렇다. 경제학은 경제적 범주들의 사회적 구성을 연구하지 않는
것이 낫다. 판도라의 상자를 굳게 닫는 것이 더 유익하다. 그러면 스스
로 감당할 수 없는 '경제적' 가치라는 '신비로운 속성'[19]을 연구하지 않
아도 된다.

만년에 슘페터는, 경제학에서 형이상학적 생각을 몰아냄으로써 경
제학을 의당 하나의 사회과학으로 확립하려는 시도가 불가능한 과제
가 되었다는 사실을 잘 파악하고 있었다. 노골적으로 말해, 형이상학
적 생각이란 경제적 범주들의 인간적·사회적 내용이며, 경제학은 이
것을 정립하기는 하지만, 이것을 경제적 양들의 과학으로 호출할 때에
만 받아들인다. 인간적·사회적 '형이상학'이 없는 경제학은 숫자들의
과학, 즉 물리적 양들의 과학으로 자신을 정의하게 된다. 쿠니히로 조
지마Kunihiro Jojima가 이해하는 것처럼, 경제학을 정밀과학으로 정의하
는 경우, 경제학은 '원자들'과 '분자들'을 다루게 된다.[20] 어떤 경우이건,
즉 숫자들의 과학이건, 원자들의 과학이건, 경제학은 인간의 사회적
관계들에서 독립된 일종의 제2의 자연으로 간주된다. 그렇지만 경제학
은 체제의 전리품을 둘러싸고 싸움을 벌이는 인간 행위자들의 행동을
구조화하는데, 이 체제는 마치 인간 행위자들로부터 추상된, 개별 인
간인 것처럼 보인다. 전통적으로 이 '결정적인 질서 속의 비결정성'은
다음과 같은 두 가지 방식으로 인식되어 왔다. 첫째는 세이의 악명 높
은 수요와 공급의 실질적 민주주의의 법칙에서 다루어지는 용법이다.
여기에서 사회적 힘들은 어떤 자생적 질서의 테두리 내에서 작동하는

---

19. [옮긴이] 칼 마르크스, 『자본론 III(하)』, 1008쪽 참조.
20. Jojima, *Ökonomie und Physik*, Berlin : Duncker & Humblot, 1985.

것으로 간주된다. 이 테두리에서 각각의 사회적 범주는 그 상대적 가치나 위치에 의해 비결정적으로 되지만, 모든 사회적 범주는 그러한 자생적인 상호작용의 일반성 속에서 서로에게 귀속된다. 즉 이 범주는 구조주의적인 맑스주의 전통의 맥락 속에서 인식되어 왔는데, 여기에서는 전제된 체계적 특성들이 행동하는 주체들 위에서 객관적으로 모습을 드러낸다. 이것이 올바른proper 과학은 사회의 역사적인 문제틀을 포기해야 한다는 풀란차스[21]의 논증의 배경이다. 그 대신 과학은 '지식의 경험적 · 실용적인 개념화'를 수반한다. 과학이 분석하는 것은, 계급 세력들의 균형에 의존하고, 그 구체적 목적이 아직 결정되지 않은, 구체적 환경 속에 놓인 구조적 총체의 영속적인 일반 메커니즘이다.[22] 그래서 풀란차스는 사회 — 맑스는 사회를 '사회적 관계 속에서의 인간 자신'[23]으로 이해했다 — 를 가정된 구조적 특성들의 실체로 대체하는 연구 프로그램을 발표하면서, 사회가 인간의 사회적 관계들로 이루어져 있다는 통찰은 부적절한 형이상학이라고 비난했다. 그는 올바른 과학이 구조적 요인들의 분석을 결정적인 것으로 만들기 위해 그러한 관계들로부터 추상되어야 한다고 요구했다. 과학은 역사적으로 구체적인 형태들을 매개하기 위한 사회적 세력들의 구조화된 역량을 포함하는 구조들의 총체를 분석해야 했다. 이 소위 구조와 행위자 간의 변증법을 재정식화함으로써, 그리고 계급투쟁이라는 객관적인 역사적 법칙의 전개를 재정식화함으로써, 다음과 같은 고전적인 해결책이 제출된다. 물

---

21. [옮긴이] Nicos Poulantzas (1936 ~ 1979) : 그리스 출신의 맑스주의 정치사회학자. 국가이론의 구조주의적 완성을 시도한 국가, 계급, 권력이론의 세계적 권위자로 인정받고 있다.

22. Poulantzas, "Theorie und Geschichte", in Euchner/Alfred Schmidt (eds.), *Kritik der politischen Ökonomie 100 Jahre Kapital*, Frankfurt : EVA, 1968, p. 65.

23. Marx, *Grundrisse*, p. 712 [칼 맑스, 『정치경제학 비판 요강 II』, 389쪽].

질계 바깥의 경제적 사물과 그에 수반하는 사회적 형태라는 경제적 가치 모두 계급 세력들의 균형에 의존한다는 것이다. 이 정식화는 국가에 대한 정치이론의 측면에서, 국가the state란 자본주의 사회 속의 국가a state 이며, 따라서 자본주의 국가the capitalist state란 단순히 개별 자본주의 국가a capitalist state 그 이상이라고 주장한다. 자본주의 국가란 정치적인 것의 지속적인 구조들이 역사적으로 중층결정된 형태, 즉 국가 그 자체이다. 따라서 국가 비판은 국가가 자본주의에서 물신의 외관[가상]을 띠는 것에 대한 비판이 된다. 국가라는 이념에는 어떠한 역사적 특수성도 없다는, 그리고 국가 자체는 역사적으로 특수한 양태들 속에서 나타난다는 구조주의적 관념은, 국가 형태를 사회와 독립적인, 추상적으로 인식된, 자연의 한 힘으로 물신화한다.

밥 제솝은 이러한 통찰을 대단히 명료하게 전개했다.[24] 그는 사회적 실재가 다수의 사회적 세력들 간의 상호작용의 결과라고 생각했다. 이 상호작용은 객관적인 자본주의 발전 법칙들의 테두리 내부에서 발생한다. 이 테두리는 사회적 행위자들을 구조화하며, 그들을 통해 객관적으로 모습을 드러낸다. 제솝은 인간 행위자들이 자본주의의 사회 법칙에 종속되는 현상을 '가치 메타형태'value meta-form라는 용어로 설명한다. 이 메타형태는 특정한 사회적 생산양식들 속에서 논쟁적으로 다루어지는 초역사적 실체로 간주된다. 그래서 제솝은 가치형태가 한 번은 초역사적 메타형태로, 또 한 번은 특정한 사회적 형태로 두 번 존재한다고 주장한다. 다시 말해, 자본주의적 가치형태는 초역사적·구조적 특성의 역사적으로 특수한 양태이다. 가치는 자본주의적 형태를 취

---

24. Jessop, "Regulation theory, post Fordism and the state : more than a reply to Werner Bonefeld", in Bonefeld/Holloway (eds.), *Post-Fordism and Social Form,* London : Palgrave Macmillan, 1991.

한다. 있는 그대로 말하자면, 그것은 고찰이 필요한 가치가 아니다. 그것은 설명될 필요가 있는 자본주의의 가치에 의해 가정된 형태이다. 가치형태에 대한 이러한 독법은 따라서 — 추상적으로 볼 때 자연과의 교환으로 이해되는 — 경제적 가치의 전제된 개념의 자본주의적 표현에 대한 분석을 필요로 한다.

그러므로 국가 형태를 포함하는 자본주의적 경제 범주들은 자본주의적으로 구성된 사회적 관계들의 단순한 범주들 이상인 것으로 보인다. 이 범주들은 자연적 범주들이며, 이것들은 자본주의 내에서 역사적으로 결정된 사회적 형태로 존재한다. 모든 사회적 형태는 '자연적 과정들로 환원될 수 있다.' 다시 말해, 가치 메타형태는 구체적인 역사적 사회들에서 독립한 자연적인 경제적 형태이다. 이러한 시각에서 볼 때, 정치경제학 비판은 가치형태의 자본주의적 해부학을 분석한다. 경제적 자연은 분명한 생산양식들 속에서 나타난다. 따라서 우리는 역사 속에서 자연적 필연성의 '순수한 현현들'을 발견할 수 없다. 그 이유는 그러한 필연성이 결코 자신의 외양과 직접적으로 상응하지 않기 때문이다. 역사는 다양한 중층결정들의 국면으로 간주된다. 자본주의 생산양식의 자연적 기초에 대한 분석은 그러므로 경제적 필연성의 지속적인 구조들을 그러한 외양의 중층결정된 양식으로부터 추상하는 현미경적 주의력을 필요로 한다. 맑스의『자본론』이 '표면에 드러나지 않는 형이상학적 사유들 없이' 서술된다는 구조주의적 맑스주의의 주장은 매우 올바르다. 오히려 구조주의 맑스주의는 '경제적 필연성'이라는 초역사적 법칙들을 분명한 생산양식들에서 나타나는 그러한 법칙들의 현현 속에서 인식한다. 이러한 맥락에서 볼 때, 인간이란 철학적 신화이다. 맑스주의가 경제적 필연성이라는 초역사적 법칙들의 자본주의적 해부학을 분석하려는 자신의 과학적 목적을 달성하기 위해서는 이

러한 신화에서 벗어나야 한다.[25]

구조주의적 전통과 구별되는, 경제적 형태들을 그러한 형이상학적 이념으로부터 떼어놓으려는, 스미스에서 베버에 이르는, 그리고 멩거에서 슘페터에 이르는, 또 하나의 전통적 시도가 존재한다.[26] 이러한 시도에 힘입어 경제학은 자신의 범주들을, 스미스가 언급한 자연적인 물물교환 경향 같은 역사적으로 능동적인 자연법들의 범주들로 볼 수 있게 되었다. 이 자연법들은 진화의 과정을 이끌고, 사회적 행위를 위한 구조적 테두리를 설정한다. 그렇지만, 경제학이 사회적·자연적 물질에 대한 과학이 되기 위해 자신을 정화하고자 하는 형이상학적 이념은 사실상 경제적 범주들의 인간적·사회적 내용이다. 경제학은 이 내용을 정립하지만 그것을 받아들이려면 경제적 문제에 대한 과학으로서의 자기 자신을 반드시 문제 삼아야 한다. 자본주의의 사회적 관계들에 대한 비판이 실제로 초역사적 문제의 자본주의적 해부에 대한 분석이 된다는 구조주의적 주장은 각별히 주목할 만하다. 구조주의의 유물론은 여전히 추상적이다. 이 유물론은 교조적으로 이해된 사물들을 해체하지 않는다. 이 유물론은 자본주의의 사회형태들을 일반적인 경제 문제로 끌어올린다. 경제적 범주들에 대한 '경제학자들의' 자연화를 맑스가 비판한 것에 기대어, 알뛰세, 풀란차스, 제숍의 작업과 관련된 구조주의는 자본주의 생산양식을 '역사와 무관한 영원한 자연법칙들의 틀에 박힌 것으로' 제시한다. 바로 이러한 제시를 통해 그들은 자본

---

25. Haug, *Vorlesungen zur Einführung ins 'Kapital'*, 6th edition, Hamburg : Argumnet Verlag, 2005; Althusser, *For Marx*, London : Verso, 1996 [루이 알뛰세르, 『맑스를 위하여』, 이종영 옮김, 백의, 1997]; Thomas, *Marxism and Scientific Socialism*, Berkely : UC Berkely Press, 2008.

26. 또한 Clarke, *Marx, Marginalism and Modern Sociology*, 2nd edition, London : Palgrave, 1992.

주의적 관계들을 '추상적인 형태의 사회와 역사가 기초하는 폐기할 수 없는 자연법칙'들로 슬그머니 변조한다.[27]

정치경제학 비판은 자연적·역사적 법칙들을 드러내지 않는다. 정치경제학 비판은 그러한 개념들에 대한 비판이다. 경제적 범주들은 비합리적인 세계의 합리성을 표현한다. 이 범주들은 상품형태의 물신을 구현한다. 맑스가 말한 바와 같이,

경제학자들이 자본에서 가치가 자기 보존되는 것으로부터 가치가 증식되는 것으로 이론적으로 진전하는 것, 즉 증식을 우연이나 결과만이 아니라 그것의 기본 규정으로 파악하는 것은 지극히 어렵다. 예컨대, 쉬토르흐Storch가 어떻게 부사 '본래'를 사용하여 이 기본 규정을 끌어들이는지 보라. 물론 경제학자들은 이것을 본질적인 것으로 자본관계 속으로 도입하고자 한다. 그러나 그것이 자본이 이윤을 가져오는 것, 자본의 증대 자체가 이미 특수한 경제적 형태로 이윤에 정립되는 것으로 규정되는 식의 잔인한 형태로 이루어지지 않는 경우에, 그것은 눈에 띄지 않고 매우 약하게 이루어진다. …… 이익을 보지 않고는 아무도 자본을 투하하지 않을 것이라는 잡담은, 대담한 자본가들은 그들의 자본을 투하하지 않고서도 자본가들로 남아 있을 것이라는 횡설수설이나, 이윤을 가져다주는 투하는 자본 개념에 내재해 있다고 매우 간단한 형태로 말하는 것으로 귀결된다. 그래 좋다. 그렇다면 그것은 입증되어야 할 것이다.[28]

정치경제학 비판은 자본주의적으로 조직된, 자연과의 사회적 물질대사에 대한 비판이 된다. 이 사회는 어떻게 자신의 사회적 재생산을 조직하는가? 노동은 사회의 근본적인 범주인데, 그 이유는 그것이 자

---

27. Marx, *Grundrisse*, p. 87 [칼 맑스, 『정치경제학 비판 요강 I』, 55쪽].
28. 같은 책, pp. 270~271 [같은 책, 272쪽].

연과의 사회적 물질 대사를 나타내기 때문이다. 노동은 사회적 재생산 양식에 초점을 맞추는 범주이다. 사회는 어떻게 자신의 사회적 노동을 조직하는가? 자본주의적인 노동양식과 관련해 특징적인 것은 무엇인가? 그리고 왜 인간의 사회적 재생산은 자본의 형태를 취하며, 사회적 노동의 이 양식은 어떤 종류의 사회적 법칙들을 포함하는가?

자본을 구성된 경제적 형태로 단정하는 접근법들은 사유의 악순환에 포획되어 있다. 이 접근법들은 자신들이 정의하려고 하는 것을 미리 가정한다. 이 접근법들은 경제법칙들의 지속적인 생성 메커니즘들을 그 자본주의적 외관[가상] 속에서 드러내고자 한다. 그 결과 사회적 범주들은 발달된 자연으로 이해되며, 과학은 자본주의적 범주들의 자연적 토대를 추적하는 것을 임무로 한다. 자본주의적 범주들이 자연적 토대를 갖는다는 생각에는 오랜 전통이 있다. 일찍이 스미스와 리카도[29]는 '스미스와 리카도가 시작하는 [상상된] 개별적이고 고립된 사냥꾼과 어부가 마치' 부르주아 발전의 한가운데에서 역사적으로 발생한 것이 아니라, 자연적으로 정립된 하나의 실제적 사실인 것처럼 경제적 범주들을 자연화한다.[30] 정치적으로, 사회를 발전된 자연으로 보는 과학[주의]적 생각은 '객관적인 조건들'에 [어떻게] 적응할 것인가로 귀결된다. 다시 말해 '전도된' 실존에 대한 단정적이고 옹호적인 설명들로 귀결된다. 이러한 생각은 역사를 사회로부터 분리하며, 사회적 관계들의 발생을 그러한 관계들의 존재양식과 분리한다. 호르크하이머는 '주체와 객체가 엄밀히 구분된다'라고 하는 이론을 비난하면서 이 점을 분명히 한다. '…… 이론의 대상을 그 이론과 분리해서 사고한다면 우리는

---

29. [옮긴이] David Ricardo (1772 ~ 1823) : 영국의 경제학자. 고전학파의 창시자인 스미스 이론을 계승 · 발전시킨 고전학파의 완성자.
30. 같은 책, p. 83 [같은 책, 51쪽].

정적주의나 순응주의에 빠지게 된다.'[31] 주체와 객체, 이론과 존재 등등의 이원론적 개념은 호르크하이머가 전통적인 이론이라고 기술하는 것에 속한다.

II. 자본에서 노동으로?

'인간 존재들은 그들 자신의 노동을 통해 점점 그들을 예속화하는 현실을 생산한다'라는 호르크하이머의 언급은 핵심적인 중요성을 갖는다.[32] 언뜻 보면 이 문장은 역설적이다. 한편으로, 인간 존재들은 이 문장의 주체[주어]이다. 그들은 활동적이며 창의적이다. 그들은 자신의 현실을 생산한다. 다른 한편으로, 그들은 단지 예속화하는 현실의 객체에 지나지 않는다. 인간 존재들은 얼굴 없는 '그들'로, 그들을 초월하여 (마치 개별적인 인간인 것처럼) 존재하는 현실의 부가물로 축소된다. 우리는 인간의 활동성을 어떻게 이해하는가? 주체 그리고 실재의 본질 그 자체, 아니면 단순히 현실의 객체? 호르크하이머의 언급에는 결정적인 의미가 내재한다. 우리는 인간의 실천이 외관상 '인간을 벗어나는' 형태로 모습을 드러내는 환경을 어떻게 이해할 수 있을까? 달리 말해, 인간의 실천이 [무언가를 — 옮긴이] 생산했으면서도 한편으로 그 자신에 거슬러 전도된 형태들로 존재하는 까닭은 무엇인가? 호르크하

---

31. Horkheimer, "Traditionelle und kritische Theorie", *Traditionelle und kritische Theorie*, Frankfurt : Fisher Verlag, 1992, p. 246을 참조하라. 호르크하이머와 맑스에게서 발췌한 것들(Marx, *Theorien über den Mehrwert* Vol. III과 *Das Kapital* vol. I, German edition, MEW 23, Berlin : Dietz Verlag, 1979)은 모두 독일어판에 기초하고 있으며, 필자가 직접 옮긴 것이다.
32. 같은 책, p. 229.

이머는 사회적 존재의 구성을 탐구한다. 그의 총체적 사유와 달리, 그의 '역설'의 두 '측면들'은 맑스주의에 대한 구조주의적이고 주관주의적인 해석들에 초점을 명확히 맞춘다. 구조주의적 접근법들은 사회를 하나의 '유기체'로, 즉 그 자신의 내재적인 법칙들에 따라 발달하는 유기체로 이해한다. 인간의 실천은 단지 이 유기체의 한 양상으로 간주된다. 사회갈등은 사회의 균형을 잡아나가는 수단으로, 그리하여 '구조를 재생산하는' 총체로 간주된다. 이러한 시각에서 볼 때, 구조들은 원래부터 주체적인 특성들을 지닌 것으로 간주된다.[33] 구조들은 결심하고, 결정하고 '선택한다.' 다른 한편으로, 주관주의적 접근법들은 자본주의 체계의 요구들과 반대되는 입장을 지니는 창의적이고, 소외되지 않고, 자기 결정적인 주체라는 개념에 의존한다.[34] 달리 말해, '주체'는 자본주의적 기획의 외부에 존재하는, 그리고 자본주의적 기획에 끊임없이 참여할 수밖에 없는, 진정한 그리고 창의적인 존재로 간주된다. 인간 실천의 우선성은 이 두 경우 어디에서도 제기되지 않는데, 그 이유는 인간 실천이 '구조들'을 재생산하도록 강요되거나 그 자신의 사회세계 외부에 존재하기 때문이다. 달리 말해, 이러한 내용(인간의 실존)이 왜 이러한 형태(자본주의적인 사회관계들)를 띠는가 하는 비판적인 물음은 탐구되지 않은 채 남아 있다.

---

33. 구조주의에 대한 이러한 비판에 대해서는 다음을 보라. Schmidt, "Der strukturalistische Angriff auf die Geschichte", in Schmidt (ed.), *Beiträge zur marxistischen Erkennistheorie*, Frankfurt : Suhrkamp, 1969.

34. 예를 들어, Holloway, "Class and classification : against, in and beyond Labour", in Dinerstein/Neary (eds.), *The Labour Debate. An Investigation into the Theory and Reality of Capitalist Work*, Aldershot : Ashgate, 2002를 보라.

인간 실천 그리고 구성된 형태로서의 자본

자본이 어떻게 자신을 생산하고 그 자신의 재생산을 규제하는가 하는 문제를 제기하는 분석과 관련하여, 초점은 정치경제의 '구성된 형태들'에 대한 것이다. 인간 실천은, 변화하는 경험적 환경들 속에서 이러한 형태들을 지지하고 재생산하는 단순한 요소로 여겨진다. 그리하여 인간 존재는 하나의 인적 요소로, 생산의 한 요인으로, 또는 특정한 기능들과 이해들의 담지자 등등으로 불린다. 요컨대 인간 존재는 인간 활동의 범위를 벗어나 존재하는, 그리고 인간 실천의 영역을 한정하고, 구조화하고 봉쇄하는 기존 형태들의 테두리 내부에서 작동하도록 강요당하는 '누군가'가 된다. 기껏해야, 사회적 개인은— 사회 전체의 혜택과 복지well-being를 위해 마치 마술을 사용하는 것처럼 사적인 악들을 공적인 덕들로 변형시킨다고들 하는— 시장의 보이지 않는 손에 의해 지배되는 정치경제의 사적인 개인이다. 이러한 시장 구조들은 어디에서 출현하며, 어떻게 발생했으며, 그것들을 구성하는 것은 무엇이며, 어째서 시장들은 모든 사람을 동등하게 취급하면서도 한 계급의 사람들에 우선하여 다른 계급의 사람들에게 혜택을 주는가?[35] 가격 메커니즘은 어디에서 출현하는가? 화폐에서 무엇이 나타나며, 화폐의 외양은 어떤 모습을 취하는가? 구조들의 선험적 '총체'가 있다는 것이 사실이라면, 그 총체의 구성에 대한 모든 연구는 역사 이전 시대에 대한 조사가 되거나, 보이지 않는, 신비한 공간들에 대한 조사가 된다. 인간은 구조 속에서 태어나고 운명은 선험적 이성의 세계에서 행동의 결과들을 결정한다. 사회적 실존의 본질은 더 이상 인간 존재가 아니라 오히려 구조들

---

35. 하이예크가 관찰한 바와 같이, '법의 지배는 경제적 불평등을 생산한다.' Hayek, *The Road to Serfdom*, London : Roudledge, 1944, p. 59.

의 선험적 세계, 파악이 안 되는 세계, 보이지 않는 원리들을 통해 사회 관계들에 영향을 미치는 세계이다. 엘스터[36]와 관련된 합리적 선택 맑스주의의 방법론적 개인주의에서처럼, 주체들은 인식되지 않는 규칙들의 테두리 내부에서 합리적으로 그리고 개인적으로 움직이며 계산한다. 주체들은 이 규칙들을 변형시키려 해 보지만, 자신들의 재산을 최대한 늘리기 위해 고안된 행위를 통해 이 규칙들을 단지 강화하고 긍정할 뿐이다.[37]

전제된 구조적 소유물들로부터 사회적 행위를 이끌어 내는 것은 설명될 필요가 있는 것을 [그저] 단언한다. 이것은 구조적 소유물들이 주체적 힘을 소유한다고 단언하며, 인간 주체를 사물들의 대행자로 객관화한다. 인간의 실천은 구성된 형태들에 의해 규정되며, 그것들로부터 이끌어져 나온다. 인간 주체는 파악 불가능한 현실의 단순한 하인이 될 뿐만 아니라, 보이지 않는 원리들의 재생산을 위한 자원이 되는 것이다. 인간의 실천을 '본질적인', 그러나 선험적인, 구조들의 수반물로 취급하는 것은, 사회적 개인으로서의 자기결정을 배제하는 규칙들, 법칙들, 규제들을 토대로 하는 사회세계를 전제하는 것이다. 구성된 형태들의 입장에서 보면 객체와 주체 간의 관계에 전도가 일어난다. 체계-소유물들은 주체적인 힘이 되고 인간 존재는 '체계'가 발산하는 요구들의 집행자로 변형된다. 구조들은 인간과의 접촉을 관통해 작동한다. 따라서 인류는 구조적 재생산을 위한 자원이 된다. 이런 식으로 구조주의는 인류를 구조들이 발산하는 명령들의 담지자, 또는 행위자라

---

36. [옮긴이] Jon Elster (1940 ~) : 사회과학철학과 합리적 선택 이론 분야에서 저술활동을 펼친 노르웨이의 사회, 정치이론가이다. 분석적 맑스주의의 저명한 주창자이며, 신고전주의적 경제학과 공적 선택에 대한 비판가이다.

37. 다음을 참조하라. Elster, *Making Sense of Marx*, Cambridge : Cambridge University Press, 1987.

고 강조한다.

　구성된 형태들의 입장에서 보면, '자본'은 '자동적인 주체'로 간주된다.[38] 자본을 이런 식으로 성격 부여하는 것은 종종 자본관계가 계급관계보다 선차적인 것이라고 규정하는 맑스주의자들에 의해 채택된다. 자본관계는 화폐자본, 생산자본, 상품자본 같은 자본의 상이한 형태들과 ('그것의' 논리와 법칙들을 포함하는) 이 관계의 자기 모순적인 본성 간의 관계를 포함한다고 한다.[39] 근본적으로 볼 때, 자본관계는 자본과 자본 간의 관계이다. 자본의 운동은 경쟁법칙에 의해 '지배당한다.'[40] 다른 한편, 계급관계는 자본과 노동 간의 관계를 의미한다. 이 관계는 적대적인 관계로 이해되는데, 이 적대적 관계는 계급투쟁의 형태로 모습을 드러낸다. 자본관계의 선차성 개념은 기껏해야 '자본'의 자기모순적 구성이 계급 갈등을 야기한다는 것을, 그리고 이 갈등이 자본주의적 재생산을 파열시키며, 그리하여 '위기'를 생산한다는 것을 의미한다. 이러한 시각에서 볼 때, 자본주의적인 노동착취의 모순적인 성격은 자본에 내재적인 모순의 관점에서 이해된다. 모순들의 전개는 계급투쟁에 의해 결정된다.[41]

---

38. Jessop, "The Great Bear", in Bonefeld/Holloway (eds.), *Post-Fordism and Social Form*, London : Palgrave Macmillan, 1991을 참조하라.

39. 제솝의 연구에서 자본관계는 더 이상 하나의 '관계'로 다루어지지 않는다. 그렇기는커녕 자본의 다양한 형태들은 상이한 '논리'에 기초하는 상이한 이해관계에 의해 특징지어지는 '자율적인' 총체들로 소개된다. Jessop, *Nicos Poulantzas*, London : Macmillan, 1985를 보라. 그에 대한 비판으로는 Bonefeld/Holloway (eds.), *Post-fordism and Social Form*에 수록된 Gunn, "Marxism, Metatheory and Critique"와 Psychopedis, "Crisis of Theory in the Contemporary Social Science"를 보라. 그리고 Bonefeld, "Crisis of Theory", *Capital & Class*, no. 50, 1993을 참조하라.

40. 예컨대, Aglietta, *A Theory of Capitalist Regulation*, London : Verso, 1979; Brenner, *The Boom and the Bubble*, London : Verso, 2002를 보라.

41. 예컨대, Clarke, "State, Class, and the Reproduction of Capital", in Clarke (ed.), *The State Debate*, London : Macmillan, 1991.

　최악의 경우, 그 개념이 의미하는 것은 계급 갈등이 자본주의의 연속적인 재생산에서의 단순한 한 기능에 지나지 않는다는 것이다. 제솝을 비롯하여 이러한 시각의 주창자들은 자본이 계급관계들 위에 서 있으며, 계급투쟁을 통해 전개되지만 계급투쟁에서 자본이 쟁점은 아니라고 주장한다.[42] 자본은 그 자신의 논리를 통해 존속하는 '어떤 것'으로 이해된다. 계급투쟁이 그러한 분석에서 제외되는 것은 다음과 같은 조건에 한해서이다. 계급투쟁의 구체적이고 경험적인 조건들에 대해 올바르게 이해하기 위해 (그 내부에서 그 계급투쟁이 확보하고 펼치는) 자본주의의 테두리에 대한 상술에 토대를 둘 필요가 있을 때뿐인 것이다. 자본관계의 선차성을 강조하는 것은 자본주의 발전의 객관적인 노선들에 초점을 맞추는 것이다. 구조들은 이러한 접근법이 인정하는 유일한 주체이다. 계급투쟁은 구조적 발전에서 파생한 것으로 취급된다. 자본주의 발전의 원동력은 자본 자체에 내재한다. 모순은 자본에 내재하는 것으로 이해되며, 자본주의 발전은 이러한 모순들의 결과이다. 그 결과 과학적 연구는 자본이 어떻게 생산하는가라는 이슈에 초점을 맞추어야 한다. 사회적 실존에 대해 이런 식으로 접근하는 것은 '자본'이 능동적이고 자기 구성적인 사물이라는 전제에 토대를 둔다. 다시 말해, 이러한 접근법은, 자본이 자동적인 주체로서 자신과의 관계를 통해 객관적인 테두리, 즉 계급관계가 내재하는 객관적인 테두리를 확립한다고 전제한다. 그 실천적 귀결은 가공할 만하다. 맑스주의와 부정의 결합은, 자본의 '자연적인' 요구들을 이해할 목적으로 자본의 자기구성의 근거를 과학적으로 연구하는 것에 의해 대체된다. 전

---

42. Jessop, "Polar Bears and Class Struggle"과 그의 *State Theory*, Cambridge : Polity, 1990 을 보라.

통적인 이론에서처럼,[43] 이론가들은 계급투쟁 너머에 서서, 능력 있고 의지력 있는 정치가들이 더 공정하고 더 평등하며 지속 가능한 자본주의를 성취하기 위한 구조적 발전에 ― 그리고 그 발전의 인식되지 않은 조건들에 ― 영향을 끼칠 수 있는 방식에 대해 자신들의 지식을 제공한다. 이러한 과학적 방법으로 인해, 맑스주의는 사회의 작동 법칙들에 이르는 특권적인 접근 방법을 갖는 것으로 여겨진다. 지속 가능하고 합리적인 방식으로 생산관계들을 조직하기 위해, 여전히 '"지배계급은 맑스주의의 귀결들을 어쩔 수 없이 받아들여" 이러한 "복잡한 체계"를 연구하려는 "노고"를 아끼지 않을 수밖에 없다.'[44]

인간의 실천, 그리고 생산'되는' 자본

'인간 존재들은 그들 자신의 노동을 통해 점점 그들을 예속화하는 현실을 생산한다'라는 호르크하이머의 생각은 또한 사회적 실존의 본질로서의 '노동'에 초점을 맞추자는 제안으로 해석될 수도 있다. 인간의 활동은 구성적 역능으로 이해될 수 있을 것이다. 이러한 관점은 자본이 어떻게 생산하는가가 아니라 자본이 어떻게 생산'되는'가를 강조할 것이다. 사회적 실존의 형태들은 인간 실천의 생산물로, 인간 노동의 생산물로 이해될 것이다. 이러한 관점은 '체계', 예컨대 현실의 객관적 조건들의 형식적 법칙들을 강조하는 것이 아니라, '주체성'의 개념을 더욱 강조한다.

하지만, 이러한 강조는 다음과 같은 질문을 요구한다. 우리는 '주체

---

43. 여기에서 '전통적인 이론'이란 호르크하이머의 논의에 따른 것이다. "Traditionelle und kritische Theorie." 또한 다음을 참조하라. "Nachtrag", *Traditionelle und kritische Theorie*, Frankfurt : Fischer Verlag, 1992.

44. Korsch, *Marxism and Philosophy*, London : New Left Books, 1970, pp. 55~56.

성'과 주체성이 존재하는 방식을 구별할 수 있는가? 호르크하이머처럼, 인간들이 자신의 주체적 역능을 통해 자신들을 예속화하는 현실을 생산한다면, 이 주체적 역능은 자신이 생산하는 형태들 외부에 존재할수 없다. 그것은 그 자신의 '전도'에 대해 순결한 방관자가 될 수 없는것이다. 주체성과 객관성의 관계는 외부적인 관계가 아니다. 그렇게 생각하는 것은, 이러한 논의가 부인하려는 것 — 즉 인간의 활동이 유일한 사회적 창조 능력이 아니라는 것 — 을 타당하다고 전제하는 것과 같다. 그까닭은, 주체와 객체가 외부적 관계를 맺는다고 이해하게 되면, '주체성'이라는 개념은 '주체성의 영역'의 외부에 어떤 '역능'이 존재한다는것을 의미하게 되기 때문이다. 한마디로 말해서 '주체성'의 입장은, 구성하는 주체가 그 전도된 세계의 외부에 존재한다는 점을 전제할 뿐만아니라, 전도된 세계가, 아직 알려지지 않고 규정되지 않은, 그 자신의구성적인 역능을 통해 존재한다는 점 역시 전제한다.

자본과 노동은 각각에 대해 단순하게 대립하지 않는다. 자본은 주체가 아니다. 자본은 사회적 재생산의 규정적인 관계 — 사회적 재생산양식 — 에 붙이는 이름이다. 이러한 생산양식에서, 노동과 자연 간의 물질대사는 오직 노동이 가치를 생산하는 조건 위에서만 사회적 타당성을획득한다. 자본주의적으로 조직된 생산양식은 자본을 추상적인 사회적 부의 활동적인 형태 — 과정 속의 가치, 과정 속의 화폐, 자본 그 자체 — 로 정립한다. 노동은 오직 자본을 생산할 때에만 생산적이게 된다. 산노동은 가치의 실체이고 착취는 가치를 생산할 뿐만 아니라 잉여가치역시 강탈하는 수단이다. 자본은 노동 안에서만 그리고 노동을 통해서만 존재한다. 이것은 자본이 착취를 단지 '노동자-생산자 계급에 대한사실상의 종속'에서 벗어나려는 수단으로 이용하고 있다는 것을 의미하진 않는다.[45] 이러한 정식화는 자본이 생산된다는 개념에 포함되어 있는 통찰을 파괴한다. 이것은 자본이 그 자신의 권리상, 비록 제한적이지만, 하나의 강력한 주체로 여겨지기 때문이다. 이렇게 노동에 초점을 맞추는 것은 자본이 말하자면 하나의 강력한 주체라는 개념을 거부하기 위해 노동이 원하는 무언가를 전제한다. 노동의 자본으로부터의 자율이라는 개념에 입각한 접근법들은 사회적 실존을 다음과 같이 거리가 먼 영역들로, 즉 한편으로는 자본의 '기계적인' 논리 영역으로, 다른 한편으로는 사회적 실천의 초월적인 권력의 영역으로 분할하는 경향이 있다. 사회적 실천의 주체주의적 승인은 혁명적 주체의 직접성immediacy의 낭만적 기원이 될 수 있을 뿐이다. 단순히 노동의 혁명적 직접성을 기원하는 것은 주체와 구조를 떼어 놓는 경향이 있으며, 결국 구조적 결정론의 또 다른 측면인 의지주의적voluntarist 개념화에 이르게 된다.[46] 자본은 오로지 그 자신 내부에만 존재하는 논리의 맥락에서 해석되며, 자본의 모순들만이 혁명적 실천을 위한 지렛대들을 제공한다. 자본-노동 관계는 그저, 이원론적이고 외부적인 방식으로, 주체적 힘들과 대립되는 억압적인 체계적 논리의 맥락 속에서만 이해된다.[47]

노동이 무시무시한 내용, 즉 착취에 대한 분석을 위한 순수한 출발점이 된다면, 자본은 사실상 그 자신의 구성적 권능과 논리를 갖는 하나의 사물로 나타날 수 있을 뿐이다. 노동이 '자기결정적' 권능으로 간주된다면, 그와 동시에 자본 역시 '자기구성적' 권능이다. 오직 구성하

---

45. Tronti, "The Strategy of Refusual", *Working Class Autonomy and Crisis*, London : Red Notes-CSE, 1979.

46. Bonefeld, "Between Structure and Autonomy", in ibid. (ed.), *Revolutionary Writing*, New York : Autonomedia, 2003. 을 참조하라.

47. Bonefeld/Gunn, "La constitution et sa signification : Réflexions sur l'épistémologie, la forme et la pratique sociale", *Futur antérieur*, no 8, Paris, 1991과 Bonefeld, "Between Structure and Autonomy"를 보라.

고 발생시키는 것으로 가정되는 어떤 것을 침식하고, 포함하고, 착취하고, 탈인간화할 수 있는 자본의 역량은 자본을 최상의 주체로 만든다. 결과적으로, 노동은 그 자신의 존재양식에 외적인 것으로 간주된다. 따라서 자본주의적 재생산에 대한 분석은 자본의 '매혹적인 권능'에 대한 이해를 필요로 한다.[48] 따라서 대상과 주체가 통일된 속에서도 분리되어 있고, 각각은 상대와 같아지지 않으면서 타자 속에서, 그리고 타자를 통해 존재한다는 호르크하이머의 강조는 자본과 노동이 병렬되고, 서로 모두 상이한 사회적 권력들로서 대립한다는 점에서 볼 때, 아직 이론이라고 할 수 없다. 그것들 중 어느 것도 설명되지 않는다. 둘 모두 단지 주장될 뿐이다.

III. 주체로서의 자본과 구성된 형태들

맑스에 따르면, 부르주아 이론은 소외된 외면적인 경제적 관계들의 외관[가상]들에 익숙하다. 부르주아 이론은 '대중적 정서에서 볼 때 비록 이해될 수 있다 할지라도 …… 자명하면 할수록 그 내적 관계들이 더욱 은폐되는' 구성된 형태들과 관계들을 이론화한다. 인용된 구절에서 든 맑스의 사례들을 사용하자면, 지대가 토지로부터의 수입이고, 이자가 자본으로부터의 수입이며, 임금이 노동으로부터의 수입이라는 점이 자명해 보일지라도, 이러한 관계들은 '불가능한 세 가지의 조합'이다.[49] 비록 그것들이 '일상적인 삶의 종교'를 선물한다 할지라도 말이

---

48. Negri, "Interpretation of the Class Situation Today", *Open Marxism* Vol. II, London : Pluto Press, 1992 그리고 Arthur, "Wide Open", *Radical Philosophy*, vol. 64, 1993을 참조할 것.
49. Marx, *Capital* vol. III, p. 817 [칼 마르크스, 『자본론 III (하)』, 1007쪽].

다. 따라서 맑스가 언급하는 '과학'이 요구된다. '사물의 외양과 본질이 직접적으로 일치한다면 모든 과학은 불필요해질 것이다.'[50] 맑스는 '예컨대 상품 같은 가장 단순한 요소조차, 그 각각은 이미 하나의 전도이다'라고,[51] 즉 '전도된 형태'라고 강조한다.[52] 사회적 실천은 거부되고 있는 양식으로 상품들 속에서, 그리고 그 상품들을 통하여 존속한다. 달리 말해, 사회적 관계들은 사물들 사이의 관계들로서 나타난다. 그 자신과 관계되는 '어떤 것', 즉 자기가치화하는 역량을 지니는 사물이라는 자본의 개념은, 맑스의 입장에서 보면, 자본주의적 생산의 물신화를 함의한다. 이러한 주장에 따르면, 자본주의적 생산의 물신적 특징은 자본이 '대자적 관계'로 이해될 때 그 가장 완성된 형태를 이룬다.[53]

'자본관계'는 생산자본, 상품자본, 화폐자본과 같은 자본의 상이한 형태들을 함의한다.[54] 화폐자본의 순환에서 자본이 추상적 부의 가장 보편적인 형태로 존재하기 때문에, 그리고 자본이 그 자신의 증대의 원천으로 직접 나타나기 때문에(M … M′), 화폐자본의 순환이 가장 두

---

50. 같은 책, p. 817 [같은 책, 1007쪽]

51. Marx, *Theorien über den Mehrwert* Vol. III, p. 498.

52. Marx, *Das Kapital*, vol. I, German edition, p. 90. 『자본론』의 독일어판에서 맑스는 '전도된 형태(verrückte Formen)'라는 구절을 사용한다. 『자본론』의 영어판에서 이 구절은 '부조리한 형태들'(absurd forms)이나 '환상적 형태들'(fantastic forms)로 번역된다. 이것들은 오해를 불러일으키는 번역들이다. 맑스에게서, '전도된'은 두 겹의 의미를 갖는다. 하나는 '혼란된'(deranged)이고, 다른 하나는 '미친'(mad)과 '전도된'(displaced)이다. 따라서 '전도된 형태들'의 개념은 이러한 형태들이 모두 미치고 전도되었다는 것을 의미한다. 전도의 두 겹의 의미는 추상적인 것과 구체적인 것 사이의 내적 관계라는 개념을 함의한다. '전도된' 용어의 두 겹의 의미를 다루고 있는 Backhaus, "Between Philosophy and Science"를 보라. [참고로 영어본에서 'absurd form'은 한 번, 'fantastic form'은 두 번 발견된다. 칼 마르크스, 『자본론 I (상)』, 93, 97, 99쪽을 참조하라 — 옮긴이].

53. Marx, *Theorien über den Mehrwert* Vol. III, p. 504.

54. 이에 대해서는, Marx, *Capital* vol. II [칼 마르크스, 『자본론 II』]을 참조하라.

드러지는 순환이다. 자본이 자기 자신과 맺는 관계는 '자기 자신과 동등하지 않은 가치를 만들어 내는 신비로운 속성을 지닌' 자본-이자라는 공식 속에서 가장 명백하게 나타난다. 맑스에게 있어서, 이자 낳는 자본은 '자본의 가장 물신적인 형태'이며, 자본이 '의미를 박탈당할 정도로 생략되어 버린' 형태이다.[55] 달리 말해, 자본-관계를 정치경제학 비판의 초점으로 받아들이는 것은, 사회적 관계들이 마치 '물건들의 운동'인 것처럼 사유하는 사회적 관계들의 물신화를 반복한다.[56] 객체의 '주체화' 및 인간관계가 사물들 간의 관계로 나타나는 '객체화'는 전도된 세계의 상호의존적인 표현들이다. 이 세계에서는 인간성이 목적이 아닌 자원으로 존재한다. 그렇지만, 이것은 인간의 실천이 자본주의 사회 속에 놓인 조건이다.

종합해 보면, 물건들의 운동이, 계급관계를 초월하는, 그리고 계급투쟁이 펼쳐지는 테두리를 창출하는 것으로 보인다.[57] 이 '외관[가상]'을 문자 그대로 받아들인다면, 계급투쟁은 단지 자본관계의 재생산을

---

55. Marx, *Capital*, vol. III, p. 818과 p. 391 [칼 마르크스, 『자본론 III (하)』, 1008쪽과 칼 마르크스, 『자본론 III (상)』, 478~479쪽]. 독일어판 『자본론』에서 맑스는 '화폐'를 'begriffslos' 형태라고 특징짓는다. 영어판 『자본론』에서 'begriffslos'는 '무의미한' (meaningless)으로 번역되어 있다. 이러한 번역은 오해를 불러일으킨다. 'begriffslos'라는 용어는 '능력을 잃은'이라는 개념을, 그래서 '의미를 박탈당한'이라는 개념을 내포한다. 용어를 이렇게 사용하는 게 독일어 'begriffslos'에 훨씬 더 가깝다. 이에 대해서는 Bonefeld, "Money, Equality and Exploitation", in Bonefeld/Holloway (eds.), *Global Capital, National State and the Politics of Money*, London : Macmillan, 1996을 보라. [저자의 위의 설명에 따라, 'meaningless'를 '의미를 박탈당한'로 옮겼다. ― 옮긴이]
56. Marx, *Capital*, vol. I, p. 79 [칼 마르크스, 『자본론 I (상)』, 96쪽].
57. 이와 같은 종류의 분석을 제공하는 것으로는 다음을 참고하라. Hirsch, "The State Apparatus and Social Reproduction." 그에 대한 비판은 다음을 참고하라. Holloway/Picciotto, Introduction, in ibid.; Holloway, "The Great Bear"; Bonefeld, "Social Constitution and the Form of the Capitalist State", in Bonefeld et al. (eds.), *Open Marxism*, vol. I, London : Pluto, 1992; 그리고 Clarke, "Introduction", *The State Debate*, London : Palgrave, 1991.

매개하는 객관적인 메커니즘이 될 것이다. 이러한 시각을 현재의 관점에서 정교화한 것을 포스트포드주의적인 국가에 대한 논쟁에서 발견할 수 있다.[58] 이 논쟁은 계급투쟁이 자본관계에 의해 확립된 객관적 테두리 내에서 펼쳐진다는 관념에 기초하고 있다. 예를 들어, 제솝의 접근법에 따르면, 계급 갈등은 '마찬가지로 전체성을 창출하지 않을 뿐더러 [자본주의의 — 옮긴이] 역동적인 궤적을 낳지도 않는다.' 이것은 '계급들의 개념적 정체성이 계급관계 자체에 의해서 주어지는 것이지 자본관계를 형성하는 계급들에 의해 강제되는 것이 아니기 때문이다.'[59] 따라서, 자본관계는 계급관계들을 초월해 존재한다. 그리하여 그가 '자본은 주체이며', 고로 횡단하는 주체übergreifendes Subjekt라고 주장하는 것은 매우 논리적이다.[60] 자본은 변화하는 경험적 환경들인 '실재' 세계 속의 행동하는 주체들 간의 사회적 관계들을 구축한다.[61] 제솝에게 계급들의 적대는 다양한 결정들이 이루어지는 실재 세계에서만 나타날 뿐이다. 그 결과, 계급-관계들의 개념은 이익공동체라는 복수複數의 개념 속으로 해소된다. 그들 각각은 출현하는 구조적 총체들과 그 자신의 방법으로 관계를 맺는다. 이와 같이, 자본주의는 계급 없는 계급 사회로 이해되며, 분석적 초점은 경험적으로 관찰 가능한 다수의 사회적 갈등들의 양상에 두어진다. 이 갈등들은 자본-주체에 의해 확립된 테두리 내부에 확고하게 위치한다.

제솝에게, 사회적 주체들의 계급적 성격은 그들이 가치형태와 맺

---

58. 이 논쟁에 대해서는 다음의 논문집을 참조하라. Bonefeld/Holloway (eds.), *Post-Fordism and Social Form*.

59. Jessop, "Polar Bears and Class Struggle", p. 154.

60. 같은 책, p. 150.

61. 제솝의 접근법에 대한 이와 유사한 비판으로는, Gunn, "Against Historical Materialism"을 보라.

는 관계를 통해 규정된다. 계급 적대의 구조적 테두리를 해독하는 열쇠는 잉여가치 개념이다.[62] 계급의 개념적 정체성, 계급관계의 본성, 그리고 계급투쟁의 형태를 결정하는 것으로, 또한 계급투쟁과 자본주의 생산양식 내부의 경쟁의 총체적인 역동성을 결정하는 것으로 간주되는 것은, 일반화된 상품 생산의 체계 내에서 갖는 가치형태의 지배이다. 제솝에게, 가치형태는 일종의 '메타형태'로서 더 잘 이해된다. 가치 메타형태가 생산자본, 화폐자본, 상품자본 같은 상이한 가치형태들이 서로 경쟁하는 구조적 테두리를 기술하는 한, 이 가치 메타형태는 계급관계들을 넘어서는 것으로 이해된다. 이것들의 경쟁은 그 구조가 가치 메타형태에 의해 추상적으로 규정되는 자본 회로 내부에서 펼쳐진다. 제솝에 따르면, 우리는 자본 회로 내부에서 자본의 상이한 논리학을 발견한다. 이러한 논리학은 경쟁하는 각각의 자본의 상이한 축적 전략들을 내포한다. 가치 메타형태는 축적 과정을 완전히 결정하는 것이 아니라 오직 자본주의의 제도적 논리와 지향적인 역동성 — 그 자체로는 비결정적인 — 을 결정할 뿐이다. 따라서 그것은 '계급 세력들의 균형이 가치형태 자체를 넘어서는 많은 요인들에 의해 주조되는 경제적 계급투쟁'에 의해 중층결정될 필요가 있다.[63] 클락이 지적한 바와 같이, 제솝은 가치형태를 [그 안에서 그리고 그것을 통해서] '사회적 관계들이 사물들 간의 관계들의 형태로 나타나는' 하나의 과정이 아니라 '사회적 관계들을 결정하는 사물 같은 구조'라고 이해한다.[64] 가치 메타형태는 자본주의적 생산양식의 일관성[응집성]을, 즉 실제 세계의 사회적 갈등

---

62. Jessop, "Polar Bears and Class Struggle."

63. Jessop, "State Forms, Social Basis, and Hegemonic Projects", *Kapitalistate*, no 10/11, 1983, p. 90; 이 글의 개정판은 다음을 참조하라. Clarke, *The State Debate*.

64. Clarke, "Introduction", *The State Debate*, p. 49, fn. 24.

의 우발적인 힘들을 통해 실제로 성취되는 일관성을 규정한다. 가치 메타형태는 단지, 상이한 자본 논리학의 기동 작전을 위한 여지를 외부적으로 강제하는 것으로 보일 뿐이다. 가치형태를 가치 메타형태로 개념화하는 것은 동어반복이다. 이것은 경쟁하는 사회세력들의 실재적 세계에서 가치 메타형태의 결정이 가치 메타형태의 실천적인 현존을 전제하기 때문이며, 그 역도 마찬가지다. 제솝의 접근법에서 가치 메타형태는 그 사회적 결정에 외부적인 것으로 여겨진다.

제솝의 접근법은 일상생활의 경험을 공식적인 용어로 표현한다. 사회적 노동의 생명 활동은 최초의 생산자들의 등 뒤에서 그들에게 부과하는 자본주의적 체계-합리성을 생산하는 것으로 보인다. 제솝의 접근법은 일상생활의 전도를 그 출발점으로 삼는다. 사회적 관계들이 왜 상품화된 파편화 형태들 속에서, 그리고 그 형태들을 통해 존재하는가 하는 질문은 제기되지 않는다. 이러한 파편화는 전제되며, 사회적 관계들은 상품 생산 법칙들에 수반된다. 자본주의적 재생산은 전도된 형태의 사회적 재생산 — 사회적 맥락 속에서 이루어지는 사적 생산 — 이다. 그것이 전도된 형태인 까닭은, 사적 생산의 사회적 성격은 사회의 의식적인 결정의 문제가 아니기 때문이다. 그리고 사회의 의식적인 결정이 오직 사적 분열의 전도된 형태(상품 생산) 속에서만 존재하기 때문에, 사적 생산의 사회적 현존은 하나의 외부적이고 독립적인 사물로서 개인적 생산자들과 대면하게 된다. 맑스가 주장한 것처럼, 이 사물이 사회적 맥락 속에서 생산자들이 사적 개인들로서 존재하는 조건이다.[65] 달리 말해, 노동의 사회적 성격은 정치경제의 범주들 속에서, 그리고 그 범주들을 통해, 모순적으로, 존재한다. 예를 들어 가치, 생산

---

65. Marx, *Grundrisse*, German edition, p. 909.

성, 이윤 같은 경제적 범주들은 그것들의 역사적 현존과 거리를 두는 방식으로는 해석될 수 없다. 맑스가 이러한 범주들을 용인한다고 해서, 그것이 맑스가 그것들을 역사적으로 능동적인 요소들로 인식한다는 것을 의미하지는 않는다. 오히려 그의 인식은 '파괴적인'[66] 비판을 통해 진전한다.

맑스의 비판은 교환관계들에 대한 분석에 만족하지 않는다. 오히려 교환관계들의 사회적 구성을 이해하고자 한다. 교환 행위는 교환되고 있는 '사물'의 발생을 설명하지 않으며, 또는 개인 생산자들이 현재와 같은 방식으로 존재하는 이유를 설명하지도 않는다. 정치경제학은 교환관계들, 그리고 교환관계들 내에서의 생산관계들을 이해하려는 하나의 시도이다. 따라서 노동가치 이론은 노동생산물들에 구현되는 사적이고 개인적인 노동에 대한 이론으로 인식된다. '구현되는 노동'은 '가치'의 조절자로 인식된다. '가치'의 사회적 구성의 비밀은 미해결된 채로 남아 있었는데, 그 이유는 '가치'가 하나의 사회적 관계라기보다 단지 하나의 '사물'로 인식되었기 때문이다. 그럼에도 '가치의 운동'은 '기본적인 자연 과정의 힘과 더불어 활동하는 자동적인' 운동으로 모습을 드러낸다. 가치의 운동은 완전히 독립적인 사물로서,[67] 그리하여 사회적 관계들을 넘어서는, 그리고 그것들을 '구조화하는' 역사적으로 능동적인 주체의 운동으로 나타난다. 하지만, '가치'는 단지 그 자신의 형

---

66. '비판'에 대해서는 다음을 보라. Agnoli, "Von der kritischen Politologie zur Kritik der Politik", *Die Transformation der Demokratie und andere Schriften zur Kritik der Politik*, Freiburg : Ça ira, 1990; Agnoli, "Destruction as the Determination of the Scholar in Miserable Times"; Horkheimer, "Traditionelle und kritische Theorie"; 또한 *Open Marxism* vol. I의 서문을 보라.

67. Marx, *Capital* vol. II, p. 185 [칼 마르크스, 『자본론 II』, 122~123쪽]를 보라. 이 점에 대한 진전된 논의로는, Reichelt, "Social Reality as Appearance"와 Backhaus, "Some Aspects of Marx's Concept of Critique in the Context of his Economic-Philosophical Theory"를 보라.

식적인 운동 양태의 맥락 속에서 볼 때에만 이처럼 독립적인 사물이 된다. 노동의 사회적 성격은 '교환 안에서 비로소 나타난다.'[68] 인간의 사회적 실천은 사물들 사이의 '비인격적' 관계들의 한 파생물인 상품세계 속에서 그리고 그 세계를 통해 존속한다. 하지만 '내용' 없는 '형태'란 존재하지 않는다.[69] 형태가 내용 없이 존재한다고 주장하는 것은 '형태'가 그 자신의 사회적 결정에 외부적이라고 말하는 것이다. 구성된 형태들이라는 개념과 마찬가지로, '내용' 없는 '형태'로서의 '가치'라는 개념은 부르주아 사회의 종교, 즉 상품 물신을 신봉한다.

종합해 보면, 구성된 형태들에 초점을 맞추는 접근법들은 이미 전제된 어떤 것을 기술할 수 있을 뿐이다. 즉, 사적인 개인들은 사회법칙들의 테두리 내에서 작동하며, 이 법칙들의 합리성이 그들의 삶을 '구조화한다'는 것이다. 인간의 실천을 '물건들의 운동'[70]으로부터 파생될 수 있는 어떤 것으로 이해하고자 하는 접근법들은 환원론적 방식으로 '보이지 않는 손'이라는 스미스의 원리를 다시 공식화한다. 사회적 실재는, 존재하기는 하지만 보거나 파악할 수는 없는 어떤 것에 의해 지배된다. '진리'의 최종적이고 가장 정제된 원천을 향한 우리의 과학적 탐구는 성공할 수 없었고 포기되어야 했다. 우리는 보이지 않는 어떤 것에 의해 지배되며, 이 '어떤 것'은 원리, 다시 말해 우리 실존의 결정적 요인이다. 하지만, 우리는 이 모든 중요한 원리가 무자비하게 작동한다는 것을 안다. 그 작동을 인식하지 못하는 사람들은 그 원리의 차갑고 냉정한 '손'을 만지게 될 것이다. 따라서 우리는 우리의 이해를 초

---

68. Marx, *Capital* vol. I, pp. 77~78 [칼 마르크스, 『자본론 I (상)』, 94쪽].

69. 다음을 참조하라. 같은 책, p. 83 [같은 책, 102~104쪽] 그리고 Marx, *Capital* vol. III, p. 392 [칼 마르크스, 『자본론 III (상)』, 480~481쪽].

70. Marx, *Capital* vol. I, p. 79 [칼 마르크스, 『자본론 I (상)』, 96쪽].

월하고 우리가 파악할 수 없는 '어떤 것'에 의해 '존재한다.' 달리 말해, 사회적 실존은 의식적인 사회적 행동이라기보다는 하나의 운명이다. 그것은 운명일 뿐만 아니라 또한 우연에 의해 지배된다. 인간의 실천이 보이지 않는 원리에 의해 지배된다는 생각은 인간 존재들이 자신들의 세속적인 일들을 세속화하는 데 실패했으며, 그들이 자신들의 사회적 실존의 구성을 파악하는 데 준비가 부실하다는 것을 뜻한다. 보이지 않는 원리의 자궁에서 나오는 법칙들이 지배하는 세상에서 이성은 부정되는 방식으로 나타난다. 비합리적 세계가 합리적이라는 식으로 말이다.[71]

맑스주의이건 그렇지 않건, 보이지 않는 원리들을 옹호하는 접근법들은, 역사에 대한 신학적 개념화의 형태로 또는 자본을 하나의 주체로 선언함으로써, 인간의 실천을 '실제 세계에 의해 확립된 경향 및 방향의' 예정되고 '불가피한 노선들'을 따를 뿐인 '어떤 것'으로 이해한다.[72] 달리 말해, 적극적이고 건설적인 맑스주의 과학을 제공하려는 오늘날의 시도들은, 전통적인 이론과 함께, 최종적이고 가장 정련된 진리 기준—불가피한 것과 보이지 않는 것—을 탐색하는 데 참여한다. 이러한 시각에서 본다면, 우리는 경험이 제공하는 경험적 지식 덕분에 '사회'를 관찰할 수 있을 뿐이다. '사회'는 여전히 발전의 불가피한 노선들에 좌우된다. 달리 말해, 사회적 실존은 인간적인 내용 없는 '어떤 것'으로 가정된다. 사회적 개인은 '가치-사물'로 대체된다. 이 가치-사물은 그 자신의 고유한 법칙들Eigengesetzlichkeit — '사회법칙들'이 아닌 체계적이고 구조적인 법칙들 — 의 응용 속에서 그리고 그것을 통해 지배

---

71. Gunn, "Against Historical Materialism"을 참조하라.
72. Hall, "Realignment for What", *Marxism Today*, December, 1985를 참조하라.

한다. 그것들은 사물들에 속하며, 사물들의 논리를 구성한다. 따라서 제솝의 '가치 메타형태'와 스미스의 '보이지 않는 손'에 대한 통속적인 이해는 사회를 이성을 넘어서고 노동의 변형적 역능을 넘어서는 '어떤 것'으로 개념화하는 것에 의존한다. 앞에서 언급했다시피, 구조들은 구성된 형태들의 개념에 입각하는 접근법들에 의해서 인식되는 유일한 주체들이다. 인간 실존의 규칙들은 인간계의 외부에 있는 어떤 곳, 즉 나름의 방법이 있는 '어떤 곳'에서 나오는 것으로 보인다. 전통적 이론이 가설적 판단 — 예컨대 보이지 않고 불가피한 원리들의 실천적인 의미에 대한 판단들 — 에 좌우되는 세계를 받아들이게 되면 결국 메타이론들의 무한한 후퇴에 이르게 된다. 규정될 필요가 있는 것이 규정을 초월한 어떤 것으로 전제되기 때문이다.[73] '진리'를 영원 속에서 또는 보이지 않는 공간들 속에서 찾으려는 시도는 언제나 전통적 이론, 즉 우리의 사회세계를 인간에 의해 만들어지는 세계와 인간의 변형적 역능에 의존하는 세계로 이해하는 것에 저항하는 이론의 특징이었다.[74]

IV. 맑스의 비판 : 교환관계에 대한 분석

정치경제학에서, 노동의 범주는 그 사회적 실존으로부터 분리되어 있는 것으로 이해된다. 기껏해야 노동시간은 개인적 상품들의 가치를

---

73. 이 점에 대해서는 Gunn, "Marxism and Philosophy", *Capital and Class,* no. 37, 1989; "Marxism, Metatheory and Critique"와 그의 "Against Historical Materialism"을 보라.

74. Horkheimer, "Zum Problem der Wahrheit", *Gesammelte Schriften Band 3 : Schriften 1931~1936,* in Schmidt (ed.), Frankfurt : Fischer Verlag, 1988을 참조하라.

결정하는 것으로 이해되는 것이다. 맑스의 노동가치 이론은 구현된 노동시간이 상품 가치의 조절자라고 선언하는 이론이 아니다.[75] 오히려 맑스에게, 가치는 사회적 관계이다. 가치는 사회적 필요노동시간에 의해 구성된다. 맑스의 비판은 교환에 대한 대안적인 경제이론이 아니라 가치의 구성에 대한 이론이다. 라이켈트가 말하는 바와 같이, '우리는 구성이라는 생각을 실존의 영원한 운동 형태로서의 가치의 맥락으로 해석해야 한다. 그렇게 하지 못하면, 가치는 오직 정적인 것으로, 즉 역사적으로 자발적인 능동적 주체로 판정될 수 있을 뿐이다.'[76] 가치의 구성, 즉 가치의 실체는 노동이다. 하지만 노동이 그 자체로 가치는 아니다. 오히려 '인간노동력이 유동상태에 있는 것, 즉 인간노동이 가치를 창출한다.'[77] 노동과정은 '일정한 사회형태 내에서 이를 매개로 한 개인에 의한 자연 점취'[78]이다. 따라서 노동이 물질적 부의 유일한 원천이 아니다. 하지만, 노동은 가치의 유일한 원천이며, 이를 통해 자본이 존속하는 유일한 자원이다.

노동이 가치의 본체이며, 이 본체가 사물들 간의 관계 속에서 그리고 그 관계를 통해서 존재한다는 것은 자본관계가 계급관계 속에서만 그리고 계급관계를 통해서만 존재할 수 있다는 것을 의미한다. 노동의 착취는 교환의 영역에서 인식되어야 하는데, 여기에서 가치의 사회적 구성은 '부정되는 존재양식' 속에 존재한다.[79] 그러니까 자본은 하나의

---

75. 맑스 자신의 접근법을 특징짓는 것이 아니라 '노동'을 개인적 노동으로, 또는 구현된 노동으로 이해하는 것은 [오히려 — 옮긴이] 맑스가 비판하고자 하는 정치경제학의 핵심이다.

76. Reichelt, "Social Reality as Appearance", p. 74.

77. Marx, *Capital* vol. I, p. 57 [칼 마르크스, 『자본론 I (상)』, 65쪽].

78. Marx, *Grundrisse*, p. 87 [칼 맑스, 『정치경제학 비판 요강 I』, 56쪽].

79. Marx, *Capital* vol. II, chs. 1~4 [칼 마르크스, 『자본론 II』, 1~4장]를 참조하라.

'자동적인 주체'인 것이다.[80] 사회적 개인은 그 사회적 실존이 가치의 운동을 통해서 모습을 드러내는 추상적인 개인의 양태 속에서 스스로에 맞서 존재한다. 생산자본, 상품자본, 화폐자본 같은 자본의 상이한 형태들의 회로에 대한 이해는 우리에게 하나의 형태에서 다른 형태로의 가치의 일반 운동을 보여준다. 이러한 일반 운동 속에서 '모든 종류의 사적 노동은 …… 사회가 요구하는 양적 비율로 끊임없이 조정된다.'[81] 이렇게 해서 노동의 사회적 분업의 다양한 부문들 간의 관계는 개인들 간의 사회적 관계가 아니라 사물들 자체의 관계로 나타난다. 사회적 관계들은 자본에 내적인 것으로 보이는 법칙들에 수반되는 것으로 나타난다. 자본은 그 자신과 관계를 맺는 것으로 나타나는데, 그 관계는 '가치증식'[82]을 공통의 토대로 한다. 하지만, 자본을 가치를 창출하는 가치로서 그 자신과 관계 맺는 사물로 이해하는 것은 '자본물신'을 포함한다.[83] 자본이 그 자신과 맺는 관계 속에서, 가치의 구성은, 그리하여 자본은, 시야에서 사라진다. '합목적적인 생산활동으로 단순히 규정되는' 노동은 '가치를 형성'하기보다는 자본의 한 요인으로 나타난다. 이렇게 해서 자본은 자신의 '실체나 본질'[84]과 독립적으로 존재하는 하나의 사물로서 나타난다. 그렇지만, 자본은 정확히 사회적 재생산의 자본주의적인 형태의 조건 — 심지어 필요조건[85] — 이다.[86] '사회

---

80. Marx, *Capital* vol. I, p. 152 [칼 마르크스, 『자본론 I (상)』, 199쪽]를 참조하라.

81. 같은 책, pp. 79~80 [같은 책, 96쪽].

82. Marx, *Capital* vol. II, p. 180 [칼 마르크스, 『자본론 II』, 116쪽].

83. Marx, *Capital* vol. III, p. 829[칼 마르크스, 『자본론 III (하)』, 1022쪽].

84. 같은 책, pp. 825, 823, 829 [같은 책, 1017, 1014, 1022쪽].

85. 맑스 저작에서 '필요(필연성)' 개념에 대해서는 다음을 참조하라. Horkheimer, "Traditionelle und kritische Theorie."

86. Marx, *Capital* vol. I, ch. 1, section 4 [칼 마르크스, 『자본론 I』, 1장 4절] 그리고 Marx, *Capital*, vol. III, ch. 48 [칼 마르크스, 『자본론 III (하)』, 48장]을 참조하라.

적 노동의 모든 생산력이 노동 자체에 속하는 힘이 아니라 자본에 속하는 힘으로서, 즉 자본 자신의 태내에서 생겨나는 힘으로서 나타난다. 그리하여 자본은 이미 매우 신비스러운 것으로 된다.'[87] 노동의 전도가 일어난다. 그것은 실재적인 전도이다. 하지만 더욱 중요한 것은, 자본이 스스로 가치증식하는 것은 오로지, 자본이 '자본가에게는 잉여노동을 빨아내는 영구적인 기계인'[88] 한에서만, 그리고 결론적으로, 노동이 상품을 창출하는 가치의 사회적 형태 — 임금노동 — 속에 포함되는 한에서만, 그렇다는 것이다.

맑스주의적 혁명은 '인간 외적' 역능들을 갖는 것으로 보이는 물신적 개념으로서의 가치에 대한 비판 속에 포함되어 있다. 정치경제학 비판은 '가치'를 하나의 사회적 관계로, 자본주의 내의 노동의 실존양식으로 제시한다. 물신주의에 대한 비판은 가치의 인간적 내용의 맥락 속에서 '가치'를 이해하도록 해 준다. 즉, 이러한 비판은 사회적 관계들이 모순적인 방식으로 존속하는 전도된 형태로 가치를 이해하도록 해 준다.[89] 경제적 범주들에 대한 비판은 경제적 관계들이 사실상 사회적 관계들의 전도임을 보여준다. 사회적 관계들이 단순히 존재하지 않게 된 것이 아니다. 오히려 그것들은 모순적으로 경제적 범주들의 전도된 형태로 존재한다. 달리 말해, 자본주의에서, 노동의 사회적 성격은 정

---

87. Marx, *Capital* vol. III, p. 827 [칼 마르크스, 『자본론 III (하)』, 1019~1020쪽].

88. 같은 책, p. 822 [같은 책, 1013쪽].

89. 이와 유사한 주장은 다음을 보라. Psychopedis, "Dialectical Theory", in Bonefeld et al. (eds.), *Open Marxism*, London : Pluto Press, 1992. 그는 변증법적 이론을 재구축하는데, 이를 통해 그는 사회적 전제조건들과 인간관계들이 '사물들'의 관계들로 바뀌는 자본주의의 물신적이고 파괴적인 전도를 모순적으로 통합해 버린다. 또한 다음을 보라. Backhaus, "Between Philosophy and Science." 이 절은 다음에 빚지고 있다. Backhaus, "Zum Problem des Geldes als konstituents oder Apriori der ökonomischen Gegenständlichkeit", *Prokla*, no 63, 1986.

치경제의 범주들 속에서 그리고 그것들을 통해서 실현되어 왔다. 전도된 사회적 관계들의 형식적인 표현들인 한에 있어서 이 범주들은 적절한 범주들이다. 그것들은 전도되고 매혹된 세계의 범주들이다. 따라서 우리는 자본관계를 일차적인 것으로, 그리고 계급관계를 이차적인 것으로 이해할 수 없다. 이것은 노동의 범주가 자본의 범주로 나타나기 때문이다. '자본'이 '자기구성적인' 어떤 것이라는 생각은 노동을 오직 임금노동 상품으로 바라보는 자본주의 세계의 물신주의를 강화할 뿐이다. '자본은 임금노동으로서의 노동을 전제하고 있다.'[90] 자본주의에서 인간의 실천은, 그 자신에 맞서, 소외된 주체의 형태로 존재한다. 사회적 노동의 구성적 역능은 ― 그 자체로 ― 모순적으로 존재한다. 그것은 부정되는 존재양식으로 존재한다. 따라서 '주체와 객체는 서로 정적_{靜的}으로 맞서는 것이 아니라, "주체성의 객체성으로의 전도, 그리고 그 역"의 "계속적인 과정" 속에 포획된다.'[91]

주체로서의 자본

맑스가 자본을 '자동적인 주체'로 성격 규정하는 것에 어떤 의미를 부여할 수 있을까? 자본을 '자동적인 주체'로 개념화하는 것은 정치경제학의 성취들과 결점들을 강조한다. 정치경제학은 구성된 형태들을 개념화했으며, 그래서 '노동'이 왜 임금노동의 양식으로 존재하는지, 그리고 왜 '노동'이 외관상으로, '자본의 주체성'에 의해 재현되는지라는 의문을 제기하지 않았다. 맑스의 물신주의 비판은 자본주의에서, 인간관계들이 사물들 간의 관계들 속에서 그리고 그것들을 통해서 존

---

90. Marx, *Capital* vol. III, p. 824 [칼 마르크스, 『자본론 III (하)』, 1017쪽].
91. Backhaus, "Between Philosophy and Science", p. 60. 바크아우스는 레오 쾨플러를 인용하고 있다.

재한다고 이야기한다. 맑스가 자본 개념을 자동적인 주체라는 의미로
사용하는 것은 그가 정치경제학에 의해 뒷받침되는 주체를 수용한다
는 것을 뜻한다. 하지만, 이러한 수용은 자본이 자동적인 주체라는 생
각이 포함하는 사유의 악순환을 보여 주는 그 파괴적인 비판과 함께
간다. 이렇게 해서 맑스는 자본이 자기가치화하는 주체라는 관념에 도
전하며, 자본주의 사회가 전도된 실존 형태라는 점을 받아들인다. 자
본주의에서, 결정적 주체[즉, 자본— 옮긴이]는 경제적 범주들의 인격화
이다. 이 주체는 전도된 주체이다. 그것은 사물의 형태를 띠며, 사물들
간의 사회적 관계로 나타난다. 하지만, 이러한 통찰들은 이미 정치경
제학을 방해하고 있는데, 이것은 자동적인 주체로서의 자본 개념을 포
함하는 경제적 범주들이, 맑스에 의해, 사회적 범주들로 인식될 뿐만
아니라 또한 사회적 실천의 전도된 형태들로 비판되기 때문이다. 달리
말해, 맑스는 자본을 하나의 주체로 다루면서 자본주의 사회의 '일상의
종교'를 받아들인다. 하지만, 이러한 주체에 대한 인정은 사회적 실천
형태로서의 자신의 설명에 의존한다. 이 실천이 사물들의 인격화로서
얼마나 전도되건 말이다.

　맑스의 정치경제학 비판은 교환관계들에 대한 주관적이거나 객관
적인 이론이 아니다. 그것은 '가치'의 사회적 구성을 이해하기 위한 하
나의 시도이다. 바크아우스가 지적하는 바와 같이, 맑스가 앞에서처럼
자본의 성격을 규정짓는 것은, '그[맑스]가 이미 위대한 경제학의 저작
들 속에서 발견한 것을 명백히' 한다.[92] 더욱이, 그 개념은 자본을 그 자
신과 동일시하는 정치경제학의 잘못된 시각의 결점을 보여준다. 다시
말해 이 개념은 하나의 자본이 어떻게, 자본이 자기 자신을 자기 자신

---

92. 같은 책, p. 71.

과 교환하기 시작했을 때 가졌던 것보다 더 많은 가치를 가질 수 있는
지 설명하려는 시도이다. 자본이 자율적인 주체인 것은, 그것이 '자기
자신에 대한 관계로서' 나타나기 때문이다. '여기에서는 최초의 가치액으
로서의 자본은 자기 자신이 낳은 새로운 가치와 구별되고 있다.'93 맑스
는 사물들 자체의 관계를 '가치형태'라고 불렀다. 하지만, 가치형태는
결정하는determining 내용의 결정적인determinate 형태일 뿐이다. '노동이
가치를 형성한다.'94 노동이 낡은 가치를 이전하고 새로운 가치를 창출
한다 할지라도, '노동의 이 자연적인 역능은 자본의 고유한 속성처럼
보인다.'95 따라서 '자본은 물건이 아니라 일정한 역사적 사회구성체에
관련되는 특정의 사회적 생산관계이며 이 생산관계가 물건에 표현되
어 이 물건에게 하나의 특수한 사회적 성격을 부여하고 있을 뿐이다.'96
자본은 노동으로부터 자립할 수 없지만, 외관상으로 자본은 자기가치
화하는 잠재력들을 가진 자동적인 주체로 존재한다. 자신의 본성으로
부터의 자본의 위기내재적 자동화가 자본의 실존양식이다. 자동화를
위한 잠재력은 화폐자본(M … M′)의 회로 속에서 모습을 드러낸다. 이
회로 속에서 '자본'은 가장 근본적인 형태로 현현한다. 가치의 본체인
노동도 오직 화폐로만 나타난다. 바로 화폐 속에서 그리고 화폐를 통
해서, 특정한 개별적인 구체노동이 사회적 노동으로 나타난다. '말하자
면, 그것은 구체노동이 추상노동이 되는 매개물이다. 한 마디로 말하
자면, 추상노동의 실존 형태는 바로 화폐이다.'97 화폐는 자신이 추상노

---

93. Marx, *Capital* vol. III, p. 48 [칼 마르크스, 『자본론 III (상)』, 53쪽].

94. Marx, *Capital* vol. III, p. 823 [칼 마르크스, 『자본론 III (하)』, 1014쪽].

95. Marx, *Capital* vol. I, pp. 568~569 [칼 마르크스, 『자본론 I (하)』, 827~829쪽. '노동의 이
자연적 능력은 [노동이 결합되어 있는] 자본의 자기보존능력으로 보인다.']

96. Marx, *Capital* vol. III, p. 814 [칼 마르크스, 『자본론 III (하)』, 1004쪽].

97. Kay, "Why Labour is the Starting Point of Capital", in Elson (ed.), *Value : The*

동의 화신임을 드러낸다. 그와 동시에 화폐는 자본의 가장 무개념적인 [의미를 박탈당한] 형태인데, 그 까닭은 화폐가 하나의 단순한 사물로 모습을 드러내고 그리하여 그 자신의 내용을 부정했기 때문이다.[98] 그래서 맑스는 이자 낳는 자본을 자본 그 자체, 그리고 '모호한 사물'Dunkelding 그 자체라고 불렀다.[99] 이렇게 해서 '가치를 낳는 가치로서의' 자본의 물신주의가 생겨났다.[100] '사회적 노동의' 모든 생산력들은 '자본의 내재적 속성으로 보이며, 또 자본가에 의한 잉여노동의 끊임없는 취득과 마찬가지로, [노동의 자연적 능력은] 자본의 끊임없는 자기증식으로 보인다.'[101] 앞에서 말했듯이, 모든 정치경제학 범주를 맑스는 인간 실존의 역전으로, 그리하여 전도로 취급한다. 자본이 지배적 범주를 이루는 것은 그 자신 때문이 아니라, 그것이 특정한 노동양식을 위한 이름이기 때문이다. 더 잘 이야기하자면, 자본은 특정한 사회적 재생산양식의 개념이다.[102] 노동의 목적의식적인 생산력은 그것이 가치로 자신을 표현하지 않는 한 아무것도 의미하지 않는다. '가치는 각각의 노동생산물을 하나의 사회적 상형문자로 전환시키는 …… 가치이다.' 그와 동시에, 이 상형문자는 자본주의 노동의 사회적 형태이다. '서로 독립된 사적 노동들의 독특한 사회적 성격은 …… 노동생산물에서 가치라는 존재형태를 취한다.'[103] 맑스의 가치형태 개념은 전적으로 사회적이다. 이 형태는 '부르주아적 생산양식의 가장 추상적인, 그리고 가장 일반적인 형

Representation of Labour in Capitalism, London : CSE-Books, 1979, p. 58.

98. Marx, *Capital* vol. III, p. 392 [칼 마르크스, 『자본론 III (상)』, 480쪽]를 참조하라.

99. Marx, *Theorien über den Mehrwert* Vol. III, p. 447.

100. Marx, *Capital* vol. III, p. 829 [칼 마르크스, 『자본론 III (하)』, 1022쪽].

101. Marx, *Capital* vol. I, p. 569 [칼 마르크스, 『자본론 I (하)』, 829쪽].

102. Marx, *Capital* vol. III, p. 827 [칼 마르크스, 『자본론 III (하)』, 1019~1021쪽]를 참조하라.

103. Marx, *Capital* vol. I, p. 79 [칼 마르크스, 『자본론 I (상)』, 95쪽].

태이고, 바로 이 형태에 의해 부르주아적 생산양식은 사회적 생산의 특정한 한 종류가 되며 특수한 역사적 성격을 지니게 된다.'[104]

맑스가 볼 때, 사회적 적대는 스스로 실존할 수 없다. 적대적 관계들은 형태들, 다시 말해 계급 적대의 작동양식 속에서, 그리고 그것을 통해서 존재한다. 형태는 여기에서 적대적 관계들의 생활양식modus vivendi으로 간주되며, 그렇기에 형태는 '일반적으로 현실의 모순이 해결되는 방식이다.'[105] '매개'mediation [106]라는 용어는 적대적 관계들이 '나란히 존재하도록' 해 주는 적대의 역동적 관계의 실존양식을 내포하기 때문에 여기에서 결정적으로 중요하다. 형태들 속의 사회적 적대의 실존은 적대적 관계들의 특성을 '해소하지 못한다.'[107] 오히려 이 형태들이 자본과 노동 간의 계급 적대의 실존양식이다. 노동은 자본의 개념 속에 현존한다. 노동과 자본은 부르주아 사회에서 생산의 사회적 과정의, 상호의존적이고 분리 불가능한 요소들이다. 그러나 이와 동시에 노동과 자본은 상호배제적이고 적대적인 극한들, 다시 말해 동일한 표현의 극단들이다. 이것들이 동일한 표현의 극단들인 까닭은 자본주의적인 재생산이, 인간 존재가 스스로에게 부여하는 사회적 재생산 형태이기 때문이다. 노동의 구성적 역능은 가치형태 속의 모순으로 존재한다. 물신주의에 대한 비판은 노동의 사회적 실천을, 사회적 실존의 전제(즉 노동의 대자연과의 교환)가 외관상 배제되는 형태 속에서 존재하는 것으로 이해하는 것을 함유한다.

---

104. 같은 책, p. 85, fn. 1 [같은 책, 103~104쪽, 각주 34번].

105. 같은 책, p. 106 [같은 책, 133쪽].

106. Gunn, "Marxism and Mediation", *Common Sense*, no. 2, 1987; Psychopedis, "Notes on Mediation-Analysis", *Common Sense*, no. 5, 1988; Bonefeld, "Marxism and the Concept of Mediation", *Common Sense*, no. 2를 참조하라.

107. Marx, *Capital* vol. I, p. 106 [칼 마르크스, 『자본론 I (상)』, 133쪽].

앞에서 말한 바처럼, 맑스의 가치이론은 우선 '사회적 구성'에 관한 이론이다. 이 이론은 자연과의 사회적 물질대사의 특정한 양식 속에서 출현하는 경제적 범주들의 '발생'을 표면화한다. 달리 말해, 맑스의 이론은 경제적 범주들의 '사회적 기원'과 관련된다. 따라서 정치경제학 비판은 '인간 존재들이 그들 자신의 일반적인 힘들, 즉 자율적이고 이질적인 존재로서의 자신들의 "집단적인 힘들" 또는 "사회적 힘들"과 대면한다'는 생각에 기초하고 있다.[108] 물신주의 비판은 상품 물신이, '생산하는 노동 특유의 사회적 성격'[109]임을 보여준다. 사회적 형태들의 '발생'이라는 개념은 노동이 구성적인 사회적 실천임을 강조한다. '구성'이라는 개념은 사물들 자체의 관계가 하나의 역사적 전제라는 점을 말해준다. 그것은 이 관계의 기초가 역사적 투쟁, 즉 시초축적 과정이 이루어지는 동안 인구 대중을 생산 및 생존 수단들로부터 분리시킨 역사적 투쟁이기 때문이다. 이 분리는 역사적으로 노동의 생산력이 상품을 생산하는 형태 속에 존재할 수 있기 이전에 완성되어야 했다.

자본주의적 착취는 '전도된 형태들'에 이르기까지 노동의 소외를 생산한 사회적 갈등에 의존한다.[110] 계급투쟁의 역사적 결과는 자본주의를 구성한다. 하지만, 노동 소외의 역사적 전제조건은 또한 노동 착취가 의존하는 전제이다. 자본의 노동착취는 계급투쟁, 즉 자본이 지배적인 생산관계로서 실존하는 전제조건일 뿐만 아니라, 또한 그 구성된 실존의 전제인 계급투쟁의 결과이다. '노동과 노동의 교환 — 겉보기에는 노동자 소유의 조건 — 은 노동의 토대로서 노동자의 무소유에 기초한다.'[111] 자본주의적인 사회적 관계들은 노동을 생산 및 생존 수단들

---

108. Backhaus, "Between Philosophy and Science", p. 81.

109. Marx, *Capital* vol. I, p. 77 [칼 마르크스, 『자본론 I (상)』, 93쪽].

110. 같은 책, p. 80 [같은 책, 93쪽]. 이 책 87쪽의 각주 52를 참조하라.

로부터 분리시켜, 자본주의적인 사회적 관계들의 영구적인 조건이자 구성적인 전제로서의 임금노동자를 창출한 '시초축적'을 전제한다. 노동을 생산수단과 분리시킨 사회적 실천은, 한 번에 완수된, 그리고 단순히 구성된 형태로서의 자본에 의해 전제되는, 역사적 행위로 이해될 수 없다. 오히려 이 분리, 그리하여 그것을 낳은 사회적 갈등은 자본주의적으로 구성된 사회적 관계들의 핵심에 놓인다.[112] 노동과 생산수단의 분리는 자본주의적인 사회적 관계들의 실존적인 전제이다. 자본은 스스로를 생산할 수 없다. 자본은 자신의 수단과 분리되어 자본 — 자기를 사회적으로 구성하는 것들을 보이지 않게 만드는 외관상의 자동적인 주체 — 의 형태를 띠는 노동의 양태이다.

사회적 관계들은 실천적인 관계들이다. 이러한 생각은, 자기관계로서의 '자본'이라는 개념을 주장하는 사람들이 취하는 것과는 매우 상이한 출발점을 함축한다. 이 출발점은 노동의 '역사적 운동'의 '사회적 구성'이다.[113] 노동의 역사적 발전에 사회의 역사를 이해하기 위한 열쇠가 있다. 모든 사회에서 인간 존재들은 생산자 역할을 맡지만, 노동 같은 가장 단순한 범주는 자본주의 사회에서, 신비로운 캐릭터로 변형되는데, 이것은 부의 물질적 요소들이 노동의 생산물로부터 상품의 재산으로 변형되기 때문이며, 더욱 분명하게 그것들이 생산관계 그 자체를 하나의 사물로 변형시키기 때문이다.[114] 사회적 노동의 생산력은 가치의 '전도된' 형태 속에서 또 그것을 통해서 존재할 뿐만 아니라, 또한 이 형태의 생산자이기도 하다. 사적 소유는 소외된 노동의 양태이다. 따

---

111. Marx, *Grundrisse*, p. 515 [칼 맑스, 『정치경제학 비판 요강 II』, 147쪽].

112. 자세한 설명은 13장을 보라.

113. Psychopedis, *Geschichte und Methode*, Frankfurt/New York : Campus Verlag, 1984 를 참조하라.

114. Marx, *Capital* vol. III, p. 826 [칼 마르크스, 『자본론 III (하)』, 1019쪽].

라서 '자본'의 '객관적'이거나 실제적인 실존은, 앞에서 언급된 그러한 방법들과 마찬가지로, 개념적인 출발점으로 받아들여질 수 없다. 경제적 심성을 가진 사람들에게 '객관성'으로, 또는 '객관적인 논리'로, 또는 '객관적인 존재'로 나타나는 것이, 맑스에게는, 소외된 주체성(바크아우스가 상술한 바와 같이)으로 이해되기 때문이다.115 자본을 개념화하는 데 그것의 외관상의 형태적인 논리에 초점을 맞추는 것은 그것이 어느 것이든 맑스의 이론이 갖는 독특함을 경시하며, 오히려 자본주의의 물화된 세계를 이론의 대상과 목적으로 삼는 경향이 있다. 제솝처럼, 단지 자동적인 주체로서의 자본이라는 개념에 초점을 맞추게 된다면, 자본의 모순적인 성격은 이론화되지 않을 것이다. 그 대신에 이론은 오직 '초인간적인 것'으로 가정되는 역능에 의해 재현되는 형식적 모순을 강조하게 될 것이다. 자본을 단지 그 형식적 실존으로, 즉 자동적 주체로서만 다루는 것의 위험성은, '가치'가 사회적 실체 없는 역사적으로 능동적인 주체가 된다는 점에 있다. '자본'의 모순적인 구성은 자본과 노동 간의 사회적 적대에 의해서가 아니라 오히려 자본 그 자체에 의해 이해될 것이다. 초역사적인 경제 문제에 대한 자본주의적 해부는 설득력이 떨어져 수정이 필요한 것처럼 보일 것이다. 바뀌어야 하는 것은 그래서 자본주의적 해부, 즉 경제 문제의 사회적 양상이다. [이러한 이론에서는— 옮긴이] 인간해방 대신에 경제 문제가 더 잘 조직되고 계획될 필요가 있게 된다.

---

115. Backhaus, "Between Philosophy and Science."

V. 결론

　'노동'을 자본 개념 내부의 구성적인 실존으로 이해하는 것은 계급 분할적인 인간 실천 속에서 그리고 그것을 통해서 사회적 형태를 이해하는 것을 함축한다. 계급관계는 '자본'이 위기를 겪는 동안 '외부'로부터 자본관계에 끼어들기만 하는 것이 아니다. 자본관계는 계급관계들을 넘어서 존재하지 않는다. 오히려 자본관계는 계급관계들 속에서 그리고 그것들을 통해서 존재한다. 계급투쟁은 단순히 자본관계의 재생산을 매개하는 것이 아니다. 오히려 계급관계가 자본관계를 구성하는 요소이다. 자본주의적인 노동착취는 계급관계를 넘어서 존재하는 것이 아니라 오히려, 계급관계들 속에서 그리고 그것들을 통해서 존재한다. 맑스의 정치경제학 비판에서 볼 때, 계급관계는, 그리하여 계급투쟁은 역사적 발전의 단계에서 새롭게 도입될 필요가 없다. 그 이유는 그것이 이미 개념들의 구성 속에 삽입되어 있으며, 이미 사회적 실재 전체의 역사적 전제조건으로 계속해서 존재하기 때문이다.

　맑스의 물신주의 비판은 경제적 형태들이 인간 외적 형태들이 아님을 보여준다. 경제적 범주들에 대한 비판은 이러한 형태들이 전도된 인간 실존의 형태들임을 보여준다. 노동은 임금노동 이상의 것이다.[116] 임금노동은 자본 안에 존재하는 것도, 자본에 반하여 존재하는 것도 아니다. 자본과 임금노동의 입지점은 똑같다.[117] 노동은 단지 사유재산의 생산자가 아니라, '살아 있는 구성적 불'[118]이다. 이것이 가장 중요하다. 그 자신의 역량 면에서 볼 때, 노동은 합목적적인 생산 활동이다.[119]

---

116. Psychopedis, "Dialectical Theory."
117. Marx, *Capital* vol. III, ch. 48 [칼 마르크스, 『자본론 III (하)』, 48장]을 참조하라.
118. Marx, *Grundrisse*, p. 361 [칼 맑스, 『정치경제학 비판 요강 I』, 377쪽].

가치를 창출하는, 추상적인 '부를 생산하는' 상품(임금노동)으로서 스스로에 맞서 존재하는 것이 바로 이 활동이다. 비판의 무기가 보여 주는 것은, 우리가 거주하는 세계가 자본-주체의 세계라기보다는, 우리의 세계라는 것이다. 즉 인간의 실천에 의해 창조된, 인간의 실천에 의존적인, 그리고 형태를 부여하는 인간 실천의 불꽃에 개방적인 세계라는 것이다. 이렇게 해서 노동계급의 해방은 노동계급 자신의 일일 수 있을 뿐이라는 맑스주의적 개념이 도출된다. 이 해방은 임금관계에 의존할 수 없다. 임금노동 범주는 이미 하나의 전도이다. 하지만 이 전도가 아무리 '실재적일지라도', 그것은 단지 물신화된 형태들의 발전에 대한 이해를 제공할 뿐이다. 그것은 이러한 형태들의 구성에 대한 이해를 제공해 주지는 않는다. 우리는 사회적 개인의 사회적 노동 속에서 사회적 실존의 구성을 발견했다. 물신주의에 대한 비판은 부정적이고 파괴적이다. 아놀리가 말한 바처럼, '맑스는 건설하거나 긍정하는 걸 원치 않았다. 그는 우선 부정하기를 원했다.'[120] 맑스의 물신주의 비판은 인간 존재가 생산의 인간화된 조건들, 다시 말해 사물들의 인격화의 형태 속에서 존재하는 세계의 불합리함을 보여준다. 비판의 입장은 그것과는 다른 면, 다시 말해 이 낯설고, 잔인한 인격화의 사회적 구성을 보여준다. 그것은 인간의 감각적 활동을, 즉 임금노동의 상품화된 형태 속에서 스스로에 반하여 존재하는 활동을 보여준다. 이렇게 해서 자본에 대한 비판은 '노동'에 대한 비판, 개별적이고, 소외된 노동, 즉 그 사회적 실존이, 외부적이고 독립적인 사물로서 개별 생산자들과 대면하는 노동에 대한 비판이 된다. 자본주의에서 노동이 임금노동으

119. Marx, *Capital* vol. III, p. 825 [칼 마르크스, 『자본론 III (하)』, 1017쪽].

120. Agnoli, "Destruction as the Determination of the Scholar in Miserable Times", p. 45.

로 결정되는 것, 그리고 노동의 비판적 활동 및 사회적 생산력 사이의
모순은 우리의 사회세계가 모순적으로 구성되어 있다는 생각만을 제
공하는 것이 아니다. 그것은 또한 이 모순의 '실재적인 운동'이 바로 코
뮤니즘이라는 생각을 제공한다.

　　정치경제학 비판에 따르면, '사회적 노동'의 개념은 가장 근본적이
고 단순한 범주이다. 자본주의에서, 이론적 활동을 포함해, 모든 인간
적 활동은 사회적 노동의 계급분할적인 실존양식의, 노동의 사회적 분
할의 한 계기이다.[121] 따라서, 정치경제학 비판은 공평하지 않다. 그것
은, 현 상태를 옹호하는 전통적인 이론과 대조적으로, 미래에 대한 관
심에 기초하고 있다. 호르크하이머가 볼 때, 이것은 삶에 대한 효과적
이고 합리적인 조직화를 위한 철학의 탐색이 맑스의 정치경제학 비판
이 되었다는 것을 의미한다. 호르크하이머는 이렇게 철학의 부정적이
고 파괴적인 역할을 옹호했다. 그는 '철학의 종말'을 선언하는 정치경
제학 비판의 권리를 옹호했다. 철학은 실현되지 않고는 파괴될 수 없
다. 맑스의 물신주의 비판은 부정적이고 파괴적이다. 이 비판은 인간
들의 문제를 그것들 자체의 목적들로서 두드러지게 한다. 그와 동시에
그것은 자본주의의 전도되고 매혹적인 세계가 인간 실존의 형태이자
인간의 실천에 의존한다는 점을 보여준다. '세계의 구성은 개인들의 등
뒤에서 일어난다. 그렇지만 그것은 그들 자신의 일이다.'[122]

　　호르크하이머는 맑스의 정치경제학 비판을 '실존에 대한 판단'으로
특징지었다. 그는 철학을, 정치권력이 가하는 위협들에도 불구하고 삶
에 대한 효과적이고 합리적인 조직화를 추구하는 파괴적인 힘이라고

---

121. Horkheimer, "Nachtrag"을 참조하라.

122. Marcuse, "Philosophy and Critical Theory", *Negations*, London : Free Association
　　Press, 1988, p. 151.

보았다.[123] 호르크하이머에 따르면, 맑스의 정치경제학 비판은 사회적 개인을 그 자신의 전체 삶의 생산자로 다룬다. 자본관계의 형식적인 논리에 입각한 접근법들과 달리, 비판이론은 맑스와 마찬가지로 모든 사회적 관계들이 본질적으로 실천적이라고 주장한다. 맑스의 정치경제학 비판은 형식적인 추상화의 방법을 거부하며, 역사를 배제하고 완전한 합리성의 이상적인 세계를 묘사하는 자본주의의 추상적인 모델들을 거부한다. 비판이론은 가설적 판단과 형식적 지식의 확산에 반대하며, 인간의 조건들과 사건들에 초점을 맞춘다. 추상적인 집합체를 다루기보다는 또는 추상적인 부의 양들을 다루기보다는, '인간과 사회의 실존', 그리고 이 사회의 변형에 초점을 맞춘다.[124] 그래서 호르크하이머는 정치경제학 비판을 변증법적 사회이론으로 특징짓는다. 그가 보기에 이것은 실존에 대해 독특한 판단을 내리는 이론이다. 어디에도 도달할 수 없는 메타이론적인 탈출로 위에서, 영원한 심판이나 진리를 추구하는 접근법들과 대조적으로, 정치경제학 비판은 이론적인 신비들의 해결책이 인간의 실천 속에, 이 실천의 파악에 있다는 것을 이해한다. 이러한 통찰은 맑스주의 혁명의 비밀을 담고 있다. 따라서 정치경제학 비판의 '추상들'은 추상적 모델들 또는 구성된 형태들의 일반적인 특징들의 개요를 단순히 제공하는 추상적인 일반화와 아무런 관계가 없다. 맑스주의의 추상들은 실존하는 추상들이다. 실존에 대한 판단이 이 추상 — 부정되는 존재의 양태 속에 존재하는 인간적이고 사회적인 내용 — 속에 포함되어 있다. 이렇게 해서 '부르주아의 목적의식적인 합리성, 수익성, 그리고 품위respectability가 유지되는 생산양식의 불합리함

---

123. Horkheimer, "Traditionelle und kritische Theorie"와 Horkheimer, "Nachtrag."
124. 같은 책.

이 드러나게 되었다. 그것은 발가벗겨진 채로 있었다.'[125] 맑스의 비판은 철학의 부정적 역할을 입증했다. 이에 따르면 인간성은 자원이 아니라 목적이다.

---

125. Agnoli, "Destruction as the Determination of the Scholar in Miserable Times", pp. 45~46.

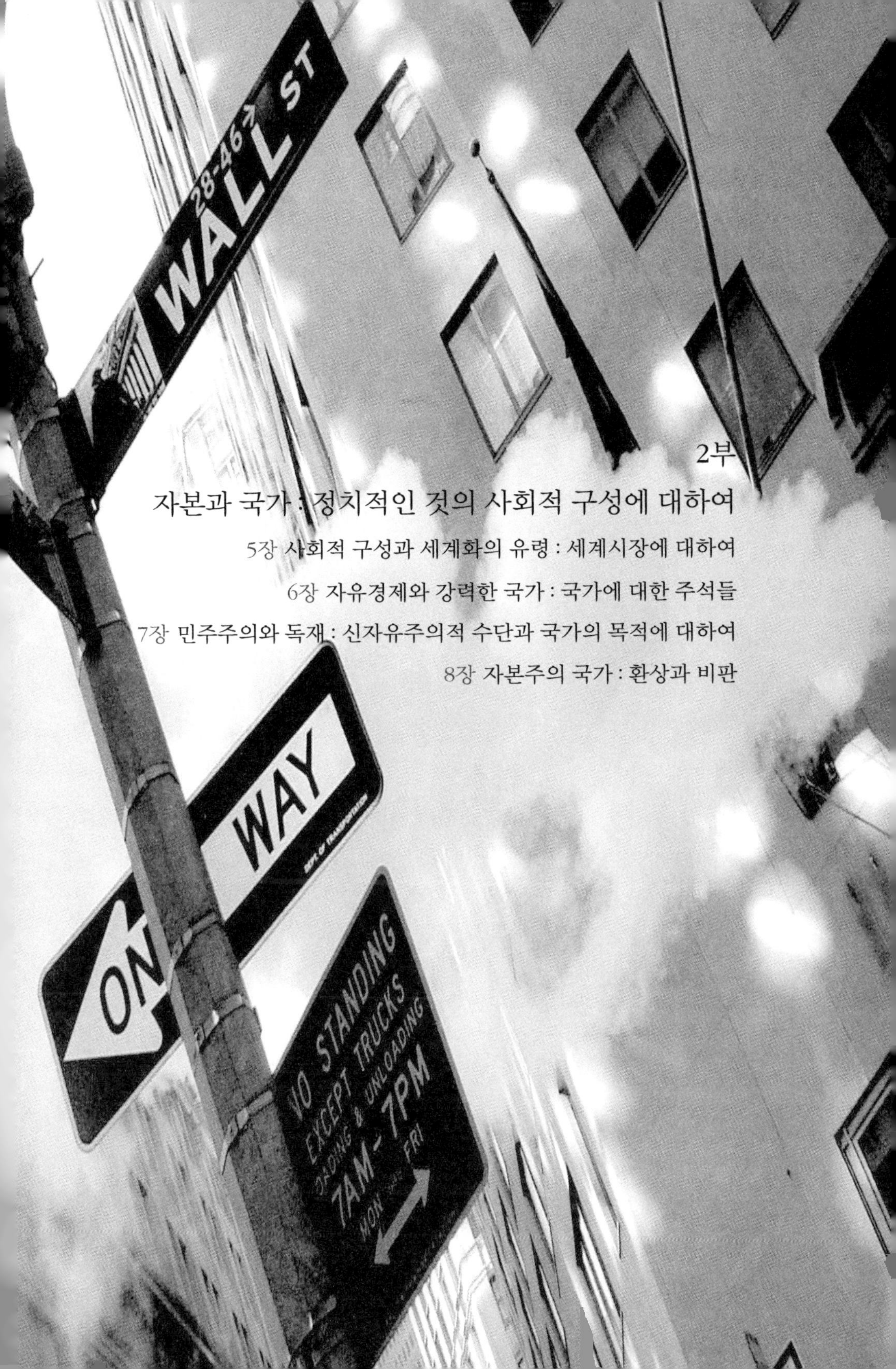

28-46 WALL ST
ONE WAY
NO STANDING
EXCEPT TRUCKS
LOADING & UNLOADING
7AM - 7PM
MON THRU FRI

5장

사회적 구성과 세계화의 유령

세계시장에 대하여

서문

현대 정치경제학은 흔히 세계화로 표현된다. 현대 정치경제학은 어떤 구조적 변화가 일어났다고 선언했다. 즉, 세계화 이전에는 국가가 자신의 국민경제에 대해 자율성을 가졌었는데, 세계화에 의해 이제는 경제가 국가에 대해 자율성을 획득했다는 점에서 이 관계가 완전히 바뀌었다는 것이다. 일부는 세계화가 결국 국가 권위를 약화시킨다고 보며[1], 다른 사람들은 국가의 권위가 세계화의 성공에 필수불가결하다고 본다.[2] 스트레인지[3]는 국익을 위해 경제관계들을 규제하려는 국가

---

1. Strange, "The Declining Authority of the State", in Lechner/Bolil (eds.), *The Globalisation Reader*, Oxford : Blackwell, 2004.
2. Wolf, "We need more globalisation", *Financial Times* 10, October 5, 2004.

의 자율성을 세계화가 훼손한다고 주장한다. 그리고 울프[4]는 법의 지배를 토대로 사회관계들을 비정치화하기 위해 자유경제가 강한 국가를 필요로 한다고 주장한다. 어느 경우이건, 세계화된 경제라는 새로운 패러다임은 국가의 시장 자유주의적인 국가— 오직 자본주의적 부의 축적의 맥락에서만 국익을 고려하는 국가— 로의 변형을 수반한다고들 말한다.

세계화에 대한 신그람시주의적 규정들은, 세계화가 세계시장의 발견에 기초하는 새로운 자본주의적 구조가 된다는 생각에 동의한다. 예를 들어 로빈슨은, 세계화를 새로운 자본주의적 형성에 이르는 '획기적인 변동'[5]으로 간주한다. 로빈슨은 이 형성이 '세계시장의 창출'을 특징으로 한다고 주장하는 길[6]의 의견에 동의한다.[7] 과거에 국민국가가 경제에 대한 '상대적 자율성'을 누렸다면, 세계화는 이러한 국가 중심적 축적 체제를 멈춘다. 세계화는 일국적으로 고정된 '케인즈주의적 재분배'[8]의 자본주의가 아니라 '자본의 권력이 헤게모니적 지위를 획득하는'[9] 자본주의를 의미한다. 로빈슨의 설명에 따르면, '국익'에 봉사하는 순수한 국민경제의 국면은, 일국의 경제들이 국가가 후원하는 무역 및 통상 관계들을 통해 뒤얽힌 국제경제로 대체된다. 이제 이 국제적 체

---

3. [옮긴이] Susan Strange (1923 ~ 1998) : 국제 정치경제학 분야에서 잘 알려진 영국의 경제학자. 투기자본이 세계경제를 교란시키는 것을 도박판에 빗댄 '카지노 자본주의'라는 개념으로 유명하다.
4. [옮긴이] Martin Wolf (1946 ~) : 『파이낸셜타임스』의 저명한 칼럼니스트 .
5. Robinson, *A Theory of Global Capitalism*, Baltimore : The Johns Hopkins University Press, 2004, p. 2.
6. [옮긴이] Stephen Gill (1950 ~) : 캐나다 요크 대학의 정치학과 교수. 신그람시주의적인 국제관계 학자들 가운데에서 지도급 인사들 중의 하나.
7. Gill, *Power and Resistance in the New World Order*, London : Palgrave, 2003, p. xii.
8. Robinson, *A Theory of Global Capitalism*, p. 42를 참조하라.
9. Gill, *Power and Resistance in the New World Order*, p. 105.

계는 진정으로 전지구적인 경제로 대체된다. 이 경제는 다수의 국민경제들을 단 하나의 경제, 즉 전지구적 경제로 대체한다. 따라서 국익을 식별하는 것은 불가능하게 되고, 매일매일의 활동은 전지구적 세력들에 의존하게 되며, 사람들은 '복잡한 연계성'[10]의 전지구적 네트워크들에 휘말린다. 그래서 이것은 자본주의 사회관계들의 소위 초국가화 transnationalization이다. 이것은 '초국적 생산 및 금융이라는 구조적 조건들을 다루는 분명한 행위의 결과'[11]이다. 문제가 되는 행위자는 초국적 계급—'사회적 권력 투쟁들을 토대로 하여 관계를 맺으며 구성되는, 사회적 생산 및 재생산 과정과 공통적인 관계를 공유하는 사람들의 집단'[12]—이다. 요컨대, '세계화하는 엘리트들'이 '자본주의를 세계화하는 지배적인 요인'[13]으로 간주된다. 따라서 그들이 자본이 헤게모니적 지위를 획득하도록 한다는 것이다.

과거에는 국가가 '계급 형성의 정치적 결정 요소'[14]이자 '계급 내 투쟁과 동시에 계급 간 투쟁'[15]이 일어나는 정치적 지형이었다. 자본주의적 경쟁을 자본과 자본 간의 계급투쟁으로 바라보는 길의 생각을 논외로 한다면, [오늘날에는— 옮긴이] 세계화가 국가의 역할과 기능을 변화시킨다. 국가는 더 이상 '국가 정책들'을 공식화하지 못하고, 그 대신 '초국가적인 제도들을 통해 공식화된 정책들'[16]을 집행한다. 그래서 국가는 이제 '초국적 핵심 그룹'[17]의 지지를 받아 '전지구적 축적이라는

---

10. 같은 책, p. 2.

11. Bieler/Morton, "'Another Europe is Possible?' Labour and Social Movements at the European Social Forum", *Globalizations*, 1 : 2, 305~27, 2004, p. 309.

12. Robinson/Harris의 언급. Bieler/Morton, 같은 책에서 인용함.

13. Gill, *Power and Resistance in the New World Order*, p. 154.

14. Robinson, *A Theory of Global Capitalism*, p. 42.

15. Gill, *Power and Resistance in the New World Order*, p. 179.

16. Robinson, *A Theory of Global Capitalism*, p. 101.

새로운 유형의 일반적 필요들'[18]에 봉사한다. 하지만 이 새로운 유형은 '내가 "탈근대 군주"라고 부르는, 세계화의 본성과 방침에 대한 투쟁들과 연관된 정치적 행위자의 출현 형태들'[19]에 의해 도전을 받는다. 제숍은 초국가적 구조 및 초국가적 행위의 이 새로운 변증법의 탈근대적 속성을 제대로 포착했다. 그는 세계화가, 그 규모들이 '더 이상 …… 정연한 위계 속에' 있는 것이 아니라 '뒤얽히고 혼란스런 방식으로 공존하고 침투하는 다중심적인, 다단계적인, 다시간적인, 다형태적인, 다원인적인 과정'이라고 주장한다. 결과적으로 세계화는 '수많은 상이한 인과적 과정들 …… 대규모로 작동하는 수많은 상이한 힘들의 복잡하고 창발적인 생산물에서 유래하기 때문에 다원인적'이다. 요컨대, 전지구적 경제는 '입법과 사법보다는 행정에, 산업자본보다는 금융에, 장기간의 투자보다는 소비에 특권을 부여하는 신속한 경제'[20]이다. 제숍의 관점이 최소한 '복잡한 연계성'을 명확하게 재현한다면, 길은 신화를 호출한다. 그의 이해에 따르면, 탈근대는 '지구 위에서 그리고 지구를 위해서 인간과 세대 간 안전을 보장하며, 그뿐만 아니라 민주적인 인간 발전과 인권을 보장하려고 추구한다는 결정적인 신화를 연상시키는 새로운 형태의 정치적 행위'[21]와 관련된다. 길이 이러한 인간적 가치들을 왜 꼭 '동원된 신화'[22]라고 이해하는지는 알기 어렵다. 그의 호출이 인간 주체란 오로지 신화로서만 존재한다는 알뛰세의 포스트스탈린주

---

17. 같은 곳.

18. 같은 책, p. 75.

19. Gill, *Power and Resistance in the New World Order*, p. 211.

20. Jessop, "On the Spatial-Temporal Logics of Capital's Globalization and their Manifold Implications for State Power", working paper, Lancaster University, Department of Sociology ⟨http://www.lancs.ac.uk/fass/sociology/papers/jessop-spatio-temporal-logics.pdf⟩, 2001.

21. Gill, *Power and Resistance in the New World Order*, p. 211.

22. 같은 책, p. 221.

의적 시각23에 대한 경의敬意로 읽히지 않는다면 말이다.

길과 제숍의 설명은 로버트 콕스24의 초기의 정식화를 되풀이한다. 그에 따르면 세계화는 국가를 '전달 벨트'transmission belt 25로 변형시킨다. 콕스가 더 이상 이 은유를 사용하지 않을지라도, 그리고 『전지구적 구조조정, 국가, 자본 그리고 노동』26에 기고한 글들에서 안드레아스 비엘레27와 아담 모튼28이 그것과 거리를 두는 것으로 보일지라도, 초국적 국가에 대한 논쟁은 이 은유에서 영감을 얻고 있다.29 콕스의 말처

---

23. Althusser, *For Marx*[루이 알튀세르, 『맑스를 위하여』].

24. [옮긴이] Robert Cox (1926 ~) : 맥길 대학에서 역사학 석사 학위를 받은 후 국제노동기구(ILO)에서 일했다. 컬럼비아 대학에서 교수를 지낸 뒤, 1977년 이후 토론토 요크 대학 정치학과에서 오랫동안 재직했다. 2006년 현재 정념퇴임한 후 요크 대학 명예교수로 있다.

25. Cox, "Global Perestroika", *The Social Register 1992*, London : Merlin Press, 1992, p. 32. 또한 Robinson, *A Theory of Global Capitalism*, pp. 109, 124, 125를 보라.

26. [옮긴이] Bieler et al. (eds.), *Global Restructuring, State, Capital and Labour*, New York: Palgrave Macmillan, 2006.

27. [옮긴이] Andreas Bieler : 영국 노팅엄 대학의 정치경제학 교수이자 사회 및 지구 정의 연구 센터의 특별 연구원이다. 국제관계/국제 정치경제학 이론 분야를 전문적으로 다루고 있으며, 노동조합의 역할을 특히 강조하면서 신자유주의적 세계화에 대한 저항과 유럽 통합을 분석하고 있다.

28. [옮긴이] Adam David Morton : 영국 노팅엄 대학의 정치학과 및 국제관계학과의 수석 강사. 정치경제학, 국가 이론, 역사사회학, 세계화, 그리고 발전 등의 주제들을 전공하고 있다.

29. Burnham, "Globalization, Depoliticization and 'Modern' Economic Management", in Bonefeld/Pyschopedis (eds.), *The Politics of Change*, London : Palgrave, 2000을 보라. 하지만 이 '거리'는 눈금 하나 정도의 차이일 뿐이다. 비엘레·모튼의 이해에 따르면, 국가가 신자유주의적 의제를 추구하는 것은, 창발적인 구조적 '초국가화'나 '전지구적 경제적 구조들' 때문이 아니다. 그것은 주어진 국민사회의 '초국가적 핵'(Bieler/ Morton, chapter 7을 참조하라.)이 국민국가를 포획했기 때문이다. 따라서 정치적으로 보았을 때 그들은, 노동의 편에서 신자유주의적 세계화를 극복하기 위해서는 계급 세력들의 균형의 변동이 요구된다는 패니치(Panitch, "Globalisation and the State", *The Socialist Register 1994*, London : Merlin, 1994)의 생각에 동의하는 것이다.(Bieler/Morton, chapter 2를 보라). 따라서 여기에서 국가는 중심적인데, 그것은 특히 국가와 사회가 맺는 관계가 근본적으로 중립적이기 때문이다. 계급 세력들의 균형에 따라 국가는 자본

럼, '[세계화의 습격 이전에] 지금까지 외부의 교란들로부터 국내의 복지를 지키는 성채 역할을 했던' 국가는 '지구적 경제와 일국적 경제를 이어주는 전달 벨트'가 되었다.[30] 국가의 초국가화하는 '경쟁국가'[31] — '착취 조건들'[32]의 비교우위를 제공할 책임이 있는 국가 — 로의 변형을 수반한다. 과거에 국가는 경제적인 것에 대해 상대적 자율성을 가지고 있는 것처럼 보였으며, 경제적인 것은 성격상 일국적이었고 국익에 기초한 국가에 의해 규제되었다. 이제 경제적인 것이 자기 자신을 '세계화'했기 때문에 경제적인 것이 정치적인 것에 대해 자율성을 가지고 있고들 한다.[33] 다시 한 번 로버트 콕스는 이 통찰을 뒷받침하는 간결한 정식화를 제공한다 : 세계적 규모로 이루어지는 자본의 경쟁 논리로 인해, '국내경제들은 전지구적 경제라는 지각된 긴급성에 종속'된다. '국가들은 어쩔 수 없이 전지구적 경제로 인격화된 성운星雲[34]에 더 실제적인 책무를 지게 된다. 그리고 국가들은 세계화, 상호의존, 경쟁력이라는 새로운 용어들로 국민들의 눈과 귀를 가려 이 책무성을 신비화했다.'[35] 따라서 콕스는 국민국가를 포함하는 국내 관계들이 보이지 않는

주의적 목적 또는 사회주의적 목적을 위해 이용될 수 있다. 따라서 국가의 목적이 결정되고 나면, 국가는 '신자유주의적 세계화'나 '노동의 편에서의 재분배'를 '고안하면서'(Panitch) 이러한 이해관계들의 공적 권위로서 작동한다. 따라서 국가는 '전달 벨트'로 여겨지기 때문에 중심적인 것이다 : 전달 벨트는 국가를 포획한 특정한 사회적 이해관계 또는 계급적 이해관계들이 사회 전체로 '전달되도록' 한다.

30. Cox, "Global Perestroika", p. 31.

31. Cerny, *The Changing Architecture of Politics,* London : Sage, 1990.

32. Gill, *Power and Resistance in the New World Order*, p. 102를 참조하라.

33. '상대적 자율성'의 개념들에 대한 비판으로는 Clarke (*The State Debate*), Holloway/Picciotto (*State and Capital,* London : Edward Arnold, 1978) 그리고 Bonefeld("Social Constitution and the Form of the Capitalist State")를 보라.

34. [옮긴이] 'nébuleuse'를 옮겼다. 여기에서는 '전지구적 경제'가 마치 성운처럼 '불투명한 어떤 것'이라는 의미의 비유적 표현으로 사용되었다.

35. Cox, "Global Perestroika", p. 27.

무언가─즉 성운─에 책무를 지게 되었다고 주장한다. 콕스의 시각은 추천할 만하다. 특히 전지구적 경제를 성운으로 파악하는 그의 개념이 그렇다. 하지만 그는 이 보이지 않는 안개의 사회적 구성을 보여 주지는 않는다. 성운은 비판적 이성의 범주가 아니다. 흐릿한 원리들의 실천적 의미를 밝히려는 그의 시도는, 시장이 보이지 않는 손에 의해 조절된다는 이신론적 개념화처럼, 비합리적인 것으로 귀결된다. 그 까닭은 '이해되어야 하는 것'이 [오히려] 이성의 파악을 초월한 어떤 것으로, 그리하여 이해를 초월한 어떤 것으로 전제되기 때문이다. 이러한 전제는 자본을 '사회적 관계 속에서의 인간 자신'[36]의 사회적 관계로 이해하는 것을 배제하며, 오히려 객관적으로 주어지면서도 동시에 보이지 않는 물질계 바깥의 테두리 내부에서 인간의 사회적 실천이 전개된다고 주장한다. 그렇다면 이 보이지 않는 세계의 사회적 구성은 무엇인가?

사회적 구성의 문제는 핵심적인 중요성을 갖는다. 그것은 자본이 자본주의 사회에서 어떻게 '헤게모니적 지위를 획득'하게 되는지 묻지 않는다. 오히려 자본의 사회적 구성에 대해 묻는다. 그것은 인간 존재들의 실존을 추상적인 사회법칙들의 단순한 대행자들로 긍정하지 않는다. 그 대신, 이러한 법칙들의 사회적 구성에 대해 물으며, 그리하여 인류가 왜 추상적 법칙들의 단순한 인격화나 대행자로 존재하는지를 묻는다. 그것은 아도르노가 자본과 국가의 법칙을 포함하여, 사회법칙들의 '구성된 개념성'이라고 부른 것을 결정하려고 한다. 구성된 개념성은 자본주의가 정기적으로 옛 형태를 버리고 새로운 형태를 취한다는 식으로 자본주의 발전의 동역학을 개념화하지 않는다. 그 대신 동動과 정靜의 변증법을 진지하게 받아들이며, 그리하여 사회법칙의 변증

---

36. Marx, *Grundrisse*, p. 712 [칼 맑스, 『정치경제학 비판 요강 II』, 389쪽].

법에 초점을 맞춘다. '법칙이란 소멸 속에서도 잔존하는 것이다.'[37] 자본주의의 특정한 역사적 형태가 어떠하든, 가치 법칙은, 자본과 국가의 법칙이 그러한 것처럼 잔존한다.[38] 이 장에서는 세계시장의 '사회법칙'에 초점을 맞출 것이다. 이 장에서 나는 자본관계가 전지구적 관계라는 개념에 도전하지는 않을 것이다. 여기에서 나는 세계시장의 사회적 구성을 탐색한다. 이어지는 절들에서 나는 세계시장에 대한 맑스의 설명을 소개하고, 그의 물신주의 비판이 세계시장 비판임을 분석할 것이다. 마지막 절에서 세계시장과 위기의 관계를 고찰할 것이며, 결론절에서는 국가의 역할과 국가의 기능과의 관련 속에서 그 논의를 마무리할 것이다.

맑스와 세계시장

맑스는 국가와 세계시장에 대해 계획했던 책을 쓰지 못했다. 그럼에도 그의 저작들을 보면, 그리고 그의 여러 작업 개요들을 간략히 살펴보면, 우리는 국가와 세계시장이 항상 등장한다는 것을 알 수 있다. 1857년의 그의 개요[39]에서, 세계시장은 생산의 국제적 관계와 '국가 형태에서 부르주아 사회의 집약'[40]의 뒤를 이어, 그의 고찰의 최종적이고 결론적인 부분으로 제시된다. 더욱이 '위기들'을 예견한 고찰은 세계시

---

37. Gadamer, *Hegels Dialectics*, New Haven : Yale University Press, 1976, p. 42.
38. 이러한 노선들의 시기구분에 대한 비판으로는 Bonefeld/Holloway(*Post-Fordism and Social Form*), Clarke("The Global Accumulation of Capital and the Periodisation of the Capitalist State Form")를 보라.
39. [옮긴이] 『정치경제학 비판 요강』을 가리킨다.
40. Marx, *Grundrisse*, p. 108 [칼 맑스, 『정치경제학 비판 요강 I』, 80쪽].

장에 대한 기획된 연구와 연관된다. 그렇다면 주제는 '세계시장과 위기들'이다. 게다가 맑스의 개요에 의하면, 세계시장은 국제적 생산관계들과 구분된다. 맑스의 개요는 자본주의의 위기들이 전지구적 차원에서만 적절하게 개념화될 수 있으며, 자본의 전지구적 관계들이 국가들 간의 관계와 같지 않다는 것을 보여준다.

맑스에게, '세계시장과 위기'에 대한 기획된 연구는 단지 그의 연구의 종착지라는 의미를 넘어선다. 오히려 그것은 부르주아 사회의 모든 모순들이 작동하고 또 그런 만큼 그 모순들이 가장 구체적인 형상을 갖고 나타나는 결론에 해당한다. 이러한 시각은 '따라서 가장 일반적인 추상들은 하나가 다수에게 공통적인 것으로 나타나고, 모두에게 공통이 되는 그러한 가장 풍부한 구체적 발전에서만 등장한다. 그러면 그것은 더 이상 특수한 형태만으로는 사유될 수 없다'[41]라는 맑스의 개념적 논의에 의해 뒷받침된다. 달리 말해, 만물은 세계시장과의 관계 속에서 존속할 뿐만 아니라, 근본적으로, 세계시장 속에서 그리고 그것을 통해서 존속한다. 맑스의 정치경제학 비판은 몇 번이고 계속해서, 세계시장이 자본관계의 고유한 생존양식이자 운동양식임을 지적한다. 맑스가 『자본론』 3권에서 주장하는 바처럼, 세계시장은 '자본주의적 생산양식의 기초이며 생활환경'[42]이다. 그것은 자본주의적 사회관계들의 전제이자 결과이다.

자본주의적 생산의 '토대'로서의 세계시장이라는 개념은 상호의존적인 '국가 간' 관계들과 세계시장 관계들 사이의 뚜렷한 차이를 문제로 제기한다. 대외무역 없이는 자본주의적 생산을 생각할 수 없다는[43]

---

41. 같은 책, p. 104 [같은 책, 75쪽].
42. Marx, *Capital* vol. III, p. 110 [칼 마르크스, 『자본론 III (상)』, 127쪽].
43. Marx, *Capital* vol. II, p. 456 [칼 마르크스, 『자본론 II』, 565쪽].

통찰은, '세계시장'이 국가 간 국가 체계와 일치한다는 점을 암시하는 것으로 보인다. 하지만, '각 국민 내부의 상공업의 관계들은 그 국민과 다른 국민들과의 교류에 의해 지배되고 있고, 그 국민이 세계시장과 맺는 관계에 의해 조건 지어져 있으며'[44], '화폐'는 세계시장에 도달하게 되면 자신의 '국민적 제복'[45]을 벗어 버린다. 이것은 세계시장이 다수의 국가들과 그들의 '국민경제들'의 총합이 아니라, 오히려 국가 상호간의 관계들이 존재하는 조건이라는 점을 보여준다. 따라서 세계시장은 자본주의적 생존의 보편적 형태로서 제기된다. 다시 말해, 일국에 위치한 산업은 오직 세계시장 형태를 통해서만 자본주의적 산업으로서 자신의 삶을 확보한다. 세계시장은 국경들 내부의, 국경들 사이의 그리고 국경들을 넘어서는, 자본주의적 생산의 '정언명령'으로 제시된다. 더욱이, 그런 만큼, 하나의 명령으로서 국경들 내부의 무역 및 산업은 그와 동시에 국경들을 넘어서는 무역 및 산업이 된다. 그래서 '국내'의 노동생산성은 세계시장 속에서 그리고 그것을 통해서 유지된다. '국내적으로' 노동착취를 퍼뜨리고, 그것을 추인하고 또 그것과 모순을 일으키는 것은 바로 시장이다. 노동이 사회적 필요노동으로서 유효성을 확보하는 것은 세계시장 속에서 그리고 그것을 통해서이다. 그러므로 '각국의 국민들이 세계시장의 그물에 얽히게 되는 것, 따라서 또 자본주의 체제의 국제적인 성격은'[46] 노동의 분업에 대해 이야기하기를 원하는 누구나 세계시장에 대해 이야기해야 한다는 것을 함축한다.[47]

---

44. Marx, "Die revolutionäre Bewegung", MEW 6, Berlin : Dietz, 1968, p. 149 [칼 맑스, 「혁명 운동」, 『칼 맑스 프리드리히 엥겔스 저작선집 1』, 511쪽].

45. Marx, *Capital* vol. I, p. 125 [칼 마르크스, 『자본론 I (상)』, 159쪽].

46. 같은 책, pp. 714~715 [같은 책, 1049쪽].

47. Marx, "Brief an P. W. Annenkow vom 28.12. 1846", MEW 4, Berlin : Dietz, 1977, p. 550 [칼 맑스, 「맑스가 빠리의 파벨 바실리예비치 안넨코프에게」, 『칼 맑스 프리드리히 엥

국내의 노동 분업은 전지구적 노동 분업을 필요로 하며, 후자 없는 전자는 상상할 수 없다. 국내의 노동 분업은 전지구적 노동 분업을 통해서 존속된다.

전지구적 노동 분업에 대한 맑스의 설명은 리카도의 '비교우위'[48] 개념에 의존하지 않는다. 리카도는 상호간에 서로 이득이 되는 생산의 국가적 특화[비교우위 — 옮긴이]라는 도식을 통해 국가 간 생산관계들의 '복잡성'에 일관성을 부여하고 그것의 합리적 조직을 가능하게 하고자 한다. 맑스는 국가 간 비교우위에 초점을 맞추지 않고 오히려 지구적 규모의 이윤율 균등화에 초점을 맞춘다. 이 균등화는, 평균 이윤율의 결정을 이끌면서, 산업 내부에서 노동하도록 되어 있는 생산적 노동을 다른 모든 산업들의 생산적 노동과 '비교한다.' 이 평균 이윤율은 세계시장의 평균 이윤율로 통용된다. 이 균등화와 평균화가 함축하는 바는 다음과 같다. 더 싼 가격들의 '중포'重砲[49]가 국민국가들을 포격함으로써 그들의 관할권 내의 노동착취는 세계시장의 평균 이윤율 아래로 떨어질 것이다. 이 중포는 환율 압박, 지불 적자수지의 누적, 그리고 국내 예비비의 고갈 등을 통해 존재감을 드러낸다. 축적의 전지구적 조건들이 '국민경제들'에 영향을 미치는 것은 바로 화폐자본의 운동을 통해서이다. 세계 화폐는 단지 교환수단이나 지불수단이 아니다. 그것은 근

겔스 저작선집 1』, 최호진 외 옮김, 박종철출판사, 1995, 590쪽].

48. [옮긴이] comparative advantage : 고전경제학파 데이비드 리카도가 정립한 대표적인 근대 무역 이론. 비교우위(比較優位)란 국제 무역에서 한 나라의 어떤 재화가 비록 상대국의 것에 비해 절대우위에서 뒤처지더라도 생산의 기회비용을 고려하였을 때 상대적인 우위를 지닐 수 있다는 개념이다. 자국에서 생산된 상품이 외국에서 생산된 상품과 비교하여 상대적으로 생산비가 싼 비교우위에 있는 상품일 때 각국은 이를 특화하여 다른 국가와 무역을 하는 것이 유리하다는 것이다.

49. Marx/Engels, *The Communist Manifesto*, p. 17 [칼 맑스·프리드리히 엥겔스, 「공산주의당 선언」, 『칼 맑스 프리드리히 엥겔스 저작선집 1』, 404쪽]을 참조하라.

본적으로 '국내적인' 노동착취의 유효성을 관리하는 권력이다.[50]

세계시장에서의 이윤율 균등화라는 상황이 의미하는 것은, 국내의 노동생산성이 오직 '전지구적인' 교환 조건들 내에서만, 그리고 그것을 통해서만 가치의 면에서 유효하다는 것을 의미한다. 그래서 세계시장의 생존은 '어떤 노동도 지배적 지위를 차지하지 않는 실재적인 노동 종류들의 매우 발전된 총체를'[51] 전제로 한다. 이 일반적인 '모든 종류의 노동이 무차별적으로 동일한 지위를 갖는다는 사실'은 노동의 범주가 실제로 '부 일체를 창출하기 위한 수단'이 되었다는 것을, 그리고 '더 이상 규정으로서 특수성 속의 개인들과 유착되어 있지 않다'[52]는 것을 의미한다. 요컨대, 추상노동이라는 가장 단순한 형태로 노동이 출현하는 것은 '가장 근대적인 사회의 가장 완전한 발전을 필요로 할'[53] 뿐만 아니라, 또한 자본주의 생산관계들의 토대, 전제, 그리고 자본주의 생산관계들이 부단히 재생산된 결과로서의 세계시장을 확립한다. 간단히 말해, '세계시장을 창조하는 경향은 자본 개념 자체에 이미 직접적으로 주어져 있다.'[54] 맑스의 주장에 따르면,[55] 상품은 즉자적으로 그리고 대자적으로, 모든 종교적, 정치적, 민족적, 언어적 장벽들을 초월한다. 그것의 언어는 '가격'이며, 그것의 공동체는 화폐가 재현하는 추상적 부이다. 따라서 자본은, 상품자본, 화폐자본 또는 생산자본 등 어떠한 맥락에서건, 민족적 성격도 애국적 결연도 갖지 않는다. 상품의 애

---

50. Bonefeld, "Money, Equality and Exploitation"을 보라.

51. Marx, *Grundrisse*, p. 104 [칼 맑스, 『정치경제학 비판 요강 I』, 75쪽].

52. 같은 책 [같은 책, 75쪽].

53. 같은 책, p. 105 [같은 책, 75~76쪽].

54. 같은 책, p. 408 [같은 책, 18쪽].

55. Marx, *Zur Kritik der politischen Ökonomie*, *MEW* 13, Berlin : Dietz, 1981, p. 128 [칼 마르크스, 『정치경제학 비판을 위하여』, 김호균 옮김, 중원문화, 2007, 147쪽].

국심은 화폐이고 상품의 언어는 이윤이며, 다시 말해, '각 나라의 사적 이익들은 그 나라를 각 나라가 가지는 "성숙한 개인들"만큼 많은 나라들로 분할한다.'[56] 따라서 '시장'은 '일국적' 시장이 되는 것이 아니라, 필연적으로, 세계시장이 된다.[57]

'부르주아 사회'라는 말은 '국민적' 사회를 대표하지 않으며 또 결코 대표한 적도 없다. 관형어 '국민적'은 이해관계의 동질성 그리고 공유된 가치들의 일정 종류의 동질성, 즉 '하나의 국민적 배'[58]라는 은유에 의해 적절하게 환기되는 동질성을 가리킨다. 세계화에 대한 수많은 분석은 실제로, '사회경제적 노선들 위에서 점점 더 분열되는' '탈국민화' 과정을 시작하기 전에는 통합된 '국민' 사회가 존재했었다는 생각에 기초한다. 특히 단일국가적 과거라는 라이시[59]의 이미지에 대해 어떤 평가를 내리든지 간에 하나의 국민적 배라는 은유는 로마 시대 이래로, '지위'가 다름에도 모두가 사회적으로 유효한 임무들 — 다수는 배를 젓고 소수는 배를 조종하는 — 을 완수하는 '유기적인' 또는 '협력적인' 사회라는 보수적 개념을 나타낸다. 따라서 세계화가 각자의 국익을 추구하는 개별 국가들이 지배하는 '하나의 국민경제들'의 국제적 국가 체계를 침식한다는 생각은, 세계화가, 과거에는 국민으로 통합되었던 사회를 '계급 노선들'[60]을 따라 깨뜨리고 분열시킨다는 생각만큼이나 말이 안 된다.

---

56. Marx, *Grundrisse*, p. 159 [칼 맑스, 『정치경제학 비판 요강 I』, 140쪽].

57. Marx, *Zur Kritik der politischen Ökonomie*, p. 128 [칼 마르크스, 『정치경제학 비판을 위하여』, 147쪽]을 보라.

58. Reich, *The Work of Nations*, New York : Vintage, 1991을 참조하라.

59. [옮긴이] Robert Bernard Reich (1946 ~) : 미국의 정치경제학자. 하버드 대학 정치경제학 교수, 브랜다이스 대학과 동대학 헬러 대학원의 사회경제정책학 교수를 거쳐 현재 UC버클리 대학 공공정책 대학원 교수로 재직하고 있다. 과거 3개 행정부에서 요직을 거쳤고, 클린턴 행정부에서 노동부 장관을 역임했으며 오바마 대통령의 경제자문위원을 맡은 바 있다.

60. Bonefeld, "Die Betroffenheit und die Vernunft der Kritik", in Bruhn et al. (eds.), *Kritik*

　'부르주아 사회'라는 말은 처음부터 계급분할적인 사회만을 나타낸 것이 아니다. 이 말은 또한, 그리고 또한 바로 이러한 점 때문에, 자본의 전지구적 동지애를 나타낸다. 맑스에 따르자면, '일반적인 교환인 화폐가 전지구적인 교환인 세계 화폐로 존속하는 것과 마찬가지로 상품들의 소유자인 부르주아는 세계시민이다.'[61] 『공산주의자 선언』에서 부르주아의 삶은 자본의 전지구적 생존의 맥락에서 묘사된다. 낡은 산업들은 새로운 산업들에 의해 파괴되고 대체된다. 새로운 산업의 도입은 생산의 전지구적 체계와 노동 분업 내부에서의 생존의 문제가 되고, '세계시장의 개발을 통해서 모든 나라들의 생산과 소비를 범세계적인 것으로 탈바꿈시킨다.'[62] 고로 '국민경제'라는 개념은 전혀 말이 되지 않는다. 그것은 기껏해야 경제적 국가주의 이론 및 실천과 관련된 국가 발전 방법들에 적합하다.[63] 최악의 경우는, 민족주의의 반동적이고 낭만적인 이념들 및 실천들에[64] 적합한 퇴행적 개념이다. 물론 보호주의는 '국민경제'를 보호하기 위한 매우 강력한 장치였으며 여전히 그렇다. 하지만, 국민경제는 세계시장으로부터 독립적이지도 않으며, 단순히 세계시장과의 관계 속에서 존재하지도 않는다. 오히려, 국민경제는 세계시장 속에서 그리고 그것을 통해서 생존한다. 그렇다면 보호주의는 단지 '무역 자유 내에서의 방어'[65]일 뿐이다.

---

der Politik, Freibrug : Ça ira, 2000.

61. Marx, *Zur Kritik der politischen Ökonomie*, p. 128 [칼 마르크스, 『정치경제학 비판을 위하여』, 147쪽]을 참조하라.

62. Marx/Engels, *The Communist Manifesto*, p. 16 [칼 맑스·프리드리히 엥겔스, 「공산주의당 선언」, 『칼 맑스 프리드리히 엥겔스 저작선집 1』, 404쪽].

63. List, *The National System of Political Economy*, New York : Longmans, 1904.

64. Bonefeld, "Nationalism and Anti-Semitism in Anti-Globalisation Perspective", in Bonefeld/Psychopedis (eds.), *Human Dignity*, Aldershot : Ashgate, 2005.

65. Marx/Engels, *The German Ideology*, in Arthur (ed.), London : Lawrence & Wishart, 1970, p. 78 [칼 맑스·프리드리히 엥겔스, 「독일 이데올로기」, 『칼 맑스 프리드리히 엥

맑스의 고찰은, 자본주의 국가의 탄생 순간이 또한 일반화된 상품 생산의 탄생 순간임을 보여준다. 하지만 일반성은 보편성으로서만 존재할 뿐이다. 지배적인 생산관계로서의 '자본'의 출현은, 하나하나의 독특한 역사들이 단일한 세계사로 포섭되고 응축되는 세계의 출현을 수반한다. '그것이 모든 문명국들과 그 속의 모든 개인으로 하여금 욕구들의 충족에 있어서 세계 전체에 의존하도록 만들었던 한에서 말이다.'[66] 맑스가 자신의 정치경제학 비판의 결론으로 기획한 세계시장에 관한 책은 세계시장이 자본주의적 노동착취의 가정, 전제, 결과라는 점을 보여준다.

요컨대, 자본은 '태어날 때부터 전지구적 권력'이었다.[67] 이러한 통찰이 근본적으로 중요한 이유는 그것이 '처음으로 역사 속에서 성장한 세계시장, 국제 자본주의, 사회적 관계들의 전지구적 체계'가 국민국가와 동시에 출현했다는 점을 밝혀주기 때문이다.[68] 따라서 이런 식으로 '국가의 일국적 통합 문제는 국제적인 국가 체계의 통합 문제와 분리될 수 없었다.'[69] 국민국가의 출현은 '국제적인 국가 체계들로서 시작되었다.'[70] 이것은 다음과 같은 것들에 토대를 두고 있는 국가 간 관계들의 '체계'이다. 즉 '국제적 생산관계, 국제 분업, 국제 교환, 수출입, 환율.'[71]

겔스 저작선집 1』, 241쪽].

66. 같은 책, p. 78 [같은 책, 241쪽].

67. Clarke, *Keynesianism, Monetarism and the Crisis of the State*, Aldershot : Edward Elgar, 1988, p. 178.

68. Barker, "A Note on the Theory of Capitalist States", in Clarke (ed.), *The State Debate*, London : Macmillan, 1991, p. 205.

69. Clarke, *Keynesianism, Monetarism and the Crisis of the State*, p. 179.

70. Picciotto, "The Internationalisation of Capital and the International State System", in Clarke (ed.), *The State Debate*, London : Macmillan, 1991, p. 218.

71. Marx, *Grundrisse*, p. 108 [칼 맑스, 『정치경제학 비판 요강 I』, 80쪽].

더욱이, 이 국가 간 체계는 처음부터 '전지구적인 생산과 교환의 맥락'[72] 내부에 존재했다. 달리 말해, '세계시장은 국민경제 속으로 통합된다.'[73] 세계시장은 개별적인 국민경제들의 총합이 아니다. 또한 국민경제들의 완전성integrity을 침식했던 새로운 힘도 아니다. 이러한 '완전성'은, 세계시장이 '국민경제들'에게 '정언명령'인 한 결코 존재한 적이 없었다.

세계시장과 물신주의

앞 절에서 나는 세계시장이 자본주의적 사회관계들의 역사적 전제조건이라고 주장했다. '16세기 세계무역과 세계시장의 창출'은 자본주의적 사회관계들이 출현한 '역사적 토대'를 놓았다.[74] 일단 자본이 지배적인 생산관계로 확립되고 나자, 자본이 발생한 역사적 전제조건은 자본의 계속된 재생산의 전제이자 결과로 변형되었다. '대외무역의 확대는 자본주의적 생산양식의 유년기에는 이 생산양식의 기초였지만, 이 생산양식이 발달함에 따라 이 생산양식의 내적 필연성과 점점 확대되는 시장에 대한 요구에 의하여 이 생산양식 자체의 결과로 되었다.'[75] 세계시장은 '자본주의적 생산양식의 기초'를 이룬다. 그것은 자본의 역사적 토대일 뿐만 아니라 역사가 계속 쌓여 이루어진 결과이다.[76]

---

72. von Braunmühl, "On the Analysis of the Capitalist Nation State within the World Market Context", in Holloway/Picciotto (eds.), *State and Capital*, London : Edward Arnold, 1978, p. 163.
73. 같은 책, p. 168.
74. Marx, *Capital* vol. I, p. 145 [칼 마르크스, 『자본론 I (상)』, 189쪽].
75. Marx, *Capital* vol. III, p. 237 [칼 마르크스, 『자본론 III (상)』, 284쪽].

하지만, 자본관계는 '생산수단과 생활수단의 소유자가 시장에서 자기 노동력의 판매자로서의 자유로운 노동자를 발견하는 경우만 발생한다.'[77] 노동과 생산수단의 분리는 자본주의적 사회관계들을 구성하는 전제이다.[78] 사회적 개인이 개인적 종속관계에서 해방되는 한편 객관적 조건들의 규칙은 다음과 같이 통용된다. '개인들은 이제 **추상들**에 의해서 지배당하며' 이러한 추상들은 '개인들로부터 독립적이며, 비록 사회에 의해 산출되지만, 말하자면 **자연조건들**로, 즉 개인들에 의해서는 통제될 수 없는' 객관적인 세계시장 조건들의 형태로 생존한다.[79] 따라서 노동과 노동조건들의 분리는 개인들 서로 간의 완전한 독립을 수반할 뿐만 아니라, 세계시장이 제공하는 외관상의 비인격적 관계들에 대한 완전한 종속 역시 수반한다. 이런 식으로, 개인의 독립성은 하나의 '환상일 뿐이고, 보다 정확히 말하자면 무관심[무차별성]이라 불릴 수 있다.'[80] 그들의 독립성은 '자유롭게 서로 접촉하며 이 자유 속에서 교환하는'[81] 원자화된 시장적 개인들의 독립이다. 그리고 서로에 대한 무관심은 생산의 인적 요인들에 대한 무관심이다. 개인들로서의 이들의 사회적 실존은 객관적인 조건들과 발전의 법칙으로부터 유래하는 것으로 보인다. 사회적 개인들로서의 그들의 연계는 비인간적 관계들에 의해, 사물들 그 자체에 의해 구성되는 것으로 보인다. 따라서 세계시장은 '자생적인, 개인들의 지식이나 의사와는 무관하고 상호 독립과 무관심을 전제로 하는 연관에, 물적이고 정신적인 소재대사를'[82] 창출

---

76. 같은 책, p. 333 [같은 책, 403쪽].
77. 같은 책, p. 167 [같은 책, 222쪽].
78. Bonefeld, "Capital, Labour and Primitive Accumulation"을 참조하라.
79. Marx, *Grundrisse*, p. 164 [칼 맑스, 『정치경제학 비판 요강 I』, 144~145쪽].
80. 같은 책, p. 163 [같은 책, 145쪽].
81. 같은 책, pp. 163~164 [같은 책, 145쪽].

하는 것으로 보인다. 따라서 봉건적인 개인적 종속관계로부터 사회적 개인이 해방되는 것은, 이러한 개인적 종속관계들이 객관적 종속관계들로 변형되기 때문이다.

상품형태는 사회적 노동의 보이지 않는 자기의식적 조직화의 대체물로서 나타난다. 상품형태는 '모든 다른' 개별자들과 '개별자' 간의 상호연계를 생산하는 것으로 보인다.[83] 따라서 사회적 협력은 객관적인 종속관계들의 형태로 나타난다. 비록 개인들에 의해 생산되었다 할지라도, 개인들의 협력은 그들의 통제로부터 독립한, 그리고 그것을 초월한 형태로 나타난다. 마르쿠제가 말한 바처럼, '세계의 구성은 개인들의 등 뒤에서 일어난다. 그렇지만 그것은 그들 자신의 일이다.'[84] 맑스는 세계시장을 개인적인 상호연계성 및 상호의존성의 가장 발전된 형태로 보았다. 따라서 가치형태의 외관상의 자립화는 '세계시장의' 사회적 개인으로부터의 외관상의 '자립화'[85] 속에서 생명력을 얻는다. '일반적 교환 자체, 세계시장이 모든 산업의 일반적 기초가 되고, 따라서 세계시장을 구성하는 활동[교류, 욕구 등의 — 옮긴이] 전체가 모든 산업의 일반적 기초가 된다.'[86] 따라서 세계시장은 '각 개별자의 활동'[87]만을 포함하는 것이 아니라 '이 연관의 개별자 자신들로부터의 독립'[88] 역시 포함한다. 따라서 인간의 사회적 실천은 사회적 실재가 소멸하는 한 계기 — 인간 스스로 생산하지만 그것에 대해 통제할 수 없는 — 로 나타난

---

82. 같은 책, p. 161 [같은 책, 143쪽].

83. 같은 책, p. 161 [같은 책, 142쪽].

84. Marcuse, *Negations*, p. 151.

85. Marx, *Grundrisse*, p. 160 [칼 맑스, 『정치경제학 비판 요강 I』, 142쪽].

86. 같은 책, p. 528 [칼 맑스, 『정치경제학 비판 요강 II』, 161쪽].

87. 같은 책, p. 160 [칼 맑스, 『정치경제학 비판 요강 I』, 142쪽].

88. 같은 책, p. 161 [같은 책, 142쪽].

다. 따라서 사회적 실재는, 마치 개별적인 인간인 것처럼, 사물들 자체의 행위들에 의해 구성되는 것으로 보인다. 이 외관은 실재적이다. 인간의 사회적 실천은 사실상 그 자신의 전도의 실체 속에서 사라지고 경제적 범주들의 단순한 행위자나 인격화로서 나타난다.[89]

그럼에도 세계시장을 객관적인 강압적 힘으로 보는 관념은 오직 사회적 객관성의 외관[현상]이 자본주의적 사회관계들의 '일반 법칙의 즉각적이고 직접적인 증거'를 함축한다는 전제 위에서만 말이 된다. 세계시장을 사물 그 자체[즉자적 사물]로 개념화하는 것은 '그 조건들로부터, 이러한 개인들이 그 내부에서 접촉하게 되는 **생존조건들을**'[90] 추출하는 것이다. 그러므로 '저 **물질적일 뿐인 연관**을 자생적인 연관, 개성의 본성과 불가분하며 이에 내재적인 연관으로 파악하는 것은 어리석다. …… 그것은 개인들의 산물인 것이다. 그것은 역사적 산물이다.'[91] 따라서 세계시장을 객관적으로 주어진 종속관계들로 고려하고, 개인을 경제적 범주의 단순한 행위자로 간주하는 것은, 인간의 사회적 실천을 (그 사회적 구성이 신비 — 즉 성운[92] — 로 남아 있는) 가설적 사회구조로부터 도출하는 것이다. 신에 대한 종교적 관념에서처럼, 불가해하지만 불가항력적인 대상은, 자신이 마치 개별 인간인 것처럼, 사회적 개인에 대한 주관적인[주체적인] 힘을 갖는다. 우리는 이 대상의 사회적 구성을 드러내기 위해 이 대상을 인간적 토대 위에서 해독할 필요가 있다. 그리고 그것은, 인간이 물화된 세계에게 주었던 것을 물화된 세

---

89. Bonefeld, "Capital as Subject and the Existence of Labour", in Bonefeld et al. (eds.), *Open Marxism*, vol. III, London : Pluto, 1995; "Social Form, Critique and Human Dignity", *Zeitschrift für kritische Theorie*, 13, 2001을 참조하라.
90. Marx, *Theories of Surplus Value* Part II, London : Lawrence & Wishart, 1969, p. 106.
91. Marx, *Grundrisse*, p. 162 [칼 맑스, 『정치경제학 비판 요강 I』, 143쪽].
92. Cox를 참조하라.

계가 다시 인간에게 되돌려 주는 것이다.

사회적 개인은 실제로 세계시장으로부터 발산되어 나오는 부단한 강압적 압력들에 종속된다. 하지만 그와 동시에 이러한 압력들은 '그 자신의 노동에 의해 그에게서 출현한다.' 자유로운 노동, 즉 상품화된 노동은 자본의 전제, 즉 '타인의 부'[93]로서 스스로를 드러내는 전제이다. 자본은 헛되이 자본과 경쟁하지 않는다. '자본이란 비노동[94]으로서만 자본이므로, 노동이 자본에 마주서지 않으면 자본도 자본에 마주설 수 없다.'[95] 그래서 특수한 초국적 은행들과 다국적기업들의 전략적 수지 타산을 이론적으로 설명하는 것을 통해서는 전지구적 자본관계들을 제대로 이해할 수 없다. 그것은 착취관계들에 대한 고찰을 통해, 즉 노동에 의존하는 자본에 대한 이해를 통해, 진전되어야 한다. 자본은 노동으로부터 자신을 해방시킬 수 없다. 자본은 전 세계의 노동계급들에게 필요노동을 부과함으로써 노동과 대면해야 한다. 노동은 '잉여노동을 창출하는 …… 자본의 법칙'의 '전제이며, 전제로 남아 있다.'[96] 그렇다면 자본의 법칙이란 이것이다 : 사형의 위협을 벗어나기 위해 자본은 노동을 착취하도록 운명 지어져 있다.[97] 그래서 자본의 입장에서 볼 때, '비노동'으로서 모습을 나타내기 위해 자본은 필요노동을 정립해야 한다.[98] 달리 말해, '자본은 노동자들로 하여금 필요노동을 초과해서 잉여

---

93. Marx, *Grundrisse*, p. 541 [칼 맑스, 『정치경제학 비판 요강 II』, 178쪽].
94. [옮긴이] 맑스가 자본은 '비노동'(non-labor)으로서 존재한다고 말할 때는 다음과 같은 의미이다. '생산수단은 그것이 노동자로부터 분리되어 자립적인 권력으로서 노동자와 대립하는 한에서만 자본으로 된다.' (Marx, *Theories of Surplus Value* Part I, London : Lawrence & Wishart, 1963, p. 408).
95. Marx, *Grundrisse*, p. 288 [칼 맑스, 『정치경제학 비판 요강 I』, 294쪽].
96. 같은 책, p. 399 [같은 책, 424쪽].
97. 같은 책을 참조하라.
98. 같은 책, p. 288 [같은 책, 294쪽]을 참조하라.

노동을 수행하도록 강요한다. 그럴 때라야만 자본은 증식되고 잉여가치를 창출한다. 그러나 다른 한편에서 자본은 필요노동이 잉여노동이고, 이 잉여노동이 잉여가치로서 실현 가능한 한에 있어서만 필요노동을 정립한다. 요컨대 자본은 잉여노동을 필요노동의 조건으로 정립하고, 잉여가치를 대상화된 노동, 가치 일체의 한계로 정립한다. 자본은 가치를 정립할 수 없게 되자마자 필요노동을 정립하지 않는다. 그리고 자본의 기초 위에서는 자본만이 필요노동을 정립할 수 있다.'[99] 따라서 세계시장은 '인간 노동을 무한히 추동할 뿐만 아니라 인간 노동을 (상대적으로) 불필요하게 만드는'[100] 자본주의적 경향 속에서 그리고 그것을 통해 유통된다. 따라서 자본은 필요노동의 반정립反定立으로서 존재하며, 그와 동시에 필요노동의 부과 속에서 그리고 그것을 통하여 존재한다. 자본은 필요노동을 부과하지 않고서는 잉여노동을 전제할 수 없다.[101] 노동이 잉여가치를 창출한다.[102] 그와 동시에 노동은 자유롭고 평등한 교환관계들을 기초로 하여 생산수단의 소유자로서의 자본의 처분에 따르는 임금노동 상품으로서 유통된다.

자본을 객관적인 강압적 힘으로 긍정하는 것은 자본의 사회적 구성을 모호하게 한다. 이러한 긍정은 '인간의 자연력'[103]을 포함하지 않는다. 노동의 사회적 성격은 '교환 행위 속에서 비로소 나타나며'[104], 그럴 때 자본의 구체적인 물질성은 '사라진다.'[105] 맑스의 주장처럼 자본

---

99. 같은 책, p. 421 [칼 맑스, 『정치경제학 비판 요강 II』, 35쪽].

100. 같은 책, p. 399 [칼 맑스, 『정치경제학 비판 요강 I』, 424쪽].

101. 같은 책 참조.

102. Marx, *Capital* vol. III, p. 823 [칼 마르크스, 『자본론 III (하)』, 1013쪽]을 참조하라.

103. Marx, *Grundrisse*, p. 330 [칼 맑스, 『정치경제학 비판 요강 I』, 339쪽].

104. Marx, *Capital* vol. I, pp. 77~78 [칼 마르크스, 『자본론 I (상)』, 94쪽].

105. Marx, *From the Preparatory Materials* (Urtext), Collected Works, vol. 29, Lawrence and London : Wishart, 1987, p. 497.

은 '그것이 이미 **자본**으로 전제된 다음에 **사후적으로** 타인 노동에 대한 명령으로 나타날 뿐이다 — 순환논법.'106 착취는 등가 교환 행위 속에서는 보이지 않는다. 노동의 실종과, 스스로 재생산하는 가치형태로서의 화폐의 출현은 사회적 노동을 그 반대로, 즉 '사회적 상형문자로'107 전환함으로써 사회적 노동을 유효화하는 동일한 과정의 두 측면들이다. 이러한 전환은 세계시장의 전환이다. '세계시장에서 비로소 화폐는 그 현물형태에 추상적 인간노동이 직접적으로 사회적으로 실현되어 있는 상품으로서 기능한다.'108 자본이 아무리 환경과 노동자에게 파괴적이라 할지라도, 자본은 항상 노동에 대한 의존을 동반한다. 각각의 개별 자본은 동시에 자본 **일반** *the* capital이다.109 자본은 오로지 사회적 노동에서 가치를 추출한다는 조건에서만, 유통 속에서 가치를 확장하는 것으로 모습을 드러낸다.110

교환 행위는 교환되고 있는 '사물'의 발생을 설명하지 않으며, 개별 생산자들이 왜 현재의 방식으로 존재하는지 설명하지도 않는다. 따라서 네그리를 따르자면,111 기껏해야 리카도의 노동가치 이론만이 '사회적 노동의 발전이 가치의 축적 과정이나 분배의 복잡한 규범을 생산한다'는 것을 보여줄 뿐이다. 가치의 사회적 구성의 비밀은 미해결인 채로 남아 있었는데 그것은 '가치'가 하나의 사회적 관계가 아니라 단지 하나의 '사물'로서 간주되었기 때문이다. 이러한 하나의 사물로서 가

---

106. Marx, *Grundrisse*, p. 330 [칼 맑스, 『정치경제학 비판 요강 I』, 339쪽].

107. Marx, *Capital* vol. I, p. 79 [칼 마르크스, 『자본론 I (상)』, 95쪽].

108. 같은 책, p. 141 [같은 책, 181쪽].

109. Reichelt, "Social Appearance as Reality", in Bonefeld/Psychopedis (eds.), *Human Dignity*, Aldershot : Ashgate, 2005를 참조하라.

110. Marx, *Capital* vol. I, p. 555 [칼 마르크스, 『자본론 I (하)』, 805~807쪽]을 참조하라.

111. Negri, "Interpretation of the Class Situation Today", p. 70.

치의 운동은, 자신이 마치 역사적으로 능동적이고 월등하며, 그래서 사회적 관계들을 구축하는 '독립적인 사물'인 것처럼, 불가항력적인 힘인 것처럼, '근본적인elemental 자연과정의 힘을 가지고 작용하는 자동적인'112 운동으로서 모습을 드러낸다. 하지만 '가치'는 그것의 형식적 운동양식의 맥락에서 볼 때에만, 다시 말해 '가치를 낳은 가치인 자본 물신'113의 맥락에서 볼 때에만, 이러한 독립적인 사물이 된다. 이 물신주의는 '사회적 노동의 모든 생산력이 노동 그것에 속하는 힘이 아니라 자본에 속하는 힘으로서 나타나는'114 상황에 기인한다. 인간의 사회적 실천이 '생산에서는 인간이 객체화되고, 인간115'에서는 사물이 주체화되는'116 상품들의 세계 속에서 그리고 그 세계를 통해서 생존한다는 것은 의심할 바 없다. 하지만, '내용' 없는 '형식'이란 존재하지 않는다.117 형식이 내용 없이 존재한다고 주장하는 것은 '형식'이 그 자신의 사회적 구성에 외부적이라고 말하는 것이다. 세계시장을 객관적으로 강압적인 사물로 바라보는 생각은, 즉 '가치'를 '내용' 없는 '형식'으로 바라보는 생각은, 부르주아 사회의 종교 ― 상품 물신주의 ― 를 신봉한다.

맑스의 물신주의 비판이 보여주는 것은 다음과 같다 : 사회적 실천이 '물건들의 운동'118에서 유래한다는 주장은 보이지 않는 손이라는 교의를 재정식화한다. 즉, 사회적 생존은 객관적 경제법칙들의 테두리

---

112. Marx, *Capital* vol. II, p. 185 [칼 마르크스, 『자본론 II』, 122~123쪽].
113. Marx, *Capital* vol. III, p. 829 [칼 마르크스, 『자본론 III (하)』, 1022쪽].
114. 같은 책, p. 827 [같은 책, 1019~1020쪽].
115. [옮긴이] 국내 번역본은 이 '인간'을 '소비'로 옮겨 놓고 있다.
116. Marx, *Grundrisse*, p. 89 [칼 맑스, 『정치경제학 비판 요강 I』, 58쪽].
117. Marx, *Capital* vol. I, p. 78 [칼 마르크스, 『자본론 I (상)』, 94~96쪽]; 그리고 Marx, *Capital* vol. III, p. 392 [칼 마르크스, 『자본론 III (상)』, 479쪽].
118. Marx, *Capital* vol. I, p. 79 [칼 마르크스, 『자본론 I (상)』, 96쪽].

내에서 이루어지며, 이 법칙들의 합리성은 그 주인공들을 통해 '객관적으로' 구조화되어 나타나고, 경제적 조정의 결정적 조건을 작동시킨다. 그렇지만 이 법칙들의 사회적 힘은 통제 불가능한 현세외적 자질들에서 파생한 것으로 보인다. 따라서 사회적 실재는 이해 불가능한 어떤 것some-thing에 의해 지배되는 것으로 보인다. 다시 말해, 사회적 실천은 인간의 이해력과 변형력을 초월하는 어떤 것에서 파생한다는 것이다. 콕스가 세계시장을 성운으로 보는 것과 길이 행위자를 동원하는 힘으로서의 신화를 호출하는 것은 동전의 양면이다. 호르크하이머의 주장처럼, 교조적 사유의 맹점들 중의 하나는 발생을 존재로부터 분리시킨다는 것이다.[119] 실제로, 자본이 하나의 구성된 사물로 설명된다면, 사회적 개인의 원동력은 사회적 개인이 살아남기 위해 적응하고 순응해야 하는 맹목적이고 비인격적인 '체계-논리'에서 파생한 것으로 보인다. 교조주의는 (인간의 사회적 실천이 아무리 자본의 형태로 전도되었다 할지라도) 우리가 살아가고 있는 사회세계가 인간의 사회적 실천 속에서 그리고 이러한 실천을 통해서 구성된 세계라는 점을 이해하기를 거부한다. 사회적 개인이 매일매일 생활하는 현실은 불변의 성격, 다시 말해 그것과 독립적으로 존재하는 어떤 것을 가지고 있지 않다. 따라서 정치경제학 비판은 하나의 개념화된 실천,[120] 다시 말해 인간의 사회적 실천의 총체성에 대한 이해가 된다. 이러한 실천은 자본의 세계를 구성함과 동시에 그와 모순된다. 따라서 세계시장의 작동을 이해하기 위해서 우리는 그것의 객관적으로 강압적인 현존으로부터 사회적 생산관계에 대한 분석으로, 즉 순환의 영역에서 가치의 구성으로,

---

119. Horkheimer, *Zur Kritik der instrumentellen Vernunft*, Frankfurt : Fischer, 1985, p. 84 [M. 호르크하이머, 『도구적 이성 비판』, 박구용 옮김, 문예출판사, 2006].
120. Schmidt, "Der strukturalistische Angriff auf die Geschichte"를 참조하라.

노동의 대상 없는 실존에서 필요노동과 잉여노동의 관계로, 그리고 노동착취에서 가치를 창출하는 노동력에 대한 자본의 의존성으로, 내려와야 한다. 따라서 우리는 세계시장을 향한 생산의 전위displacement를, 그리고 역으로 인간의 사회적 실천 — 부정되는 존재양식으로 인류가 존재하는, 다시 말해 그 자신의 사회세계 속에서 사라지고 경제적 범주들의 인격화로서 나타나는 실천 — 의 전도된ver-rückte 형태인 세계시장의 구성을 개념화해야 한다.121 인간이 이렇게 자기 자신의 사회세계의 단순한 대상으로 사라지는 모습은 자본 법칙의 핵심에 해당한다. 요컨대, 착취 가능한 자원으로서 사회적 개인의 실존은 자본이 인간의 사회적 실천이 없다면 아무것도 아닌 상황만큼이나 실재적이다.

　자본은, 간단히 말해, '살아 있는 모순'122이다. '인간 생산력, 즉 부'123의 모든 발전은 '대립적으로 이루어진다.'124 그것의 보편적인 생존방식은 세계시장이며, 바로 이 세계시장을 통해서 노동의 생산력은 가치의 형태로 정당성을 얻는다. 그래서 세계시장은 '생산이 그것의 각 계기와 더불어 총체로 정립되지만 동시에 모든 모순이 진행되게 되는' 형태이다. '그러면 세계시장은 다시 전체의 전제이자 이것의 담지자를 이룬다.'125 이러한 담지자로서의 세계시장은 노동을 통한 가치의 구성을 은폐하며, 사실상 이 구성의 정반대를 보여준다. 그것은 마치 '자본 도령과 토지 아가씨가 사회적인 인물임과 동시에 단순한 물건으로서 괴

---

121. 주체가 자신이 창조한 대상 속에서 사라지는 운동인 '전도'의 의미에 대해서는 Backhaus("Between Philosophy and Science"; "Some Aspects of Marx's Concept of Critique in the Context of his Economic-Philosophical Theory")를 보라.
122. Marx, *Grundrisse*, p. 421 [칼 맑스, 『정치경제학 비판 요강 II』, 35쪽].
123. 같은 책, p. 540 [같은 책, 540쪽].
124. 같은 책, p. 541 [같은 책, 541쪽].
125. 같은 책, pp. 227~228 [칼 맑스, 『정치경제학 비판 요강 I』, 219쪽].

상한 춤을 추고 있는 것'[126] 같다.

요컨대, 세계시장을 노동과 생산 (및 해방)수단의 분리에 기초하는 전지구적 공간으로 이해한다는 것은, 세계시장이 자기를 '구성하는 …… 활동, 교류, 욕구 등의 전체'[127]를 구성한다는 것을 함축한다. 따라서 세계시장 범주는 다른 범주들 중의 한 범주가 아니다. 그것은 '자본주의적 생산의 전제조건임과 동시에 결과이다.'[128] 그 자체로 그것은 맑스의 정치경제학 비판의 다른 모든 범주들이 생존하는 기층이다.[129] '세계시장은 모든 것의 전제이자 전체의 버팀목이다.'[130] 세계시장의 전제는 인간 노동인바, 그것의 생산력은 사물들 간의 관계들의 형태 속에서 자신에 맞서 존재한다. 하지만, 이러한 관계들은 객관적으로 주어진 것이 아니다. 그 대신, '"노동"이라는 범주의 추상인 "노동 일체", 노동 자체가' 이 관계들 속에서 '실제로 사실이 된다.'[131] 따라서, 그리고 다음 절에서 논의하는 바처럼, 세계시장은 하나의 화면, 즉 자본의 모순적 구성이 국내적으로 떠오르기 훨씬 전에, 그 모순적 구성이, 다시 말해 그것의 노동에 대한 위기내재적 의존성이 확대되는 화면과 같다.

---

126. Marx, *Capital* vol. III, p. 830 [칼 마르크스, 『자본론 III (하)』, 1023쪽].

127. Marx, *Grundrisse*, p. 528 [칼 맑스, 『정치경제학 비판 요강 II』, 161쪽].

128. Marx, *Theories of Surplus Value* Part III, p. 253.

129. von Braunmühl, "On the Analysis of the Capitalist Nation State within the World Market Context."

130. Negri, *Marx Beyond Marx*, Massachusetts : Bergen & Garvey Publishers, 1984, p. 63 [안토니오 네그리, 『맑스를 넘어선 맑스』, 윤수종 옮김, 중원문화사, 2010].

131. Marx, *Grundrisse*, p. 105 [칼 맑스, 『정치경제학 비판 요강 I』, 75쪽].

세계시장과 위기

이윤율의 균등화가 세계시장의 '수준'에서 이루어지는 상황은 개별 자본가가 '끊임없이 세계시장에 직면하며, 그는 자기 자신의 비용가격을 국내의 시장가격과 비교할 뿐만 아니라 세계 전체의 시장가격과 비교해야만 한다'[132]는 것을 의미한다. 기존의 자본-가치를 보존하기 위해, 개별 자본가는 '자기의 자본을 유지하기 위해 그것을 끊임없이 확대하지 않을 수 없게 되는데, 그는 누진적 축적에 의해서만 자기의 자본을 확대할 수 있다.'[133] 그 위험은 파산이다. 따라서 경쟁을 통해 매개되는 자본은 활동을 자극받는다.[134] '그[인격화된 자본가]는 가치증식을 열광적으로 추구하며 그리하여 무자비하게 인류에게 생산을 위한 생산을 강제한다.'[135] 축적의 피라미드들 위에서 '인간 기계들'의 희생은 다음과 같은 것을 함축한다. '노동 능력은 필요노동의 주체적 조건들 — 생산하는 노동 능력을 위한 생활수단, 즉 자기 실현 조건들과는 분리된 단순한 노동 능력으로서의 재생산 — 만을 점취했다. 그리고 노동 능력은 이 조건들 자체를, 명령하는 낯선 인격화로서 그것에 마주 서는 **사물들**, **가치들**로 정립했다.'[136] 하지만 자본주의의 위기는 단순히 과잉생산이나 과소소비의 위기가 아니며, 단순히, 너무 많은 '자본'이 포화 상태에

---

132. Marx, *Capital* vol. III, p. 336 [칼 마르크스, 『자본론 III (상)』, 407쪽].

133. Marx, *Capital* vol. I, p. 555 [칼 마르크스, 『자본론 I (하)』, 807쪽].

134. 매개보다는 경쟁이 사실상 자본주의의 위기내재적 발전의 핵심이라는 논의에 대해서는 Brenner("The Economics of Global Turbulence", *New Left Review*, no. 229, 1998; *The Boom and the Bubble*)를 보라. 그에 대한 비판으로는 여러 사람들 중에서 Bonefeld("Notes on Competition, Capitalist Crisis, and Class", *Historical Materialism*, 5, pp. 5~28, 1999)와 Lebowitz ("In Brenner, Everything is Reversed", *Historical Materialism*, no. 4, pp. 109~129, 1999)를 보라.

135. Marx, *Capital* vol. I, p. 555 [칼 마르크스, 『자본론 I (하)』, 806쪽].

136. Marx, *Grundrisse*, pp. 452~453 [칼 맑스, 『정치경제학 비판 요강 II』, 74쪽].

이른 세계시장과 대면하는 자본주의적 과도축적의 위기도 아니다.[137] 자본주의적 생산을 제한하는 것은 '상업(이것이 현재의 수요를 표현할 뿐인 한)이 아니라 기능하는 자본[투입자본 — 옮긴이]의 규모와 노동생산성의 발전 정도이다.'[138] 노동이 이루어지게 하기 위해 필요한 투자는 생산 비용 가격을 증대시키며, 이것은 착취율이 상승하는 조건들 아래에서조차 이윤율을 저하시키는 경향이 있다. 이것은 가변자본(노동력)에 비해 불변자본(생산수단)의 가치가 상승하기 때문이다.

따라서 '인간 생산력의 발전'이 자신의 생산력을 혁명적으로 만드는 것을 통해 생산으로부터 사회적 노동을 해방시키는 한, 자본은 '그 본성에 있어서 편협하다.'[139] 따라서 자본은 자신과 모순되는데, 그 이유는 자본이 '노동과 가치 창출을 제한하고 …… 그것도 그것[자본]이 잉여노동과 잉여가치를 정립하는 한에 있어서 그렇게 한다. 요컨대 그것은 그 본성에 있어서 가치 창출을 무한히 확대하는 자신의 경향과는 모순되는 제약을 노동과 가치 창출에 대하여 정립한다.'[140] 따라서 생산관계와 생산력의 모순은 '필요노동과 잉여노동의 관계, 다시 말해 …… 노동일의 구성적 부분들과 그것을 구성하는 계급관계 간의 관계'[141] 속에 존재한다. 자본이 자본으로서의 자신을 보존하기 위해 노동 생산력을 혁명화하는 것 이외에 다른 것을 할 수 없는 반면, 노동 생산력의 증대는 자본주의적 축적을 위기의 고통 속으로 밀어 넣는다. 노동자가 '그 자신의 노동 생산력의 발전을 자신에 적대적인 것으로 간주한다'[142] 할

---

137. Clarke, *Marx's Theory of Crisis*, London : Palgrave, 1994를 보라.
138. Marx, *Capital* vol. III, p. 336 [칼 마르크스, 『자본론 III (상)』, 407쪽].
139. Marx, *Grundrisse*, p. 540 [칼 맑스, 『정치경제학 비판 요강 II』, 176쪽].
140. 같은 책, p. 421 [같은 책, 35쪽].
141. Negri, *Marx Beyond Marx*, p. 72 [안토니오 네그리, 『맑스를 넘어선 맑스』].
142. Marx, *Theories of Surplus Value* Part II, p. 573.

지라도, 확장된 축적을 통한 자본 보존에 한계들을 설정하는 것은 노동의 생산력의 발전이다.

요점을 다시 말하자면, 노동의 생산력이 혁명화되면 결과적으로 '불변자본에 비한 가변자본의 상대적 감소'[143]가 일어난다. 이러한 감소는 생산성이 발달한다는 것을 나타낸다.[144] 동일한 양의 상품들을 생산하는 데 산 노동이 덜 필요하게 된다. 노동의 생산력이 증대되면, 필요노동을 나타내는 가치 요소인 불변자본에 대한 가변자본의 비율이 증가한다는 측면에서, 생산비용이 증가한다. 이윤율 저하 경향은, 이윤율 저하 역경향과 마찬가지로, 노동 생산력의 발전과 '동일한 의미이다.'[145] 그래서 위기는 단지 자본의 과도축적을 나타낼 뿐만 아니라, 또한 그리고 이것이 중요한 것인데, '한계들 내에서 생산의 힘들을 발전시키려는 자본주의적 경향과 사회적인 생산관계들의 한계들 내에 축적을 제한해야 할 필요 사이의 모순'[146]을 표현한다.

물론 이윤율 저하는 자본의 평가절하, 생산자들의 파산, 소위 과잉 생산력의 청산, 대량실업, 더 극소수의 '수중'으로의 자본 집적과 집중에 의해, 그리고 '점점 확대되는 시장'[147]을 통해 상쇄될 수 있다. 그래서 다음과 같은 방법을 통해 훨씬 더 많은 교환 지점들을 창출하고 세계시장을 더욱더 개발하려는 경향이 존재한다. '사물들의 새로운 유용한 속성들을 발견하기 위한 자연 전체의 탐사, 모든 낯선 풍토와 나라들의 생산물의 보편적인 교환, 자연 대상들을 새롭게 (인위적으로) 가

---

143. Marx, *Capital* vol. III, p. 249 [칼 마르크스, 『자본론 III (상)』, 254쪽].
144. 같은 책.
145. Marx, *Grundrisse,* p. 749 [칼 맑스, 『정치경제학 비판 요강 III』, 142쪽].
146. Clarke, "M. Itoh's 'Basic Understanding of Capitalism' ", *Capital & Class* 37. 133~149, 1989, p. 142.
147. Marx, *Capital* vol. III, p. 237 [칼 마르크스, 『자본론 III (상)』, 284쪽].

공함으로써 이들에게 새로운 사용가치를 부여하기, 대지를 전측면적으로 탐사하기.'[148] 더욱이, 이러한 탐험은 시간 속에서 공간을 절멸시키려는 시도와 궤를 같이한다. 세계화가 근대 테크놀로지에 내재하는 몇몇 종류의 법칙에 의해 추동된다는 근래의 생각들과 달리, 공간을 시간으로 대체하는 새로운 테크놀로지의 형성은 하나의 사회적 과정이다. '유통 시간은 노동생산성의 제약 = 필요노동시간의 증대 = 잉여노동시간의 감소이다.'[149] 따라서 (자본이) 모든 시장들에서 항상 현존할 수 있기 위한 더욱더 현대적인 소통 수단의 발전이 이루어진다. 이와 마찬가지로 신용관계들의 확대는 '더 많은 잉여노동'[150]의 창출을 허용하는데, 생산자본이 순환 속에 중지된 시간을 줄임으로써, 또는 생산자본의 투자 요구들과 교환 속에서 획득된 이윤들의 간격을 메움으로써 그렇게 한다. 이윤율 저하는 또한 다수의 이윤들의 증대에 의해 상쇄될 수도 있다. 이러한 증대는 점점 늘어나는 다수의 상품들의 실현을 요구한다. '규모의 경제'는 이윤율을 '감소시키는' 역경향이다. 이러한 통찰은 다국적기업들의 전 세계적인 운영과 권력이라는 면에서 세계화를 다루는 논의들에 의해 강조된다. 하지만 자본은 비노동으로서만 자본이다. 다시 말해, '생산수단은 그것이 노동자로부터 분리되어 자립적인 권력으로서 노동자와 대립하는 한에서만 자본으로된다.'[151] 자본주의적 재생산이 이루어지는 중에, 노동과 그 조건들과의 분리는 끊임없이 재생산되는 분리이다. 분리는 '시초축적과 함께 시작하여, 그 다음으로는 자본의 축적과 집적에서 끊임없는 과정으로 나

---

148. Marx, *Grundrisse*, p. 409 [칼 맑스, 『정치경제학 비판 요강 II』, 19쪽].
149. 같은 책, p. 539 [같은 책, 175쪽].
150. 같은 책, p. 408 [같은 책, 18쪽].
151. Marx, *Theories of Surplus Value* vol. I, p. 408 [K. 맑스, 『잉여가치학설사 1』, 아침, 편집부 옮김, 1989, 457쪽].

타나며, 지금 여기에서 마지막으로 소수인의 수중으로 기존 자본의 집중과 다수인의 자본상실로서 표현되고 있다.'[152] 큰 물고기가 작은 물고기를 잡아먹는다는 상황 때문에, 자본을 '개개인이 자기들의 생활의 재생산 과정에서 맺게 되는'[153] 명확한 사회관계로 이해하는 것이 쓸모없게 되는 것은 아니다. 그것은 분리라는, 자본주의의 태초의 기원으로서의 테러가, 악몽처럼 인간의 사회적 실천을 압박한다는 것을 보여줄 뿐이다.

자본주의의 위기들은, 생산적 업무와 분리된, 그리하여 이자를 낳는 투자나 통화투기 등을 통해 유리한 수익을 추구하는 이윤의 투기적인 경로들 속으로 흘러 들어간, '유휴' 자본의 형태로 나타난다. '이른바 자본의 과다는 언제나 기본적으로, 이윤율의 저하를 이윤량에 의해 보상하지 못하는 자본 ― 새로 형성되는 젊은 자본분파들은 항상 이렇다 ― 의 과다를 가리키거나, 스스로 행동할 능력이 없어 신용의 형태로 대기업의 지도자들에게 그 처분이 위임되는 자본의 과다를 가리킨다.'[154] 스트레인지나 다른 사람들에게, 세계화라는 새로운 얼굴의 자본주의를 특징짓는 것이 바로 이 자본의 과다이다.[155] 하지만 소위 금융자본의 우세가 의미하는 것은, 생산적인 활동으로 직접적으로 전환할 수 없는 자본이 축적된다는 것이다. 이렇게 해서 '한편에서는 유휴자본, 다른 한편에서는 실업노동인구'[156]가 존재하게 된다. 신용 확대를 통한 과도

---

152. Marx, *Capital* vol. III, p. 246 [칼 마르크스, 『자본론 III (상)』, 296쪽, 이 인용문 뒤에 본 펠드는 '수탈이 이제 자본상실로 바뀌었다'라는 내용을 괄호에 넣어 덧붙이고 있다.― 옮긴이].

153. 같은 책, p. 819 [칼 마르크스, 『자본론 III (하)』, 1009쪽].

154. 같은 책, p. 251 [칼 마르크스, 『자본론 III (상)』, 301쪽].

155. Strange(*Casino Capitalism*, Manchester : Manchester University Press, 1997; *Mad Money*, Manchester : Manchester University Press, 1998).

156. Marx, *Capital* vol. III, p. 251 [칼 마르크스, 『자본론 III (상)』, 301쪽].

축적의 유지는 전지구적 규모에서 잠재적으로 큰 손실을 불러올 투기적 집행 연기deferral라는 '경제' 위기를 함축한다. 이것은 화폐자본이 미래의 잉여가치에 대한 잠재적으로 무익한 지급 요구의 형태로 축적되기 때문이다. 화폐자본의 [흐르지 못하고 무익하게 축적되어 있는— 옮긴이] 고형성solidity과 그 실존은 신용과 착취 간의 관계의 점진적인 쇠퇴가 자본을, 화폐라는 그 기본적 형태 속에서, 잠재적으로 '무개념적으로[의미를 박탈당하게 — 옮긴이]'[157] 만드는 한에서, 위험에 처한다. 요컨대, 화폐적 축적과 생산적 축적의 분리는 미래에 대한 저당, 즉 노동의 미래의 착취에 대한 투기적인 도박으로서 이루어진다. 이 도박은 자본과 노동 간의 유대의 강도가 약화되고 있다는 것을 나타낸다. 신용 확대가 현재의 노동의 착취를 통한 잉여가치의 발생에 의해 뒷받침되지 않을수록, 신용구조는 그것을 추상적 부의 형태로 유효하게 만드는 바로 그 자원에 대한 자신의 지배력을 상실할 위험에 더 처하게 된다.

그렇다면 자본이 스스로 노동과 분리될 수 있다는 것은 의심의 여지가 없다. 하지만, 이러한 분리는 실재적이기보다는 관념적이다. 잉여가치 생산의 모순적인 통일은 M … M′ 속에서 다시 나타난다. '[우리가 M … M′에서 보는 것은— 옮긴이] 자본의 무개념적인 형태 — 생산관계를 최고도로 전도시키고 물적인 것으로 만들어 버리는 것 — 인데, 이자 낳는 형태의 자본은 자본 자신의 재생산과정보다 앞서서 존재하는 자본의 단순한 형태이다.'[158] 이런 식으로, '사회적 관계가 하나의 사물— 즉 화폐 — 의 자기 자신에 대한 관계로 완성되는'[159] 것처럼 보인다. 하지만, '이자는 기능자본가가 노동자로부터 착취하는 이윤 또는 잉여가치의

---

157. 같은 책, p. 393 [같은 책, 480쪽]을 보라.
158. Marx, *Capital* vol. III, p. 392 [칼 마르크스, 『자본론 III (상)』, 480쪽].
159. 같은 책, p. 392 [같은 책, 479쪽].

일부에 지나지 않는다.'[160] 요컨대, 화폐의 형태로 자본은 '자동적으로 물신'의 형태를 취하며, 우리는 '내용이 빠진 형태만을'[161] 본다. 하지만, M … M′에서 가치의 실체인 노동과 맺는 관계가 외관상 제거된다 할지라도, 화폐적 축적의 확장은 '노동에 대한 청구권'[162]으로서, 다시 말해 미래의 잉여가치의 몫에 대한 청구로서 존재한다. 따라서 화폐적 축적과 생산적 축적의 분리는 전지구적 규모에서 노동계급에게 필요노동을 부과하는 자본의 내적 필연성의 위기를 나타내는 것이다. 자본주의적 생산이 신용 확대와 부채(그것의 재순환을 포함하여)에 의해 유지되는 상황은 자본주의 축적의 투기적 차원을 나타낸다. 다시 말해 노동이 자본관계 자체에 허구적으로 통합하는 것을 나타낸다. 화폐의 공황과 산업의 붕괴는 동전의 양면이다.

이런 식으로 자본은 필요노동에 대한 자신의 의존성을 초월한다고 해도 무리는 아닐 것이다. 하지만, '자본이 그러한 모든 한계를 제약으로 정립하고, 따라서 관념적으로 그것을 초월한다고 해서 그것이 이 한계를 실제로 극복했다는 것은 아니다.'[163] 따라서 세계시장은 '훨씬 폭넓은 평균 이윤율의 구성 과정'을 나타내며, '바로 여기에서 이윤에 내재하는 모순, 그것의 구성적 힘들의 적대가 모습을 드러낸다.'[164] 세계시장은, 자본의 모순적 구성과 필요노동에 대한 자본의 의존성과 반정립이, 신용의 위기로서, 일국적 통화들에 대한 투기적 압력으로서, 그리고 금융 혼란과 산업 위기의 맥락 속에서 모습을 드러내는 지형이다. 화폐적 축적과 생산적 축적의 분리의 또 다른 측면은 유휴자본 및 부채

---

160. 같은 책, p. 392 [같은 책, 480쪽].
161. 같은 책, p. 392 [같은 책, 479쪽].
162. 같은 책, p. 476 [칼 마르크스, 『자본론 III (하)』, 584쪽].
163. Marx, *Grundrisse*, p. 410 [칼 맑스, 『정치경제학 비판 요강 II』, 21쪽].
164. Negri, *Marx Beyond Marx*, p. 120 [안토니오 네그리, 『맑스를 넘어선 맑스』].

의 잠재적으로 태환 불가능한 축적이다. 맑스는 이러한 상황을 '자본주의적 생산양식 그것 안에서 자본주의적 생산양식의 철폐'[165]라고 특징지었다. 자본주의 사회 내부에서 이러한 모순은 오직, 생산적 역량들, 실업, 악조건들, 전반적인 빈곤의 파괴뿐만 아니라 전쟁과 기아를 통한 인간 삶의 파괴 역시 포함하는 폭력을 통해서만 억제될 수 있다. 이렇게 해서

> 사회는 갑자기 순간적인 야만 상태로 다시 돌아간 것처럼 보인다. 기아와 전면적인 섬멸전이 모든 생존수단의 공급을 중단하는 것처럼 보인다. 공업과 상업은 파괴된 듯이 보인다. 왜 그런가? 그것은 너무 많은 문명, 너무 많은 생존수단, 너무 많은 공업, 너무 많은 상업이 있기 때문이다. 사회의 뜻에 맡겨져 있는 생산력들은 더 이상 부르주아적 소유 조건들의 발전을 촉진시키지 못하게 된다. 반대로 생산력들은 이러한 조건들이 감당하기에는 너무 강력해져 있어서, 이 조건들에 의해서 방해받는다. 그리고 생산력들은 이 방해를 극복하자마자 부르주아 사회 전체를 혼란에 빠뜨리고, 부르주아적 소유의 존립을 위태롭게 한다. 부르주아 사회의 조건들은 그 자신에 의해 만들어진 부를 포용하기에는 너무 협소하게 되어 버렸다. 그렇다면 부르주아 사회는 이 위기들을 어떻게 극복하는가? 한편으로는 대량의 생산력들을 부득이 파괴함으로써, 다른 한편으로는 새로운 시장들을 획득하고 옛 시장들을 더욱 철저히 착취함으로써.[166]

'세계화'는 실제로 '조정'의 이러한 강력한 과정을 대표한다. 그러므로 세계화의 옹호자들이 '정당하고 조직화된 강압적인 힘'[167]을 통해

---

165. Marx, *Capital* vol. III, p. 438 [칼 마르크스, 『자본론 III (상)』, 544쪽].
166. Marx/Engels, *The Communist Manifesto*, pp. 18~19 [칼 맑스·프리드리히 엥겔스, 「공산주의당 선언」, 『칼 맑스 프리드리히 엥겔스 저작선집 1』, 406쪽].

세계화의 안전한 운영을 보장할 수 있는, 더 좋은, 그리하여 더 강력한 국가들을 요구하는 것은 조금도 놀랄 일이 아니다.

결론

이 장에서 나는 자본의 목적이 이윤을 만드는 것이며, 국가가 이 목적의 정치적 표현이라고 주장했다. 국가의 초국가화에 대한 논쟁은 국가가 과거에 '자신의' 국민경제에 대하여 상대적 자율성을 가졌다는 가정에 기초하고 있다. 바로 이 가정을 기초로 하여 세계화의 새로움이 논의되었다. 이 가정은, 그릇된 전제들에 기초하고 있다. 첫째, 이 가정은 일국적으로 조직된 공간 내부에서의 노동착취가 이해관계에 대한 어떤 종류의 '국가적 조화'national harmony — '국익' — 에 기초하고 있다고 암시한다. '일국의 착취관계들'이 국가적 조화를 이루었다는 주장은, 최선의 경우에는 난센스로서, 최악의 경우에는 거짓 선전으로서 기각되어야 한다. 둘째, 그것은 '국가적 조화'에 대한, '국부'에 대한 '한계들'이 노동에 대한 자본의 의존 속에서 그리고 그것을 통해 구성되지 않는다는 것을 가정한다. 오히려 '국가적 부'는 '국민경제들'의 완전성을 붕괴시키는 외부적 힘들에 의해 제한되는 것으로 이해된다. 따라서 '부조화'는 단지 바깥으로부터 '수입된다.' 맑스는 캐리[168]의 경제적인 국가주의적 관념들을 비판하면서 다음과 같이 강력하게 주장한다. '이 세계

---

167. Wolf, "The need for a new imperialism", *Financial Times*, October 10, 2001을 참조하라.

168. [옮긴이] Henry Charles Carey (1793 ~ 1879) : 19세기 미국 자본주의 학파의 지도적인 경제학자. 자유방임 무역 자본주의의 '영국 체제'를, 생산을 진작시키기 위한 관세 보호와 정부 개입을 수단으로 하는 발전적 자본주의의 '미국 체제'와 비교한 것으로 잘 알려져 있다.

시장적 부조화들은, 경제적 범주들에서 추상적 관계들로 고정되었거나 가장 작은 범위에서 국지적 실존을 가지는 부조화들의 마지막 적절한 표현에 지나지 않는다.'[169] 달리 말해, 전지구적 '부조화'는 '국내적 관계들' 속에서 그리고 그것을 통해서 존재하며 역도 마찬가지이다. 자본주의적 착취관계들은 두 가지 조합의 관계들의 맥락 속에, 다시 말해 국내적 조화의 관계들로서 그리고 이것들과 달리 전지구적 부조화의 관계들로서 존재하지 않는다. 맑스에게서 따온 인용이 분명히 보여주는 것처럼, '세계시장 형태'는 국내적 관계들의 생존양식이며, 역으로 국내적 관계들은 세계시장 관계들 속에서 그리고 그것을 통해서 생존한다. 따라서 '국부' 개념은 말이 안 된다. 부는 '국가', 또는 '국민'을 '부유하게 하기 위해' 창출되지 않는다. 더구나 국가의 목적이 부를 생산하는 것도 아니다.[170] 국가의 목적은 그 형태 속에 함축되어 있다. 국가는 자본주의 국가이며, 이것 때문에 국가는 자본주의적으로 구성된 사회적 재생산 형태의 '공통재'를 나타낸다. 자본주의 국가의 기능은 언제나, 자본주의적으로 조직된 재생산 형태의 '공통적인 이해관계들' ― 자본주의적 축적 ― 을 안전하게 하는 것이었다.

그렇다면 국민국가는 '조화들의 마지막 도피처'[171] ― 추상적 평등의, 추상적 자유의, 공리의, 해방의 조화들 ― 이다. 임금관계는 이러한 조화들을 통해 생존하며, 국가는 그것들이 집약된 정치적 힘이다. 국가는 이 조화들의 진실성veracity에 대한 모든 의심을 제거할 책임이 있다. 부르주아 사회를 사적 이해관계들의 사회로 탈정치화하는 것은 그 정치적 성격을 국가의 형태 속에 집약하는 것을 함축한다. 노동과 생산수단의

---

169. Marx, *Grundrisse*, p. 887 [칼 맑스, 『정치경제학 비판 요강 I』, 38쪽].
170. 같은 책, p. 108 [같은 책, 79쪽]을 참조하라.
171. 같은 책, p. 886 [같은 책, 37쪽].

분리는 따라서 부르주아 자유의 형태로, 다시 말해 교환 속에서 형식적으로 평등한 파트너들의 계약관계들의 형태로 나타날 뿐만 아니라, 재산상의 불평등에 상관없이 각 개인의 평등을 보증하고 재가sanction하는 국가의 형태로도 역시 나타난다. 해방, 평등, 자유, 그리고 공리의 이면에는 이중으로 자유로운 노동자와, 자본의 수중으로의 생산 및 생존수단의 집중이 있다. 형식적 자유와 추상적 평등의 이면에는 착취의 보증이 존재한다. 일단 임금계약이 이루어지면, 작업 현장은 마술을 부린다.

요컨대, 국민국가는 자본의 세계시장 사회로부터 추상된 것으로 이해될 수 없다. 국가는 '그 고유의 정신적이고 윤리적이며 자유로운 기초를 보유하고 있는 하나의 자립적인 존재'[172]도 아니며, 그 계급적 성격이 '국가적 용어들 속에서 규정될'[173] 수도 없다. 국가의 계급적 성격은 자본주의적인 소유 및 계약의 법칙을 보호하기 위한 형태 결정적 목적 속에 함축되어 있다. 이 보호는 임금노동자 — 살아 있는 상품 — 로서의 노동의 자유를 보증함으로써 생산수단으로부터의 노동의 자유를 보증한다. 다시 말해, '자본 생존의 필수조건' — '노동자의 영구화'[174] — 은 국가의 형태로 정치적 생존을 이루어 간다. 국가의 목적이 [달성되느냐의 여부가 — 옮긴이] 계급 세력들의 균형에 달려 있다는 생각과 달리, 국가는 자본주의 사회 속의 한 국가가 아니다. 국가란 자본주의 국가다. 결국, 홀러웨이[175]가 지적한 바와 같이, 자본을, 소유되고, 교환되고, 한

---

172. Marx, *Kritik des Gothaer Programms*, in MEW 19, Berlin : Dietz, 1968, p. 28 [칼 맑스, 「고타 강령 초안 비판」, 『칼 맑스 프리드리히 엥겔스 저작선집 4』, 최인호 외 옮김, 박종철출판사, 1995, 385쪽].

173. Clarke, "The Global Accumulation of Capital and the Periodisation of the Capitalist State Form," p. 136.

174. Marx, *Capital* vol. I, p. 536 [칼 마르크스, 『자본론 I (하)』, 776쪽].

장소에서 다른 장소로 이동되고, 저런 산업이나 또는 또 다른 산업에
적용되고, 화폐로 변형되고 한 나라에서 다른 나라로 이동될 수 있는
사물로 이해하는 것은 말이 안 된다.[176] 이런 식으로 자본을 하나의 '사
물'로, 그리고 국가를 이러한 '사물'을 책임질 수 있거나 통제하는 '행위
자'로 주장하는 것은, 국가가 '전지구적 경제로 인격화된 성운에 책무
를 지게' 되었다는 시각으로 귀결되고 만다. 콕스는 세계시장의 구성된
물신에 제대로 초점을 맞추지만 그게 무엇인지를 우리에게 알려 줄 수
는 없다.

---

175. [옮긴이] John Holloway (1947 ~) : 이 책의 저자 본펠드와 마찬가지로 열린 맑스주의
    (open marxism) 계통의 사회학자, 철학자이다. 스코틀랜드 에딘버러 대학에서 오랫동
    안 정치학을 가르쳤으며, 1991년 멕시코로 이주하여 1993년부터 민중자율대학 인문사
    회과학연구소에서 사회학을 가르치면서 사빠띠스따 운동의 정치적 함의에 대해 연구
    하고 있다. 국내에 번역된 그의 저서로는『권력으로 세상을 바꿀 수 있는가』(조정환 옮
    김, 갈무리, 2002)가 있으며, 편집서로는『신자유주의와 화폐의 정치』(이원영 옮김, 갈
    무리, 1999)가 있다.
176. Holloway, "Capital Moves", in Bonefeld (ed.), *Revolutionary Writing*, New York :
    Autonomedia, 2003.

6장

자유경제와 강력한 국가

국가에 대한 주석들

I

신자유주의는 2008년에 분출된 위기로 그 자신의 뚜렷한 목적을 이루었다.[1]

전통적으로 신자유주의는 1970년대 초반의 심화된 위기의 여파 속에서 출현한 것으로 간주된다. 예컨대 알트파터[2]에 따르면, '신자유주의는 1973년 브레튼우즈 고정환율 체제의 종말과, 뒤이어 마가렛 대처 시절 대영제국에서 일어난 금융시장의 자유화와 함께 시작되었다.'[3]

---

1. Cecena, "Postneoliberalism and its bifurcations", *Development Dialogue*, no. 51, 2009, p. 33.
2. [옮긴이] Elmar Altvater (1938 ~) : 2004년 퇴직하기 전까지 베를린 자유 대학 오토주르 연구소의 정치학 교수였다. 발전이론, 부채위기, 시장조절 등의 문제들과 함께 자본주의 경제가 환경에 미치는 영향에 대한 연구에 몰두하고 있다.

그래서 신자유주의는, 생산자본에 대한 금융자본의 지배력으로 특징 지어지는, 특정한 자본주의적 축적 체제로 생각된다.4 통상적으로, 신 자유주의는 시장 세력들에 저항할 수 없는 약한 국가와 관련된다. 신 자유주의 국가의 기능은 시장을 촉진하는 국가가 되는 것이다.

신자유주의적 축적 체제는 2008년에 끝났다고들 한다. 2008년에 은행 산업은 '케인즈주의 시대보다 훨씬 더 급진적인 방식으로, 주저하 지 않고 "국가를 다시 끌어들였다."' 한때 국가는 '일종의 "금융사회주 의"'로 변형된 신자유주의적 자본주의로 복귀했다.5 이 사회주의는 금 융 손실을 사회화하고, '악성 채무'를 보증하고 사적 수익을 보호하며, 회계 장부를 맞추기 위해 노동조건들을 공격한다. 노동으로부터 자본 으로의 막대한 부의 재분배가 일어나게 된다. 금융사회주의는 부르주 아 집행위원회로서의 자본주의 국가라는 맑스의 개념을 훌륭히 입증 한다. 하지만 '국가를 다시 끌어들인다는 것'이 의미하는 바는 무엇인 가? 국가는 정말 소위 신자유주의적 축적 체제 기간 동안에 '바깥에' 있 었는가?

국가가 '다시 돌아왔다'는 생각은 부활하는 국가, 즉 시장에 대한 통 제 수단 일부를 다시 확보한 국가를 떠올리게 한다. 이러한 시각은 두 개의 구분되는 사회적 조직화 양식으로서의 시장과 국가라는 개념을 함축한다. 그리고 이러한 개념에 대한 반복적인 질문은, 시장이 국가

---

3. 같은 책, p. 73.

4. 선한 생산자본주의와 나쁜 기생적 화폐자본주의를 나누는 알트파터의 함축적인 구분 은 유감스럽다. 이러한 구분은 자본주의를 개념화하는 데 실패한다. 마찬가지로 '대처 시대의 영국'이라는 그의 신화화 역시 유감스럽다. 생산적 축적과 화폐적 축적 간의 위 기내재적 연결, 그리고 대처 임기 중 위기의 발전에 대해서는 Bonefeld(*The Recomposition of the British State During the 1980s*, Aldershot : Dartmouth, 1993)을 보라.

5. Cecena, "Postneoliberalism and its bifurcations", p. 79; Sennett에서 인용함.

에 대해 자율성을 갖는지, 아니면 국가가 시장에 대해 자율성을 갖는지 하는 것이다. 상이한 사회관계 형태들로서의 국가와 사회의 사회적 구성의 문제는 제기되지 않는다. 클락6에 따르면, 자본주의 국가는 근본적으로 자유주의 국가이다. 클락의 개념은 계급이 국가의 내용과 형식을 결정하는 범주임을 함축한다.

II

필요한 것은 …… 정당하고 조직된 위압적인 힘이다.7

2008년의 위기에 대한 정치적 반응이 아무리 뚜렷distinct했어도, 1980년대의 신자유주의의 명백한 출현이 약한 국가를 수반한 것은 아니었다. 그것은 '강한 국가'를 수반했다. 대처 시기를 다룬 앤드루 갬블의 책은 그래서 적절하게 『자유경제와 강한 국가』8라는 제목을 달고 있다. 이 책은 국민국가와 전지구적 경제 간의 관계에 대한 질서자유

---

6. [옮긴이] Simon Clarke : 영국 워릭 대학의 사회학 명예 교수. 러시아의 노동 및 고용 관계의 다양한 측면과 구소비에트 노동조합에 대해 연구했다. 최근에는 중국이나 베트남에서의 노동조합과 산업관계의 발달로 관심을 확대했다.

7. Wolf, "The need for a new imperialism."

8. [옮긴이] Andrew Gamble : 영국 캠브리지 대학의 정치학 교수. 그는 자신의 저서 *The Free Economy and the Strong State*에서 '대처 총리의 신자유주의 정부의 정체성을 "자유로운 시장/강한 국가"의 역설을 통해 설명한다. 경제·금융·복지 등의 정책에서는 시장의 자유와 경쟁 원리의 효율적 구현을 위해 국가의 개입을 최소화하고, 정치적 측면에서는 시장과 경쟁의 자유와 소유의 권리를 확대하는 과정에서 필연적으로 발생하는 사회적 갈등과 충돌을 해결하기 위해 국가질서 확립, 공권력과 법치주의의 강조 같은 보수적 권위주의가 강화되었다는 것이다. 즉 자유시장 경제체제를 심화시킬수록 강력한 권위주의적 국가 기구가 요구된다는 것이다.'(여건종, '사회적 이성을 마비시키는 공영방송', 경향신문, 2010년 10월 15일)

주의적ordo-liberal 개념화를 의심할 여지없이 참고했다.9 수잔 조지10는 1980년대를, 부채노예와 억압적인 노동시장 그리고 복지국가 개혁들에 의해 사회화되었던 손실들을 제외한 모든 것이 개인화된 시대라고 특징지었다.11 에르네스트 만델12은 1980년대의 정치경제학을 '군사적 케인즈주의' — 당시 채무자 위기와 악성 부채 폭로에 직면하여 고비에 놓인 금융 체계에 자금을 댄 케인즈주의 — 로 특징지었다. 그러한 구조는 미국 달러, 군산복합체의 확대, 사유화, 그리고 금융상의 탈규제에 기반한 경기순응적인pro-cyclical 전지구적 적자 재정의 형태를 띠었다. 군사적 케인즈주의는 노동자들의 주머니에서 돈을 강탈함으로써, 그리고 노동조건들을 공격함으로써 회계 장부의 균형을 맞추려고 했다. 노동으로부터 부를 빼앗아 자본에 재분배하는 이런 상황으로 인해, 1990년대 초반 '세계 인구의 3분의 2는 급속한 경제성장으로부터 거의 또는 아무런 실질적인 이득을 얻지 못했다. 선진국에서 개인 소득자의 최하위 4분의 1은 낙수보다는 트리클 업13을 목격했다.'14 이 4분의 1은 세계인

---

9. 질서자유주의는 1920년대 후반 이래, 바이마르 공화국의 위기 동안 독일에서 전개되었다. 질서자유주의는 자유경제가 자신의 '성장 촉진'과 보호를 위해 강한 국가를 필요로 한다고 주장했다. 하이예크는 나치의 패배 이후 질서자유주의자들과 손을 잡았다. 질서자유주의, 즉 나중에는 또한 프라이부르크 학파라 불린 이 사상은 현대 신자유주의의 토대를 놓았다. 이에 대해서는 7장을 보라. 그리고 Haselbach(*Autoritärer Liberalismus und Soziale Marktwirtschaft*, Baden-Baden : Nomos, 1991)을 참조하라.

10. [옮긴이] Susan George (1934 ~) : 정치학자이자 사회학자이며 활동가. 전지구적인 사회정의, 제3세계의 빈곤, 저개발과 채무에 대한 글을 쓰고 있다. IMF, 세계은행의 현재의 정책들, 그리고 '난개발 모델'이라고 부르는 현상에 대해 날카롭게 비판한다.

11. George, *A Fate Worth Than Debt*, London : Penguin, 1988.

12. [옮긴이] Ernest Mandel (1923 ~ 1995) : 저명한 공산주의 이론가이자 경제학자. 레온 트로츠키가 1938년 창설한 제4인터내셔널에 1940년부터 주도적으로 참여하여 1946년 벨기에 지부장을 역임하기도 했으며, 2차 세계대전 중에는 나치 독일의 벨기에 점령에 저항하다 체포되어 수용소 생활을 하기도 하였다. 기본적인 맑스주의 사상을 합리적이고 대중적으로 풀이하고, 후기 자본주의와 장기파동 이론에 대한 저작들을 집필한 것으로 유명하다.

구의 2분의 1 이상을 포함하는 데까지 확대되었고, 그럼으로써 국내적으로 그리고 전지구적 규모로 전례 없는 소득 격차가 창출되었다.[15]

'군사적 케인즈주의'는 잠재적으로 가공적인fictitious 부의 축적이라는 토대 위에서 자본주의를 유지했다. 『파이낸셜 타임즈』에 따르면, IMF가 1990년대 초반에 '부채 위협이 북쪽으로 이동하고 있다'는 점을 두려워했을 정도로 부채가 늘어났다. '오늘날 IMF 관료의 잠을 괴롭히는 것은 아프리카의 만성적인 위기가 아니라 제1세계의 부채의 증대이다.'[16] 1987년 이래 재발되는 위기에 직면하여,[17] 그리고 다양한 주식 시장 공포에 직면하여, 미국은 최대의 채무 국가로 떠올랐다. 맥도프[18] 등은 2002년에, 미불未拂 개인 부채가 GDP의 2.25배였던 반면, 전체 미불 부채 ― 개인 부채에 정부 부채를 더한 ― 는 GDP의 세 배에 다다랐다고 주장했다.[19] 적자 지출은, 산더미 같은 부채에 완전히 의존하게 된

---

13. [옮긴이] trickle-up : '서민층은 각종 부담만 지고 질적 이득은 상류층이 독식한다'는 경제용어로, '트리클다운(낙수효과)'의 역현상이다.

14. *Financial Times*, 12월 24일, 1993.

15. Glyn, *Capitalism Unleashed*, Oxford : Oxford University Press, 2006; ILO, *World of Work Report 2008 ― Global income inequality gap is vast and growing*, Geneva, 2008; ILO, *World of Work Report 2009 : Global Jobs Crisis and Beyond*, Geneva, 2009를 보라.

16. *Financial Times*, 1993, 9월 27일.

17. 1987년의 파산에서 1990년대 초반의 심한 경기후퇴, 1992년과 93년의 유럽의 통화 위기, 1994년의 멕시코 위기, 1997년의 동아시아 위기, 1998년의 러시아 위기, 1999년의 브라질 위기, 그리고 2001년의 아르헨티나 위기에 이르기까지. 2001년과 2007년 사이의 기간은 군비 지출, 산더미 같은 사적 및 공적 부채, 전쟁, 고문, 그리고 가난의 기간이었다. 이 기간에 중국의 엄청난 축적률은 현재에서 미래의 가치를 추출하려는 막대한 축적 요구들을 보증했다.(신용과 가치의 관계에 대해서는, Bonefeld/Holloway, "Money and Class Struggle", in ibid. (eds.), *Global Capital, National State and the Politics of Money*, London : Macmillan, 1996을 보라.)

18. [옮긴이] Henry Samuel Magdoff (1913 ~ 2006) : 미국의 저명한 사회주의적 시사 해설자. 루즈벨트 대통령 시절 행정부에 참여하기도 했다. 이후 맑스주의 출판물인 『먼슬리 리뷰』의 공동 편집자가 되었다.

19. Magdoff et al., "The New Face of Capitalism", *Monthly Review*, vol. 53, no. 11, 2002.

전지구적 경제를 지탱했다.

지난 30년 내내, 화폐 형태로 이루어진 잠재적으로 가공적인 부의 축적(M … M′), 그리고 부채노예에서 새로운 인클로저들에 이르는, 노동조건들의 탈규제에서 위험의 개인화에 이르는, 노동에 대한 강압적 통제는 서로 연동되었다. 부채에 시달리고 부채 붕괴의 위협을 받는 전지구적 경제의 맥락에서, 마틴 울프는 전지구적 자본의 보증에는 더 강한 국가들이 필요하다고 주장했다. 그가 소위 제3세계와 관련해서 말한 바와 같이, '필요한 것은 경건한 열망이 아니라 정당하고 조직된 강압적인 힘'이다.[20] 부채 정치학의 전제는 축적의 피라미드 위에 '인간 기계들'을 계속 축적하는 것이다. 약탈을 향한 그 맹목적 열망은 현재 속에 엄청나게 많은 미래의 소득을 저당 잡기 위해 조직화된 강압적인 힘을 필요로 한다. 강한 국가에 대한 울프의 요구는 신자유주의를 거스르지 않는다. 신자유주의는 국가가 나약해지기를 요구하지 않는다. 신자유주의는 방임주의를 국가에까지 확대하지 않는다. 사실, 방임주의란 '자유주의적 정책이 기초하고 있는 원리들에 대한 매우 모호하고 잘못된 묘사'이다.[21] 정부는 사회를 통치해야 한다. 자유로운 시장관계들을 보호하려는 시도 속에서, 정부는 사회경제적 관계들의 정치화를 막기 위해 강해져야 한다. 즉 신자유주의적 국가는 '경쟁을 계획하고 있으며',[22] 그러므로 '시장 경찰'이 없다면 시장 자유도 존재할 수 없다.[23] 고로 신자유주의자들에게는 '경제학과 정치학 간의 내재적인 접

---

20. Wolf, "The need for a new imperialism."

21. Hayek, *The Road to Serfdom*, London : Routledge, 1976, p. 84.

22. 같은 책, p. 31.

23. Rüstow, "General Social Laws of the Economic Disintegration and Possibilities of Reconstruction", Afterword to Röpke, *International Economic Disintegration*, London : W. Hodge, 1942, p. 289.

속'이 존재한다.[24] 자유로운 시장은 강하면서도 시장을 촉진하는 국가를 필요로 할 뿐만 아니라, 그러한 자유의 강압적인 힘인 국가에 의존한다.

그런데, 표면적으로, 신자유주의는 2008년 가을 '금융시장들이 1조 4천억 미국 달러 이상의 막대한 손실을 야기하면서 내파되었을' 때 결정적인 최후를 맞이했다.[25] 그 재 속에서 '포스트신자유주의의 새로운 시대'[26]가 솟아 나오고 있다. 포스트신자유주의는 '신자유주의의 (부정적인) 충격'[27]에 대한 응답이지만, 그것의 특수한 조직화 양식은 아직 확실히 드러나지 않았다고들 한다. 포스트신자유주의의 범위는 사회민주주의에서 군사독재까지, 그리고 급진화된 케인즈주의에서 사회적 관계들의 군사화까지 포함될 수 있을 것이다. 그것의 특수한 조직화 양식이 무엇이건 간에, 포스트신자유주의는 기본적으로, 금융자본주의에 대한 거부이다. '포스트신자유주의'는 지속적인 실재적 경제성장으로의 복귀를 요구하는 사회세력들에 의해 수행된다.[28] 그래서 도래할 시대의 유령은 화폐를 자신의 하인으로 만들고, 그것이 성장과 고용창출을 위해 작동하도록 하는, 강하고 능력 있는 '포스트신자유주의' 국가라는 형태로 나타난다.[29] 따라서 포스트신자유주의적 국가는 고용과 부를 창출하면서, 진보적인 생산적 축적 편에서 강력한 국가 권위

---

24. Friedman, *Capitalism and Freedom*, Chicago : University of Chicago Press, 1962, p. 8.

25. Altvater, "Postliberalism or postcapitalism?", *Development Dialogue*, no. 51, p. 75.

26. Brandt/Sekler, "Postneoliberalism — catch-word or valuable analytical and political concept? Aims of a beginning debate", *Development Dialogue*, no. 51, p. 12.

27. 같은 책, p. 6.

28. 같은 책, pp. 11~12를 참조하라.

29. 국가에 대한 초기 비판이론적 논쟁들의 맥락에서 이루어진 이러한 요구의 역사에 대해서는, Bonefeld("Global Capital, National State, and the International", in *Critique. Journal of Socialist Thought*, vol. 36, no. 1, 2008)를 보라. 클락은 자신의 책(*The State Debate*)에 중요한 서문을 덧붙여 이 논쟁을 편집했다.

로써 시장을 단속하는 강한 국가로 간주된다.

III

맑스는 연구를 통해 다음과 같은 이해에 이르렀다고 말하면서 토
대와 상부구조 은유를 소개한다. '이 생산관계 전체가 사회의 경제적
구조, 실재적 토대를 이루며, 이 위에 법적이고 정치적인 상부구조가
세워지고 일정한 사회적 의식 형태들이 그 토대에 조응한다'[31]는 점을
이해하도록 해 주었다고 말한다. 자신의 작업을 경제적 범주들에 대한,
그리고 상부구조가 나타날 바로 그 경제적 객관성에 대한 비판으로 생
각하는 맑스의 이해방식을 제외한다면, 맑스의 은유가 뜻하는 바는,
부르주아 사회의 정치 형태인 국가가 자신이 솟아 나온 사회에 속한다
는 것이다. 조야하게 말하자면, 자본의 목적은 추출된 잉여가치를 축
적하는 것이며, 국가는 이러한 목적의 정치 형태이다.

토대·상부구조 은유가 자신의 연구 결과라는 맑스의 주장은 사실
과 다르다. 이 은유는 고전적 정치경제학에 기원을 두고 있다. 윌리엄
로버트슨[32]은 고전적 입장을 잘 요약했다.[33] '사회 속에서 함께 연대하
는 인간의 작업과 관련한 모든 조사에서, 주목해야 할 첫 번째 대상은

---

30. Benjamin, *Das Passagen-Werk*, Frankfurt : Suhrkamp, 1983, pp. 495~496.

31. Marx, *Zur Kritik der politischen Ökonomie*, p. 8.

32. [옮긴이] William Robertson (1721 ~ 1793) : 스코틀랜드 역사가, 성직자. 에딘버러 대
    학의 총장을 지냈다.

33. Robertson, *Works* vol. II, Edinburgh : Thomas Nelson, 1812/1890, p. 104.

그들의 실존양식이 되어야 한다. 그것이 변함에 따라 그들의 법들과 정책이 달라질 것이 틀림없기 때문이다.' 애덤 스미스는 고전적인 설명을 제공했다. 그의 역사 이론이 주목할 만한 까닭은, 그가 '상업 사회'에 이르는 역사적 길을 개척하는 경제 세력들을 강조한다는 점에 있는 것만은 아니다. 사회의 정치 형태는 (그것이 권위의 맥락에서 이해되든, 사법권의 맥락에서 이해되든) 각각의 역사적 단계에서, 필연적으로 소유의 형태로부터 흘러나온다는 그의 주장 역시 주목할 만하다. 스미스에게, 사적 소유는 노동 분업이 전개되면서 생긴 결과이다. 사적 소유로 인해 상이한 사회계급들 내부의 사회적 차별이 점점 늘어나며, 사회적 차별의 확대는 사회적 잉여를 증대시킨다. 이 잉여는 사적 소유의 확대로 귀결된다. 이 확대가 자본주의에서 시민사회와 국가의 분리를 위한 토대를 놓는다.

스미스는 국가를 사적 소유의 정치 형태로 결정짓고, 국가의 목적의 기원을 사적 소유의 요구들에서 찾는다. 국가는 사적 소유의 법을 보호하고, 유지하며 촉진하는 것이다. 스미스는 많은 불가결한 국가 기능들을 상술한다. 나라를 외부의 위협으로부터 방어하는 것과 별개로, 국가는 재산 소유자들 간 이해관계의 충돌을 해결하기 위해 정의의 집행을 엄밀하게 수행해야 한다. 그에게, '정의는 …… 모든 건물을 지탱하는 주요 기둥이다.'34 정의는 개인의 자유권과 소유권을 보호하며, 시민사회의 테두리를 보증한다. 국가는 시장이 작동하는 데 필요한, 그러나 이윤을 뽑아낼 가능성이 적기 때문에 시장 자체만으로는 제공될 수 없는, 공공재의 공급을 위해서도 역시 불가결하다.35 더욱

---

34. Smith, *The Theory of Moral Sentiments*, Oxford : Oxford University Press, 1976, p. 86. [애덤 스미스, 『도덕감정론』, 박세일·민경국 옮김, 비봉출판사, 2010년, 163쪽].
35. Smith, *The Wealth of Nations*, Oxford : Oxford University Press, 1976, p. 723을 참조하라.

국가는, 예컨대 다양한 제도적이고 법적인 장애들을 제거함으로써, 그리고 시장의 완전한 자유를 방해하는 그러한 사적 이해관계들과 대면함으로써, 사유재산 제도를 촉진시키는 책임을 지고 있다. 국가는 또한 '식료품의 낮은 가격'[36]을 실현하고, 증대된 노동생산성을 토대로 축적의 점진적 발전을 촉진할 책무 역시 갖고 있다.

그는 '보통 노동임금이 얼마인가는 이해관계가 전혀 다른 쌍방 사이에서 체결되는 계약에 의거한다'라고 주장하면서 자본과 노동 간의 계급투쟁을 끌어들인다. 다시 말해, '노동자는 가능한 한 많이 받기를 원하며, 고용주는 가능한 한 적게 주기를 원한다. 노동자는 노동임금을 올리기 위해 단합하는 경향이 있고, 고용주는 노동임금을 낮추기 위해 단합하는 경향이 있다.'[37] 이러한 투쟁에서, 고용주들은 유리한 위치를 점하는데, 그 까닭은 그들이 '수적으로 더 적기 때문에 훨씬 더 쉽게 연합할 수 있으며, …… 이미 가지고 있는 자본으로 훨씬 오랫동안 견딜 수 있'[38]는데, 노동자들은 '굶어 죽'[39]을 수도 있기 때문이다. '그들이 절망적'[40]이라는 것을 생각할 때 노동자들이 반란을 일으키는 것은 이해할 수 있다. 하지만 그들의 행위는 어리석은데, 그 이유는 '노동자들은 이 소란스러운 단합의 폭력행사로부터 거의 아무런 이익도 얻지 못하기'[41] 때문이다.

스미스에 따르면, 계급 갈등의 해결책은 오직 노동자의 진정한 이익을 확정하는 데 있을 수 있을 뿐이며, 진정한 이익은 지속적인 점진

---

36. 같은 책, p. 104 [애덤 스미스, 『국부론 (상)』, 김수행 옮김, 비봉출판사, 2010, 113쪽]
37. 같은 책, p. 83 [같은 책, 86~87쪽].
38. 같은 책, pp. 83~84 [같은 책, 87쪽]를 참조하라.
39. 같은 책, p. 85 [같은 책, 88쪽].
40. 같은 책, pp. 84~85 [같은 책, 88쪽].
41. 같은 책, p. 85 [같은 책, 88쪽].

적 축적에 있다. 노동자들은 투쟁하지 않는 것이 좋다. 잉여가 늘어나면서 주식이 축적되고 노동자들의 수가 늘어나며, '수입과 자본의 증대는 국부의 증대이기 때문이다. 따라서 임금으로 살아가는 사람들에 대한 수요는 국부의 증대와 함께 자연히 늘어난다.'[42] 이것이 그 유명한 낙수 효과이다. 그의 주장에 따르면, 축적은 국부를 증대시키며, '노동 임금의 인상'[43] 기회를 증대시킨다. 스미스는 이것을 '노동의 풍부한 보수'[44]라고 부른다. 물론 그의 주장은, 빈자의 존재는 '급속한 후퇴의 자연스러운'[45] 징후이기 때문에, '모든 종류의 값싼 상품goods'[46]을 촉진하기 위한 국가의 조치가 요구된다는 결론으로 이어진다. 일부 나라들의 자본 소유자들은 다른 나라들에서보다 높은 투자 환수율을 성취할 수도 있는데, 이는 '자기들의 자본이 과다하다는 것을 분명히 증명하는 것'[47]이다. 자본의 유지는 경쟁적인 조정을 필요로 하고, 그것을 촉진하는 것은 '경찰의 몫이다.'[48]

스미스에 따르면, '국부'와 '노동자들'은 점진적인 축적에서 혜택을 본다. 하지만, 자산 소유주들은 점진적인 축적과 애매한 관계를 맺는데, 이는 '자본의 증가는 한편으로는 임금을 인상시키지만 다른 한편으로는 이윤을 하락시킬 수 있기' 때문이다.[49] 자본가들은 그러므로 이윤율을 인위적으로 유지하려고 애쓰며, 예컨대 가격 고정이나 보호주의를 이용해서 시장의 자연스러운 자유를 방해하려 한다. 이런 식으로

---

42. 같은 책, pp. 86~87 [같은 책, 91쪽].
43. 같은 책, p. 87 [같은 책, 91쪽].
44 [옮긴이] 같은 책, p. 91 [같은 책, 96쪽].
45. 같은 책, p. 91 [같은 책, 96쪽].
46. 같은 책, p. 333.
47. 같은 책, p. 109. [같은 책, 120쪽].
48. Smith, *Lectures on Jurisprudence*, Oxford : Oxford University Press, 1978, p. 5.
49. Smith, *The Wealth of Nations*, p. 105 [애덤 스미스, 『국부론 (상)』, 115쪽].

사적 권력을 주장하는 것은, '우리가 치안이라고 부르는 것을 생산한다.' '그 나라의 무역, 통상, 농업, 제품에 관한 규제들이 무엇을 만들어 내든지 간에 그것들은 치안에 속하는 것으로 간주된다.'[50] 말하자면, '경제 체계는 자신을 보호하고 유지하기 위해 강한 국가적 권위를 갖춘 시장 치안을 필요로 하며,'[51] 효과적인 치안 행위는 '강한 국가, 즉 국가가 있어야 할 그 자리에 있는 국가 : 경제를 넘어서 있는 그리고 경제를 초월한 곳에 있는 국가, 이해당사자들 위에 있고 이해당사자들을 초월한 곳에 있는 국가'를 필요로 한다.[52] 가치법칙을 보호하고 유지할 수 있는 국가의 능력은 자신을 시민사회로부터 분리시키는 것에 의존한다. 자본주의 국가가 효과적으로 작동하도록 하는 것은 사회로부터의 국가의 독립이다. 사회로부터의 국가의 독립을 유지하지 못하면, '결국 계급 전쟁이 일어날 것이다.'[53]

헤겔에 따르면, 계급 전쟁의 예방책으로서, '국내의 소란을 방지하고 대내적으로 국위를 확립시켜 주는' '승리로 장식된 전쟁들'[54]이 장려될 수 있을 것이다. 헤겔은 또한, 조건들과 관계없이 우리는 모두 한 국가의 배를 타고 있다는 취지의 국가주의의 퇴보적 평등을 포함하는, 윤리적 수단들의 사용을 옹호했다. 이러한 생각은 계급관계들을 초월한다고 여겨지는 공동체를 상상했다.[55] 헤겔에 앞서 스미스는 이미 국

50. Smith, *Lectures on Jurisprudence*, p. 5.

51. Rüstow, "General Social Laws of the Economic Disintegration and Possibilities of Reconstruction", p. 289.

52. Rüstow, *Rede und Antwort*, Ludwigsburg : Hoch, 1963, p.258.

53. Nicholls, "The Other Germans", in Bullen et al. (eds.), *Ideas into Politics*, London : Croom Helm, 1984, p. 170.

54. Hegel, *Philosophy of Right*, trans. by Knox, Oxford : Clarendon Press, 1967, p. 210 [G. W. F. 헤겔, 『법철학』, 임석진 옮김, 한길사, 2008, 565쪽].

55. 예를 들어 이 윤리적 호소의 장점은, 라디체(Radice, "Responses to Globalization", *New Political Economy*, vol. 5 no. 1, 2000)가 '진보적인 민족주의'라고 비판했던 것 속

가가 주로 교육과 대중오락을 수단으로 하여 '사람들의 교육'[56]을 진흥시켜야 한다고 주장했다. 그는 정부가 시민사회의 자유로운 구성을 유지하기 위해 문화적 활동들을 위한 책임을 맡음으로써 축적의 사회적 효과를 상쇄하기 위해 애써야 한다고 주장했다. 계급 전쟁이라는 허위의식에 맞서서 국가는 노동자들이 그들의 참된 이익이 점진적인 축적에 의해서만 가장 잘 실현된다는 점을 깨닫도록 해야 했다. '사회적 시장경제'[57]라는 표현을 만든, 상당히 주목할 만한 평판을 받고 있는 질서자유주의의 옹호자인 뮐러-아르마크[58]의 말에 따르면, 이것은 경쟁을 '전반적인 생활양식 속으로' 통합시키는 것으로 귀결되어야 했다.[59] 국

에 분명히 드러난다. 이러한 민족주의는 '건강한 민족적 감정과 병리학적 민족주의'를 구분한다. '[이것은] 병리적 견해와 맞닿아 있는 정상적 견해를 믿는 것과 [마찬가지로 이데올로기적이다.] 건강한 민족적 감정이라고 추정되는 것에서 시작해서 그 과대평가된 극단으로 귀결되는 역학은 저지될 수 없다. 그것은 이 거짓말이, 자신이 우연히 처해 있는 자연 및 사회와의 비합리적인 연계와 자신을 동일시하는, 인간의 행동에 근거하기 때문이다.' Adorno(*Critical Models*, New York : Columbia University Press, 1998, p. 118)와 Bonefeld ("Anti-Globalization and the Question of Socialism", *Critique. Journal of Socialist Thought*, no. 34, no. 1, 2006)를 보라.

56 Smith, *The Wealth of Nations*, p. 723 [애덤 스미스, 『국부론』, 754쪽].

57. 사회적 시장경제라는 이 표현은 애매하다. 그것은 사람에 따라 다른 의미를 갖는다. 신자유주의의 기원을 고려할 때, 시장경제의 사회적 측면은 우선, 자유로운 시장을 위한 '정직한 결정'(honest decision)을 의미했다. 둘째, '자유 가격 메커니즘에 의한 계획'(Balogh, *An Experiment in 'Planning' by the 'Free' Price Mechanism*, Basil Oxford : Blackwell, 1950, p. 5)은 방임주의의 '프롤레타리아화 효과'(Röpke, *Civitas Humana*, London : William Hodge, 1949를 참조하라)를 간과할 수 없었으며, 그리하여 자유로운 시장들은 예컨대 주식 보유 권유를 통해 노동자들이 시장 지분을 갖도록 함으로써, 프롤레타리아화의 위험들을 막기 위한 사회적 정책 수단들을 포함해야만 했다.

58. [옮긴이] Alfred Müller-Armack (1901 ~ 1978) : 독일의 경제학자이자 정치가. 뮌스터 대학과 쾰른 대학에서 경제학을 가르쳤다. 나치 체제 하의 독일 경제의 폐해를 경험하면서 중앙집중적 계획 경제를 거부하였고, 산업혁명 초반에 형성된 자유방임적 시장경제 또한 시대착오적이라고 판단하였다. 그는 제3의 경제체제로서 '사회적 시장경제'를 제시하였다.

59. Müller-Armack, "The Social Market Economy as an Economic and Social Order", *Review of Social Economy*, vol. 36, no. 3, 1978, p. 328.

가의 목적은 고로 '시장들에서 모든 무질서를 완전히 근절하고 국가에서 사적 권력을 제거하는 것'을 책임지는 것이다.[60] 자유로운 시장은 따라서 국가의 보호 아래 '국가 없는' 국면으로 받아들여진다. 국가는 해방, 자유, 평등, 공리의 관계들인 사회적 관계들의 행위conduct를 비정치화하며, '사회의 집중되고 조직화된 세력'으로서 정치적인 것을 독점함으로써 그렇게 한다.[61]

질서자유주의의 옹호자들은 자유주의 국가를, 표면상으로만 노동자들의 진정한 이해관계 속에서 — 고용·임금·조건 속에서, 그리하여 자본의 점진적인 축적 속에서 — 작동하는 계급 국가라고 부끄러움도 없이 꾸며낸다. 국가는 '빈자들의 폭력과 강탈에 맞서 부자들이 그들의 부를 소유하도록 유지하며',[62] 그리하여 빈자들에게 그들의 진정한 이득이 자본의 점진적 축적에 놓여 있음을 가르친다. 물론, 국가가 계급 국가인 이유가 국가의 옹호자들이 그렇게 이야기했기 때문인 것은 아니다. 그러나 맑스가 토대와 상부구조의 은유를 이끌어 낸 고전적 정치경제학은[63] 국가가 사유재산 제도의 정치 형태임을 말해 준다. 세금 국가tax state로서의 국가는 자본의 점진적 축적에 전적으로 의존한다. 하지만 국가의 계급적 성격은 일국적 맥락에 한정되지 않는다. 국가는 세계시장 관계들을 통해 존속한다. 스미스가 말한 바와 같이,[64] '주식 소유주는 당연히 세계의 시민이며, 반드시 어떤 특정한 나라에 소속되는 것

---

60. Böhm. Haselbach, *Autoritärer Liberalismus und Soziale Marktwirtschaft* 에서 인용함.

61. Marx, *Capital* vol. I, p. 703 [칼 마르크스, 『자본론 I (하)』, 1033쪽].

62. Smith, *Lectures on Jurisprudence*, p. 338.

63. 그렇기에 맑스의 이 은유는 고전적 정치경제학을 넘어서지 않는다. Bonefeld, "Social Constitution and the Form of the Capitalist State"; "The Capitalist State", in Bonefeld (ed.), *Revolutionary Writing*, New York : Autonomedia, 2003을 보라.

64. Smith, *The Wealth of Nations*, pp. 848~849.

은 아니다. 그는 무거운 세금을 부과하기 위해 성가신 조사를 벌이는 나라를 쉽게 포기할 것이며, 자신의 사업을 수행할 수 있거나 또는 자신의 행운을 훨씬 더 쉽게 즐길 수 있는 다른 나라로 자신의 주식을 빼돌릴 것이다.' 말하자면, '소유와 계약에 관한 자본주의적 법률은 일국의 법적 체계들을 [뛰어넘으며], 세계 화폐는 일국적 화폐들을 [뛰어넘는다].'[65] 스미스는 당시의 중상주의 국가를 비판하면서 자신의 저작을 집필했다. 19세기 초반에 이르러, 그것은 자유주의 국가의 이데올로기적 정설이 되었다.[66] 맑스(와 엥겔스)가 『공산주의자 선언』에서 부르주아의 세계시민적 성격에 대해 이야기하고, 하나의 국민국가를 부르주아 집행위원회로 규정하는 것은 바로 이러한 맥락 속에서이다.

결론

근래에 프리드만[67]은 국가가 부르주아 집행위원회라는 설득력 있는 정의를 제공하였다.[68] 그의 말처럼, '자발적인 교환을 통해 경제 활동을 조직한다는 것은 우리가 개인이 다른 개인을 억압하지 못하도록 법과 질서를 유지하기 위해 정부를 통해, 자발적으로 참여한 계약의

---

65. Clarke, "The Global Accumulation of Capital and the Periodisation of the Capitalist State Form", p. 136. 또한 Bonefeld, "The Spectre of Globalisation", in Bonefeld/Psychopedis (eds.), *The Politics of Change* 를 참조하라.

66. Clarke, *Keynesianism, Monetarism and the Crisis of the State*, 1장을 보라.

67. [옮긴이] Milton Friedman (1912 ~ 2006) : 통화주의 학파를 대표하는 미국의 경제학자. 1948년부터 1979년 은퇴할 때까지 시카고 대학 교수로 재직했으며, 1976년 노벨 경제학상을 받았다. 그는 『자본주의와 자유』(*Capitalism and Freedom*)에서 당시의 사회복지제도가 개인주의의 전통적인 가치에 반하는 중앙집권적이고 관료적인 것이라고 비판하면서 이를 부(負)의 소득세로 대체할 것을 주장했다.

68. Friedman, *Capitalism and Freedom*.

시행, 소유권의 의미에 대한 정의, 그러한 권리들의 해석과 시행, 그리고 화폐적 테두리의 규정 등을 대비해 왔다는 점을 가정한다.'[69] 국가는 '경쟁을 진작시켜야'[70] 하며, 시장이 '스스로 할 수 없는'[71] 것을 시장을 위해 해야 한다. 따라서 국가는 '본질적으로 "게임의 규칙들"을 결정하기 위한 포럼이며, 그리고 결정된 규칙들을 해석하고 강화하기 위한 제국이다.' 그러한 강화는 '그러한 강화가 없었다면 게임을 하지 못할 소수의 사람들의 편에서는' 필수적이다.[72] 그의 말에 따르면, 국가는 '우리'가 규칙들을 제정하고 수정하는 수단이다.[73] 하지만, 인민demos, 의존적인 대중들이 개입할 때는 어떤 일이 일어나는가?

자본 그리고 그 국가에게 대재난은 자유민주주의 체계 속으로 노동계급의 대표가 편입되는 것이 아니다.[74] 사이먼 클락이 주장한 바와 같이,[75] '노동계급을 위한 대의제의 발전은, 그것이 노동계급 부문의 물질적 조건들을 개선하는 데 아무리 많은 여지를 제공한다 할지라도, 집단적인 노동계급의 힘의 표현이 되기는커녕, 노동계급을 분열시키고, 파괴하며, 노동계급의 사기를 저하시키는 수단이 된다.'[76] 크나큰

---

69. 같은 책, p. 27.

70. 같은 책, p. 34.

71. 같은 책.

72. 같은 책, pp. 15, 25.

73. 같은 책, p. 23. 국가의 기능들에 대한 프리드만의 세부적인 목록은 — 자유주의 — 국가에 대한 애덤 스미스의 규정을 따른 것이다. 이에 대해서는 7장을 보라. 그리고 Clarke, *Keynesianism, Monetarism and the Crisis of the State*; "The Global Accumulation of Capital and the Periodisation of the Capitalist State Form"; "The Neo-Liberal Theory of the State", in Saad-Fihlo/Johnston (eds.), *Neo-Liberalism : A critical reader*, London : Pluto Press, 2005를 보라.

74. Agnoli, "Die Schnelligkeit der realen Prozesse. Vorläufige Skizze eines Versuchs über Adornos historisches Ende"을 보라.

75. Clarke, "State, Class Struggle, and the Reproduction of Capital", in ibid. (ed.), *The State Debate*, p. 2000.

위험은 사회의 민주화다.[77] 사회의 민주화는 사회와 국가 간의 부르주
아적 분리를 부각시킨다. 그리고 사회의 민주화는 인간의 '고유의 힘'
을 사회적 힘으로 승인하고 조직함으로써 그렇게 한다.[78] (신)자유주의
를 옹호하는 사람들에 따르면, 이러한 민주화, 즉 지속적인 사회투쟁
들의 수단에 의한 사회적 노동관계들의 정치화는 '시장 체계'에 고유한
것이다. 예를 들어, 스미스에게 계급투쟁은 노동자들의 절망적인 조건
들의 결과물이다. 그는 이러한 투쟁이 허위의식을 표현하며, 그 까닭
은 조건들의 개선이 점진적 축적에 달려 있기 때문이라고 주장했다.
그는 (더 큰 노동생산성에 의한) 싼값의 공급을 보증하기 위해 국가를
요구한다. 질서자유주의자들도 이와 유사한 주장을 한다. 그들의 시각
에서 볼 때, 그들이 프롤레타리아화라고 부르는 경향은 자본주의적 사
회관계들에 고유한 것이며, 만약 그것을 저지하지 않는다면 사회적 위
기, 소란, 무질서로 귀결된다. 그것을 봉쇄하는 것은 일종의 정치적 책
임이다. 봉쇄의 수단들은 경쟁의 국제화,[79] 주식보유 사회의 창출,[80] 프
롤레타리아 사회의 재산 소유 민주주의로의 변형,[81] 화폐와 법의 초국
적인 규제,[82] 그리고 집단적인 조직화에 대한 정치적 행위 등에 걸쳐

---

76. 또한 Agnoli("Emancipation : Paths and Goals", in Bonefeld/Tischler (eds.), *What is to be Done?*, Aldershot : Ashgate, 2002), Radice("Globalization, Labour and socialist renewal")를 보라.

77. 이에 대해서는 헤니스의 말이 가장 기억할 만하다. '사회의 민주화는 민주주의의 주적 [hauptfeind]이다.' Agnoli, *Faschismus ohne Revision*, Freiburg : Ça ira,1990, p. 136, fn. 7에서 재인용.

78. Marx, *Zur Judenfrage*, p. 370 [칼 마르크스, 「유태인 문제에 대하여」, 『마르크스의 초기 저작』, 361쪽].

79. Müller-Amarck, "The Social Market Economy as an Economic and Social Order."

80. Röpke, *Civitas Humana*.

81. Brittan, "The Politics and Economics of Privatisation", *Political Quarterly*, vol. 55, no. 2, 1984.

82. Hayek, "The Economic Conditions of Interstate Federalism", *Individualism and*

있다. 그래서 '정당하고 조직화된 힘'[83]의 사용은 사적 소유 법칙의 기둥인 정의를 촉진하고 유지하기 위해 취해지는 경찰 행위와 관련된다. 공정임금이란 무엇인가? 공정임금 개념은 노동계약이 동등하게 교환하는 쌍방 간에 이루어지고, 각각은 자유로운 상황 속에서 계약하며, 자신들 각자의 이익들을 진척시키려 한다고 전제한다. 그들 자신의 이익을 추구하기 위해 노동시장에서 만나는 동등하고 자유로운 시민들로서 하나는 노동력을 사고, 다른 하나는 노동력을 파는, 자본가와 노동자의 관계에 대한 성문화는 교환의 내용에 의해 부정된다. 자본과 노동 간의 동등한 교환관계라는 생각은 소유상의 불평등을 은폐할 뿐만 아니라, 자본이, 획득된 노동력을 노동으로 변형시키는 권리를 획득한 이후에 벌어지는 과정들을 고찰하지도 않는다. 노동계약이 일단 성립되면, 작업 현장은 마술을 부린다. 임금계약은 평등을 착취와 연결시킨다.

자본주의의 위기를 하나의 축적 체제에서 새로운 축적 체제로 넘어가는 과도기로 쉽사리 받아들이는 것은, 자본주의적 규제의 독특한 방식들을 규정짓는 특성들로 격상된, 자본주의 발전의 몇몇 특징들에 근거를 둔다.[84] 이러한 분석의 피상적인 성격은 자본주의적인 사회관계들의 지속적인 특징들을 이해하는 데 방해가 된다. 역사에 대한 이러한 경시는 충격적이다. 역사는 우리에게 '세계 평화와 국제적인 조화의 전망을 뒷받침하는, 전지구적 번영의 시대가 얼마나 급속하게 전지구적 분쟁의 시대가 될 수 있는지, 결국엔 전쟁에 이를 수 있는지' 가르

Economic Order, London : Routledge and Kegan Paul, 1939; Müller-Amarck, *A Stabilität in Europa : Strategien und Institutionen für eine europäische Stabilitätsgemeinschaft*, Düsseldorf : Econ Verlag, 1971.

83. Wolf, "The need for a new imperialism"을 참조하라.

84. Bonefeld, "Reformulation of State Theory", *Capital & Class*, no. 33, 1987을 참조하라.

쳐 준다. '한 세기 전에도 마찬가지로 그러한 일은 일어날 것 같지 않았었지만 일어났었다.'[85] 그런데 그런 일들은 과거보다 더 오늘 가망성이 있어 보인다. 역사는 우리에게 자본주의의 위기에 대한 해결책 — 즉 경제성장, 고용, 삶의 여건을 위한 자본주의라고 선언되는 해결책 — 이 잠재적으로는 야만적이라고 가르쳐 준다.[86] 말하자면, 자본주의 체제의 본질이 변화한다는 생각은 역사의식의 퇴보를 의미한다. 그것은 망각을 정당화하고, 잊혀진 것 역시 정당화한다.

나는 신자유주의적 국가의 성격이, 시장이 아닌 계급과 맺는 관계에 의해 규정된다고 주장했다. 나아가 자본주의 국가가 근본적으로 자유주의 국가라고 주장했다. 우리가 신자유주의, 포스트신자유주의, 케인즈주의, 포드주의 또는 포스트포드주의 등 국가 앞에 그 어떤 것을 갖다 붙여도, 국가의 목적은 부르주아적 성격을 띤다. 다시 말해, '노동력을 지배하는 것'이 국가의 목적이다.[87] 국가가 부르주아 집행위원회라는 오래된 이야기는 이러한 점을 제대로 요약한다.

85. Clarke, "Class Struggle and the Global Overaccumulation of Capital", in Albritton et al. (eds.), *Phases of Capitalist Development*, London : Palgrave, 2001, p. 91.
86. Bonefeld/Holloway, "Money and Class Struggle"을 참조하라.
87. Hirsch, "Globalisation of Capital, Nation-States and Democracy", p. 47, 그리고 Agnoli, *Faschismus ohne Revision* 을 보라.

민주주의와 독재

신자유주의적 수단과 국가의 목적에 대하여

I

'군사 정부'의 목적은 '피지배자들의 복지를 보장하는 것이다.' 그것은 '인도주의적 고찰의 결과'이다.[1]

19세기 말 『공산주의자 선언』을 맑스와 공동으로 저술했던 엥겔스는, 자본주의 국가가 부르주아 집행위원회라는 『공산주의자 선언』에서의 기억할 만한 통찰과 거리를 두는 것처럼 보였다. 『자본론』 1권의 영어판에 붙이는 서문에서 엥겔스는, 영국에서의 조건들이 '전적으로 …… 합법적 수단으로 사회혁명을 수행할 수'[2] 있을 정도였다고 말했

---

1. Friedrich, *Constitutional Government and Democracy*, 4th ed., London : Blaisdell Publishing, 1968, p. 547.
2. Engels, "Preface to the English Edition", in Marx, *Capital*, vol. I, London : Lawrence & Wishart, 1886/1983, p. 17 [칼 마르크스, 『자본론 I (상)』, 31~32쪽].

다. 그래서 엥겔스는 적절한 조건들만 주어진다면 사회주의가 민주주의적인 의회 투쟁에 의해서 성취될 수 있으며, 이러한 투쟁이 국가를, 말하자면, 프롤레타리아의 집행위원회의 도구로 변형시킬 수 있다고 제시했다. 이러한 시각이 전제하는 것은, 국가가 적대적인 사회적 이해관계들에 대해 근본적으로 공평하다는 것이며, 국가의 목적 — 그 자체로는 비결정적인 — 이 계급 세력들의 균형에 좌우된다는 것이다. 따라서 국가는 법을 위해 존재하는 것으로 가정되며, 법은 의회 다수파가 결정한다. 이러한 가정들을 기초로 한다면, 사회주의는 실제로 법적 수단으로 가능할 수 있을 것이다. 사회주의의 실현은, 부르주아가 낙담하는 가운데 법령으로 사회주의를 포고하는 사회주의적 의회의 다수파를 필요로 할 것이다. 그렇지만 국가가 자신이 태어난 사회에서 독립할 수 있을까?

엥겔스가 사회주의로의 의회적 길을 언명하고 약 13년이 흐른 뒤, 로자 룩셈부르크[3]는 주목할 만한 선견지명으로, 민주주의는 중립적인 것이 아니라 근본적으로 자유민주주의라고 주장했다. 그녀의 주장에 따르면, 위기의 시기에 민주주의의 자유주의적 성격과 목적은 민주주의 정부의 중지를 포함하는, 어떤 희생을 치르더라도 보호될 것이다. 한편 그녀는, '의회주의의 형태는 전체 사회의 이해관계를 국가 조직 속에 표현하는 데 기여한다'[4]라고 주장하였다. 자유주의적인 부르주아 의회 대의제에 대중 민주주의가 침입함으로써, 부르주아 국가의 법 제정 제도의 핵심에 자본과 노동의 계급 적대가 정립되며 재생산된다.

---

3. [옮긴이] Rosa Luxemburg (1871 ~ 1919) : 독일의 여성혁명가로 러시아 혁명투쟁에 가담하였다.

4. Luxemburg, *Reform or Revolution*, London : Bookmarks, 1899/1989, p. 47 [로자 룩셈부르크, 『사회개혁이냐 혁명이냐』, 김경미·송병헌 옮김, 책세상, 2002, 51쪽].

하지만 다른 한편으로 그녀는 '현재의 국가는 "떠오르는 노동계급"을 대표하는 "사회"가 아니다. 그것은 그 자체로 자본주의 사회의 대표자이다. 그것은 계급 국가이다'5라고 주장했다. 말하자면, 의회주의가 사회 전체의 대표자로서 그 형태 속에서 표현하는 것은 '자본주의 사회, 즉 자본가의 이해관계가 지배적인 사회이다. 이러한 사회에서, 대의 제도들은 형태상으로는 민주적이지만 내용상으로는 지배계급의 이해관계의 수단이다. 이것은, 민주주의가 그 계급적 성격을 부정하고 인구의 실재적 이해관계의 수단으로 변형되려는 경향을 드러내자마자, 민주주의적 형태들이 부르주아에 의해 그리고 그 국가 대표자들에 의해 희생된다는 사실 속에서 명백한 방식으로 드러난다.'6

군사정부가 피지배자들의 복지를 보장한다는 프리드리히7의 생각은 비록 냉소적이지만, 부르주아 국가가 부르주아 사회의 정치적 조직이라는 분명한 진실을 표현하고 있다. 국가는 부르주아 계급의 이해관계를 보편적인 인간의 이해관계로 인식한다. 국가는 루소가 부르주아 사회의 일반 의지라고 부른 것의 기관institution이다. 국가는 게임의 규칙들을 마련하고, 그리하여 법과 질서를 기반으로 해서 다수의 사적 이해관계들의 행위를 성문화하고 규제하는 테두리를 제공한다. 따라서 자유주의자들은 '차이들을 조정하기 위한 정치적 경로들을 채택해야 한다.' 그 까닭은 국가란 '우리가 규칙들을 수정할 수 있는'8 수단들을 제공하는 조직이기 때문이다. 하지만, '그들'이 개입하면 어떻게 되는

---

5. 같은 책, p. 41.

6. 같은 책, p. 47.

7. [옮긴이] Carl Joachim Friedrich (1901 ~ 1984) : 독일계 미국 교수이자 정치이론가. 법률과 헌법에 대한 저술을 통해 2차 세계대전 이후 국제적 명성을 얻은 정치학자가 되었다. 전체주의에 대한 가장 영향력 있는 학자들 중의 한 사람이다.

8. Friedman, *Capitalism and Freedom*, p. 23, 강조는 인용자.

가? 반란과 반항이 일어나는 상황에서, '법이 위반되지 않고서는 자신을 지킬 수 없다.'9 말하자면, 차이들을 조정할 수 있는 신중한 민주주의의 '찬양할 만한' 역량은 법의 힘으로 지켜져야 한다. 법률의 지배 대신 법을 제정하는 폭력 세력이, 법률의 지배에 딱 맞는 사회질서를 재부과하기 위해 활개를 친다.

II

어떠한 희생도, 특히 민주주의 자체의 모든 일시적인 희생은 말할 것도 없이, 우리의 민주주의보다 위대하지 않다.10

후기 엥겔스가 대중 민주주의의 출현을 자유주의 국가에 대한 하나의 도전으로 본 것은 옳았다. 하지만 그가 자유주의 국가는 그 형태상의 한계로 인해 민주주의적 영감들을 포함할 수 있는 역량이 결여되어 있다고 본 것은 실수였다.11 모든 자유주의적 헌법은 자본과 노동 간의 계급적 적대가 국가 — 즉 부르주아의 이해관계를 일반적인 인간의 이해관계로 성문화하고 규제하는 책임을 진 바로 그 제도 — 내부에서 재생산되는 실재적 가능성을 함축한다. 의회제적인 입헌 정치의 '포괄적 모순'은 다음과 같은 점에 있다. 이 헌법은, 자신이 영구히 노예로 만들려 했던 계급들인 프롤레타리아, 농민들, 소부르주아들에게는 보통 선거권을 통해서 정치적 권력을 쥐어 주고 있다. 그리고 자신으로부터 그 구

---

9. Rossiter, *Constitutional Dictatorship*, Princeton : Princeton University Press, 1948, p. 12.
10. 같은 책, p. 314.
11. Agnoli, "The State, the Market, and the End of History", in Bonefeld/Psychopedis (eds.), *The Politics of Change,* London : Palgrave, 2000.

래의 사회적 권력을 재가 받은 계급인 부르주아로부터는 이 권력의 정
치적 보증을 빼앗고 있다. 이 헌법은 부르주아의 정치적 지배에 민주
주의적 조건을 강제하고 있으며, 이 민주주의적 조건은 언제나 부르주
아에 적대하는 계급들이 승리할 수 있도록 도와주며 부르주아 사회 자
체의 기초를 위태롭게 한다. 이 헌법은 한 쪽의 계급들을 향해서는 정
치적 해방으로부터 사회적 해방으로 전진하지 말라고 요구하고, 다른
쪽의 계급을 향해서는 사회적 복고로부터 정치적 복고로 후진하지 말
라고 요구한다.'[12] 고로 국가의 힘은 국가가 사회로부터 얼마나 독립하
느냐에 달려 있다. 국가가 부르주아 국가로서 효율적으로 작동할 수
있도록 해 주는 것은 바로 국가의 사회로부터의 독립이다. 대중 민주
주의적 영감들에 직면하여, 국가는 이제 '그 자신의 독립을 지켜내기
위해 …… 강해질'[13] 필요가 있다. 그러한 국가가 '정부를 압박하고 자신
들의 특수한 필요들과 요구들을 인정해 달라고 외치는 이해 집단들에
대해 자신의 권위를' 주장하면서 '공적인 이해관계에 대한 강력하고 중
립적인 감시인이' 되도록 해 주는 것은 바로 국가의 사회로부터의 독립
이다.[14] 의존적인 대중들의 민주적인 영감들로부터 자신의 독립성을
지켜내지 못하는 국가는 통치할 권위를 상실할 것이며, 그 대신 '그들
의 "먹이"'가 될 것이다.[15] 따라서 국가가 사회 속으로 끌어내려지지 않
고 사회로부터의 독립성 유지를 보장받기 위해서 민주주의는 속박되

---

12. Marx, *The Class Struggles in France*, in Collected Works, vol. 10, London : Lawrence &
　　Wishart, 1978, p. 79 [칼 맑스, 「1848년에서 1850년까지의 프랑스에서의 계급투쟁」, 『칼
　　맑스 프리드리히 엥겔스 저작선집 2』, 최인호 외 옮김, 박종철출판사, 1995, 41쪽].
13. Rüstow, "General Social Laws of the Economic Disintegration and Possibilities of
　　Reconstruction", p. 276.
14. Friedrich, "The Political Thought of Neo-Liberalism", *The American Political Science
　　Review*, vol. 49, no. 2, 1955, p. 512.
15. 같은 책, p. 513.

어야 한다. 그렇게 하는 데 실패하면 '결국 계급전쟁이 일어날 것이다.'[16] 이때 국가의 — 일시적인 — 정지라는 수단으로 법률의 지배를 지켜야 할 필요가 대두한다. 로시터[17]가 주목한 바와 같이, '반란들'은 '사법적 명령'으로 억압될 수 없다.[18] 억압은 '자유의 이름으로' 채택되는 집중된 힘을 필요로 한다.[19]

로시터의 요점은 조금도 놀랍지 않다. 그것은 상식적인 시각을 표현한다. 로크에 따르면, '법의 명령 없이 그리고 때로는 법에 거슬러서조차, 공적 선을 위한 자유재량에 따라 행동하는 것이' 국가의 특권이다.[20] 마키아벨리는 '임박한 위험에 처했을 때 독재에도 호소하지 못하고 그렇다고 그것과 유사한 어떤 권위 형태에도 호소하지 못하는 공화국들은 심각한 불운이 닥쳐오면 언제나 파멸할 것'이라고 말했다.[21] 루소는 '일반 의지는…… 국가가 멸망하지 않을 것이라는 점을 의심하지 않는다'라고 주장하면서 이에 동의했다.[22] 정치적인 것을 적과 아군 간의 관계[23], 또는 맑스주의적 언어로 표현하자면, 자본과 노동 간의 계급 적대로 보는 칼 슈미트의 규정에서 볼 때, 국가는 (계급적) 적을 인식하고 그에 따라 자신의 정책들을 조직하는 조건 위에서만 정확히 국가이다. 국

---

16. Nicholas, "The Other Germans", p. 170.

17. [옮긴이] Clinton Rossiter (1917 ~ 1970) : 1946년부터 자살로 삶을 마감한 1970년까지 코넬 대학에서 가르쳤던 역사학자이자 정치학자. 미국의 제도와 역사에 대한 많은 책들을 집필했다.

18. Rossiter, *Constitutional Dictatorship*, pp. 6, 303.

19. 같은 책, p. 7.

20. Locke, *The Second Treaties of Government and A Letter Concerning Toleration*, Oxford : Basil Blackwell, 1946, p. 82.

21. Machiavelli, *The Discourses*, London : Penguin, 1970, p. 196.

22. Rousseau, *The Social Contract*, London : Penguin, 1968, p. 171.

23. [옮긴이] 원문에서는 'the relation between enemy and foe'로 되어 있으나, 문맥상 'the relation between friend and foe'로 바꾸어 옮겼다.

가란 말하자면, 법률의 지배를 기초로 하여 적을 봉쇄하는 것이 효과적인지, 아니면 질서를 회복할 수 있도록 하기 위해 법률의 (일시적) 중지가 요구되는지와 관련한 '궁극적 결정의 독점자'이다. 슈미트가 인식했듯이, '혼란 상태에 적용될 수 있는 규범 따위는 없다. 법질서가 유의미할 수 있기 위해서는 질서가 구축되어야만 한다.'[24] 질서나 무질서가 존재하는지, 법률의 지배가 적합한지 또는 힘(법률의 지배 없는 법의 힘)을 사용하여 그것을 사회에 다시 부과할 필요가 있는지 하는 것은 판단의 문제이다. 다시 말해 그것은 법의 문제가 아니라 주권 결정의 문제이다. 슈미트가 말한 바와 같이, 모든 법과 그것의 규칙은 '법의 지배를 받지 않는'extra-legal 강압적인 힘에 의존한다. '주권자란 예외상태를 결정하는 자이다.'[25] 법률의 지배가 적합한지 또는 자유를 지키기 위해 '깨어질' 필요가 있는지 하는 것은 법의 문제가 아니라, (계급적) 적에 맞서는 주권 결정과 판단의 문제이다. 필연성은 법을 알지 못한다.

슈미트는, 부르주아 국가와 그 부르주아 지지자가 맺는 관계의 동질성 속으로 대중 민주주의가 침입해 들어가는 조건들 속에서는 국가가 멸망하지 않을 것이라는 견해를 정식화했다. 조직화된 노동운동이 정치적 권리를 획득함으로써 부르주아 사회와 그 국가 간의 관계들의 동질성은 붕괴되었다. 슈미트가 이해한 바에 따르면, 민주주의는 지배자들과 피지배자들 간의 근본적인 동질성에 의존한다. 민주주의란, 말하자면 '친구들'의 민주주의가 되는 조건에서만 가능하다. 노동계급이 대중 민주주의적 주체로 가시화하면서 이 동질성은 붕괴되었으며, 이 (계급적) 적[즉 노동계급 — 옮긴이]은 자본에의 종속을 성문화하고 규제

---

24. Schmitt, *Politische Theologie*, 5th edition 1990, Berlin : Duncker & Humblot, 1922, p. 20 [칼 슈미트, 『정치신학』, 김항 옮김, 그린비, 2010, 25쪽].
25. 같은 책, p. 11 [같은 책, 16쪽].

하기 위한 제도 내부에 참호를 팔 수 있었다. 슈미트는 (바이마르) 국가
가 적대적인 사회적 이해관계들의 먹이가 되어, 비상 규칙을 통해 국가
의 사회로부터의 독립을 재언명하기 위해 '친구들'을 필요로 한다고 주
장했다. 바이마르의 불행에 대한 슈미트의 분석은 광범하게 공유되었으
며,26 '자유경제와 강한 국가'27라는 그의 요구는 신자유주의의 요구였

---

26. 바이마르 공화국의 위기에 대한 슈미트의 통찰은 뵘(Böhm), 오이켄(Eucken), 뤼스토
우(Rüstow), 뢰프케(Röpke) 같은 신자유주의적 필자들뿐만 아니라 노이만(Neumann)
과 키르히하이머(Kirchkeimer)에 의해서도 공유되었다. 이에 대해서는 Haselbach,
Autoritärer Liberalismus und Soziale Marktwirtschaft 과, Tribe, *Strategies of Economic
Order*, Cambridge : Cambridge University Press, 1995를 참조하라. 노이만과 슈미트의
차이가 드러나는 곳은 위기를 어떻게 해결할 것인가에 대한 서술에서이다. 슈미트처럼
독일의 질서자유주의자들은 폰 파펜이 주도한 인민위원식 독재를 수단으로 하는 독재
적 해결책을 선호했다. 슈미트와 질서자유주의자들 사이의 불협화음은 나치독재와 관
련해서 일어났다. 일부 질서자유주의자들은 나치독재를 주권 독재로 받아들이지 않은
반면, 슈미트는 지체 없이 나치즘의 법철학자가 되었다. 뢰프케와 뤼스토우는 외국으
로 나갔으며, 오이켄과 뵘은 말하자면 '내적 망명'을 선택해서 잔류했다. 뮐러-아르마크
역시 남았다. 그는 처음부터 줄곧 강한 인간을 주장했으며, 이탈리아 파시즘을 바이마
르의 위기를 극복할 수단으로 여겼다. 1920년대 후반과 1930년대 초반, 슈미트와 독일
신자유주의자들은 각자 서로의 분석을 자양분으로 삼았다. 그들의 어휘와 개념들은 서
로 교환이 가능했다. 제2차 세계대전 이후, 슈미트가 상당히 애매한 태도를 취하자, 슈
미트와 신자유주의자들 간의 연계를 끊어내려는 노력들이 다수 있었다. 예를 들어, 하
이예크는 슈미트가 '전체주의에 대한 지도급 나치 이론가'(Hayek, *The Road to Serfdom*,
London : Roudledge, 1944, p. 187)였다고 비난하면서 그와의 관계를 완전히 부인했으며,
단지 슈미트가 '어쩌면 발전하는 통치 형태의 성격을 다른 사람들보다 더 잘 이해했을 수
도 있다'(Hayek, *Law, Legislation and Liberty*, London : Routledge, 1979, p. 194)며 인정했
다. 하지만 하이예크는 슈미트의 민주주의와 자유주의의 구분법을 받아들였으며, 슈미
트의 분석이 '가장 학문적이고 통찰력이'(Hayek, *The Constitution of Liberty*, London :
Routledge, 1960, p. 485) 있다고 주장했다. 슈미트와 하이예크의 연관에 대해서는 Cristi,
Carl Schmitt and Authoritarian Liberalism, Cardiff : University of Wales Press, 1998과
Scheuerman, *Carl Schmitt, The End of Law*, Rowan & Littlefield, 1999를 보라. 슈미트와
독일 신자유주의자들의 연관에 대해서는 Haselbach, *Autoritärer Liberalismus und
Soziale Marktwirtschaft* 을 보라. 또 Nicholls, *Freedom and Responsibility*, Oxford :
Oxford University Press, 2000을 보라. 그는 뤼스토우가 강한 국가를 '사회주의 시장경
제의 선사(先史)에 있어서의 획기적인 사건'으로 묘사한 것을 칭찬하지만, 뤼스토우가
자유경제와 강한 국가에 대한 슈미트의 시각과 명백히 일치하는 것에 대해서는 언급하
지 않는다.(Schmitt, "Free Economy and Strong State"를 참조하라.) 마찬가지로 Friedrich,

다.[28] '정부는 그 고유의 영역을 넘어서는 어떠한 권력도 가져서는 안 된다. 정부 고유의 영역 내부에서 정부가 가질 수 있는 권력에는 한계가 없다.'[29] 슈미트 같은 1920년대 후반과 1930년대 초반의 신자유주의자들은 프롤레타리아의 위협에 직면하여 '고전적인 자유주의'가 실패했다고 비판했다. 방임주의는 '반란들에 대한 대답'이 아니다.[30] 신자유주의는, 방임주의가 약한 국가에 대한 요구를 국가 일반에 적용한다는 생각 속에서, 친구들의 가치들과 적의 가치들을 구별할 수 있는 능력을 상실한 국가를 발견한다. 강한 국가에게 자유주의적 가치들은 문제가 되지 않는다. 오직 강한 국가만이 반대를 견딜 수 있다. 오직 강한 국가만이 사적인 악들이 보이지 않는 손에 의해 공적인 선들로 변형된다고 하는 사회경제적 질서의 원칙으로서의 방임주의를 효과적이게 만들 수 있다. 보이지 않는 손은 정치적 안내를 필요로 한다. 신자유주의적 국가는 시장을 가능하게 하는 국가이다. 이 국가는 방임주의를 강제한다. 이것은 '자유가 강제되고 있는' 인민이라는 루소의 이미지와 다소 유사하다.

"The Political Thought of Neo-Liberalism"을 보라.

27. Schmitt, "Free Economy and Strong State."

28. Rüstow, "Industrialisierung und Arbeitslosigkeit", *Verhandlungen des Vereins für Sozialpolitik in Dresden 28. and 29. September 1932*, pp. 62~67, 1932를 참조하라.

29. Benjamin-Constant, Röpke, *Civitas Humana*, p. 28에서 재인용.

30. Peacock/Willgerodt, *Germany's Social Market Economy*, vol. 1, London : Macmillan, 1989, p. 6. 계급관계에 대한 대중 민주주의적 변형과 침해에 1930년대 초반의 신자유주의자들은 자유주의가 강한 국가를 위해 싸워야 한다고 주장했다. 그들은 자유주의가 '보이지 않는 손'에 의존한다고 비판했으며, 자본주의가 '신성한 이성'의 결과가 아니라고 주장했다. 고전적인 자유주의의 '이신론적 철학'이기는커녕, 자본주의는 그 작동을 '이것들이 없다면 자본주의 시장 체계가 작동할 수 없는 도덕적, 정치적, 법적, 제도적 조건들의 경제 초월적 테두리'에 의존하는 인공적인 질서이다.(Röpke, *International Economic Disintegration*, London : W. Hodge, 1942, pp. 67, 68. 또한 Röpke, *Civitas Humana*을 보라.) 고전적인 자유주의가 보이지 않는 손의 철학에 의존하는 것은, 프롤레타리아의 도전에 대한 아무런 해결책이 없다는 것을 의미했다.

신자유주의가 요구하는 강한 국가는 유한책임 국가이다. 이 국가가 사회에 개입하는 것은, 재분배를 성취하기 위해서가 아니라 '경제에서 사적인 권력을'[31] 제거하기 위해서이다. 하이예크가 이해한 것처럼,[32] 자유주의적 국가는 경쟁을 촉진하기 위해, 또는 프리드만의 말처럼,[33] '게임의 규칙들을 결정하고, 중재하고, 강화하기 위해' 개입한다. 발로[34]가 전후 독일의 신자유주의적 개혁들을 평가하면서 말한 것처럼, 신자유주의적 국가는 '자유 가격 메커니즘을 "계획하는 것"'을 통해 지배한다.[35] 자유 가격 메커니즘은 일종의 '연속적인 소비자 국민투표'이며[36], 이것이 작동하는 데는 '강제와 폭력'을 예방할 수 있는 강한 국가가 필요하다.[37] 강한 국가의 의무는 노동조합에 의한 '사적 강제를 막는 것'이다.[38] 요약하자면, '자유주의가 국가에게서 요구했던 것은 약함이 아니라 국가의 보호 아래 경제적 발전을 이룰 수 있는 자유였을 뿐이다.' 이러한 보호는 '강한 국가를 요구한다.'[39] 강한 국가란 '경제를 넘어, 이익 집단을 넘어, 적절한 곳에 존재하는 국가이다.'[40] 강한 국가는 '시장 자유주의적인 개입 국가'이다.

이와 대조적으로, 약한 국가는 사회를 넘어서 존재하지 않는다. 그 대신 약한 국가는 사회 속으로 끌려 들어오고, 적대적인 사회적 이해

---

31. Böhm, in Haselbach, *Autoritärer Liberalismus und Soziale Marktwirtschaft*, p. 92.
32. Hayek, *The Road to Serfdom*, p. 187.
33. Friedmann, *Capitalism and Freedom*, p. 27.
34. [옮긴이] Thomas Balogh (1905 ~ 1985) : 헝가리 태생의 경제학자.
35. Balogh, *An Experiment in 'Planning' by the 'Free' Price Mechanism*.
36. Röpke. Peacock/Willgerodt, *Germany's Social Market Economy*, p. 64에서 재인용함.
37. Hayek, *A Tiger by the Tail*, London : London Institute of Economic Affairs, 1972, p. 66.
38. 같은 책, p. 87.
39. Rüstow, "Industrialisierung und Arbeitslosigkeit", p. 68.
40. Rüstow, *Rede und Antwort*, p. 258.

관계들의 먹이가 된다. 국가의 '사회화'는 국가의 독립을 침식하고, 따라서 국가의 부르주아적 성격을 위험에 빠뜨린다. 그것은 마치 '군중이 정부의 좌석을 강탈한 것과 같다.'[41] 정부가 존재하는 것이 아니라, 1970년대의 신자유주의자들이 '통치불가능'ungovernability이라고 불렀던 것이 존재한다. 통치불가능한 국가는 '순수한 양量'[42]의 국가이며, 이것은 부르주아 친구와 노동계급 적을 구별할 수 없게 한다. 그리하여 [국가 체계 속으로] 침투한 노동계급의 이해관계에 반하는 사적 소유의 법칙들을 주장할 수 없다. 노동조합을 공격하고 노동관계들을 조절함으로써 경제로부터 '사적 권력'을 제거하는 대신, 민주주의의 경제적 비용은 늘어나며,[43] 국가가 '통탄할 정도로 약해지면서'[44], 국가는 '모든 시대의 모든 사람들을 가능한 모든 위험으로부터 보호하는 사업을 벌이는 일종의 무한책임 보험회사'[45]로 여겨지게 되었다. 정부가 더 이상 사회를 지배하지 못하고 그 대신 사회 속에서 지위를 상실하게 될 때 어떻게 해야 하는가? 여러 사람들 중에서 로시터, 프리드리히, 하이예크에 따르면, 국가는 통치해야 하고, '위기를 종식시키고 정상적인 시대를 회복하는'[46] 독재가 요구될 수도 있다. 독재는 '국가의 비상사태가 끝나고 난 뒤 법적 권위를 회복하기 위한 일시적인 국가 조직 형태'이다. 프리드리히에 따르면, '입헌 정치'가 비상 상황들에 대처할 수 없을 때, 해결책은 '독재로의 전환'에서 찾을 수밖에 없다. 하이예크의 언급

---

41. 금 표준제를 포기한다는 루즈벨트의 결정에 대해 바루흐가 논평하면서 한 말. Schlesinger, *The Age of Roosevelt*, Cambridge/Mass : Riverside Press, 1959, p. 202에서 인용함.

42. Schmitt, "Free Economy and Strong State"를 참조하라.

43. Brittan, *Economic Consequences of Democracy*, London : Temple Smith, 1977을 참조하라.

44. Friedrich, "The Political Thought of Neo-Liberalism", p. 512를 참조하라.

45. King, *Why is Britain Harder to Govern*, London : BBC Books, 1976, p. 12.

46. Rossiter, *Constitutional Dictatorship*, p. 7.

에 따르면, '독재는 스스로에게 한계를 부과할 수 있으며, 그러한 한계들을 부과하는 독재는 그러한 한계들을 모르는 민주적인 의회보다 그 정책들 면에서 더 자유주의적일 수 있다.'[47] 하이예크가 슈미트의 주권 개념 ― '주권자란 예외상태를 결정하는 자이다' ― 이 '어느 정도 개연성'[48]을 가지고 있다는 점을 수용하는 것은 놀라운 일이 아니다. 한계들을 그 자신에 부과하고, 자유주의적 토대 위에서 민주주의적 열망을 박탈함으로써 시장 자유를 촉진하고, 그리하여 '시장에서의 모든 무질서의 근절과 경제로부터의 사적 권력의 제거'[49]를 완수하려는 시도를 통해, 참호를 판 계급관계에 대한 규제를 철폐하는 독재는, '불평할 필요가 없는' 독재이다. 불평을 할 필요가 없는 것은 그것이 '헌법적이기'[50] 때문이다. 말하자면, 헌법적 독재는 '용어상 모순적이지' 않고 오히려 '입헌주의의 리트머스 시험'이다.[51]

민주주의적 열망들에 직면하여 자유주의 국가를 보호하는 수단으로 독재를 개념화하는 하이예크의 방식은 적절하다. 정부는 통치해야 한다. 불복종은 순종으로 바뀌어야 하고, 질서는 회복되어야 한다. '비정상적인 시기에 민주주의는 부재'할 수 있다.[52] 법률은 무질서에 들어맞지 않는다. 법률은 질서를 요구한다. 반란들은 의회적 논쟁으로 해결될 수 없다. 질서의 부과는 집행 행위를 요구한다. 질서는 법률이 지

---

47. Cristi, *Carl Schmitt and Authoritarian Liberalism*, p. 168에서 인용함.

48. Hayek, *Law, Legislation and Liberty*, p. 125.

49. Böhm, in Haselbach, *Autoritärer Liberalismus und Soziale Marktwirtschaft*, p. 92.

50. Rositter, *Constitutional Dictatorship*, p. 4.

51. Friedrich, *Constitutional Government and Democracy*, p. 580. 프리드리히와 로시터의 헌법적 독재 개념은 슈미트의 인민위원 독재에 뿌리를 두고 있다. 그들이 명백히 슈미트에 빚지고 있음에도 불구하고, 슈미트는 인정받지 못하고 있다. 하이예크와 마찬가지로, 그들은 그에게서 거리를 두려고 하지만(Friedrich, 같은 책, p. 664; Rossiter, *Constitutional Dictatorship*, p. 14), 그 없이는 아무것도 할 수 없는 것으로 보인다.

52. Rositter, *Constitutional Dictatorship*, p. 8.

배할 수 있도록 부과될 필요가 있다. 질서의 부과는 사회적 관계들의
성문화를 가능하게 만들고, 법률의 지배를 기초로 하는 규제를 가능하
게 만든다. 질서의 부과는 법률의 힘을 갖는다. 법률의 지배는 법의 힘
을 전제한다. 다시 말해, 폭력은 법률을 만드는 권력이며, 법을 보호하
는 권력이다.[53]

III

시민사회의 내적 변증법은 …… 시민사회를 박탈하여 …… 그것의 한계를 넘어서까지 밀어붙인다.[54]

부르주아 사회를 적대적 사회로 이해하는 것은 이미 칸트에 의해 받
아들여졌다. 교환관계들의 행위를 성문화하고 규제하는 특정한 정치 형
태를 그 [부르주아적인 사회적 — 옮긴이] 재생산이 필요로 한 것은 바로 그
적대 때문이었다. 국가의 목적은, 다수의 경쟁적인 사적 이해관계들이
법률을 기초로 하여 발전할 수 있도록 하면서 부르주아 사회의 공통의
이익을 보호하는 것이었다. 따라서 칸트에게 적대는 계급의 적대가 아
니었다. 칸트의 적대 개념은 전근대적이었다. 그에게 사회적 적대는 생
산의 상이한 부문들 간의 경쟁적 관계들과 특히 소상품 생산자들 간의
경쟁을 의미했다. 칸트의 이해에 따르면, 적대는 '이 사회를 무너뜨리려
고 끊임없이 위협하는 잇따른 저항과 결합된 사회에 모여 있는 인간들
의 비사회적인 사회성'[55]의 필연적인 결과였다. 국가는 여기에서, 자신

---

53. Benjamin, *Zur Kritik der Gewalt und andere Aufsätze*, Frankfurt : Suhrkamp, 1965를
　　참조하라.
54. Hegel, *Philosophy of Right*, p. 151.
55. Kant, *Political Writings*, in Reiss (ed.), Cambridge : Cambridge University Press, 1971, p. 44.

의 근본적인 사회성을 보호하기 위해 사회의 비사회적 성격을 규제하는 힘으로 나타난다. 말하자면 국가는 다른 모든 개인들에 대한 각 개인의 상호의존을 제도화한다. 이런 의존으로 인해 사회는 경쟁적인 사적 이해관계들을 하나의 사회적 틀 내부에 성문화하고 규제할 수 있게 된다. 노동계급, 즉 제4신분은 적대적 사회에 대한 칸트의 개념화에 영향을 미치지 못했다.

칸트의 국가 개념은 화해할 수 없는 계급 이해관계들의 형태가 아니라 화해할 수 있는 부르주아 이해관계들의 형태로 사회적 적대를 정립하는 것에 의존한다. 사적 이해관계들은 '비사회적이다.' 따라서 법률을 기초로 한 응집을 필요로 한다. 칸트의 말에 의하면, '인간 종들의 커다란 문제는, 즉 자연이 인간으로 하여금 찾도록 강요하는 해결책은, 정의를 보편적으로 집행할 수 있는 시민사회를 달성하는 문제이다.' '완전히 공정한 시민 헌법'[56] 의 제정이 문제였다. 따라서 경쟁적 사회의 보편적인 이해관계들은 '사회 내부의 적대의 …… 내재적인 역량들이' '법률 지배적 사회 질서'[57]를 기초로 해서 해결될 수 있도록 '완전한 시민 헌법'[58]의 제정을 필요로 했다. 오늘날의 말로 하자면, 칸트에게 국가의 필요성은 복수의 이해관계들 간의 갈등으로부터 나왔으며, 그는 국가가 그러한 시민적 행동을 보호하기 위해서 이러한 이해관계들로부터 독립을 유지해야 한다고 주장했다. 따라서 국가는 필수적인 갈등 해결 형태로 간주된다. 국가는 소유권을 성문화하고 무력의 사용을 규제한다는 것이다.

국가가 필수적이라는 칸트의 생각은 스미스와 루소의 통찰력을 되

---

56. 같은 책, p. 45.
57. 같은 책, p. 47.
58. 같은 책, p. 45.

풀이한다. 정의가 보편적으로 집행될 필요가 있다는 칸트의 주장은, 이해관계들이 충돌하는 경우에 국가가 정의를 공정하게 판결하는 데 책임이 있는 제도라는 스미스의 생각을 되풀이한다. 그리고 이러한 집행[행정]의 보편적 성격은 분할된, 그리고 경쟁적인 사적 이해관계들의 근본적인 사회성을 나타내는 루소의 일반 의지와 유사하다. 칸트에 따르면, 국가는 사적 이해관계들의 갈등하는 주장들과 관계들을 넘어서는 일반적 이해관계를 표현하는 데 필수적이다. 오로지 이기주의에만 기초하는 사회는 불가능하다. 그러한 비사회적 성질은 그 사회가 전제하는 것 — 사회의 근본적인 사회적인 성격 — 을 파괴할 것이다.

헤겔은 부르주아 사회의 적대적 본성을 이해한 최초의 주요 사상가였다. 그에게 사회적 적대는 계급의 적대이다. 헤겔에게 부르주아 사회의 근본적인 조건은 더 이상 소상품 생산자들 간의 경쟁적 관계가 아니다. 부르주아 사회는 계급 사회로 간주된다.[59] 헤겔의 국가 이론은 칸트의 이론과 구별되는데, 그것은 부르주아 사회 내에 그리고 그것에 거슬러 존재하는 노동의 적대적인 현전에 대한 인식이 공통의 이해관계에 기초하는 화해를 불가능하게 만들기 때문이다. 계급 사회는 화해할 수 없는 이해관계들에 의해 분할된 사회이다. 국가는 필연적으로 계급 국가이다. 따라서 국가는 더 이상 경쟁적인 사적 이해관계들을 넘어서 있고 그것에 대적하는 일반적인 이해관계의 기관으로서 필요하지 않는 것으로 보인다. 그 대신, 국가는 '빈자들'에 맞서 사적 소유의

---

59. 어떤 사람들은 부르주아 사회라는 표현을 이러한 맥락에서 사용하는 것에 반대하고 시민사회를 사용할 것을 주장한다. 그러나 헤겔의 다음과 같은 언명을 기억해 보라. '이 사회에서, 개인들은 시민들(citoyens)이 아니라 부르주아이다.'(1817/18년의 「하이델베르크 법철학」의 89번째 논문을 참조하라. 이 글은 프랑크푸르트 쉬르캄프에서 1983년에 처음으로 간행되었다.) '시민사회'에 해당하는 독일어는 'Zivilgesellschaft'나 'zivile Gesellschaft'이지 '부르주아 사회'로 번역되는 'buergerliche Gesellschaft'가 아니다.

법률을 재가裁可하기 위해 필요하다. 국가의 목적은 부르주아 사회의 한계들 내부에 노동을 가두는 것이다. 법률과 강압적인 힘을 기초로 한 감금. 즉 법률의 힘.

헤겔은 국가의 필요성을 부르주아 사회의 내적 역학으로부터 도출한다. 자신의 『법철학』에서 헤겔은 우선 일반적 의존성general dependency 개념을 도입한다. 특수한 개인은 본질적으로 타인의 특수성과 관련되어 있으며, 각각은 타자들에 의해 욕구를 충족시킨다. 그리고 그들의 상호관계는, 욕구의 충족이 전면적인 상호의존의 체계 속에서 실현된다는 것을 의미한다.[60] 따라서 교환에 의한 욕구들의 충족과 노동의 분업이 존재한다. 여기에서, 국가와 관련하여 헤겔이 말하고자 하는 것은 '사법기구에 의한 소유물의 보호'[61]이다. 하지만, 그리고 이것이 중요한 것인데, '무한히 다양한 수단과 이 수단을 통한 교호交互적인 생산·교환에서의 이 역시 무한히 세분화한 운동'은 사회를 개별화된 개인들, 또는 오늘날의 말로 하자면, 소위 시장적 개인으로 분할한다. 다시 말해, 노동의 분업은 '특수한 체계로 구조화되고 각 개인은 그 체계 속의 어딘가에 할당된다. 이렇게 해서 생겨나는 것이 갖가지 계층으로 꾸며진 체계이다.'[62] 이러한 분할들은 적대적인 종류의 분할들이며, 부르주아 사회의 발전은 적대적인 계급들의 양극화로 귀결된다.[63] 헤겔에 따르면, 사회가 두 개의 대립되는 계급들로 양극화하는 것은 부르주아 사회의 내적 필연성이다. 분열은 부르주아 사회의 구성된 동력에 속한다. 그는 시장경제가 '[노동에] 매여 있는 계급의 예속과 궁핍의 심화'로 귀결

---

60. Hegel, *Philosophy of Law*, pp. 122~129 [G. W. F. 헤겔, 『법철학』, 355~374쪽].
61. 같은 책, p. 126 [같은 책, 366쪽].
62. 같은 책, pp. 130~131 [같은 책, 378~379쪽].
63. 같은 책, p. 150 [같은 책, 428쪽].

된다고 이해한다. 예속과 궁핍은 또한 '무언가 더 이상의 자유를, 특히 시민사회의 정신적 편익을 감수하고 향유할 능력의 상실'을 수반한다.[64]

시민사회는 노동하는 계급이 배제되는 조건에서만 시민적인 것으로 보인다. 하지만, 부르주아 사회의 확대된 재생산이 '천민의 출현'과 '소수인의 수중에 과도한 부가 집중되는 것'[65]으로 귀결된다는 단순한 사실을 생각해 보면 이러한 배제가 가능하지 않다는 것을 알 수 있다. '대중들이 빈곤으로 빠져들기 시작하고' 반란을 일으키기 시작한다면 어떻게 할 것인가?[66] 헤겔은 부의 재분배를 거부하는데, 이것이 '시민사회의 원리에 위배되기'[67] 때문이다. 그는 또한 오늘날 완전고용 정책이라고 부르는 것이 시민사회의 논리와 모순된다고 주장한다. 문제를 해결하기보다는 오히려 심화시킨다는 것이다.[68] 따라서 '부의 과잉에도 불구하고 시민사회는 충분할 만큼 풍부하지는 않다는 것, 다시 말하면 빈곤의 과잉과 천민의 출현을 방지하기에 충분할 만큼의 고유 재산을 소유하고 있지 않다는 것이다.'[69] 사회의 양극화를 풀 수 있는 경제적 해답은 존재하지 않는다. 사실상, '그 스스로의 변증법에 떠밀려 가는 시민사회는 자기 테두리를 넘어서서, 즉 그 자신이 처해 있는 지금의 이 특정한 사회를 넘어서서 밖으로 진출'[70]한다. 빈자들을 견제하고, 그리하여 계급 적대를 그것의 부르주아 형태의 한계들 내부에 봉쇄하는 방법은 무엇인가? 헤겔에게는 오직 정치적인 해답만이 있다.

---

64. 같은 책, pp. 149~150 [같은 책, 428쪽].
65. 같은 책, p. 150 [같은 책, 428쪽].
66. 같은 책, p. 150 [같은 책, 429쪽].
67. 같은 책 [같은 책, 429~430쪽].
68. 같은 책을 참조하라.
69. 같은 책 [같은 책, 430쪽].
70. 같은 책, p. 151 [같은 책, 431쪽].

그는 국가에 계급 적대를 봉쇄하는 임무를 부과했다.

　개괄하자면, 부르주아 사회의 동력은 적대적인 계급적 이해관계들에 따라 사회의 양극화를 창출한다. '빈자들에 맞서 부자를' 방어하는 것은 정치적 과제이다. 이러한 해결책은 부르주아 사회에 적합하다. 복지와 고용에 대비하기 위한 '개입주의'는 부르주아 사회의 논리 및 이해관계들과 모순되며, 사태를 악화시키는 데 기여할 뿐이다. 개입주의는 시민사회의 논리와 일치해야 한다. 즉 뢰프케[71]가 말한 바와 같이,[72] '개입주의'는 '시장의 자연적 경향'과 조화를 이루어야 한다. 오직 이러한 개입만이 모든 세계들의 최상의 것을 보호하고, 자본과 노동 간의 자유롭고 평등한 교환관계들을 기초로 하는 계급 적대의 규제를 가능하게 하고, 고용과 노동조건들을 위한 노동자들 간의 경쟁을 강화하며, 따라서 계급사회에 매우 전형적인 개인주의화를 강화한다. 계급 적대의 봉쇄는 윤리적 수단에 의해 이루어질 수 있는데, 이 수단의 요지는, 계급적 조건들을 떠나 우리 모두가 한 국가의 배를 타고 있다는 것이다. 특정한 계급적 이해관계가 보편적인 또는 국가적 이해관계로 보이게 되는 것이다. 그렇다면 노동계급의 이해관계는 어떠한가? 하나의 사회라는 윤리적 호소는, 뮐러-아르마크가 말한 바와 같이, 시장 메커니즘[즉, 경쟁 — 옮긴이]을 '전반적인 생활 방식 속으로' 편입시키는 것으로 귀결된다. 봉쇄는 또한 당근을 채찍으로 대체하는 강압적인 수단에 의해 진전될 수도 있다. 어떤 경우에서건 채찍은 직접적으로 사용되거나 또는 당근 속에 은폐된다. 벤야민이 말한 바처럼, 억눌린 자들

---

71. [옮긴이] Wilhelm Röpke (1899 ~ 1966) : 독일의 여러 대학에서 경제학 교수를 역임했
　　다. 1929년의 내공황으로부터 얻은 역사적 경험과 이론적 인식을 토대로 하여 독일적
　　자유주의를 확립한 질서경제학파에 속한다.
72. Röpke, *German Commercial Policy*, London : Longmans, 1934, p. 50.

의 전통이 우리들에게 가르치고 있는 교훈은, '우리들이 오늘날 그 속에서 살고 있는 "비상사태"가 예외가 아니라 상례라는 점이다. 우리는 이러한 인식에 상응하는 역사의 개념에 도달하지 않으면 안 된다.'[73]

헤겔의 시민사회 개념은 시민사회의 억압적 성격에 대한 벤야민의 비판이 옳음을 증명한다. 헤겔에 따르면 시민사회는 이기적이고, 경쟁적이며, 적대적인 사회이다. 여기에서 거대한 부는 다수를 희생시키는 소수에 의해 축적된다. 시민사회는 결국 대중들에게 가난의 굴레를 씌운다. 시민사회가 그 자신의 모순들의 압박으로 붕괴하는 것을 막기 위해 국가의 권위가 필요하다. 헤겔은 다음과 같은 말로 시민사회를 묘사했다. '[개인은] 전체의 완전한 혼동과 위험에 종속된다. 인구 대중은 공장들, 제조소들, 광산 등지에서의 아연실색할, 유해한, 그리고 불안전한 노동을 하도록 운명 지어져 있다. 인구의 대부분을 부양하는, 산업의 모든 부문들이, 양식이 변하거나 생산물들의 가치들이 다른 나라들에서의 새로운 발명품들로 인해 하락하거나, 또는 그 밖의 이유들 때문에 갑자기 망한다. 그로 인해 모든 대중들이 어찌할 도리 없는 가난에 빠져든다. 막대한 부와 막막한 가난 사이의 갈등은 한 단계 더 나아가게 되고, 가난은 이제 그 자신의 조건들을 개선할 수 없게 된다. 부는' 원한과 증오를 불러일으키는 '…… 지배적인 힘이 된다.'[74] 시민사회의 통합은 '죽은 자들의 움직이는 삶'을 안정시키는 것으로 보였다. '이 체계는 맹목적이고 원초적인 방식으로 여기저기를 움직이며, 마치 야생동물처럼 영구적인 강력한 통제와 구속을 요구한다.'[75] 요컨대, 그것

---

73. Benjamin, "Geschichtsphilosphische Thesen", p. 84 [발터 벤야민, 「역사철학 테제」, 『발터 벤야민의 문예이론』, 347쪽].
74. Hegel, *Jenenser Realphilosophie*, Leipzig : Meiner, 1932, p. 232.
75. 같은 책, p. 240.

은 '빈자'를 부르주아 사회의 경계들 내부에 봉쇄함으로써 자기의 행위를 '시민적'인 것으로 만들 수 있는 강력하고 능력 있는 국가를 필요로 한다. 사실상, 시민사회의 정치적 응집성은 '국내의 소란을 방지하고 대내적으로 국가의 국위를 확립시켜 주는 성공적인 전쟁들'[76] 에 의해 증진될 수 있을 것이다. 그래서 맑스가 시민사회를 부르주아 사회로 대체한 것은 적절하다. 노동력의 구매자와 판매자처럼, 개인들은 재산상의 불평등에 상관없이 인권의 주체들로서 모습을 드러낸다. '자유로운' 노동자들은 생산수단의 소유자만큼이나 인권의 추상적인 주체이다. 하지만 일단 노동계약이 성립되면, 작업 현장은 마술을 부리고, 인권의 영역은 생산의 은폐된 장소로 대체되며, 거기에서 자본은 잉여가치를 추출하기 위해 자신이 획득한 재산을 생산과정 속에서 소비한다. 다시 말해 노동자의 노동력은 자본의 명령 아래에서 생산적 활동으로 변형된다. 노동계약은 부르주아 사회의 모든 관계들의 근본적인 형태이다. 그것은 자유를 착취에 연결한다.

IV

혼란 상태에 적용될 수 있는 규범 따위는 없다. 법질서가 유의미할 수 있기 위해서는 질서가 구축되어야 한다.[77]

위에서 살펴본 바에 따르면, 국가는 갈등 해결의 특정한 형태인 것으로 나타난다. 칸트에게서, 국가는 게임의 규칙들을 성문화하고 교환

---

76. Hegel, *Philosophy of Right*, p. 210 [G. W. F. 헤겔, 『법철학』, 565쪽].
77. Schmitt, *Politische Theologie*, p. 20 [칼 슈미트, 『정치신학』, 25쪽].

의 주체들 간의 소유관계를 규제하면서, 법률과 질서를 기초로 하여
자신들의 행위를 시민적인 것으로 만든다. 국가는 여기에서 '비사회적
인' 교환관계들의 근본적인 '사회성'을 보호하는 '경제 초월적인 강압적
힘'으로 나타난다. 법률과 질서를 기초로 해서 개인적인 상품 소유자들
을 화해시키는 것은, 그들의 관계가 소유 권리들의 인정을 전제로 한
것이기에 문제가 되지 않는다. 하지만, 일단 소유권을 둘러싼 갈등이
적대적인 형태를 띠게 되면, 법률과 질서에 의한 갈등 해결책의 성격
이 변하게 된다. 법적 규제 형태들에 대한 자유주의적 숙고 대신,[78] 이
제 법률의 조건으로서의 질서의 부과가 강조되기에 이른다. 클락이 올
바르게 주장했듯이, 노동계급은 '언제나 국가권력의 대상이다. 국가의
사법적 권력은 자본가계급에 의한 불평등한 노동착취를 후원하면서,
노동계급이 노동생산물에 대한 권리를 주장하기 위해 자신의 집단적
힘을 사용하지 못하도록 막는다.'[79] 즉, 클락에 따르면, 노동시장에서
자유롭게 계약하는 평등하고 자유로운 시민들인 자본가와 노동자 간
의 관계에 대한 성문화는 교환의 내용에 의해 부정된다. 일단 임금계
약이 이루어지면, 작업 현장은 마술을 부린다. 노동자를 평등한 시민
으로 승인하는 것은 교환이라는 말을 소유권의 한계 내부에 한정하는
것에 그치지 않는다. 그것은 또한 노동계급을 자본에 종속시키기도 한
다. 자본과 노동을 교환에서의 평등하고 자유로운 쌍방으로 인정하는
것은 착취의 실질적인 보장을 수반한다.

　노동계급의 민주주의 권력이 의회적인 법령에 의해 사회주의로 평
화롭게 이행할 수 있을 것이라는 엥겔스의 희망은 실제로 그곳에 존재

---

78. Friedmann, *Capitalism and Freedom*, p. 23.
79. Clarke, *The State Debate*, p. 198.

하지 않는 기회 구조[80]를 이용하려 한다. 클락이 언급한 바와 같이, '자본주의적 소유는 법률의 지배나 폭력 수단의 가상적인 국가 독점이 아니라, 자본주의적인 사회적 생산관계들에 기초하고 있다.'[81] 다시 말해, 그리고 내가 이전 장에서 주장했던 바와 같이, 의회적 대의는 고용, 노동조건들, 사회적 안전을 위한 요구를 경제성장의 정치학으로, 즉 자본 축적률의 증대를 촉진하라고 국가에 가하는 압력으로 바꾸는 경향이 있다. 지난 세기 동안, 자유주의적 국가의 대중 민주주의적 변형은 그 부르주아적 목적을 위험에 빠뜨린 것이 아니었다.[82] 데모스의 주권이라는 '민주주의' 관념은, 의존적인 대중들의 집단적 이해관계들에 따라 부르주아 국가를 민주화한 것이 아니라 부르주아 국가의 입법 수단으로 변형되었다. 이러한 결합은 더 거대한 경제적 책임을 수반했으며, 시장 자유주의자들에 따르자면, 이것은 자유주의적 국가를 경제적 국가, 즉 경제적 책임을 지는 국가로 변형시켰다.[83] 다른 사람들은 이 변형을, 정치적 위기를 합법성의 위기로 변형시키는,[84] 부르주아 국가의 케인즈주의적 구출이라고 이해한다.[85] 어느 경우이건, 데모스가 부르주아 사회의 제도 속으로 편입됨으로써, 데모스는 제도화되었으며, 그

---

80. [옮긴이] opportunity structure : '기회구조'란 사회학에서 그리고 사회과학 관련 분야에서, 집단적 행위자(사회운동)를 제한하거나 그들에게 권력을 부여하는 외부적인 요인들을 말한다. 사회운동의 진화를 설명할 때, 구조주의적 접근법은 국가 억압의 수준 및 유형과 같이 사회운동 자체에 외부적인 요인들, 또는 정치적 제도들에 대한 집단의 접근이 그 사회운동의 발전에 영향을 미친다고 강조한다. 이러한 요인들이 기회구조이다.

81. Clarke, *The State Debate*, p. 187.

82. Agnoli, *Faschismus ohne Revision*.

83. Eucken, *Grundlagen der Natinaloekonomie*, Berlin : Springer, 1965를 보라.

84. Habermas, *Legitimation Crisis*, Boston : Beacon Press, 1975.

85. Holloway, "The Abyss Opens", in Bonefeld/Holloway (eds.), *Global Capital, National State and the Politics of Money*.

리하여 약화되었다. 데모스는 통치의 자원으로 변형되었다.[86] 그렇다면 이것은 데모스의 주권이라는 민주주의적 사상이 자유민주주의의 메커니즘으로 변형되는 것이다. 슘페터가 말했듯이, 자유민주주의는 아직까지는, 평화적 수단에 의해, 즉 경쟁적인 선거에 의해 엘리트들의 순환을 보호하기 위해 창안된 가장 좋은 메커니즘이다.[87]

자본과 국가에게 닥친 중대한 위험은 노동계급이 자유민주주의의 체계 속으로 편입되는 것이 아니다. 중대한 위험은 데모스, 즉 의존적인 대중들이 [스스로를] 사회적이고 정치적인 주권으로 주장하는 것이다. 이러한 주장은 사회적 노동관계들을 정치화하고, 그리하여 정치적인 것을 국가 형태 속에 집약시키는 것을 문제 삼는다. 이렇게 해서 경제와 국가 사이에서 일어나는 부르주아적 분리가 위협받는다. 생산수단을 둘러싼 민주주의적 통제와 대중 시위에 의한 저항의 영구화를 위한 노동계급의 투쟁들은 '경제적인 것'과 '정치적인 것'의 경계들을 문제로 삼고, 그 '"고유의 힘"을 사회적 힘'으로 승인하고 조직함으로써 그렇게 한다.[88] 이러한 '[자유주의적] 민주주의의 위기' 시기에, '입헌 정부는, 위험을 극복하고 정상적인 조건들을 회복하는 것이 어느 정도 필요한가에 따라 임시로 변경되어야 한다.'[89] 자유경제와 강한 국가에 대한 신자유주의적 요구는, 말하자면, 성서대[lectern, 聖書臺]에서 막사로 움직이면서, 경찰 행위를 요구한다. '계몽된 국가에 의해' 다시 '보호되어야'[90] 하는 자본주의적 사회관계에서, '국가의 다소 권위주의적인 방침

86. Foucault, *The Birth of Biopolitics*, London : Palgrave, 2008.

87. Schumpeter, *Capitalism, Socialism & Democracy*, London : Routledge, 1992.

88. Marx, *Zur Judenfrage*, p. 370 [칼 마르크스, 「유태인 문제에 대하여」, 『마르크스의 초기 저작』, 361쪽].

89. Rossiter, *Constitutional Dictatorship*, p. 5.

90. Nicholls, *Freedom and Responsibility*, p. 169.

은 불가피하게 된다.'[91] 국가는 정치적인 것을 국가 그 자체의 독특한 성격에 맞춰 교정하기 위해 요구한다. 즉 사회적 노동관계들은 탈정치화되어야 하고, 질서는 회복되어야 한다. 법률은 질서를 만들어 내지 않는다. 질서는 법률의 전제조건이다. 요컨대, 사회적 무질서는 프리드리히가 말했듯이, '헌법적 독재의 확립을 요구하는 비상사태의 국가들을 창출한다.' 필연성은 한계를 모른다. 그것은 어떠한 법률도 모른다. 필연성의 시대는 힘의 사용을 요구한다.

필연성의 법률은 폭력의 법률이다. 이 법률은 법률의 폭력을 가지고 질서를 부과한다. 그래서 법률의 지배는 다시 적용될 수 있다. 일단 비상사태가 끝난다면 말이다. 로시터가 말하는 바와 같이, '법률이 국가를 위해 만들어지지, 법을 위해 국가가 만들어지는 게 아니다.'[92] '둘 사이에서 선택이 이루어져야 하는 것 같은' 상황일 경우, '국가를 위해 희생될 필요가 있는 것은 법이다.'[93] 따라서 사적 소유의 법을 보호하기 위해, 법의 지배는 그것이 '영구히 파괴되지 않을 수 있도록' 유지되어야 한다.[94] 그러므로 '공정하고 조직된 힘'[95]의 사용은 '더 많은 통치, 더 적은 자유'[96]를 수반하는 것만이 아니다. 그것은 또한 집행자들의 수중에 권력이 집중되는 결과를 낳기도 한다. 사회의 민주화에 직면하여, '집행 행위'[97]는 '입헌적 억제들의 마비로부터'[98] 풀려나야 한다. 필요need의 시대에, '권력의 세분화라는 교리에 내재하는 불충분성들'은 극

---

91. Röpke, *International Economic Disintegration*, p. 246.

92. Rossiter, *Constitutional Dictatorship*, p. 11.

93. 같은 책, Barthélemy를 인용함.

94. 같은 책, pp. 8, 12.

95. Wolf, "The need for a new imperialism"을 참조하라.

96. Rossiter, *Constitutional Dictatorship*, p. 6.

97. Friedrich, *Constitutional Government and Democracy*, p. 563.

98. Rossiter, *Constitutional Dictatorship*, p. 290.

복되어야 하고, '권력은 한 사람의 수중에 집중되어야 한다.'[99] 그는 '헌법적·법적 한계들의 정상적 체계로부터'[100] 자유로운 상황에서 통치한다. '국가를 유지하기 위한 비상수단' ─ 계엄령에서 비상사태의 국가에 이르는, 시민적 자유들을 억압하는 것에서 완전한 헌법적 또는 인민위원적 독재에 이르는 ─ 은 그렇지만 '정부가 더 많은 권력을 가지고, 인민들은 더 적은 권력을 갖는'[101] 국가의 일시적 강화만을 수반하지는 않는다. 그것은 또한 필연성의 법칙, 즉 법에 기초한 지배의 회복을 위한 전제조건으로서의 질서의 부과를 수반한다. 법의 지배의 정지는, 그 순수가 법의 지배를 보호하기 위해 취해지는 경찰행위에 의해 더럽혀지지 않도록, 세상 사람들이 갈망하는 자유의 여신상의 눈을 가린다는 것을 의미한다.

독재의 목적은 '전쟁 이전 상태로의 완전한 회복'[102]이다. 하지만 프리드리히가 인정하는 바와 같이, '비상사태 권력이 남용되거나 악용되지 않고 기존 제도들을 보호할 목적을 위해서만 사용되도록 강제할 제도적 안전장치들'은 존재하지 않는다. 위험한 것은 독재가 '전체주의'가 되는 것이다. 즉 슈미트의 말들에 따르면, 독재가 바람직한 인민위원적 독재가 되는 것이 아니라 주권 독재의 성격을 취하게 되는 것이다. 어떻게 해야 하는가? 어떻게 히틀러들을 내몰 것인가? 독재가 자유의 이름으로 행해지는 것을 어떻게 확인할 것인가? 하이에크가 그렇게 칭찬해 마지않던 칠레의 피노체트처럼 말이다.[103] 프리드리히에 따르면, 호의적인 독재자가 요구된다. 독재는 '세계혁명적 상황의 본성을

---

99. 같은 책, pp. 288, 289.
100. Friedrich, *Constitutional Government and Democracy*, p. 560.
101. Rossiter, *Constitutional Dictatorship*, p. 5.
102. 같은 책, p. 7.
103. Cristi, *Carl Schmitt and Authoritarian Liberalism*, p. 168을 보라.

이해하고, 또한 이러한 유형의 갈등을 다루는 데에서 무력이 갖는 한계들을 알고 있는 사람들의 수중에' 있을 필요가 있다. 로시터가 말하는 바의 권력은 반드시 나쁜 것만은 아니다.[104] 권력은 '책임을 다할 수 있으며, 강한 정부는 민주적일 수 있으며, 독재는 헌법적일 수 있다.' 하지만 '어떠한 민주주의도' 불변의 독재로부터는 나오지 않으며, 어떤 '독재들은 자기가 방어하려 했던 것을 배반했다.'[105] 따라서 확실한 것은 아무것도 없다. 프리드리히가 말했듯이, '우리는 어떻게 효과적이고 강력한 통치 행위를 취하고, 그러면서도 권력의 전제적인 집중의 발흥을 억제하기 위해 정부 단체들의 권력을 제한해야 하는가?'[106] 프리드리히에게 이것은 실천적으로 해결될 수밖에 없는 '논리적 역설'이다. 반란과 불복종에 직면하게 되면, '자유' ― 부르주아적 자유 ― 의 독재적 방어 이외의 대안은 존재하지 않게 된다. 로시터가 말하는 바와 같이, '위기의 필연성들은, 입헌 정부의 지도자들이, 자유의 어떠한 금지된 영역들 속으로 들어가도록 강제하며, 그들은 어쩔 수 없이 국가와 그 자유들의 파괴를 용인할 수밖에 없다.'[107] 그 '상償은 자유이다.'[108]

결론

세계는 위험한 장소가 되었다. 보도 기사는 언제나, 테러와의 전쟁에 대한 보도, 더 많은 사상자들에 대한 기사들, 주민들에 대한 공격들,

---

104. Rossiter, *Constitutional Dictatorship*, p. 314.
105. 같은 책, p. 13.
106. Friedrich, *Constitutional Government and Democracy*, p.581.
107. Rossiter, *Constitutional Dictatorship*, p. 290.
108. Friedrich, *Constitutional Government and Democracy*, p. 581.

보안 경보들, 더 나아가 시민의 자유에 대한 억압들에 관한 소식을 전한다. 비판적 판단은 사유 없는 세계에서 포기된 것처럼 보인다. 전쟁은 '평화를 만들어 내는 것'으로 정의된다. 해방과 자유는 표면상의 해방과 자유를 보호하기 위하여 제한된다. 속임수와 선전의 정치(학)는 거의 연극적인 수준에 이르렀다. 이 정치(학)는 선택과 민주적 가치들의 외양을 쓴 채, 낡은 시대의 — 우리 편이 아니고 우리와 반대되는 사람들의 — 폭정의 지혜를 선택과 민주주의를 방어하는 수단이라고 선언한다. 9월 11일의 사건들은 잔인한 무력으로써 감각, 의미, 그리하여 이성과 진리의 무기력함을 드러내었다. 인류의 자질과 차이에 대한 거부는 절대적이었다. 그것들의 시체들조차 남아 있지 못했다. 그리고 그 대응은 어떠한가? 테러리즘과 국가 테러리즘이 동전의 양면임이 분명히 드러났다. 이것들은 서로를 먹잇감으로 삼으며, 서로 의존하고, 서로를 강화하며, 전체주의적인 세계관으로 서로를 — 그들과 우리로 — 인식한다. 이 둘 사이에서는 어떠한 것의 생존도 허락되지 않는다. 행위가 진실한지 그렇지 않은지 회의하는 것은, 폭탄을 투하하여 불구로 만들라는, 수색하여 파괴하라는, 권위주의적 결정에 의해 무시된다.

2008년에 모습을 드러낸 자본주의적 축적의 심화되고 장기적인 위기의 배경에 대해서, 소로스[109]는 주목할 만한 통찰력으로, 테러리즘이 관념적인 합법화뿐만 아니라, 채무위기적 자유시장 관계들에 대한 고삐 풀린 강압적인 보호를 위한 관념적인 — '보이지 않으며 결코 사라지지 않기 때문에'[110] 관념적인 — 적 역시 제공한다고 주장했다. 전 세계적인

---

109. [옮긴이] George Soros (1930 ~) : 헝가리계 미국인으로서 금융가, 사업가, 그리고 자유주의적 이상과 대의를 지지하는 데 초점을 맞추는 자선 사업가이기도 하다. 20세기 최고의 펀드 매니저로 평가받고 있다.
110. Soros, "Burst the Bubble of U. S. Supremacy", *The Miami Herald, International Edition*, March 13 2003.

반테러 입법의 강화와 더불어, 오늘날 요구되고 있는 것은 국민들이 헌법적 질서를 따라야 한다는 것만이 아니다. 법, 질서, 헌법에 대한 복종으로는 충분하지 않다. 사람들은 이제 또한 그것들을 사랑할 것을 요구받고 있다. 미국 〈애국자법〉은 자유가 안보의 결과물임을 확실히 한다.[111] 그리고 사회질서에 대한 군사적 교의와 유사하게, 그것은 국민들의 '전폭적 지지'를 끌어냄으로써 안보를 이루려고 한다. 데모스가 법의 지배를 통하여 자신의 주권을 표현한다는 자유주의적 생각은 질서정연한 국민에 의존한다. 바로 이러한 단순한 이유로 인해, 아놀리가 다른 맥락에서 주장했던 것처럼, 사랑스러운 시민들로 여겨지는 모든 사람들은 또한 잠재적으로 안보를 위협하는 무리들로 체계적으로 감시를 당한다. 결론적으로 말해, 신자유주의는 국가를, 방임주의를 효과적으로 만들어 주는 수단으로 간주한다. 국가가 국민들을 [강제로라도] 자유롭게 만든다는 것이다. 무력은 법의 지배 아래에서 자유의 전제조건이다. 즉, 교환의 규칙들은 불평등을 등가의 형태 속에서 인식한다. 만인은 교환 속에서, 그리고 법 앞에서 평등하다. 법적 평등으로서의 사회적 불평등의 실존은, 법의 무력을 법의 지배의 조건으로 전제한다.

---

111. Neocleous, "Security, Liberty and the Myth of Balance", *Contemporary Political Theory*, vol. 6, 131~149, 2007을 참조하라.

8장

자본주의 국가

환상과 비판

I

요하네스 아뇰리는 우리에게 경제적 범주들에 대한 맑스의 비판을
정치적 범주들에 대한 비판으로 보충해야 할 필요가 있다고 상기시켰
다.[1] 정치경제학 비판은 경제학에 대한 비판인 것만큼이나 정치적인
것에 대한, 국가에 대한 비판이기도 하다. 맑스는 자신이 기획했던 국
가에 대한 책을 결코 쓰지 못했다. 이것이 맑스주의 세대들에게 국가
에 대한 '그' 맑스주의 이론에 대해 논쟁하도록 해 왔다.

국가를 다루는 맑스의 책은 진정 — 국가에 대한 비판이 아니라 — 국
가에 대한 이론이 되었을까? 하지만 [맑스 사후의 맑스주의에 의해, 예컨대

---

1. 정치적인 것에 대한 비판을 다룬 그의 글들을 보라. 특히 Agnoli, *Der Staat des Kapitals
und weitere Schriften zur Kritik der Politik*, Freiburg : Ça ira, 1995를 볼 것.

제 2, 3인터내셔널에서 — 옮긴이] 추구되었던 것은 [국가 비판이 아니라 —
옮긴이] 국가에 대한 이론임이 분명했다. 특히 제2, 제3인터내셔널의 맑
스주의는 맑스의 정치경제학 비판을 맑스주의 경제 과학으로 변형시
켰다.[2] 맑스의 정치경제학이 경제적 범주들에 대한 비판이 아니라 부
르주아 경제학에 대한 비판이 되었다고 가정하게 되면, 맑스주의 국가
이론을 발전시켜야 한다는 요구가 뒤따르게 된다. 왜냐하면 맑스의 정
치경제학을 부르주아 경제학에 대한 비판으로 규정하는 것은 경제적
인 것과 정치적인 것을 두 개의 상이한 사회조직 형태들로 간주하는
것이기 때문이다.

맑스는 경제학을 사물들이 사물들과 맺는 관계라고 불렀다.[3] 이러
한 관계들이 무정부적인 시장관계들로 나타나는 상황들은 사회주의
를, 상당히 중앙집중적인 정치적 권위, 즉 국가에 의한 경제적 계획 형
태로 개념화하는 것으로 이어졌다. 계획은, 생산을 목적으로 사회적
노동시간을 배분하는 것을 포함한, 시장을 기반으로 하는 상품 배분에
대한 합리적 대안처럼 생각된다. 더 합리적인 경제 조직을 위한 주장
은 국가를 경제적인 계획자로 긍정한다. 따라서 사회주의 국가는, 겉
으로 보기에 직접적 생산자들을 대표해서, 자본주의 시장관계들의 무
정부 상태를 경제적 자원들의 의식적·합리적 계획으로 대체하는 권위
로 등장한다.[4] 이러한 사회주의적 변형 개념은 '국가가 전진할 때 화폐

---

2. 돕과 만델은 통찰력 있는 설명을 제공했다. Dobb, *Political Economy and Capitalism*,
London : Routledge, 1940; Mandel, *The Formation of the Economic Thought of Karl
Marx*, London : New Left Books, 1971. 이에 대한 비판으로는 다음을 보라. Postone,
Time, Labour and Social Domination, Cambridge : CUP, 1996, pp. 43~58.
3. 경제학 비판으로서의 맑스의 작업에 대한 간결한 설명으로는 Backhaus(*Die Dialektik
der Warenform*, "Some Aspects of Marx's Concept of Critique in the Context of his
Economic-Philosophical Theory")를 보라.
4. Mészáros, *The Challenge and Burden of Historical Time*, New York : Monthly Review

와 자본은 후퇴한다'[5]는 생각에 기초하고 있다. '국가'가 계급 세력들의
특정한 균형 때문에 자본주의 국가인 것처럼 보이는 것이라면, 국가가
사회주의 국가가 될 수 있기 위해서는 이 균형이 노동 쪽으로 기울도
록 바꾸면 될 것이다. 국가 그 자체는 비결정적인 것처럼 보인다 — 국
가는 정치적인 것의 영속적이고 초역사적인 메커니즘이다. 국가는 계
급 세력들의 균형에 의존하면서, 이런 계급 또는 저런 계급의 이해관
계에 따라, 자본주의 국가나 사회주의 국가로서 기능할 수 있다. 풀란
차스가 주장했듯이, 국가는 그저 자본주의 국가인 것만은 아니다. 국
가는 자본주의 사회 속의 국가이다. 따라서 국가는 두 번 존재하는 것
으로 보인다. 한 번은 추상적인 것 속의 국가로, 그리고 나서는 상이한
국가 형태, 즉 자본주의 국가 형태나 사회주의 국가 형태 등의 구체적
인 양태로 말이다. 추상적인 국가는 정치적인 것의 초역사적인 메타형
태로서의 국가인데, 이것은 언제나 역사적으로 중층결정되는 생산형
태들 속에서 구체적으로 존재한다. 이러한 시각은 국가가 사실상 '그
고유의 정신적이고 윤리적이며 자유로운 기초를 보유하고 있는' 매우 '자
립적인 존재'[6]라는 점을 시사한다. 이 점을 맑스는 자신의 「고타 강령
초안 비판」에서 비판한다.[7] 신과 자연이 없을 경우, 그 독립적인 존재
의 토대는 무엇인가?

Press, 2008과 Petras/Veltmeyer, *What's Left in Latin America*, Aldershot : Ashgate, 2009
를 참조하라.

5. Haug, *Vorlesungen zur Einführung ins 'Kapital'*, p. 102. 하우크의 맑스주의에 대해서는
Bonefeld("Naturalisation versus Critique of Economic Categories", *Critique*, vol. 37, no.
2, 2009)를 보라. 이러한 논지에 깔린 국가와 혁명에 대한 레닌주의적 개념화에 대한 비
판으로는 9장을 보라.

6. Marx, *Kritik des Gothaer Programms*, p. 28 [칼 맑스, 「고타 강령 초안 비판」, 『칼 맑스 프
리드리히 엥겔스 저작선집 4』, 385쪽].

7. 이 강령은 제2, 3인터내셔널의 맑스주의의 토대를 놓았다. 국가에 대한 구조주의적 이
론은 이에 기초하고 있다.

이 문제는 1970년대의 소위 국가도출논쟁에서 근본적이었다. 이 논쟁은 국가 범주를 맑스의 경제학 비판에서, 주로 『자본론』에서 '도출하려' 했다.[8] 경제는, 그로부터 정치적인 '상부구조' 범주들이 '기원하는' 토대로 간주되었다. 정치적인 것은 경제적 범주들의 파생물로서 나타났다.[9] 맑스의 정치이론에 대한 풀란차스의 기여는 구조와 투쟁을 구체화하고 경제적인 것과 정치적인 것을 분리시키는 매우 복잡한 이론적 미로가 되었다. 그는 계급 세력들의 균형이 변화하고 변동하면서 나타나는 사회적 이해관계들의 변화하는 지형들을 위해 사회를 응집하는 수단으로서의 국가에 초점을 맞추었다. 풀란차스는 자신의 작업이, 맑스주의 정치이론이 소위 맑스주의 경제학에 상응하는 것으로 발전하는 데 기여한 것으로 보았다.[10] 국가 논쟁에 대한 사이몬 클락의 독창적인 기고문은 풀란차스의 설명이 스미스에서 베버에 이르는 전통, 무엇보다도 맑스에 대한 진부한 사회이론 해석에 묶여 있다는 점을 보여 주었다. 이러한 해석은 특히, 가치 및 잉여가치 이론들이, 즉 부르주아 경제 및 정치 형태들에 대한 맑스의 계급 분석이 그의 비판에서 차지했던 구성적 역할을 무시했다.[11]

---

8. 하지만 국가도출논쟁을 무차별적인 방식으로 보는 것을 잘못일 것이다. 일부 기고자들은 부르주아 사회의 해부로부터, 그리고 소위 자본주의 발전의 객관적인 법칙들로부터 순조롭게 국가의 기원을 찾았다. (Altvater, "Some Problems of State Intervention", in Holloway/Picciotto (eds.), *State and Capital*, London : Edward Arnold, 1978을 보라.) 또 다른 기고자들은 이러한 경제적 환원론을 거부하고 정치경제학 비판의 맥락에서 국가를 분석했다. 이장의 주장은 이러한 비판적 견지에서 이루어진다. 국가도출논쟁에 대해서는 Clarke(*The State Debate*)의 서문과, 국가도출논쟁에 관한 주요한 기고문들이 담겨 있는 Holloway/Picciotto(eds.)을 보라.

9. 국가도출논쟁과 풀란차스의 국가 이론은 Hirsch("The State Apparatus and Social Reproduction")의 기고문에서 겹쳐진다.

10. Poulantzas, *Political Power and Social Classes*, London : New Left Books, 1973.

11. Clarke, "Marxism, Sociology and Poulantzas' Theory of the State", in Clarke(ed.), *The State Debate*. 이 두 이론들에 대해서는 Vanberg, *Die beiden Soziologien*, Tübingen :

정치적인 것에 대한 비판이 필요하다는 것은 의심의 여지가 없다. 이 비판이 국가에 대한 이론으로 선언될 수 없다는 것 또한 의심의 여지가 없다. 맑스는 '축적에 대한 이론' 또는 '무엇에 대한 이론'에 대립되는 경제이론이나 위기론을 가지고 있지 않았다. 맑스는 정치경제학 비판을 제공했으며, 거기에는 '국가' 범주를 개념화하는 것이 포함되었다. 맑스의 기획은 전도된 세계를 미세 조정하기 위한 분석 도구들을 제공하는 것이 아니라, 오히려 자본을 포함하여 국가를 부정하는 것이었다. 이 부정은 부정의 부정, 그리고 그와 함께 부르주아 권력관계들과의 조화Herrschaftsverhältnisse에서 정점에 이르는 '폐쇄된' 변증법적 분석과는 다르다. 맑스의 비판은 물론 비판을 위한 비판이 아니다. 맑스의 비판은 자본의 전도된 형태들을 비판하는데, 그것은 그러한 형태들의 사회적 토대, 즉 그러한 실존의 인간적 기초를 전면에 내세우기 위한 것이다. 따라서 맑스의 비판은 전복적이다. 전도된 형태들에 대한 비판은 그것들을 인간 실존의 형태들로, 그리하여 부정되는 존재양식 속에서 인간 존엄이 존속하는 형태들로 개념화하는 것을 수반한다. 요컨대, 맑스의 비판은 소위 구조들의 이면에, 그리고 그것들의 외관상 밀접한incestuous 관계들의 이면에 은폐된 것들을 드러내 보이려고 한다. 인간 실존의 토대는 인간 존재 그 자체가 될 수 있을 뿐이다.[12] 맑스의 비판은 철학에서 부정이 갖는 역할을 옹호한다. 이 부정에 따르면, 인간은 자원이 아니라 목적이다.

인간이 가설적 구조에서 도출된다고 보는 생각은, 인간 세계의 토

Mohr, 1975를 보라.

12. 이에 대해서는 특히 Marx, "Contribution to the Critique of Hegel's Philosophy of Law. Introduction", 특히 p. 182 [칼 마르크스, 「헤겔 법철학 비판 서문」, 『헤겔 법철학 비판』, 20쪽]을 보라.

대에 대해 묻지 않으며, 그 대신 이 토대가 이해하기 어려운 것임을 전제한다 ─ 이 토대가 이 세계를 굴러가게 만드는 보이지 않는 손에 귀속된다는 것이다. 보이지 않는 손을 엄격한 정의의 집행자로 받아들이는 것이 메타이론들의 악순환으로 이어지지는 않는다. 사실 이 수용은 전통적 이론의 가장 절박한 관심사인, 기존 권력관계들의 정당화로 이어지게 된다. 정치이론의 '원초 상태'13는 '기존 권력들에 봉사'ancilla constitutionis하는 것이다.14 정치경제학 비판은 기존 권력들에 봉사하지 않는다. 정치경제학 비판은 인간의 사회관계들 속에서 기존 권력들의 사회적 구성을 밝혀낸다.

II

    인간 존재는 분리 불가능하다. 다시 말해, 인간 존재는 무력과 폭력

---

13. [옮긴이] original position : 특정 상황이 자신의 이해관계에 미치는 영향에 대해 알지 못함으로써, 사회적 결정이 공정하게 이루어질 수 있도록 조건 지어진 이념적 · 가설적 상황을 말한다. 롤스(J. Rawls)는 그의 『정의론』에서 원초 상태의 특징으로 당사자의 절차상의 동등한 권리, 자원의 적절한 부족 상태 그리고 무지의 베일(veil of ignorance)의 세 가지를 들었다. 이러한 원초 상태 하에서 합의되는 일련의 법칙이 곧 사회정의의 원칙으로 사회협동체를 규제해야 한다고 그는 주장한다.

14. 이에 대해서는 Agnoli("Destruction as the Determination of the Scholar in Miserable Times")를 보라. 정치이론은, 그것이 맑스주의 언어로 표현되건 그렇지 않건, 갈등을 본질적으로 구성적인 맥락에서 본다. 갈등을 구성적인 갈등으로 성격 부여하는 것은 다원론적 사회의 개념에 고유한 것이며, 산업관계들 같은 다양한 분야에 대한 연구와 의회민주주의 이론들에 영향을 미쳐 왔다. 갈등이 다원론적 사회에 특유한 것으로 이해하는 것이 갈등이 야기되어야 한다는 것을 의미하지는 않는다. 그것은 규칙들, 절차들, 그리고 법률들이 호출될 수 있다는 것을 의미한다. 이깃들은 갈능을 조절한다. 갈등은 이것들을 통해 구성적 형태들로 스스로를 표현할 수 있다. 갈등의 기능에 대한 이론은 예컨대 Coser(*The Functions of Social Conflict*, Glencoe : The Free Press, 1956)에서 나타나며, 맑스주의 테두리 내에서는 풀란차스에 의해 발전되었다.

을 통하지 않는다면 생산의 경제적 요인으로부터 분리될 수 없으며, 이러한 분리가 이루어지고 난 뒤에야 시민권이 부여되는 정치적 존재가 될 수 있다. 하지만 부르주아 사회에서 이 분리는 실천적으로 실재적이다. 인간 존재의 생산수단으로부터의 분리, 그리고 생산수단들의 구성된 실존인 자본으로부터의 분리는 정치적인 것과 경제적인 것의 기초가 된다. '분리의 논리'는 '자본의 실재적인 발생 과정'이며,[15] 자본주의적 사회관계들은 '노동자가 자기의 노동력을 상품으로 판매한다는 데 입각하고 있다.'[16] 생산수단으로부터 노동의 바로 이러한 분리가 국가를 '경제적인 것'으로부터 분리된 구조로 바라보는 전통적인 시각을 뒷받침한다. 이러한 분리는 노동이 단지 생산의 인적 요소로, 실재적인 한 개념으로 현상한다고 바라보게 하는 결과를 낳는다 ─ 이러한 분리가 노동의 기존 정체성을 나타내며, 그와 동시에 그것의 허위를 드러낸다. 바로 이러한 개념을 기초로 해서 경제학자는 인간의 목적의식적인 활동을 생산의 한 요인으로 다루게 되며, 정치학자들의 관심은 시민의 사회적·정치적 권리들 및 의무들의 민주적·법적 구성에 쏠리게 된다. 하지만, 소위 생산의 인적 요소 역시 평등한 권리들이 부여된 개인인 시민이며, 역으로 시민 역시 임금노동 상품인 생산의 한 요소이다. 경제이론처럼, 정치이론, 즉 국가이론은 근본적으로 분리를 긍정하는 이론이며, 구성된 권력으로서의 권력이론이다. 이 이론은 그 생존수단으로부터 분리된 노동으로서의, 노동하는 상품으로서의 노동의 실존을 전제한다. 이러한 전제로 인해, 이 이론은 인간 노동이 단지 생산의 한 인적 요소라는 신화에 강력하게 기여한다.

---

15. Marx, *Theories of Surplus Value* Part III, p. 422.
16. Marx, *Capital* vol. I, p. 405~406 [칼 마르크스, 『자본론 I (상)』, 577~588쪽].

노동이 자신의 수단에서 분리되는 것은, 경제적인 것으로부터의 정치적인 것의 외관상의 상대적인 자율성을 구성하며, 역으로 경제적인 것의 정치적인 것으로부터의 상대적인 자율성 역시 구성한다. 부르주아 사회에서, 정치적인 것의 사회로부터의 해방은 부르주아 사회의 공통 관심사들을 관리하고 부르주아 교환관계들의 정당한 수행을 감독하는 정치체계의 창출에 이른다. 개인적 의존성의 관계들 대신에 자본주의적 개인들은 추상들에 의해 지배된다. 그들은 법률의 지배를 받으며 경제적 범주들의 인격화들로서 자유롭다. 개인은 법에 복종할 것을 요구받고, 법률적 주체, 즉 소유상의 불평등과 상관없이 각각의 개인의 평등을 가정하는 표준화된 권리를 갖는 추상적 시민이 된다. 이러한 맥락에서, 노동자는 사유재산의 소유자로 인정받는다. 노동자는 법 안에서 평등한 사람으로서, 그 자신의 자유에 의해서, 그리고 자기 자신의 이해관계를 추구하면서, 생산수단을 사유재산으로 소유한 사람과, 임금을 위해, 자신의 노동을 교환한다. 맑스의 말에 따르면, 이 '노동력의 매매는 …… 사실상, 천부인권의 참다운 낙원이다.'[17] 국가의 사회로부터의 정치적 해방은 인간의 권리들에 의존한다. 다시 말해, 그것은 산 노동의 수단으로부터의 분리에 기초하며, 그것의 목적은, 개인을 그가 어떤 계급이건 간에 법률의 지배 아래에 놓인 추상적인 시민으로 인정함으로써, 이 분리의 연속적인 재생산을 보호하는 것이다. '가난은 비자유가 아니다.'[18]

인권 영역에서 평등한 사람들 간의 행위는 개인적 종속과 무력이 없다는 것을 전제한다. 그것은 무력과 폭력이 지배하는 것이 아닌, 자

---

17. 같은 책, p. 172 [같은 책, 230쪽].
18. Joseph/Sumption, *Equality*, London : John Murray, 1978.

유롭고 평등한 개인 재산 소유자들 간의 자기 이해관계 추구에 의해 지배되는, 개인들 간의 탈정치화된 행위이다. 그것은 사회로부터 분리되고 교환하는 주체들 간의 행위의 공통 규칙들을 확립하는, 그리고 법을 기초로 하여 그들의 차이들을 조정하는 정치적인 것의 중앙집중화를 전제조건으로 한다. 맑스의 말에 따르면, 평등한 권리들 사이에서는 무력이 결정한다. 맑스가 이러한 진술을 하는 맥락, 즉 노동일의 길이를 둘러싼 투쟁에 대해 이야기하는 맥락에서 볼 때, 두 평등한 권리들은 다음의 권리들을 말한다. 즉 구매한 노동력을 재산으로 이용하는 자본가의 권리, 그리고 자신의 삶을 유지하기 위해 삶시간을 노동시간으로 환원하는 것에 저항하는, 노동력의 소유자인 노동자의 권리.

> 상품 교환의 …… 분야를 떠날 때 …… 이전의 화폐 소유자는 자본가로서 앞장서 걸어가고, 노동력의 소유자는 그의 노동자로서 그 뒤를 따라간다. 전자는 거만하게 미소를 띠고 사업에 착수할 열의에 차 바삐 걸어가고, 후자는 자기 자신의 가죽을 시장에서 팔아버렸으므로 이제는 무두질만을 기다리는 사람처럼 겁에 질려 주춤주춤 걸어가고 있다.[19]

사회로부터의 국가의 정치적 해방에는 추상적 평등의 관계들을 보장하기 위한 그 부르주아적 목적들이 포함되어 있다. 사회는 사회와 국가라는 두 부분으로 된다. 이렇게 해서 국가를, 사회적 관계들의 외부에 있으면서, 그 '외부'로부터 나와, 공민들burghers의 사회가 의거하는 토대들 — 사적 소유의 권리들 — 을 보호하고 보장하기 위해 사회에 개입하는 정치 조직의 독특한 형태로 해석하는 정치이론의 시도들이 존재하게 된다. 법 앞에서는 모두 평등하며, 평등한 사람들로서 표준화

---

19. Marx, *Capital* vol. I, p. 172 [칼 마르크스, 『자본론 I (상)』, 231쪽].

된 권리들을 부여받는 추상적 시민들로서 모두 동일하게 취급된다. 요약하자면 국가는 소유의 불평등 속에서 권리들의 평등을 보장한다. 따라서 국가는 평등의 관계들로 불평등 관계들을 통약할 가능성 — 소유의 불평등이 어떠하건, 법과 화폐 속에서의 차이의 평등으로의 환원 — 을 감독한다.

요약하자면, 정치경제학 비판은 경제학에 대한 비판이 되는 것만큼 정치학에 대한 비판이 된다. 부르주아 사회의 정치적 성격은 국가 형태 속에 집약된다. 국가는 정치적인 것을 독점하는데, 다시 말하자면, 국가는 노동력의 판매자 및 구매자 간의 사회관계들을 탈정치화하고, 법의 지배를 기초로 그들의 이해관계들을 조정하는 책임을 맡고 있다. 따라서 경제학은 사회적 조직의 형태로, 또는 숫자들의 게임으로 나타난다. 또 어떤 경우 경제학은, 사람들이 법을 따르도록 강제될 때에만 자유롭다고 시사하면서 폭력의 배제라는 축복을 받은 개인적 이해관계들의 합리적인 추구로 나타난다. 규칙을 만드는 무력의 힘은 법의 지배 속에서 사라진다. 말하자면, 법의 지배는 법의 무력, 즉 법을 만드는 폭력의 힘을 전제한다. 법의 무력은 법의 지배 속에서 사라지지만, 만일 법의 지배가 사회적 노동관계의 정치화의 결과로서 무력하게 된다면, 법의 폭력은 눈을 부릅뜨며 즉각적으로 모습을 드러낼 것이다. 무력이 (정치화된) 평등한 권리들 사이에서 결정을 한다는 맑스의 통찰은 위와 같은 생각을 첨예한 초점으로 만든다. 따라서 부르주아 사회에서 분리된 제도로서의 국가 형태는 부르주아의 사회적 관계들에 고유한 것이다. 그것은 자본주의적으로 생산되고 부르주아적으로bürgerlich 구성된 조직 형태이다. 맑스가『정치경제학 비판 요강』에서 말한 바와 같이, 국가 형태는 부르주아 사회의 정치적 성격을 집중시킨다. 그러므로 국가는 부르주아 사회의 정치 형태이다. 국가는 정치

적 무력으로 권리들의 평등을 보호하는 형태이다. (노동)시장의 법은
권리들의 평등, 즉 추상적 평등을 보호하는 것을 통해 소유상의 불평
등을 보호하는 자본주의적 국가를, 자신의 조건으로 전제한다.

정치적인 것을 전복시키는 모든 사회적 위기는 인간 존재가, 한편
으로는 생산의 경제적 요인으로, 다른 한편으로는 시민으로 나뉘는 이
분리의 죽음을 예고한다. 인간 실존의 불가분의 본질인 산 노동이 바
로 부르주아 사회의 구성적 토대이다. 달리 말해, '노동의 세분화가 국
민의 암살'[20]이라고 해도, 그것은 사회적 노동 과정의 한층 심화된 파편
화를 통해 노동조건들로부터 노동의 '최초의' 분리를 강화한다. 하지
만, 아무리 많은 사회적 노동이 파편화되고, 분할되고, 세분화된다 하
더라도, 인간의 협력[협업]은 '자본주의적 생산양식의 기본형태'[21]로 남
는다. 인간의 협력이 없이는 생산도 교환도 존재하지 않을 것이다. 이
러한 협력은, 국가가 보호하고 보장하는 자유롭고 평등한 교환관계들
의 개별 형태들과, '국민의 암살'을 결합하는 상품형태로 자기 자신에
대립하여 존재한다.

III

자본주의 국가는 노동의 물질적인 생산물에 직접적으로 접근할 수
없으며, 정치권력의 이전[봉건적 — 옮긴이] 소유자 — 군주 — 는 법의 지
배 아래에서는 그의 이전[봉건적 — 옮긴이] 하인과 마찬가지로 자유롭고

---

20. 어콰트(D. Urquhart)의 말. Marx, *Capital* vol. I, p. 343 [칼 마르크스, 『자본론 I (상)』,
　　491쪽]에서 재인용함.
21. 같은 책, p. 317 [같은 책, 454쪽].

평등한 시민이다. 정치권력, 즉 국가는 탈인격화된 권력이다. 국가는 특정한 개인들 및 계급들에 속하지 않으며 그들의 사적 소유물도 아니다. 그 대신, 국가 형태는 부르주아적 자유들의 정치적 표현이다.[22]

경제적 범주들의 인격화인 개인들은 추상들에 의해, 그 자신의 노동의 생산물들에 의해 지배당한다. 노동력의 판매자 및 구매자 간의 관계는 법과 화폐에 의해 비인격적이고 추상적인 종속 형태들로 특징지어진다. 부르주아적 자유의 테두리 내에서 볼 때, '개인적' 자유는 소유상의 불평등과 상관없이 평등한 사람들 간의 계약의 자유이다. 그 추상적이고 위엄 있는 형태 속에서 법은 빈자들과 부자들을 평등한 사람들로 취급한다. 법은 생산수단의 소유자들과 자유로운 노동자들을 동일한 주체들로, 즉 법적 주체들로 취급한다. 법은 특권들을 분별하지 않는다. 법은 평등의 법이다. 계약 관계들은, 사적 개인들 상호간의 관계 속에서 법적인 승인recognition을 얻는 자유의 형태이다. 계약은 자유의 사법적 형태인 것이다 ― 계약의 주인은 국가이다. 법은 그 자신의 권리상 하나의 무력인 것처럼 자신을 '선언하지' 않으며, 스스로를 '강요하지도' 않는다. 법은 자신에게 물질적 힘을 채워줄, 자신을 무차별적으로 보충해 줄 법의 제정자를 필요로 하는데, 즉 법 제정자는 사회적 관계들에, 그 관계들의 실존의 추상적 성질인 형식적 평등의 인격화를 부과해야 한다. 자본주의 국가는 이러한 권리들의 사회적 구성에 의존하며, 법과 화폐의 규제를 통하여 그 권리들을 보호한다. 그리하여 사회적 관계들은 사적 소유의 법에, 즉 평등, 자유, 공리에 종속된다.

---

22. Gerstenberger, "The Bourgeois State Form Revisited," in Bonefeld et al. (eds.), *Open Marxism*, vol. 1, London : Pluto, 1992, 그리고 *Impersonal Power History and Theory of the Bourgeois State*, London : Haymarket, 2009; Holloway, "Capital Moves"를 참조하라.

모든 것을 법 앞에 평등한 것으로 취급하는 것은 국가 형태를 '환상적 공동체'[23]로 특징짓는다. 그것은 실제로 존재하는 개인을 하나의 추상으로 취급하며, 추상들에 의해서 지배되는 사회의 공익을 신봉한다.

각자는 오직 자기 자신에 대해서만 생각하고 타인에 대해서는 관심을 기울이지 않는다. 바로 그렇게 하기 때문에 그들은 모두 사물의 예정조화에 따라 또는 전지전능한 신의 섭리에 따라 그들 상호간의 이익, 공익, 전체의 이익이 되는 일을 수행하는 것이다.[24]

아이러니하게도, 보이지 않는 손이 사적 악들을 공적 선들로 변형한다는 자유주의적 사고를 맑스가 받아들이는 것은 마법이나 운명으로서의 자유와 평등이라는 부르주아의 관념에 초점을 맞추고, 부르주아 사회, 즉 국가의 정치 형태를 이러한 자유의 중앙집중화된 정치적 힘으로 간주하게 된다. 인권이 부여되는 추상적 시민과, 계약의 자유가 부여되는 임금노동자는, 동일한 분리의 두 측면들이다. 각각의 개인은 법 앞에서 평등한 것으로 취급된다. 국가는 법을 통해 독재 대신 질서를 부과한다. 국가는 갈등의 관계들 대신 사회적 상호작용의 계약적 관계들을 집행한다. 국가는 특권들 대신에 자유롭고 평등한 시장관계들을, 다시 말해 노동계급의 임금관계 형태로의 사회적 조직화를 사회관계들에 부과한다. 국가 형태는 추상적 평등의 법적 표준화 편에서 사회해방에 대한 강압적인 억압을 수반한다. 아니 더 정확히 말하자면 국가 형태는 강압적 억압 자체이다. 사적 소유의 권리들에 대한 이러

---

23. Marx/Engels, *Die Deutsche Ideologie* [칼 맑스·프리드리히 엥겔스, 「독일 이데올로기」, 『칼 맑스 프리드리히 엥겔스 저작선집 1』, 247, 252쪽].
24. Marx, *Capital* vol. I, p. 172 [칼 마르크스, 『자본론 I (상)』, 230~231쪽].

한 보장은 국가의 강압적 성격을 수반한다. 국가는 빈자와 부자를 가리지 않고 빵을 훔치는 것을 똑같이 금지한다.[25]

정치적 관계들은 우선적으로 경제적 관계들에 호응되지도 않고, 우선적으로 경제적 관계들을 재생산하지도 않는다. 그렇기는커녕, 정치적인 것과 경제적인 것은 모두 자본과 노동 간의 동일한 근본적인 계급 적대의 상이한 형태들이기 때문에, 정치적인 것은 경제적인 것을 보충한다. 노동계약은 자유, 평등, 공리utility의 부르주아 형태에 초점을 맞춘다. 노동계약은 자유 — 맑스가 인간의 권리 영역이라 부르는 것 — 를 착취와 연결시킨다. 일단 노동계약이 이루어지면, 작업 현장은 마술을 부린다. 바로 여기에서 노동력의 구매자는 노동력을, 마치 그것이 자신이 획득한 권리인 것처럼 노동하는 활동, 노동으로 변형시키려 한다. 이 변형은 '외부인 출입금지'라 쓰인 공장 문 뒤에서 일어난다.[26] 교환의 규칙들을 보장하는 제도처럼, 국가는 법과 질서의 힘들로써 사적 소유의 권리들의 인정을 보호한다. 그렇게 함으로써 국가는 자본주의적으로 조직된, 자연과의 물질대사의 정치적 보장을 제공한다. 자본주의 국가가 자본주의 국가인 것은 부르주아가 국가의 주요 직책들을 확보했기 때문이 아니다. 자본주의 국가가 자본주의 국가인 것은, 그것이 부르주아적인 사회적 재생산관계들의 정치 형태이기 때문이다. 이러한 관계들은 인구 대다수가 생존 및 재생산 수단으로부터 분리되는 것에 의존한다. 다른 사람들과 교환할 물건들을 개인적으로 소유하는 개별 상품 소유자들은 노동의 생산수단으로부터의 분리의 외관[가상]이며,[27] 국가 형태는 이 분리의 정치적 표명이다.

---

25. 상세한 설명으로는 Bonefeld("Social Constitution and the Form of the Capitalist State")를 보라.

26. Marx, *Capital* vol. I, p. 172 [칼 마르크스, 『*자본론 I (상)*』, 230쪽]를 참조하라.

국가의 사회로부터의 분리는 국가가 법의 지배의 정치적 주인임을 함축한다. 국가는, '자유로운' 사회를 통치하고 추상적 평등의 법칙들을 제정하고, 소유상의 불평등이 무엇이건 간에 평등의 규칙들을 강화한다. 국가의 내용은 따라서 그것의 형태 속에서 표현된다. 정치적인 것의 경제적인 영역으로부터의 해방은 국가의 사회로부터의 독립, 또는 사실상의 자율성을 함축하지 않는다. 그것은 국가가 자본주의 국가임을 함축한다. 자본주의 국가 형태는, 사적 소유의 권리들의 보호를 통해 노동이 그 수단으로부터 분리되는 것을 보장하기 위한 그 기능을 함축한다. 자본주의 국가의 존재는 이러한 분리에 기초한다. 이러한 분리의 또 다른 측면은 노동이 노동하는 상품으로서 실존한다는 것이다. 이러한 분리는 노동력의 소유자인 노동자의 사적 소유의 권리들을 보호하며, 노동시장에서 자신이 구입한 것을 생산 속에서 소비할 수 있는 자본가의 권리들을 보호한다 : 노동자는 임금을 위해 자신의 노동력을 판매하며, 그리하여 자본가는 그것을 사용할 권리를 획득하는 것이다.

노동자가 살아가기 위해 자신의 노동력을 팔아야 하는 상황은 사적 소유의 법칙을 전혀 침해하지 않는다. 노동자는 일자리를 얻어야 하는 경제적 강제 아래 놓여 있다. 노동자는 자신의 노동력을 팔고 생산의 은폐된 거처에서 자본에 굴종하라고 개인적으로 누구의 강제도 받지 않는다. 개인적 종속은 추상적 종속으로, 경제적 강제로 대체된다. 국가 형태는 부르주아의 개인적 재산이 아니다. 오히려 국가는 탈인격화된 권력으로써, 경제적 강제의 법률들을 자유와 평등의 법률들

---

27. Bonefeld, "On Postone's Courageous but Unsuccessful Attempt to Banish to Class Antagonism from the Critique of Political Economy", *Historical Materialism*, vol. 12, no. 3, 2004.

로 분절한다. 법은 차별하지 않는다. 법은 모든 상품 소유자들을 평등한 사람들로 대한다. 정치적인 것의 경제적인 것으로부터의 분리는, 국가가 노동력의 소유자와 생산수단의 소유자를 절도로부터 평등하게 보호하는, 추상적 평등 규칙의 외관상의 '공평한' 조절자임을 함축한다.[28] 다시 말해, '등가물은 등가물로 교환된다.' 그럼에도 불구하고, 이 '거래는 피정복자에게서 약탈한 화폐로 피정복자 자신의 상품을 구매하는 모든 정복자의 낡은 방식에 지나지 않는다.'[29] 절도에 맞서는 정치적 보호, 즉 사적 소유의 이러한 보장은 강도짓의 보장으로 변형된다. 노동력은 평등과 자유의 규칙들이 지배하는 노동시장에서 거래되지만, 노동자가 임금의 형태로 받는 것은 사실상 착취의 역사가 화폐로 주조된 표현[일 뿐]이다.

요약해 보자. 국가는 사적 소유의 규범을 강화하고, 그것으로써 이러한 규범들에 대한 사회적 인식을 보호한다. 국가가 사회와 맺는 이 관계는 사적 개인들이 표준화된 권리들을 부여받은 추상적 개인들로 존재하며, 또 그런 만큼 추상적인 시민들로 취급된다는 것을 함축한다. 법과 질서의 정치적 규제는 계급의 실존을 부정한다. 이 규제는 사회적 개인을 교환을 정립하는 주체로 인식한다. 이러한 주체들이, 사회 집단의 재원財源(즉 베버의 용어로는 시황市況, market situation)에 의해 결정되는 특정한 계급적 이해관계들을 가진다는 사실은 일반적으로 인정된다. 특히 애덤 스미스는 자신이 '상업 사회'라고 불렀던 것을 기초

---

28. 이 주장은 자본주의적 교환관계들의 가장 바람직한 조직화를 가정한다. 이 주장은 인권의 위반이 아닌 인권의 고유한 법칙들의 실존을 가정한다. 이러한 주장에서 노동의 차별은 인권 침해의 문제가 아니다. 그것은 노동자를 교환상의 평등한 파트너로 취급한 것의 결과이다. 추상적 교환의 평등은 생존수단의 소유상의 불평등이 사라지도록 만들며, 그것이 단순한 경제적 강제로 다시 나타나도록 만든다.

29. Marx, *Capital* vol. I, p. 541 [칼 마르크스, 『자본론 I (하)』, 792~793쪽].

로 하여 계급투쟁의 문제를 해결하기 위하여 뚜렷한 계급적 이해관계들을 결정하고 싶어 했다. 스미스는 노동계급이 시장에서 차지하는 위치가 노동의 수요와 공급에 의존한다고 주장했으며, 노동조건들이 점진적 축적에 의해서만 개선될 수 있으며, 이 축적이 부의 낙수를 가능하게 할 것이라는 시각을 가지고 있었다. 맑스의 계급 개념은 노동계급이 '시장에서 차지하는 위치'에 의존하지 않는다.[30] 맑스에게, 계급은 사회적 생산관계들에서 발견된다. 계급은 생산수단의 사적 소유와 관계가 있으며, 직접적 생산자들이 생존수단으로부터 분리되는 사회적 노동양식과 관계가 있다.[31]

맑스의 계급 개념은 시장관계에서 시작하지 않는다. 맑스의 정치경제학 비판은 계급 사회에 대한 비판이다 — 정치경제학 비판은 노동시장의 사회적 구성이 노동력의 판매자 및 구매자 간의 적대적인 관계라고 폭로한다. 자본주의의 사회적 재생산은 왜, 노동력을 제외하고는 재산이 전혀 없는 노동계급의 사유재산인 노동력의 판매 및 구매를 통해 매개되는가? 소유권의 재가裁可의 이면에는 이중으로 자유로운 노동자와 생존수단의 자본 수중으로의 집중이 존재한다. 소유권의 보호는 착취의 실질적인 보장을 수반하며, 국가를 경제적인 것으로부터 분리 불가능하게 만들며 그 역도 마찬가지다. 법과 질서를 통한 착취의 보장은 계약, 즉 노동의 착취가 존속하는 법적 형태의 보장을 통해 획득된다. 그래서 국가 형태는 정치적 해방의 화신으로서의 고귀한 초월적 위치로부터 벗어나, 추상적 평등의 법의 정치적 주인으로 전화하여,

---

30. Marx, *Capital* vol. III, 48장 [칼 마르크스, 『자본론 III (하)』, 48장]을 보라.
31. 나는 『무엇을 할 것인가?』에서 구조주의적 계급 개념이 베버주의적이라고 주장했다. 이 개념은 베버의 시황 사회학을 가지고 스미스의 사회 계급 개념을 발전시킨다. 맑스는 자신의 삼위일체 공식에서, 재원, 즉 시황에 기반한 계급 개념을 비판했었다.

사적 소유의 법칙들의 보장과 보호를 통해 착취를 보호한다. 국가 형태는 '시장의 공화국'의 정치적 조직자로서의 자신의 내용을 함축한다.

요컨대, 사적 소유의 법적 형태인 계약의 정치적 보장은 법적 주체로서의 사회적 노동의 결정에 국가를 끌어들인다. 그러므로 국가는 무력과 법의 지배에 의해 자본관계에서의 노동의 구성적 현전을 보호한다. 다시 말해, 법의 지배에 의한 자본주의적 사회관계들의 보호의 또 다른 측면은 그것들을 만족시키는 것이다. 사회관계들의 법제화는 그 관계들의 만족을 전제로 하며, 그 역도 마찬가지다. 그리고 국가는 자신이 태어난 바로 그.사회로부터 자신을 제거할 수 있다는 듯이, 부르주아 사회에 '개입하지' 않는다. 오히려, 국가는 부르주아 사회의 조직된 무력이며, 그런 만큼 국가는 사회적 생산관계들의 재생산을, 정치적으로 감독된 형태로, 법적으로 통제된 형태로, 비갈등적인 형태로, 요컨대, 문명화된 폭력의 형태로 보호하는 것을 본업으로 한다.[32]

그렇다면 정치적인 것과 경제적인 것 사이의 부르주아적 분리, 소위 정치적인 것의 상대적 자율성은 상품들의 물신주의만큼이나 실재적이다. 상품 물신주의 비판은 사물들 간의 관계의 형태 속에서 획득되는 인간 세계에 대해 알려준다. 이러한 세계에서, 인간의 사회적 실천은 인간 주체가 사물들 자체의 관계의 단순한 파생물로서 나타나는 세계를 구성한다. 국가가 마치 정말 자율적인 권력인 듯이 경제적인 것에서 분리되는 독특한 정치적 권력으로 출현하게 된다고 받아들이게 되면, 국가의 출현과 국가의 사회적 구성을 혼동하게 된다. 국가는 마치 별개의 사물 같은, 구성된 실체가 아니다. 국가는 사회의 독특한 형태이다. 나는 국가 형태가 '공동체'로서 형식적 자유와 형식적 평등

---

32. Benjamin, *Illuminations* 를 참조하라.

을 가리킨다고 주장해 왔다. 이 공동체의 내용은 '자본 생존의 필수조건'인 '노동자의 영구화'이다.[33] '국가의 자율화된 권력'[34] 속에서, 국가는 즉자적인 것으로 보인다. 이것이 실제로 국가의 외관이다. 그러나 외관 속에서 드러나는 것은 무엇인가? 외관상 출현하는 것은 '부르주아 사회의 국가 형태로의 집약'[35]이다. 국가와 경제는 사회적 조직의 두 가지 상이한 형태로 존재하지 않는다. 그 대신, 국가와 경제는 동일한 사회적 생산관계들의 다른 형태들이다.[36] 풀란차스의 국가 정치이론과 달리, 국가를 '사회의 집중되고 조직된 힘'[37]으로 보는 맑스의 비판은 자율적 국가가 국가의 구성된 물신주의라는 비밀을 밝힌다. 물신은—하나의 물신으로서—실재적이다. 국가는 실제로 정치적 공간의 공정한 집행자로서, 그리고 개별 상품 소유자들로부터 독립적인, 소유권의 공평한 보증자로서 나타난다. 노동자가 생존수단으로부터 분리되는, 그리하여 자신의 노동력을 상품으로 팔도록 운명 지어지는 상황은 더 이상 비밀이 아니다. '국가 형태 속에 부르주아의 강압적 성격이 집약'[38]되면서, 노동과 관련하여 국가는 (임금노동으로서의 노동을 포함하는) 억압의 실례로 정립되며, 그와 동시에, [노동은— 옮긴이] 자본주의 속에서 자신의 임금노동적 실존의 실례로 정립된다. 요컨대, '국가의 목적은 노동의 노예 상태를 영구화하는 것이다.'[39] 자본주의적 부는 불불노

---

33. Marx, *Capital* vol. I, p. 536 [칼 마르크스, 『자본론 I (하)』, 776쪽].

34. Marx, *Grundrisse*, German Edition, p. 882를 참조하라.

35. 같은 책, p. 108.

36. Clarke, *The State Debate*의 서문을 보라.

37. Marx, *Capital* vol. I, p. 703 [칼 마르크스, 『자본론 I (하)』, 1033쪽].

38. Agnoli, *Die Transformation der Demokratie*, Freiburg : Ça ira, 1990.

39. Marx, *Die Klassenkämpfe in Frankreich 1848 bis 1950*, in MEW 7, Berlin : Dietz, 1969, p. 33 [칼 맑스, 「1848년에서 1850년까지의 프랑스에서의 계급투쟁」, 『칼 맑스 프리드리히 엥겔스 저작선집 2』, 31쪽]을 참조하라.

동에 토대하고 있으며, 사적 소유의 권리들은 박탈당한 노동에 기초하고 있다.

IV

맑스는 『브뤼메르 18일』에서 모든 정치적 격변들이 국가를 절멸시키기는커녕 오히려 완전하게 했다고 주장했다. '정치적 격변들'이 '자유롭고 평등한 사람들의 사회'를 결코 실현할 수 없다는 것은 의심의 여지가 없다.[40] 사회 조직의 외관상 독특한 형태인 '정치적인 것'의 실존은 부르주아 혁명 개념을 전제로 한다. 부르주아 혁명들은 추상적 평등의 보편적인 권리들의 담지자인 개별화된 개인과, 정치적 힘의 독점적 소지자인 국가의 사회로부터의 정치적 해방에 초점을 맞춘다. 자본과 노동 간의 계급 적대의 기존 관계들 내에서, 부르주아 혁명들은 단지 기괴하고 유혈 낭자한 찡그린 얼굴을 한 역사를 고려한다. 요컨대, 그것들은 부르주아 자유의 미망迷妄들을 드러낸다 ― 더 잘 표현하자면, 개성, 평등, 자유, 인간적 특성에 대한 그들의 약속은, 경제 법칙들의 인격화[화신]에게 한 약속이다. 이 경제 법칙들 속에서 자유는, 축적 그 자체를 위해 추상적 부를 축적할 자유로 나타난다. 이러한 혁명들에서, 더 나은 세계에 대한 약속, 인간 존엄이 그 자체로 목적인 인간 세계에 대한 약속은, 노동자의 삶시간Lebenszeit을 노동시간으로 환원하는, 그리고 자연을 단순한 자원으로 환원하는 자본주의적 생산 관계의 자유로 나타난다. 자본의 법칙 ― 과정 속의 가치, 과정 속의 화폐,

---

40. Agnoli, "The State, the Market, and the End of History"를 참조하라.

그리고 자본 그 자체 — 은 필연적으로 끝없이 잉여가치를 목말라 하고, 사회적 부의 두 가지 원천들인 노동과 자연을 파괴한다. 그 자신의 미래를 위해 사회는 자신이 생산하는 바로 그 힘들에 맞서 자신을 방어해야 한다.

추상적 평등, 자유, 공리의 정치적 보장은, 사회적 관계들이 추상적 부의 단순한 인격화로서 실존하게 되는 조건을 사회적 관계들에 부과한다. 재산상의 불평등은 법 앞의 평등으로 나타난다. 더욱이, 만인은 화폐 앞에서 평등하다. 화폐는 특별한 특권들을 알지 못한다. 화폐는 빈자와 부자를 평등한 사람들로 대한다. 화폐의 추상적 평등의 부과는 불평등의 부과를 수반하는데, 이는 '각 개인이 타인의 활동이나 사회적 부에 대해서 행사하는 권력이 그가 **교환가치들**, **화폐**의 보유자라는 점에 있다. 개인들은 사회와의 연관뿐만 아니라, 사회적 권력도 보유하고 있다'[41]는 점 때문이다. 추상적 평등의 부과를 통해 재산상의 불평등을 재생산하면서 수반되는 무력의 은밀한 사용은 예외가 아니라, 오히려 화폐 정치학에서 핵심을 이룬다. 달리 말해, 화폐 형태의 외관상의 평등한 성격의 정상성은 강압으로 나타난다. 국가 형태는 추상적 평등의 법을 뒷받침하는 책임을 진다. 그것이 국가가 의존하는 사회적 토대이다. 자본의 최초의 폭력은 사회관계들에 추상적 평등을 부과하는 과정에서 폐기되지 않는다. 그렇기는커녕, 그 폭력은 법과 질서의, 평등과 자유의 '시민화된' 형태들을 통해 살아간다. 이러한 형태들은 폭력 — 시민화된 정상성의 폭력 — 의 구성된 형태들이다.[42] 화폐의 국가는 법과 질서의 국가이다. 그렇다면 자본주의적 사회관계들의 소유권을

---

41. Marx, *Grundrisse*, p. 157 [칼 맑스, 『정치경제학 비판 요강 I』, 137쪽].
42. 이에 대해서는 Benjamin, *Illuminations*를 보라.

보장하는 것은 결과적으로 국가가 '조화들의 마지막 도피처'[43]가 되는 것과 관련된다 — 여기에서 조화란, 노동착취가 의존하는 형식적 평등과 형식적 자유의 조화를 말한다. 따라서 조화들의 마지막 피난처로서의 국가는 자본주의적 사회관계들의 '코뮌적 이해관계'를 나타내며, 화폐의 제단에 노동과 자연을 제물로 바쳐 사적 소유의 권리를 보호하기 위해 자본주의적 사회관계의 형식적인 교환의 평등을 부과한다.[44] 그렇다면 노동의 입장에서는, 노동의 자유와 노동 생산력의 자유로운 발달은 사적 소유에 관한 법률들의 변형을 수반한다. 즉 이것은 생존수단 및 생산수단의 인간해방 수단으로의 변형을 의미한다. 이러한 해방은 국가가 나타내는 대리代理 공동체에 정면으로 반대한다.

V

    맑스의 비판의 핵심적인 '문제틀'은 다음과 같다. 인간이 이미 존재하는 추상들에 의해 지배당하는 것처럼 보이는 가운데에서도, 인간의 사회적 실천이 구성적인 역할을 하는 이 상황을 어떻게 이해할 수 있는가?[45] 정치철학 내부에서 이 물음은, 기껏해야, 결코 완전하지 않은 정치 현실, 그리고 평등과 자유라는 번드레한 규범들 간의 비판적 간극의 문제로서 제기될 뿐이다.[46] 이러한 기획은, 이 번드레한 규범들

---

43. Marx, *Grundrisse*, p. 886 [칼 맑스, 『정치경제학 비판 요강 I』, 37쪽].

44. 이에 대해서는 Bonefeld/Holloway (eds.), *Global Capital, National State and the Politics of Money*에 실린 기고문들을 보라.

45. 이 부분은 Reichelt("Jürgen Habermas' Reconstruction of Historical Materialism")에 빚지고 있다.

46. 이러한 규범적인 비판으로는 Callinicos(*Equality*, Cambridge : Polity, 2000 [알렉스 캘리

이 그것의 내용, 즉 착취의 사악한 현실에 적합하지 않다는 점을 이해하지 못한다는 설교조의 비평으로 이어질 뿐이다. '자신의 실존 형태들에 대해 부르주아가 취하는 태도는 보편적 도덕 형태들을 통해 드러난다.'[47] 『독일 이데올로기』의 해당 절에서 맑스는 다음과 같이 부르주아적 생산관계들의 특징을 묘사한다. 만인은 서로에게 의존하며, 각 개인은 다른 모든 사람들이 그를 위한 수단이 되는 한에서만 자신을 재생산한다. 더욱이 각각의 개인은 자신의 (다른 모든 사람들의 생산조건들과 동일한) 생산조건들이 다른 모든 사람들에게 받아들여지고, 존중되고, 인정될 때 그 자신의 특수한 이해관계들을 추구하고 실현할 수 있을 뿐이다. 따라서 개인의 특별한 의지는 모든 개인들이 연합하는 의지를 통해 획득된다. 이 의지는 만인에게 공통적이며, 다시 말해 보편적이다. 이 보편적 '이해관계'는 특수한 이해관계들이 실현되는 부르주아적 생존조건을 나타낸다. '이러한 조건들 속에서 지배하는 개인들은 ― 그들의 권력이 국가의 형태를 취한다는 사실을 제쳐두더라도 ― 그들의 의지(이러한 명확한 조건들에 의해 결정되는 의지)에 국가의 의지로서의, 즉 법으로서의 보편적인 표현, 다시 말해 그 내용이 언제나 이 계급관계들에 의해서 결정되는 표현을 부여해야 한다. 민법과 형법이 가장 명확한 가능한 방식으로 증명해 주는 것처럼 말이다. 그들의 몸무게가 그들의 이상적인 의지나 그들의 자의적인 결정에 의존하지 않는 것과 꼭 마찬가지로, 그들이 그들 자신의 의지를 법의 형태 속에 강화하고, 그와 동시에 그것을 그들 각각의 개인적 자의성에서 독립적

니코스, 『평등』, 선우현 옮김, 울력, 2006])을 보라. 이러한 비판에 대한 이론적 설명으로는 Callinicos("Against the New Dialectic", *Historical Materialism*, vol. 13, no. 2, 2005)를 보라. 나는 다음 글에서 캘리니코스의 과학철학을 비판했다. Bonefeld, "Emancipatory Praxis and Conceptuality in Adorno."

47. Marx/Engels, *Die Deutsche Ideologie*, p. 164.

으로 만든다는 사실 또한 그들의 이상적인 의지에 의존하지 않는다. 그들의 개인적인 규칙은 동시에 평균적인 규칙의 형태를 취한다. 그들의 개인적인 권력은 많은 개인들이 그것들의 발전 속에서 공유하는 생활조건들에 기초한다. 또한 지배하는 개인들로서 그들이 다른 사람들과 대립하면서 보존해야만 하는 연속성에도 기초한다. 그와 동시에 그들은 이 조건들을 모두를 위한 이익이 되도록 유지해야 한다고 주장한다. 그들의 공통적인 이해관계들에 의해 결정되는 이러한 의지의 표현은 법이다. 이것은 바로 서로 독립적인 개인들이 자신들의 모습과 그들 자신의 의지를 드러내기 때문이며, 또한 이것을 토대로 해서 그들이 서로에게 취하는 태도가 이기주의적이 되지 않을 수 없기 때문이고, 그러한 금기self-denial가 법과 권리 안에서는 필연적으로 되기 때문이며,'48 국가 형태 — 법의 주인 — 를 띠기 때문이다.

나는 3장에서 맑스의 작업이 형태들에, 주로 의식 형태들(예컨대 종교와 법)에, 그리고 나서는 자본의 형태들에 초점을 맞춘다고 주장했다. 이렇게 형태들에 초점을 맞추는 것은 사회적 실존 — 인간의 사회적 실천에 의해 구성되는 실존 — 의 전도된 형태들에 대한 비판과 동일했다. 이 모든 형태들은 개인들에 외부적인 '공동체'라는 전도된 형태를 취한다. 그리고 그 형태들은 '개인들로서'49 서로 상호작용할 수 있기 위해 이 공동체로부터 스스로를 해방시켜야 한다. 따라서 문제는 이 국가라는 '대리 공동체'50가 정립하는 독립의 외관[가상]을 해독하여 그러한 외관의 '인간적 토대'51(계급분할적 생산관계 속에 있는)를 드러

---

48. 같은 책, p. 311.
49. 같은 책, p. 70f.
50. 같은 책, p. 74.
51, Marx, *Capital*, vol. I , p. 94 [칼 마르크스, 『자본론 I (상)』, 116쪽]를 참조하라.

내고, 그 계급분할적 생산관계를 세계로부터 실천적으로 폐지함으로 써 인간들이 사회적 생산물의 인격화들로서가 아니라 사회적 개인들로서 관계를 맺는 세계를 창출하는 것이다.

맑스는 사회의 이 새로운 형상을 다음과 같은 '혁명적인 프롤레타리아의 공동체' 속에 예견되어 있는 것으로 이해한다. '프롤레타리아는 그 자신 및 모든 사회 성원들의 존립 조건들을 자신의 통제 아래에 둔다. 개인들은 이 공동체에 개인들로서 관여한다. 개인들의 자유로운 발전과 운동의 조건들을 개인들의 통제 아래에 두는 것은 바로 개인들의 연합(당연히, 오늘날 발전되어 있는 생산력들의 전제 안에서의)이다. 그런데 지금까지 이 개인들의 자유로운 발전과 운동의 조건들은 우연에 맡겨져 있었으며, 각각의 개인들에 대해서 자립적인 것들로 되었는데, 이는 바로 개인들의 개인들에서의 분리 때문이었다.'[52] 정치경제학 비판은 한편으로는 완전하다고 할 수 없는 정치적 현실과 다른 한편으로는 평등 및 자유의 번드레한 규범들 간의 '비판적' 비교에 만족하지 않는다. 그 대신에, 정치경제학 비판은 이러한 규범적 권리들을 자세히 조사하고, 그것들이 착취와 수탈을 전제하는 권리들임을 드러낸다. 맑스가 '**부르주아** 사회의 이상들을 실현하는 것으로 사회주의를 묘사하기 원하는 사회주의자들의 …… 어리석음'이라고 비판한 것은 모호한 것이 아니었다. '이들을 부르주아 옹호론자들과 구별하는 것은, 한편으로는 이 체제가 내포하고 있는 모순에 대한 감각이며, 다른 한편으로는 부르주아 사회의 현실적 형체와 이념적 형체 사이의 필연적인 차이를 이해하지 못하고, 따라서 관념적 표현이 사실상 이 현실의 사진Lichtbild에 지나지 않음에도 불구하고, 이 표현 자체를 다시 실현

---

52. 같은 책, p. 74 [같은 책, 249쪽].

하려는 불필요한 사업을 수행하려는 공상성이다.'[53] 전체는 허위이다. 전체는 사라져야 한다. 말하자면, 코뮤니즘 사회에, 또는 혁명적 운동에 국가 형태는 들어설 여지가 없다.

결론적으로, 국가 비판은 국가라는 추상적 관념과 자본주의 국가의 현실을 구분하지 않는다. 또한 경제적인 것에 대한 비판은 경제의 관념과 자본주의적 노동양식을 구분하지도 않는다. 실제의 차원에서, 국가 비판은 가상적 국가 — 즉 부르주아 사회의 '코뮨적 이해관계들'을 보호하는 국가 — 에 대한 비판이 아니다. 역사적으로 변화하는 형태들과 상관없이,[54] 자본주의 국가의 기능은 언제나, 자본주의적으로 조직된 사회적 재생산 형태의 '코뮨적 이해관계들' — 자본 축적 — 을 보호하는 것이었다.

나는 국가 형태가 인구 다수가 생산수단으로부터 분리되는 것을 전제한다고 주장했었다. 이 분리는 국가 형태가 의존하는 사회적 기반이다. 각 개인의 자유로운 발전이 모두의 자유로운 발전의 조건이 되는 사회는 이러한 분리에 의존할 수 없다. 노동력의 상품화, 그리고 그와 함께 자연과의 계급분할적인 사회적 신진대사, 그 안의 노동양식을 구성하는 것이 바로 이 분리이다. 인간의 생산력은 하나의 상품이 된다. 국가를 '사회의 집중적이고 조직적인 힘'으로 결정하는 것은 '평등한 권리'라는 개념이 원칙적으로 부르주아적인 권리라는 통찰에 기초하고 있다. 그 내용상, 그것은 불평등의 권리이다.[55] 이렇게 해서, 자신의 노동으로 살아가고 자신의 노동력을 팔아서 살아가는 모든 사람들

---

53. Marx, *Grundrisse*, p. 249 [칼 맑스, 『정치경제학 비판 요강 I』, 245쪽].
54. Agnoli, *Faschismus ohne Revision*, Freiburg : Ça ira, 1997; Clarke, "The Global Accumulation of Capital and the Periodisation of the Capitalist State Form."
55. Marx, *Kritik des Gothaer Programms* [칼 맑스, 「고타 강령 초안 비판」, 『칼 맑스 프리드리히 엥겔스 저작선집 4』, 385쪽]을 보라.

이, '지금까지 사회를 구성하는 개인들이 자신들을 집단적으로 표현해
온 형태, 즉 국가에 직접적으로 대립한다는 판단이 내려진다. 따라서
개인들로서 자신들을 드러내기 위하여 그들은 국가를 전복시켜야 한
다.' 바쿠닌이 러시아에 대해 한 것처럼? 아니, 독일에 대해 맑스와 엥
겔스가 한 것처럼.[56]

56. Marx/Engels, *Die Deutsche Ideologie*, p. 77.

3부
인간해방의 이념 : 역사의 조류에 맞서서
9장 국가, 혁명 그리고 자기결정
10장 시초축적과 자본주의적 축적 : 사회적 구성과 수탈에 대한 주석들
11장 반유대주의와 자본주의에 대한 (근대적) 비판
12장 역사와 인간해방 : 투쟁, 불확실성 그리고 개방성

국가, 혁명 그리고 자기결정[1]

I

모든 해방은 인간의 세계와의 관계를 인간 자신에게로 복귀시키는 것이다.[2]

---

1. 이 장은 원래 *What is to be done?*, Bonefeld/Tischler, S. (eds.), Aldershot : Ashgate, 2002 [워너 본펠드·쎄르지오 띠쉴러, 『무엇을 할 것인가?』, 조정환 옮김, 갈무리, 2004]의 7장에 실렸던 글이다. 『무엇을 할 것인가?』에 실렸던 원고는 레닌의 『무엇을 할 것인가?』를 비판적인 회고의 형태로 다루었었다. 얼마 지나지 않아 분명해진 것은, 레닌주의적 전통, 즉 자본주의에 대한 레닌주의적 사고방식과 이론적 기획, 그리고 적게는 그 조직적 이념들이 반세계화 투쟁들 속에서 다시 주목을 받게 되었다는 것이다. 여기에 실린 이 새 원고는 이러한 재평가를 염두에 두면서 고쳐 쓴 것이다. 그래서 이 글은, 사회주의를 자본주의의 대안이 아니라 자본주의의 경쟁자로 이해하는, 정치적 변화에 대한 레닌주의적 개념의 성격을 훨씬 더 강조한다. 나는 비판적 의도를 가지고 정치적 변화라는 말을 사용한다 : 나는 여기에서, 레닌주의가 표면적으로 더욱 효과적인 사회 및 효율적인 경제의 수단으로서 정치적인 것을 다룬다고 주장한다. 레닌주의는 '누가 통치하는가' 그리고 '누가 규제하는가'를 물으며, 자기 자신을 대안적인 '명령[질서]의 당'으로 제시한다. 이 개고는 레닌주의가 자코뱅적인 신학이 되었다고 주장할 것이다. [이 장의 많은 부분은 『무엇을 할 것인가?』(갈무리, 2004)의 번역본을 참고하여 수정했다. ― 옮긴이]

코뮤니즘은 자유롭고 평등한 사회에 대한, 인간의 완전한 해방에 대한, 인간해방에 대한 이론적이고 실천적인 예견이다.[3] 코뮤니즘은 인간이 살 만한 가치를 갖고 있는 사회, 인간이 더 이상 지배되고 착취당하며 타락하는 존재가 아닌 사회, 인간이 축적을 위해 추상적 부를 축적하는 과정의 단순한 인적 자원으로 기능하도록 운명 지어져 있지 않은 사회이다. 코뮤니즘은 인간이 착취 가능한 자원이 아닌 하나의 목적으로서 존재하는 사회이다. 코뮤니즘은 법 앞에서의, 화폐 앞에서의, 국가 앞에서의 추상적 평등을 의미하지 않는다. 코뮤니즘은 오히려 추상적 평등으로부터의 인간의 해방이다. 코뮤니즘은 사회적 개인들이 자신들의 필요에 따라 받고 각각의 사회적 개인들이 자신의 능력에 따라 기여하는 그러한 해방을 선언한다. 그러므로 코뮤니즘은 자본 및 그 국가에 대한 실천적인 비판이다.

자유롭고 평등한 사람들의 사회는 '공통의 생산수단으로 일하는 자유로운 개인들의 공동체'[4]라는 관념을 불러일으킨다. 코뮤니즘은, 레닌이 『국가와 혁명』[5]에서 제안했던 식으로, 모든 사람이 노동자가 되는 단일한 사무실로, 혹은 단일한 공장으로, 사회를 변형시키는 것이 아니다. 프롤레타리아는 레닌이 찬양한 것, 즉 공장 규율을 필요로 하는가? 이것이, 인간이 강제로부터 벗어나서 스스로 결정을 내릴 자유롭게 연합한 인간 공동체일 것인가? 코뮤니즘과 공장 규율은 서로 배타적이다. 그리고 프롤레타리아의 이름으로 공장 규율이 확장된다는 것은 수치스러운 일이다. 맑스가 이해한 바에 따르면, '생산적 노동자

---

2. Marx, *Zur Judenfrage*, p. 370 [칼 마르크스, 「유태인 문제에 대하여」, 『마르크스의 초기 저작』, 361쪽].
3. 여기에서 인간은 'Mensch'를 뜻한다.
4. Marx, *Capital* vol. I, pp. 82~83 [칼 마르크스, 『자본론 I (상)』, 100쪽].
5. [옮긴이] V. I. 레닌, 『국가와 혁명』, 김영철 옮김, 논장, 1994.

가 되는 것은 행운이 아니라 불운이다.'[6] 코뮤니즘이 노동자 국가의 형태로 이 불운의 일반화를 필요로 한다는 생각은 기묘하다. 이 생각은, 모든 것을 경제적 합리성의 명령에 자본주의적으로 포섭하는 것을 코뮤니즘으로 상정한다. 그러면서 그것은, 코뮤니즘이 자본주의와 다른 이유는 코뮤니즘이 시장을 노동의 정치경제에 대한 중앙집중적인 계획된 조절로 대체하기 때문이라고 덧붙인다. 코뮤니즘은 자본들을 효과적으로 할당하는 것을 토대로 해서 자본주의와 경쟁하는, 특수한 노동경제가 아니다. 코뮤니즘은 인간의 필요에 따라 인간을 위해 인간 스스로 수행하는 사회적 재생산이다.

개인들의 자유로운 연합과 국가 형태는 상호배타적이다. 코뮤니즘은 인간 개인들에 대한 그리고 그 위에 군림하는 모든 권력 형태의 폐지를 수반한다. 요컨대 코뮤니즘은 인간해방을 의미한다. 그리고 이 때문에 그것은 정치적 해방에 대한, 국가에 대한 비판이다. 맑스가 주장했듯이,

모든 해방은 인간의 세계와의 관계를 인간 자신에게로 복귀시키는 것이다. 정치적 해방은 인간을 한편으로는 부르주아 사회의 구성원, 이기적인 독립적 개인으로, 다른 한편으로는 공민 즉 도덕적 인격으로 환원시키는 것이다. 현실적이고 개별적인 인간이 추상적 공민을 자신 속으로 환수하고, 개별적 인간으로서 자신의 경험적 삶, 개별적 노동, 개별적 관계 속에서 유적 존재가 되어 있을 때, 그리고 인간이 자기 '고유의 힘'을 사회적 힘으로 승인하고 조직하며, 따라서 그 사회적 힘이 더 이상 정치적 힘의 형태로 자기 자신으로부터 분리되지 않을 때, 이때 비로소 인간해방이 완성된다.[7]

---

6. Marx, *Capital* vol. I, p. 447 [칼 마르크스, 『자본론 I (하)』, 685쪽].
7. Marx, *Zur Judenfrage*, p. 370 [칼 마르크스, 「유태인 문제에 대하여」, 『마르크스의 초기

요컨대, 자유롭고 평등한 사람들의 사회는 국가를 통한 인간해방이 아니라 국가로부터의 인간해방을 수반하며, 그들 자신을 위해 그들 자신의 인간적인 세계를 조직하는 자유롭게 연합한 생산자들에 의한 국가의 폐지를 수반한다.

정치적 해방은 사회적 개인이 추상적 권리를 지닌 개인화된 개인으로 실존하는 것을 가리킨다. 이 권리들은 그들의 소유가 불평등함에도 불구하고 법 앞에서 모두 평등한 원자화된 시장 개인들의 권리들이다. 그러므로 생산수단으로부터의 노동의 분리는 사회로부터의 정치적 해방을 의미한다. 따라서 국가 형태는 '부르주아 사회의 집약이다.'[8] 국가 형태의 목적은 개인화된 개인을 추상적으로 평등한 법 아래에 포섭함으로써, 소유의 불평등을 보장하고 지키는 것이다. 그러므로 이것은 사회적 관계를 사적 소유의 법 아래에, 즉 즉 평등·자유·공리에 종속시키는 것이다.[9] 모든 사람을 법 앞에 평등한 것으로 취급하는 것이 '환상적 공동체'[10]로서의 국가 형태를 특징짓는다. 그것은 실존하는 개인을 구성된 '인물형', 즉 자본주의적으로 구성된 경제 범주들의 '인격화'로 취급하며, 모든 인물형들에 공통적인 이익을 신봉한다. 그것은 각자가 서로에 대해 보편적인 자원으로서, 유용한 것으로서 실존한다는 것이다. 그것은 이른바 시장 공화국이다. 그러므로 국가 형태는 그 내용에 적합하다. 즉 노동을 시장에서 판매되고 교환되는 생산의 단순한 인적 요소로 예속화하는 일을 보장하고 보호하는 것, 그리고 일단 계약이 되면 '자본의 지배 아래서'[11] 노동하도록 만드는 것이다. 생산수

___

저작』, 361쪽].

8. Marx, *Grundrisse*, p. 108 [칼 맑스, 『정치경제학 비판 요강 I』, 80쪽]을 참조하라.

9. Marx, *Capital* vol. I, p. 172 [칼 마르크스, 『자본론 I (상)』, 230쪽]를 참조하라.

10. Marx/Engels, *Die deutsche Ideologie*를 참조하라.

11. Marx, *Grundrisse*, p. 508 [칼 맑스, 『정치경제학 비판 요강 II』, 137쪽]을 참조하라.

단으로부터의 노동의 자유는 노동생산물이 인간의 지배를 받는 대신 인간을 지배하는 것으로 나타난다는 것을 의미한다.[12] 생산수단으로부터의 노동의 자유는 노동생산물의 사회적 개인으로부터의 자유를 의미한다. 즉 사회적 노동이 그 자신이 창조한 사물들의 세계에 종속되는 것을 의미한다. 국가 형태 속에서 정치적인 것의 정치적 해방, 즉 사회로부터의 국가의 추상은 계약권, 즉 부르주아적 자유의 형식을 관리하는 것을 의미한다. 자본주의적 교환관계의 자유는 노동에 대한 착취를 전제하며, 이 착취는 생산수단으로부터의 노동의 분리를, 사회적 노동력을 구매하고 활용하는 단순한 상품으로 만드는 것을 전제한다. 이처럼 국가 형태는 형식적 자유와 형식적 평등을 가리킨다. 그것의 내용은 '노동자의 영구화' — '자본 생존의 필수조건'[13] — 이다. 요컨대, 인간에 의한 인간의 착취, 인간에 의한 인간의 지배는 분리 불가능하며, 각각은 서로의 조건이다.

코뮤니즘은 인간으로부터 분리되어 존재하는 것처럼 보이는 모든 것의 인간으로의 복귀를 의미한다. 그것은 사회적 자율, 즉 사회적인 자기결정을 요구한다. '코뮤니즘이 창출하는 현실은 바로 개인들로부터 독립된 어떤 현실도 불가능하게 만들기 위한 실재적 토대인데, 단 이는 그럼에도 불구하고 그 현실이 개인들 자체의 지금까지의 교류의 산물 이외에 아무것도 아닌 한에서 그렇다.'[14] 요컨대, '혁명은 법률에 의해 일어나는 것이 아니며',[15] 국가에 의해서나 국가를 통해서 만들어지지도 않는다. 국가를 사회혁명의 수단으로 보는 국가에 대한 레닌주

---

12. Marx, *Capital* vol. I, p. 85 [칼 마르크스, 『자본론 I (상)』, 103~104쪽].를 참조하라.

13. 같은 책, p. 536 [칼 마르크스, 『자본론 I (하)』, 776쪽].

14. Marx/Engels, *Die Deutsche Ideologie*, p. 70 [칼 맑스·프리드리히 엥겔스, 「독일 이데올로기」, 『칼 맑스 프리드리히 엥겔스 저작선집 1』, 250쪽].

15. Marx, *Capital* vol. I, p. 703 [칼 마르크스, 『자본론 I (하)』, 1032쪽].

의적 지지는 사회적 자율성을 국가의 자율성과 혼동한다. 그리고 그렇게 함으로써, 그것은 국가의 본질을, 즉 사회로부터 정치적인 것의 해방을 긍정한다. 국가의 내용은 인간의 목적의식적 활동을 추상적 평등의 관계에, 인간 존엄을 부정하는 평등의 관계에 포섭하는 것이다. 그것은 필요와 상관없이 모든 사람을 형식적으로 평등한 권리를 지닌 추상적 개인들로 취급한다.

II

코뮤니즘은 노동계급의 실재적 운동이다.[16]

『국가와 혁명』에서 레닌은 프롤레타리아 국가가 부르주아 없는 부르주아 국가라고 말했는데 이것은 꼭 들어맞는 말이다. 부르주아는 폐지되었지만, 동시에 '혁명' 국가가 소비에트 러시아의 '산업화', 즉 국가 주도의 수탈 및 경제계획에 의한 '자본주의화'를 전개시키고, 생산적 이용을 위해 원재료와 인간 자원들을 할당하고, 국가라는 수단을 통해 노동의 성과들을 분배했다.

계급 없는 사회라는 맑스의 코뮤니즘 개념은, 사회는 오직 하나의 계급, 노동계급으로 구성된다는 레닌주의에서 전도되었다. 레닌이 말한 바와 같이, '사회 전체는 노동이 평등하고 임금이 평등한 단일한 사

---

16. [옮긴이] 맑스와 엥겔스는 『독일 이데올로기』에서 '코뮤니즘'에 대해 다음과 같이 언급하고 있다. '우리에게 있어서 코뮤니즘이란 조성되어야 할 하나의 상태, 현실이 이에 위거하여 배열되는 하나의 이상이 아니다. 우리는 현재의 상태를 지양해나가는 실재적 운동을 코뮤니즘이라고 부른다. 이 운동의 조건들은 현재 존재하고 있는 전제로부터 생겨난다.'(칼 맑스·프리드리히 엥겔스, 『칼 맑스 프리드리히 엥겔스 저작선집 1』, 215쪽)

무실 및 단일한 공장이 되어야 할 것이다.'[17] 자본주의 기업의 공장 규율은 '사회 전체로 확장되어야만'[18] 한다. 프롤레타리아 국가는 '부패한 노동자들'을 통제해야만 하고, '게으름뱅이들에 대한 통제'를 주장해야만 하며 복종을 보장하기 위해 '엄격한 처벌'이 부과되어야만 한다. 하지만, 레닌이 주장했듯이, '일체의 인간적 교류의 단순하고 기본적인 규칙들을 준수할 필요성은 곧 하나의 습관이 될 것이다. 그렇게 되면 코뮤니즘의 첫 단계로부터 국가가 소멸하는 그 두 번째 단계로의 이행을 위한 문이 활짝 열리게 될 것이다.'[19] 달리 말해, 자본주의적 공장 규율을 하나의 사회적 관습으로 내면화하는 것은 국가 사멸을 위한 전제조건으로서 승인된다. 집중적으로 계획되는 공장으로서의 사회라는 생각, 그리고 생산의 사회적 요인들로서의 인간(이러한 인간이 지닌 생각하고 꿈꿀 능력은 명령의 내면화에 의해 착취되고 또 대체된다)이라는 생각은 교환관계들의 단순한 인격화로서의 인간의 사회적 실천이라는 자본주의적 실존을 반영하고 또 재강화한다. 사회적 해방이 프롤레타리아 국가를 통해 완수될 수 있다는 생각과, 코뮤니즘을 주체로서의 인간의 해방으로 이해하는 것은 서로 배타적이다. 전자는 노동의 경제에 기초하고 있음에 반해 후자는 사회가 그 자신의 일을 스스로 통제할 자유에 기초하고 있기 때문이다.

맑스는 자유롭고 평등한 사람들의 사회를 다음과 같은 '혁명적인 프롤레타리아의 공동체' 속에 예견되어 있는 것으로 보았다. '프롤레타리아는 그 자신 및 모든 사회 성원들의 존립 조건들을 자신의 통제 아래에 둔다. 개인들은 이 공동체에 개인들로서 관여한다. 개인들의 자

---

17. Lenin, *State and Revolution*, Moscow : Progress Publishers, 1917, p. 91.
18. 같은 책.
19. 같은 책.

유로운 발전과 운동의 조건들을 개인들의 통제 아래에 두는 것은 바로 개인들의 연합(당연히, 오늘날 발전되어 있는 생산력들의 전제 안에서의)이다. 그런데 지금까지 이 개인들의 자유로운 발전과 운동의 조건들은 우연에 맡겨져 있었으며, 각각의 개인들에 대해서 자립적인 것들로 되었는데, 이는 바로 개인들의 개인들로서의 분리 때문이었다.'[20] 달리 말해, 맑스는 코뮤니즘을 인간적 자기결정의 실재적 운동이라고 보았다. 인간들은, 가치형태를 통해 자신의 등 뒤에서 그들의 사회적 실존이 드러나는 분리된 개인들로서가 아니라, 자신들의 사회적 조건들을 통제하는 존엄한 인간들로서 서로 관계를 맺기 때문에, '인간에 대한 자본의' 경제적인 '지배'는 인간의 사회적 재생산을 '인간이 지배할 수 있도록' 폐지되어야 한다.[21] 그러므로 극복될 필요가 있는 것은, 인간의 사회적 실천이 자신들의 조건들로부터 소외되는 현상이다. 임금 노동과 자본의 관계를 구성하는 것이 바로 이 소외이다. 그 자신을 소유하고서 필요의 평등이라는 기초 위에서 사회적 재생산을 조직하는 사회에서 국가에 어떤 기능이 남겨질 수 있겠는가? 필연의 영역이 자유의 영역을 통해 연합한 생산자들 자신에 의해 협력적으로 조직되는 사회에서 국가가 무슨 사회적 기초를 가지고 있겠는가?[22]

---

20. Marx/Engels, *Die Deutsche Ideologie*, p. 74 [칼 맑스·프리드리히 엥겔스, 「독일 이데올로기」, 『칼 맑스 프리드리히 엥겔스 저작선집 1』, 249쪽].
21. Marx, *Capital* vol. I, p. 85 [칼 마르크스, 『자본론 I (상)』, 103~104쪽]를 참조하라.
22. '자유의 왕국은 궁핍과 외부적인 편의에 의해 규정되는 노동이 끝장나는 곳에서 비로소 진정으로 시작되며 따라서 그 본성상 고유한 의미에서의 물질적 생산의 영역을 넘어서서 존재한다. …… 이 왕국에서의 자유는 오직 다음과 같은 것에 있을 수 있다. 즉 사회화된 인간, 결합된 생산자들이 자연과의 신진대사를 합리적으로 규제하여 그 신진대사가 맹목적인 힘으로서 그들을 지배하는 것이 아니라 그들이 그 신진대사를 집단적인 통제 하에 두는 것이다. …… 그러나 이것은 여전히 필연의 왕국이다. 이 왕국을 넘어서야만 진정한 자유의 왕국 — 즉 인간의 힘을 목적 그 자체로서 발전시키는 것 — 이 시작된다. 비록 자유의 왕국은 필연의 왕국을 그 토대로 하여야만 개화될 수 있는 것이기는

혁명의 수단이 혁명의 목적, 즉 인간해방을 예상하지 못한다면, 혁명은 실패한다. 목적은 수단을 정당화해야 한다. 그렇지 못하면, 수단은 사회혁명이 명백히 폐지하려고 했던 바로 그 조건들에 적응할 뿐이다. 자신의 조직적 수단들과 방법들을 기존의 억압적 관계들에 적응시키는 사회혁명들은 프롤레타리아의 **이름으로** 단지 국가기계를 완성할 뿐이다. 레닌은, 노동자들이 산업과 국가의 관리에 평등하게 참여하게 될 것이라고 선언하면서 그 노동자들이 공산당에 복종할 것을 요구했다. 그들의 가장 긴급하고 주권적인 의지를 표현하는 것이 공산당이라는 것이 그 이유였다. 요컨대, 레닌은 각각의 개인들은 최고의 권위(즉 당)를 승인함으로써 진보적이고 현세적인 기능을 수행할 수 있다고 주장했다. 그럴 때 프롤레타리아는 자신의 삶실천의 모든 측면에서 당 노동자로 기능한다는 것이다.

코뮤니즘은 포고될 수 없다. 또 그것은 인민을 대표하는 정부도 아니다. 코뮤니즘은 노동의 정치경제의 '선진적인 체계'도 아니다. 코뮤니즘은 자율적인 사회적 주체로서 그들 자신의 일을 스스로 결정하는 다중의 자기활동이다. 마르쿠제가 말했듯이, 노예들이 '자유롭게 될 수 있기 위해서는 자신들의 해방을 위해 자유로워야만 한다.'[23] 달리 말해, 자유롭고 평등한 사람들의 사회는 예속적 대중의 의식과 실천 속에 이미 현존하고 있어야만 하며, 혁명 자체에서 물질적 실존을 성취해야 한다. 요컨대, 사회혁명의 목적, 즉 인간해방은 혁명적 수단 자체에서 효과적이어야 한다.

하지만.'(Marx, *Capital* vol. III, p. 820 [칼 마르크스, 『자본론 III (하)』, 1011쪽]). 와일드캣과 홀러웨이가 주고받은 유용한 논쟁을 보라. Wildcat/Holloway, "Wildcat (Germany) reads John Holloway", *Common Sense*, no. 24, pp. 58~75, 1999.

23. Marcuse, *Der Eindimensionale Mensch*, Darmstadt : Luchterhand, 1967, p. 61.

해방의 수단이 가장 결정적이다. 노동계급은 자신의 노력으로는 단지 노동조합, 즉 경제적 의식만을 발전시킬 수 있을 뿐이기 때문에, 혁명적 의식은 외부로부터 대중에게 가져와져야 한다는 레닌의 견해는, 혁명적 당이 인민의 호민관이라는 생각을 정당화한다.[24] 이러한 호민관으로서의 당은 대중을 지도하는 전문적인 혁명가들의 위원회로 간주된다. 따라서 민주주의와 혁명조직은 필연적으로 상호 배타적인 것으로 간주된다. 대중들은 그들 스스로 결정할 능력이 없다고 가정되기 때문에, 민주주의는 그저 당의 혁명적인 노력을 침식하고, 혁명적 당의 혁명적 역할을 무력하게 만드는 '경제주의적' 요구에 당이 좌지우지되도록 만들 뿐이라는 것이다. 노동자들은 혁명적인 의식을 가질 능력이 없다고 간주되기 때문에, 당은 노동계급에 대한 자신의 독재를 통해, 혁명적 규율과 정신으로 대중을 교육할 책임이 있으며, 이로써 노동계급을 대자적 계급으로 변형시킬 책임이 있다. 그렇지만 혁명가들은 누가 교육하는가? 노동자들이 무슨 목적을 위해 교육되어야 하는가? 레닌의 대답은 코뮤니즘이다. 우리의 임무는 '**자생성**spontaneity**과 싸**우는 것, 노동계급 운동을 자생적이고 노동조합주의적인 싸움으로부터 끌어내어 …… 그것을 혁명적 사회민주당의 날개 아래로 가져오게 만드는 것이다'라고 레닌은 주장한다.[25] 여기에서 룩셈부르크의 레닌 비판을 다시 제시할 필요는 없다. 단지 그녀는 자생성을 의식적 지도와 대립되는 '본능적' 행동으로 간주하지 않았다고 말하는 것으로 충분하다. 그녀는 자생성을 혁명의 추동력으로 간주했을 뿐만 아니라 전위적 지도 그 자체의 추동력으로도 간주함으로써 그것을 좌익적으로 유지

---

24. Lenin, *What is to be Done*, Moscow : Progress Publishers, 1902.
25. 같은 책, p. 41.

했다. 레닌을, 음모적으로 작업하면서 혁명의 그날 외에는 대중행동을 필요로 하지 않는 블랑끼주의자로 보는 그녀의 평가는 적절하다. 레닌주의에서, 수단은 목적과 대립한다. 레닌주의자들 혹은 어떤 다른 자임하는 혁명적 전위에게, 자생성에 대한 비판은 자기중심적이다. 그러한 비판은, 대중은 교육받지 못한 군중으로서 의존적이며 이 군중이 코뮤니즘을 달성할 자신의 역사적 기능을 이행하기 위해서는 '책임 있는' 지도자에 의해 인도되어야 한다는 부르주아적 편견을 반영한다. 하지만, 코뮤니즘은 계급의식의 창조자가 아니다. 오히려 코뮤니즘은 계급의식으로부터 자라나온다. 요컨대 당을 코뮤니즘을 위해 대중을 지도하고 교육하는 전위로 보는 생각은 코뮤니즘이 노동계급의 운동이라는 점을 부정한다. 노동계급의 미성숙이라는 레닌주의적 가정은, '혁명적' 당이라는 생각을 정당화해 주기보다 오히려 그 자체가 목적인 당의 실존을 정당화할 뿐이다. 이것은 당이, 코뮤니즘이라는 노동계급의 실재적 운동에 대한 가장 강력한 방해물임을 의미하지 않는가?

'혁명적 당'이란 생각은 형용 모순이다. 혁명적 당이라는 생각은 기본적으로, 노동계급은 자신을 해방시킬 수 없고 혁명을 수행할 수 없으며, 그래서 노동계급은 전문 혁명가들의 당 없이는 혁명을 할 수 없다는 것이다. 혁명적 당이 어떻게 권력을 장악할 수 있을 것인가? 대답은 이렇다 : 대중 봉기를 통해서. 대중이 없이 혁명적 당은 어떤 성과를 얻을 것인가? 대답은 자명하다 : 혁명적 당이 성공하기 위해서 그것은 대중에, 그들의 행동의 창의성과 목적에 의존한다. 그렇지만, 대중이 그들 자신을 책임진다면 혁명적 당에는 무슨 역할이 남는가? 그것은 대중의 일부가 되어 자신의 '지도력'을 포기할 것인가, 아니면 혁명적 대중 위에 자신의 지도력을 선언할 것인가? 대중이 자신들의 노력 속에서 자기결정을 달성하려고 고집한다면, 이런 일이 어떻게 수행될 수 있는가? 그러므로 혁명과 낡은 '체제' 사이의 갈등은 대중과 당 사이의 갈등으로 변형된다. 당 자신의 '혁명적 성공'이 대중의 혁명적 활동성에 의존하는데도, 대중의 이러한 활동성은 당의 지도 역할을 위협하며 그래서 당에게는 무질서와 무정부의 요인으로 간주된다.[26] 요컨대 당은 혁명적 대중을 따라잡아야 하며 그들을 끌어당겨야 한다. 그리고 일단 권력을 장악하면, 그들이 그들 자신을 위해 사회주의를 '창출'하도록 그들을 재교육하고 훈육해야 한다.

이러한 견해에 따르면, 노동계급은 해방되도록 교육되어야 한다. 교육이란, 노동계급으로 하여금 혁명적 당이 생각하는 해방의 법칙에 따르도록 만들기 위해 노동계급을 감독하는 것을 의미한다. 달리 말해, 대중은 대중 자신이 결정하는 만큼이 아니라 당이 정한 만큼만 자유롭도록 허용된다. 의존적 대중들 편에서 자기결정의 자유를 얻으려는 모든 시도들은 필연적으로 반혁명적 위협으로 간주된다. 당은 지도한다. 왜냐하면 의존적 대중은 미성숙하며 부르주아의 편견에 오염되어 있기 때문이다. 대중들의 편에서 행동의 독립을 이루려는 모든 주장은 필연적으로 당의 지도력에 대한, 그래서 혁명 자체에 대한 위협으로 심판된다. 그러므로 혁명을 당의 지도력과 등치하는 것은, 당이 혁명의 이름으로 (그들의 의식이 쁘띠 부르주아적이거나 부르주아적, 즉 경제주의적인, 그리고 권력이 장악되면 전복적이며 잠재적으로 반혁명적인) 대중에 대해 가장 엄격한 통제를 유지하기 위해서는 이용 가능한 모든 방법들과 수단들을 사용해야만 한다는 것을 의미한다.

맑스는 사회주의가 '혁명의 영속 선언이며, 계급 차별 일반의 철폐

---

26. Lenin, "Left-Wing Communism", *An infantile Disorder*, 5th ed., Moscow : Progress Publishers, 1968을 참조하라.

로 가기 위한 필연적 경과점인 프롤레타리아 독재'[27]라고 주장한 적이 있다. 이 영구혁명이 당과 그 국가에 의해서 선언될 수 있을까? 만약 그렇다면, 영구혁명은 당과 그 국가를 문제 삼지 않고 어떻게 진전할 수 있을까? 아니면 그것은 당과 그 국가에 의해 지도되는가? 만약 그 렇다면, 영구혁명은 누구를 혁명화하는가? 맑스는 영구혁명을 프롤레 타리아 독재의 맥락에서 생각했다. 프롤레타리아 계급 독재가 의미하 는 바는 무엇인가? 영구혁명의 이념으로 커다란 신용을 얻은 트로츠키 는 다음과 같은 대답을 제공했다. 1921년의 크론슈타트[28]의 혁명적 소 비에트는 영구혁명을 보여준 것이 아니라 오히려 근절되어야 할, 그래 서 그 참가자들이 '꿩처럼 사살되어야 할'[29] 하나의 반혁명을 보여준다 는 것이었다. 실제로 그들은 그렇게 사살되었다. 브렌델[30]이 보여주는 것처럼, 1921년의 크론슈타트는 볼셰비키 국가의 신화에 이렇게 기입 된다. 이른바 반혁명은 패퇴되었고 프롤레타리아 국가는 강화되었다. 중앙위원회가 1871년의 파리 코뮨을 기념한 날, 크론슈타트는 함락되 었다. 당의 권력 장악이라는 견지에서 보면, 실제로 나타난 영구혁명 의 이 잔인한 제거는 이렇게 이해된다. 그것은 이른바 노동자 국가를 프롤레타리아의 자기조직으로부터 자유롭게 했고, 사회적 개인에 대 한 그리고 그 위에 군림하는 직접적으로 강압적인 조직으로서의 노동

---

27. Marx, *Die Klassenkämpfe in Frankreich 1848 bis 1950*, p. 89 [칼 맑스, 「1848년에서 1850년까지의 프랑스에서의 계급투쟁」, 『칼 맑스 프리드리히 엥겔스 저작선집 2』, 94쪽].
28. [옮긴이] 1921년 러시아 상트페테르부르크 인근 해군기지에 있는 크론슈타트에서 당 시 러시아 볼셰비키의 관료주의적 독재에 항거해 수병들과 농민, 노동자들이 봉기를 일으켰다. 평의회 권력의 회복과 정당 활동의 자유를 요구했지만 무자비하게 진압당했 다. (카요 브렌델, 「크론슈타트」, 『무엇을 할 것인가?』, 갈무리, 2004, 43~62쪽 참조)
29. [옮긴이] 트로츠키가 크론슈타트 반란군에 대해 한 협박의 말. 트로츠키는 1921년 크론 슈타트 반란을 앞장서서 진압한다.
30. [옮긴이] Cajo Brendel (1915 ~ 2007) : 네덜란드의 '평의회 공산주의자'.

자 국가의 실존을 확립했다.[31]

역사적으로 볼 때, 정치혁명은 결코 생산양식을 변형시키지 못했다. 이 혁명들은 국가의 형태를 바꾸었고, 그것의 기계체제를 완성했으며, 하나의 정치계급을 다른 정치계급으로 대체했다. 맑스가 『브뤼메르 18일』에서 주장했듯이, 모든 정치적 반란은 국가를 분쇄하기보다 그것을 완성했을 뿐이다. '정치적 반란'이 '자유롭고 평등한 사람들의 사회'라는 이상을 절대 실현할 수 없다는 것은 의심할 나위가 없다. 크론슈타트의 붕괴로 사회적인 자기결정의 조직형식들, 예컨대 소비에트들이 제거되었으며, 그것들은 행정기관들이 되어 권력 구조 속에 통합되어 '사회주의적 조직화 더하기 전기화'라는 사회주의 관념을 강화했다. 이 관념은 실제로 테일러주의적 노동 분업을 열심히 모방했고, 이른바 노동자 국가가 노동에 대한 중앙계획경제에 기초한 사회적 삶의 표준화를 수반하는 것을 긍정했다. 사회가 거대한 중앙 지휘 공장이라고 생각하는 것은 결과적으로 '효율성, 노동규율, 산업, 축적의 자본주의적 표준의 수용'[32]을 수반했다. 노동에 대한 중앙계획경제로서의 사회주의라는 관념은 처음부터 '혁명적 당'을 특징지었다. (지도하는) 당과 (지도받는) 대중의 구분이 그것이다. 1921년 크론슈타트의 분쇄는 코뮤니즘의 파국적 패배나 마찬가지였다. 이 패배는 사회적 자기조직화를 위한, 사회적 자율을 위한 혁명을 억압했고, 자본주의에 대한 대안으로서의 사회주의가 아니라 자본주의의 경쟁자로서의 사회주의라는 관념을 지지했다.

---

31. 러시아 혁명 직후 노동자들의 자기조직이 당한 운명에 대한 설명으로는, Pirani(*The Russian Revolution in Retreat*, London : Routledge, 2008)을 보라.
32. Dyer-Witheford, *Cyber-Marx*, Chicago : University of Illinois Press, 1999, pp. 6~7.

두려운 세상에서 그것은 희망을 배우는 문제이다.[33]

맑스는 단지 몇몇 경우에만 프롤레타리아 독재에 대해 언급했다. 이 용어의 사용은 당혹스럽고, 맹목적이며, 모든 점에서 무용하다. 하지만, 맑스레닌주의 전통이 합법화하는 건축물 전체가 구축된 것은 바로 이 용어 위에서였다. 독재란 일반적으로 계엄 상태에 있는 국가를 서술하는 말로 사용되는데 이 용법은 틀리지 않다. 레닌주의에서 이 용어는 당과 그 당의 국가에 의한 사회의 '사회주의적' 조직화를 대변한다. 프롤레타리아 독재에 대한 맑스의 드문 언급들은 그것을 계급으로서의 프롤레타리아의 독재로, 사회 대중의 독재로 사용한다. 수많은 인민들이 모두 국가라는 형태에 집약된 독재자들일 수는 없다. 이러한 독재는 그 본성상, 소수의 사람들에 제한된다. 맑스가 염두에 두었던 것이 프롤레타리아 독재에 대한 이러한 레닌주의적 관념이었을까? 만약 그렇다면 그것은 맑스에게 좋지 않은 일일 것이다.

고들리에[34]는 맑스가 '노동 대중에 대립하는 관료적 국가 혹은 권력'을 옹호한다고 암시할 만한 것이 맑스에게는 전혀 없다고 말한다.[35] 맑스는 프롤레타리아가 공장 규율을 몸에 익히기 위해 그 '자신의' 독재를 통해 교육되어야 한다고 주장하지 않았다. 실제로 고들리에가 계

---

33. Bloch, *Das Prinzip Hoffnung*.
34. [옮긴이] Maurice Godelier (1934 ~) : 세계적 인류학자로서 프랑스 고등사회과학원장이다. 고들리에는 구조주의적 관점을 가진 맑스주의 인류학자로, 오세아니아 지역 연구의 권위자이자 프랑스 경제인류학의 선구자로 평가받고 있다.
35. Godelier, "The Disappearance of the "Socialist System"", in Bonefeld/Psychopedis, (eds.), *The Politics of Change*, p. 163.

속해서 말하듯이, '인민의 독재는 인민을 겨냥해서는 안 되고 인민의 적을, 즉 무기나 다른 수단들을 가지고 사회의 혁명적 변형에 대립하고 있는 낡은 착취 계급의 대표자들을 겨냥해야 한다.' 따라서 그것은 노동계급을 위한, 즉 노동계급에 대한 당 독재이어서는 안 된다. 그것은 소수, 즉 생산수단을 소유하고 있고 그들의 이익(부르주아 사회의 이익)이 국가 형태 속에 집약되어 있는 사람들에 대항하는 다수 인민의 독재로 생각되어야 한다. 따라서 프롤레타리아 독재는 자유롭게 연합한 협력적 생산자들의 민주주의를 위한 혁명적 투쟁과 관계가 있다. 이러한 국면이 성공할 것인가 그렇지 못할 것인가는 생산수단들이 연합한 노동에 의한 그들의 통제에 따라 사회화될 것인가 그렇지 못할 것인가 또는 반혁명이 승리할 것인가 그렇지 못할 것인가에 달려 있다. 따라서 프롤레타리아 독재는 기존의 구성된 권력관계에 대항하여 사회적 자율을 쟁취하기 위한 투쟁을 가리키는 것으로 보인다. '무엇보다도 "사회"를 또다시 추상으로서 개인에 대립시켜 고정시키는 일을 피해야 한다.'[36] 간단하게 말해, 자본주의는 명령의 변화에 의해 극복될 수 없고 오직 명령의 폐지에 의해서만 극복될 수 있다. 그것은 권력을 장악하는 것이 아니라 권력을 폐지하는 것을 의미한다. 혁명 과정 이후에가 아니라 혁명 과정 동안에 말이다. 이러한 폐지에서의 첫걸음은 맑스가 『공산주의자 선언』에서 주장한 바처럼, 노동계급이 벌이는 민주주의를 위한 투쟁이다. 프롤레타리아 독재와 민주주의의 동일시가 어떻게 이해될 수 있을까?

　　국가를 자유롭고 평등한 사람들의 사회를 위한 기관으로 찬양하는

---

36. Marx, *Economic and Philosophical Manuscripts of 1844*, London : Lawrence and Wishart, 1959, p. 93 [칼 마르크스, 『경제학-철학 수고』, 강유원 옮김, 이론과 실천, 2009, 131쪽].

것은 인간해방과 사회로부터 국가의 해방을 혼동한다. '사회적' 공화국
이라는 생각은 사회가 국가에 사회적으로 종속되는 것을 의미한다. 국
가를 프롤레타리아 독재의 기관으로 생각하는 것은 사회가 국가의 권
위에 강제적으로 종속되는 것을 의미한다. 사회가 국가를 통해 자유롭
게 될 수 있다는 생각은, 레닌주의와 모든 전위적 해방 구상들이 가르
치는 것처럼, 국가가 마치 '그 고유의 정신적이고 윤리적이며 자유로운 기
초를 보유하고 있는 하나의 자립적인 존재'[37]인 것처럼 받아들인다. 자
본주의 국가에 대한 레닌의 거부, 그리고 국가를 통한 프롤레타리아
독재에 대한 그의 긍정은, 국가가 자본주의 국가인 것은 오직 그것이
부르주아에 의해 운영되기 때문이며 만약 국가권력이 전위에 의해 장
악되면 그것은 해방의 도구가 된다고 암시하는 것으로 보인다. '노동의
예속화를 위한 조직된 폭력'[38]이라는 맑스의 국가 개념은 그러므로 레
닌에 의해 부정되지 않는다. 조직된 폭력은 노동의 경제를 실현하고
유지하기 위해 프롤레타리아 국가에 의해 영속될 수 있는 것이다.

인간해방 기획과 정치권력의 장악은 상호 배제적이다. 국가는 인
간해방이라는 목적을 위해 사용될 수 없다.[39] 인간해방 기획은 혁명적
변형 수단 자체 속에 반영되어야 하고 또 그것에 스며들어 있어야 한
다. 프롤레타리아 독재라는 말은 민주주의를 사회 전체에 확장하는 것
을 의미해야 할 것이다. 요컨대 프롤레타리아 독재는 국가의 부정 속
에서 그리고 그러한 부정을 통한 사회의 민주적 자기조직화를 표현한
다. 이러한 관점에서 볼 때 프롤레타리아 독재는 국가라는 형태를 취

---

37. Marx, *Kritik des Gothaer Programmes*, p. 28 [칼 마르크스, 「고타 강령 초안 비판」, 385
    쪽].
38. Marx, *Der Bürgerkrieg in Frankreich*, MEW 17, Berlin : Dietz, 1979, p. 541.
39. 같은 책, p. 336.

하지 않을 뿐만 아니라 사실상 국가의 부정이다. 파리 코뮌에 대한 맑스의 평가는 이 점에서 분명하다. 코뮌은 '모든 국가권력의 부정'[40]이며 국가에 대항하는 혁명이 되었다.[41] 사회가 그 자신의 사회적 생명을 회복하는 것은 바로 이 조직적 형태를 통해서였다.[42] 코뮌은 한 정치계급을 또 다른 정치계급으로 변형하는, 국가의 혁명적 변형을 수반하지 않았다. 오히려 그것은 계급지배의 정치적 형식, 즉 국가를 분쇄하는 혁명이었다.[43] 달리 말해, 코뮌은 그 자신의 힘으로 조직된 종속화 권력을 대체했고 그 자신이 스스로 결정한 사회적 조직화의 형식을 창출했다. 따라서 코뮌은 조직된 사회적 대항권력이었고 그 자체로 사회적 해방의 정치적 형식이었다.[44] 코뮌은 국가를 통한 '구원'을 찾기보다, 부르주아의 집중된 힘인 국가에 대항하는 혁명적 투쟁을 벌이는 동안 국가에 대립하면서, 사회의 자율성, 사회의 자기결정과 자기조직화를 표현한다. 그러므로 국가는 프롤레타리아 독재의 기관도 도구도 아니다. 오히려, 맑스가 주장했듯이, 대중에 의해 교육될 필요가 있는 것은 국가다. 이 교육과정이 일단 끝나고 나면 국가에는 무슨 기능이 남을까?

맑스는 코뮌을 사회적 자기결정을 위한 혁명적 투쟁의 '가장 인간적인 수단'으로 간주했다. 그리고 그는 코뮌이 이행의 한 지점, 즉 혁명세력과 폭력적인 반혁명 간의 격렬한 전투 과정에 있다고 보았다. 코뮌은 자신의 혁명적 수단과 방법들 속에서 인간해방의 목적을 앞서서 보여주었다. 코뮌은 '**노동해방**'[45]을 개시했다. 하지만, 코뮌은 자유롭고

---

40. 같은 책, p. 542.
41. 같은 책, p. 541.
42. 같은 책 참조.
43. 같은 책 참조.
44. 같은 책, p. 545.
45. 같은 책, p. 546.

평등한 사람들의 사회는 아니었다. 코뮌은 혁명적 봉기 자체가 진행되는 동안에 사회의 자기결정의 조직적 수단이었다. 코뮌은 요컨대, 혁명적 투쟁 동안 새로운 사회의 요소들을 해방시켰다. 맑스는 혁명과정의 이 국면을 프롤레타리아 독재라 불렀다. 그리고 그는 코뮌과 관련하여 이 독재가 그 수단 속에 사회혁명의 목적을 반영한다고 주장했다. 간단히 말해, 코뮌에 대한 맑스의 평가는 다른 시각에서 프롤레타리아 독재를 조명한다 : 사회의 민주적인 자기조직화 속에서, 그리고 그것을 통해 이루어지는 국가에 대한 실천적 부정, 사회적 다수의 민주주의, 그리고 그 자체로 기존의 억압관계에 맞서서 노동해방을 시작하는 민주주의가 프롤레타리아 독재의 면모들이다.

모든 혁명은, 이미 존재하고 있으면서 인간의 의식 속으로 들어 온 싹을 발육시키고 성장시킬 수 있을 뿐이다. 혁명은 그 자체로 이러한 싹을 창출할 수 없으며, 무無로부터 새로운 세계를 발생시킬 수 없다. 연합한 생산자들의 사회는 코뮤니즘이 발명하거나 창출하는 그 무엇이 아니다. 만약 코뮤니즘이 실제로 그 자신을 발명하는 것으로 간주된다면, '필연의 영역에서 자유의 영역으로의 인류의 도약'46이라는 엥겔스의 코뮤니즘 개념은 적절할 것이다. 레닌주의는 코뮤니즘을 '도약'으로 보는 이러한 관점에 의존한다. 도약은 이론적 후견인이자 노동계급 의식의 조직적 표현인 당에 의해 창출된다는 것이다. 대중들은 그들 스스로 혁명적 의식을 가질 수 없다는 레닌의 생각은, 혁명의 가능성을 부정한다. 그 대신 혁명적 변화가 오직 위로부터, 말하자면 노동계급이 코뮤니즘으로 '도약'하도록 강제함으로써만 달성될 수 있다고

---

46. Engels, *Die Entwicklung des Sozialismus von der Utopie zur Wissenschaft*, in MEW 19, Berlin : Dietz, 1973, p. 226.

인정한다. 해방의 수단들은 그 목적에 적합해야만 한다. 만약 수단들이 단지 기존의 권력관계를 반영할 뿐이라면, 새로운 것은 아무것도 탄생하지 못한다. 그렇게 되면 인간은 그 자신의 사회적 조직과 사회적 재생산 형태들을 창출하지 못한다. 오히려 권력은 장악될 뿐 폐지되지 않으며, 자본주의적 생산수단은 국유화되고 노동의 경제가 사회에 부과되어 새로운 사회주의적 인간을, 표준에 맞춰 찍혀진 인간을 창출하게 된다.

맑스는 '자유의 영역'을 역사적 도약의 결과로 생각하지 않았다. 오히려 코뮤니즘은 자본주의적 사회관계 안에서 그것에 대항하는 노동계급의 운동으로 간주되었다. 요컨대, 코뮤니즘은 계급투쟁으로부터 성장한다. 인간해방은 [외부에서 — 옮긴이] 부과될 수 없다. 인간해방은 갈등을 통해 발전한다. 그리고 이 갈등은 투쟁 경험의 역사에 기초하여, 기존의 착취관계 및 지배관계에 대립하는 자기결정의 고유한 조직형식을 조직한다. 이렇게 보면 권력관계는 인간해방의 투쟁이 그 위에 그리고 그에 맞서 놓이는 토대이다.[47] 따라서 인간해방의 조직형식은 기존 사회의 자궁 내에서 발전하며, 그것에 의해 형성된다. 맑스는 프롤레타리아 독재가 하나의 이행기, 즉 새로운 것과 낡은 것 사이의, 사회적 자기결정과 구성된 권력관계들 사이의 투쟁의 시기라고 주장했다. 이 주장은, 새로운 사회가 자신의 조직적 수단들 속에서 또 인간해방의 혁명적 목적들을 기존의 인간적 비존엄의 관계에 대립시키는 항구적인 계급투쟁의 기초 위에서, 낡은 사회로부터 성장한다는 것을 인정한다.

요컨대 혁명은 법령에 의해 만들어질 수 없다. 혁명은 중앙위원회

---

47. Marx, p. 362.

에 의해 선언될 수도 없고, 그것에 의해 지도될 수도 없다. 인간해방의 기획은 기존의 권력관계 내부에서 성장하며, 그것들에 대항하는 투쟁을 통해 발전하며, 그것들을 넘어서거나 혹은 중도에서 폐기된 후 새롭게 시작한다. '폭력은 낡은 사회가 새로운 사회를 잉태하고 있을 때에는 언제나 그 조산사助産師가 된다.'[48] 맑스는 다음과 같이 덧붙인다. '폭력 자체가 하나의 경제적 권력이다.'[49] 계급투쟁은 '개별 자본가와 노동자의 실존을 위한 논리적이고 역사적인 전제이며, 착취가' 의거하는 '기초이다.'[50] 자본주의적 사회관계는 계급투쟁에 의거하며, 그것을 통해 발전한다. 자본은 그 자신을 재생산하기 위해서는 노동을 착취해야만 한다. '가치를 스스로 확대하는 데 광적으로 경도되어, [인격화된 자본가는] 생산을 위한 생산을 하도록 인간 종족을 무자비하게 몰아붙인다.' '착취당하는 인간의 수'를 확대하면서 말이다.[51] 계급투쟁은 자본주의적 사회관계들 내에서 일어나는, 그리고 그것에 반대하는 코뮤니즘의 운동이다. 계급투쟁은 자본의 확대된 재생산을 구성하며, 새로운 것이 태어나는 힘이다. 마틱[52]의 말처럼, '자신들을 혁명평의회에 위임한 노동자들은 독재를 찬성했다. 왜냐하면 그들에게는 혁명평의회가 프롤레타리아 독재와 다름없기 때문이었다. 그들이 레닌에 반대한 것은, 그가 독재를 요구했기 때문이 아니라 당의 독재를 요구했기 때문이었다.'[53] 레닌주의에서 수단은 목적에 위배된다. 사회적 자기결정

---

48. Marx, *Capital* vol. I, p. 703 [칼 마르크스, 『자본론 I (하)』, 1033쪽].

49. 같은 책 [같은 책, 1033쪽].

50. Clarke, *Marx, Marginalism and Modern Sociology*, London : Palgrave, 1982, p. 80.

51. Marx, *Capital* vol. I, p.555 [칼 마르크스, 『자본론 I (하)』, 807쪽].

52. [옮긴이] Paul Mattick Sr. (1904 ~ 1981) : 사상적으로 평의회 코뮤니스트와 좌익 코뮤니스트 전통에 속하는 맑스주의 정치저술가이자 사회혁명가. 그는 평생 볼셰비즘, 레닌, 레닌주의적 맑스주의와 그 조직적 방법들에 대한 비판을 지속했다.

53. Mattick, "Der Leninismus und die Arbeiterbewegung des Westens", in Behrens (ed.),

대신, '프롤레타리아 당'의 독재에 의해 행해지는 프롤레타리아 교육은 스탈린 치하에서 단지 '시초축적'의 한 판본을 구성했을 뿐인 강제된 산업화로 나아갔다.[54]

IV

코뮤니즘은 사회적 개인을 지배하는 모든 추상으로부터 노동이 해방되는 것을 의미한다. 코뮤니즘은 노동으로부터의 해방을 의미하는 것이 아니며 중앙집중적 경제 계획이라는 수단을 통해 시장의 무정부성으로부터 노동을 해방시키는 것을 의미하지도 않는다. 모든 사회에서, 모든 생산은 자연의 전유이다. 그리고 전유는 노동을 통한 자연과의 교류를 의미한다. 노동은 필연적이다. 문제는 노동의 필연성이 아니다. 문제는 오히려 이 필연성의 사회적 조직화의 형식이다.

실제로 자유로운 노동, 예를 들어 작곡은 실로 동시에 대단한 진지함, 강도 높은 노력이다. 물질적 생산의 노동이 이러한 성격을 가질 수 있는 것은 (1)그것의 사회적 성격이 정립되고, (2)그것이 과학적 성격을 띠면서 동시에 일반적인 노동이 됨으로써만, 일정하게 조련된 자연력으로서의 인간의 노력이 아니라, 생산과정에서 단지 자연적·자생적인 형태로 나타나는 것이 아니라 모든 자연력을 규율하는 활동으로 나타나는 주체로

Marxistischer Antileninismus, Freiburg : Ça ira, 1991, p. 198.

54. Dyer-Witheford, *Cyber-Marx*.

55. Bloch, *Das Prinzip Hoffnung*.

서의 인간의 노력이 됨으로써만이다.[56]

요컨대, 노동해방은 그 자신의 업무, 자기결정적 실천으로서의 그것의 사회적 성격, 주체로서 그것의 실존 등을 조직하면서 노동의 사회적 자율성에 도달한다. 인간 생명력의 사회적 전유란, 그것을 자유롭게 연합한 협력적 생산자들의 통제 아래로 가져오면서, 그것들이 인간에게 귀속되게 한다는 것을 의미한다.

맑스레닌주의에서 이러한 전유는 단지 사법적 술어 속에서만 이해된다. 그것은 생산수단의 해방수단으로의 변형을 지지하지 않는다. 오히려 그것은 국가가 생산수단을 이용하는 것을 지지한다. 그것은 자본가 소유에서 국가 소유로의 소유권의 이전을 기획한다. 그래서 생산수단을 통제하는 것은 사회적 개인이 아니라 당 관료와 국가이다. 요컨대, 생산수단으로부터 본래의 생산자들의 분리는 폐지되지 않는다. 그것은 단지 집중될 뿐이다. 국가사회주의는 시장의 무정부성에 대항한다. 시장의 예측 불가능한 전개가, 국가에 의해 자본주의적 공장 규율을 사회 전체에 조직적으로 확장함으로써 극복될 수 있다는 것이다. 그래서 사회주의는 레닌이 주장하듯이, '전체 인민의 이익을 위해 적용되는, 그래서 자본주의적 독점이기를 중지하는, 국가자본주의적 독점 이외에 그 어떤 것도 아니다.'[57] 따라서 자본의 파괴적 성격은 오직 정도의 문제일 뿐이다. 그것은 자본주의적 노동규율을 '사회주의적' 조직화와 결합함으로써 정정 가능하다. 그러므로 자본주의의 문제는 노동

---

56. Marx, *Grundrisse*, pp. 611~612 [칼 맑스, 『정치경제학 비판 요강 II』, 266쪽]. 독일어 원본(Marx, *Grundrisse*, German Edition, p. 505)에서 일부 수정함.

57. IFS, *Das Ende des Sozialismus, die Zukunft der Revolution*, Freiburg : Ça Ira, 1990, p. 77에서 재인용.

과 생산수단의 분리에 기초한 노동착취에 있지 않다. 오히려 문제는 실제적이고 유효한 조직화의 부족이다. 이러한 부족은 경쟁적인, 즉 사적 소유에 기초한 자기파괴적인 시장관계로부터 파생하는 것으로 보인다. 자본주의적 독점의 국가 소유로의 사회주의적 변형은 자본의 파괴적인 힘을 경제관계에 대한 합리적 경영으로 대체하는 것으로 이해된다.[58] 이 사회적 재생산 조직은 중앙집중적인 지도력과 관료화를 요구한다. 이것 없이는 가능하지 않다. 이렇게 보면 지도력은 단지 권력의 획득의 문제가 아니다. 그것은 레닌주의 전체의 전제조건이다.

'세계의 위기는 지도력의 위기이다'[59]라는 트로츠키의 진술은 그래서 적절하다. 트로츠키가 스탈린보다 더 나은 지도자였을 수도 있다는 것과는 무관하게, 정통 맑스주의 전통에서 지도력에 초점을 맞추는 것은 자유방임 자본주의의 기업 지도자의 이념을 반영하며, 그것을 이른바 노동자 국가로 뒤바꿔 놓은 것이다. 혁명적 지도력이 필요한 이유는, 레닌이 주장했다시피, 계급의식이 '오직 외부로부터, 즉 경제투쟁의 바깥으로부터, 노동자들과 고용자들의 관계들의 영역 외부로부터 노동자들에게 가져와질 수 있기' 때문이다.[60] 그러므로 노동자들을 노동자 국가의 형태로 그들 자신에게 종속시킨다는 생각은 노동자들에 대한 불신에, 즉 노동자들은 그들 자신의 힘으로는 기껏해야 경제적 의

---

58. 경제 계획자로서의 국가라는 생각은 맑스가 아니라 헤겔에게서 유래한다. 『정신현상학』에서 헤겔은 이성의 진화 과정에서 모든 것은 궁극적으로 국가에 포섭된다고 주장했다. 비록 헤겔은 사적 소유가 국가 아래로 포섭되어야 한다고 주장하지 않았다. 하지만 사회의 조직자이자 계획자로서의 사회주의적 국가 개념은 이성의 진화에 대한 헤겔의 생각을 헤겔보다 더 논리적 힘을 갖고서 제기한다. 경제관계에 대한 레닌의 잘못된 이해에 대해서는 Behrens("Perspectives on Left Politics")를 보라.

59. Dunayevskaya, *Rosa Luxemburg*, Chicago : University of Illinois Press, 1986, p. xxxi에서 재인용.

60. Lenin, *What is to be Done*, p. 79.

식만을 발전시킬 수 있을 뿐이라는 불신에 의거한다. 당이 '노동자들에게 정치적 지식을 가져다주어야' 했다는 그의 주장도 마찬가지의 의미를 갖는다.[61] 위기를 지도의 위기로 보는 트로츠키의 생각은 레닌의 관심사의 반향이다. 대중은 힘과 교육에 의해 자유롭게 되어야 한다. 그리고 해방을 위한 교육(!)을 위해서는 당에 의해 지도되는 사람들에 대해 강제와 폭력을 사용하기를 주저하지 말아야 한다.

프롤레타리아의 역사적 후진성에 관한 논의는 마르지 않는다. 그러한 논의는, 비참을 낳는 기존의 조건들에 맞서는 해방의 기획은 필연적으로 당 지도력의 일부가 되어야 한다고 전제한다. 기존의 권력과 후진적 노동자들 모두에 대해 정치의식 속에서 그들을 교육하고 그들의 노력을 지휘하면서, 계급투쟁의 지휘권을 행사하는 지도력이 필요하다고 전제하는 것이다. 지도는 표면상, 선동적으로 이해된 역사를 위해 과학적 사회주의와 사회공학을 결합시킨다.[62] 교육적 독재의 한 형태로서의 프롤레타리아 독재라는 구상은 이론적으로 플라톤에서 루소에 이르는 전통에 의거한다. 마르쿠제가 주장했듯이, 이러한 입장을 조롱하기는 쉽다. 하지만 그것을 논박하기는 훨씬 어렵다. 그 이유는 그것이 어떤 위선도 없이, 인간의 자기결정을 가로막는 바로 그 조건들을 승인하기 때문이다. 따라서 그 논의는 이른바 기존 조건의 객관성에 의존하며, 그러한 객관성을 수용함으로써 그것들의 객관적인 성격을 강화한다. 따라서 프롤레타리아 독재가 인공적인 그러나 여전히 강력한 국가의 주권을 그들 자신의 사회적 재생산을 조직하는 사회적 개인들의 진정한 주권으로 대체함으로써 국가를 가르친다는 맑스의

---

61. 같은 책.
62. Clarke, "Was Lenin a Marxist?"를 보라.

생각은 물구나무를 선다. '사회주의에서 이루어지는 대중들의 교육'이라는 생각은 사회적 자기결정을 방해하는 조건들을 승인한다. 그리고 그것은 또 이러한 조건들을 혁명적 수단 속에 반영하며 혁명적 목적들을 왜곡하면서, 그것들을 '새로운' 사회에 투사한다.

인간의 비존엄이라는 기존 조건들의 배경에 대항한다는 점에서 지도력에 대한 레닌주의적 이념은 설득력이 있는 것으로 보인다. 사회적 자기결정을 위한, 인간적 목적의 사회를 위한 요구는 낭만적 환상처럼 보인다. 이것은 레닌주의를 원래 믿을 만한 것처럼 보이게 만든다. 하지만 '객관적' 조건이란 것이 도대체 무엇을 의미하는가? 정통 맑스주의는, 노동계급이 생산과정에서 차지하는 그 처지로 인해 유일한 혁명계급이라고 주장한다. 하지만, 이 처지는 그 자체로서는 '객관적' 조건일 뿐이다. 노동계급은 즉자적으로 존재한다. 노동계급이 혁명계급으로서의 자신의 잠재력을 실현하기 위해서는 대자적 계급으로 변형되어야 한다. 이 변형은 '지도력'을 필요로 한다. '즉자'라는 개념은 구성된 관계로서의, 즉 마치 그것이 사물들 자체의 단순한 인격화인 것처럼 인간의 사회적 실천이 그 속에 존속하는 관계로서의, 자본주의적 사회관계를 지시한다. 따라서 '즉자'는 자본의 확립된 실존을, 그것의 구성된 현존을 지시한다. 이처럼, 정통적 설명은 '즉자'와 '대자'라는 개념을 받아들여 노동계급의 '객관적' 처지를, 혁명적 계급으로서의 노동계급의 잠재력('대자적 계급')을 지시하는 데 사용한다. 혁명적 당의 지도적 역할이라는 형식 속에서 나타나는 이 이원론의 레닌주의적 도구화를 차치할 때, 인식론의 고전적 문제에 대한 맑스의 대답은 결코 모호하지 않다. '즉자와 대자의 분리, 실체와 주체의 분리는 추상적인 신비주의이다.'63

게다가 객관성과 주관성의 이원론은 맑스의 물신주의 비판의 렌즈를 통해 바라보면 이해가 되지 않는다. 정치경제학 비판(적어도 비판적 의도를 가지고 있는)은 인간의 실천이 자본주의적인 사회관계들의 형태 속에서 전도된 실천으로서 대자적으로 존재한다는 점을 보여준다. 맑스는 모든 사회관계들이 본질적으로 실천적이라고 주장했다. 그의 비판은 자본의 구성된 형태들이, 사실상 인간의 실천이 그 안에서 또 그것을 통해 '존재하는' 형태들임을 드러낸다. '즉자적'이란, 사물들의 구성된 형태가 사회적 실천의 조건들로부터 그 실천의 분리인, 그러한 사물들 사이의 관계이다. 그리고 인간의 사회관계들이 사물들 간의 관계 속에서 그리고 그것을 통해서 존속하기 때문에 '대자적'이다. 더 잘 표현하자면, 이러한 관계들은 자본주의적으로 구성된 인간의 사회관계의 전도된 실존형태들로서, 인간의 계급분할적인 사회적 실천 속에서 그리고 그것을 통해, 그리고 '능동적 인간성'에 의해 재생산되는 사물들의 세계로서 존속한다. 그 결과 인간의 사회적 실천은 또 '그 자신에 대립하여', 한편에서는 전도된 사회적 범주로서, 그리고 다른 한편에서는 역사를 만드는 힘으로서, 그리하여 그 자신의 전도된 실존을 넘어 나아갈 수 있는 힘으로서 존속하게 된다. 그러므로 인간의 실천은 자본의 형태 속에서 즉자적으로, 대자적으로, 그리고 자신에 반하여 존재한다. 객관성(즉자)과 주체성(대자)에 대한 이원론적 개념화는, 우리의 사회세계를 인간에 의해 만들어진 세계로서, 그리고 인간의 변형적 힘에 의존하는 세계로 이해하는 것에 저항하는 사유 전통에 확고하게 속한다. 계급을 '즉자적으로' 존재하는 것으로 취급하게 되면, '객관적 조건'을 수용하는 것으로 나아가게 된다. 즉 '전도된' 세계

---

63. Marx, *Kritik des Hegelschen Staatsrechts*, p. 265 [칼 맑스, 『헤겔 법철학 비판』, 143쪽]. 맑스주의 이전의 방법론에 있는 레닌주의적 뿌리들에 대해서는 Bonefeld/Tischler(*What is to be Done?*)의 Behrens, Clarke, Rooke의 기고문들을 보라.

에 대한 긍정적 설명으로 나아가게 된다.[64] 요컨대, 호르크하이머의 말처럼, '발생'을 '실존'에서 분리하는 것, 그것이 교조적 사유의 맹점을 구성한다.[65] 이런 분리를 가정하게 되면 결국, 인간의 사회적 실천이 도출되고 또 계급투쟁 행위의 전략적 계산이 기초하는 '객관적 조건'을 비판적으로 수용하기에 이른다. 이와는 달리, 맑스의 물신주의 비판은 객관적인 조건들을 승인하지 않는다. 맑스의 비판은 그것들을 인간의 사회적 실천 속에서 또 그것을 통하여 존속하는 조건들로 해체한다. 이 실천이 자본의 형태 속에서 아무리 전도되었다 할지라도 말이다. 달리 말해, '지도력'이라는 레닌주의적 생각은, 그것이 표면상으로는 해체시키려고 계획한, 그 전도된 세계를 반영한다. 거울들이 제공하는 반영상들은, 아무리 부서졌어도, 그것의 구성적 힘인 자본의 구성된 관계 내부에 전도된 형식으로 존재하는, '아직-아님'[66]의 투영을 제공하지 못한다. 다시 말해 그것들은 전도된 가치형태 내부에 그것을 통해서 또 그것에 대립하여 존재하는 인간적 협력의 투영을 제공하지 못한다. 객관적 조건을 긍정하는 정통적 사유에는 안 된 이야기지만, 정치경제학 비판은 사물들의 세계의 진정한 구성에 관한 계몽을 제공하는 것에 책임이 있다. 계몽은 매우 전복적인 일이다. 계몽은 눈에 보이는 대로의 사물을 의심하며 그것의 본질을 드러내기 위하여 세계를 뒤집어서 사고한다. 그 본질이란, 그 자신이 버림받은 조건의 생산자로서 그 자신에 대립하여 존재하는 인간이자 동시에 그 자신과 존엄 속에서 관계하는, 즉 자원이 아니라 목적으로서 대자적으로 존재하는 아직 존

---

64. Horkheimer, "Traditionelle and kritische Theory", p. 246.

65. Horkheimer, *Zur Kritik der instrumentellen Vernunft*, p. 84 [M. 호르크하이머, 『도구적 이성 비판』].

66. Bloch, *Das Prinzip Hoffnung*.

재하지 않는 주체로서의 인간이다. 겉으로 드러나는 것은 소멸되어가는 인간 주체이다. 비판을 통해 그것의 실종의 필연성이 전면에 대두되며, 사물들 간의 관계들이 인간의 사회적 실천에 의해 발생했으며, 인간의 사회적 실천에 의해 재생산되고, 그것들은 오직 인간의 사회적 실천 형태로서만 유효하다는 주장이 펼쳐진다. 이론적 신비들은 인간의 사회적 실천에 대한 파악에서 자신들의 합리적인 설명을 발견한다. 사물들의 권력은 사회적 권력이다. 그것은 마치 개별적 인간처럼 역사에서 유래하지 않으며, 자연에서 유래하지도 않는다. 그것은 만들어진다. 만들어진 것은 되돌려질 수 없다. 그리고 만들어진 것은 결코 자신의 사회적 성격을 잃지 않는다. 세계가 아무리, 일정 정도 내재적인 체계적 논리에 따라 재생산되는 단순한 체계로 보인다 할지라도 말이다. 인간의 협력은 자본주의적 사회관계들의 토대이다. 그것은 가치형태로 나타나며, 가치형태 속에서 인간의 사회적 관계들은 운명에 의해 지배되는 사물들 간의 관계로 나타난다.

자본주의의 사회적 재생산의 전제는 노동이 자신의 조건으로부터 자유롭게 되는 것이다. 이 전제는 자본주의적 사회관계의 실재적인 운동을 알려주며 또 특징짓는다. '가치증식을 열광적으로 추구'[67]하는 자본은 자신의 생산력을 증대시키기 위하여 노동 분업을 강화하는 것 이외엔 다른 도리가 있을 수 없다. '노동의 세분화가 국민의 암살'[68]이라고 해도, 그것은 사회적 노동 과정의 한층 심화된 파편화를 통해 노동 조건들로부터 노동의 '최초의' 분리를 강화한다. 하지만, 아무리 많은 사회적 노동이 파편화되고, 분할되고, 세분화된다 하더라도, 인간의 협

---

67. Marx, *Capital* vol. I, p. 555 [칼 마르크스, 『자본론 I (하)』, 806쪽].
68. 어콰트(D. Urquhart)의 말. Marx, *Capital* vol. I, p. 343 [칼 마르크스, 『자본론 I (상)』, 491쪽]에서 재인용함.

력[협업]은 '자본주의적 생산양식의 기본형태'[69]로 남는다. 인간의 협력이 없이는 생산도 교환도 존재하지 않을 것이다. 이러한 협력은, 국가가 보호하고 보장하는 자유롭고 평등한 교환관계들의 개별 형태들과, '국민의 암살'을 결합하는 상품형태로 자기 자신에 대립하여 존재한다. 그러므로 인간의 협력은 사회적 재생산의 조직화로부터 해방되어야 한다.

노동은 자본의 '전제이며 전제로서 남아 있다.'[70] 자본은 노동으로부터 그 자신을 해방시킬 수 없다. 자본은 필요노동의 부과, 즉 잉여노동의 구성적 측면에 의존하며, 전 세계 노동계급들에 의존한다. 자본은 필요노동을 정립함과 동시에, 잉여가치를 늘리기 위해 필요노동을 최대한 줄여야 한다.[71] 이 축소는 노동의 생산력을 발달시키며, 동시에 자유의 영역의 실재적 가능성을 증대시킨다. 더 잘 표현하자면, 생활필수품을 생산하는 데 필요한 사회적 필요노동시간을 점점 적게 요구하는 환경은 필연의 영역을 제한하고, 그리하여 맑스가 자유의 영역이라고 설명한 것이 만개하도록 만든다. 자본주의 사회 내부에서 이러한 모순은, 생산 설비들의 파괴, 실업, 노동조건 악화, 빈곤의 만연뿐만 아니라 전쟁을 통한 인간 생명의 파괴, 생태적 재앙, 기근, 토지의 소실燒失, 물의 오염, 공동체의 황폐화, 그리고 이윤을 위한 아이들의 출산과 같은 새로운 유리한 기회들의 창출, 인간의 신체를 교환 혹은 수술을 위한 상품으로 사용하기 등등을 포함하는, 폭력을 통해서만 봉쇄될 수 있다.[72] 자본주의에서 모든 사회적 진보는 재난으로 바뀐다. 인간이 타

---

69. 같은 책, p. 317 [같은 책, 454쪽].

70. Marx, *Grundrisse*, p. 399 [칼 맑스, 『정치경제학 비판 요강 I』, 424쪽].

71. 상세한 설명은 Bonefeld, *The Recomposition of the British State*, ch. 2를 보라.

72. Bonefeld, "Human Progress and Capitalist Development", in Bieler et al., *Global Restructuring*, London : Palgrave, 2006.

락하고, 착취당하고, 천대받고, 버림받으며, 예속화된 존재로서 실존한다는 것은, 자본주의적 생산이 인간을 위한 생산이 아님을 보여준다. 자본주의적 생산은 인간을 수단으로 사용하는 생산이다. 달리 말해, 가치형태는 단지 현실적인 사회적 개인으로부터의 추상만을 의미하진 않는다. 가치형태는 '실제로 사실'인 추상이다.[73] 가치형태는 인간 존재로부터 추상을 하며 인간을 인간 자신의 삶실천의 단순한 인격화로 환원한다. 인간의 모든 특수한 사회적 실천들을 노동이라는 특정하고 단일한 추상 형식으로 바꾸고, 그 실천들의 장소를 전장으로부터 복제연구소로 바꾸는 이 보편적 환원은, 시초축적과 더불어 시작된 분리가 이제는, 인간 존재를 신체 장기의 보유자로 보는 결정으로 나타나고 있음을, 인간 신체 장기를 유기영농organ farming이라 불리는 사업의 부속품으로 착취하는 것을 허용하고 있음을 보여준다.[74] 이러한 비참함은 인간의 품위에 걸맞지 않는다.

맑스는 노동자들의 협력체들의 출현과 노동자 소유 공장들의 출현을 코뮤니즘으로의 이행이 이미 시작되었다는 사실의 직접적이고 간접적인 지표라고 보았다. 맑스는 임금노동을 위한 결과들이 아무리 모순적이라 할지라도,[75] 더 짧은 노동일을 위한 투쟁이 인간해방을 위한 '기본적인 선행조건'이라고 보았다.[76] 더욱이 그는 협력의 모순적인 힘을 다음과 같이 지적하였다. '이와 같이 협력에 의해 개인의 생산력이 제고될 뿐만 아니라 하나의 새로운 생산력, 즉 집단적인 힘이 창조되는 것이다.'[77] 맑스는 노동을 추상적 부의 축적을 위한 자원으로 가두기

---

73. Marx, *Grundrisse*, p. 105 [칼 맑스, 『정치경제학 비판 요강 I』, 75쪽]를 참조하라.

74. Bonefeld, "Human Progress and Capitalist Development."

75. Marx, *Capital* vol. I.

76. Marx, *Capital* vol. III, p. 820 [칼 마르크스, 『자본론 III (하)』, 1011쪽].

77. Marx, *Capital*, vol. I, p. 309 [칼 마르크스, 『자본론 I (상)』, 441쪽].

위한 자본가적 투쟁이 '이용된 노동시간과 그 생산물 사이의 엄청난 불비례'를 향한 경향을 내포한다고 주장했다. '노동은 더 이상 생산과정에 포함되어 있는 것으로 나타나지 않고, 오히려 인간이 생산과정 자체의 감시자와 규율자로서 관계한다. ······ [노동자는] 생산과정의 주행위자가 아니라 생산과정 옆에 선다.'[78] 더욱이, '자연은 기계, 기관차, 철도, 전보, 자동 방직기 등을 제작하지 않는다. 이들은 인간의 근면의 산물이다. 자연을 지배하는 인간 의지의 기관이거나 자연에서의 인간 의지의 활동 기관으로 전환된 자연적 재료이다. 그것들은 인간의 손으로 **창출된 인간 두뇌의 기관들**이자, 대상화된 지력이다. 고정자본의 발전은 일반적인 사회적 지식이 어느 정도까지 직접적인 생산력으로 되었고, 따라서 사회적 생활과정 자체의 조건들이 어느 정도까지 일반지성의 통제 아래 놓였으며, 이 지성에 따라 개조되는가를 가리킨다. 사회적 생산력이 지식의 형태로뿐만 아니라 사회적 실천의 기관들, 현실적 생활과정의 직접적인 기관들로서 어느 정도까지 생산되었는가를 가리킨다.'[79] 달리 말해, 산 노동은 비록 생산의 한 요인으로서 운명 지어져 있다 할지라도 생산을 조직한다. 그리고 그것은 자신의 삶실천을 일반지성적 인간 지식과 지적 역능을 갖춘, 감독자 및 조절자로 변형함으로써 생산을 조직한다. 이러한 변형은, 오늘날의 관계들에서는, 필요노동의 위기내재적 단축을 수반한다. 이 단축은 비고용 노동자와 비고용 자본 속에서 그리고 그것들을 통해서 나타난다.[80] 자본은, 화폐형태 속에서는, 비고용 상태에 있다. 왜냐하면 그것은 축적의 확대된 재생산적 요구를 초과하여 존재하기 때문이다. 이렇게 해서, 화폐에서 화폐

---

78. Marx, *Grundrisse*, p. 705 [칼 맑스, 『정치경제학 비판 요강 II』, 380쪽].
79. 같은 책, p. 706 [같은 책, 382쪽].
80. Marx, *Capital* vol. III, p. 251 [칼 마르크스, 『자본론 III (하)』, 301~304쪽]을 참조하라.

가 만들어지는 잉여가치 생산으로부터 추출되는 바의 '신용-상부구조'(M … M′)가 발전하지만, 그와 동시에 자기 확장하려는 화폐의 이러한 추구는 노동의 착취에 의존한다(M … P … M′). 생산적 축적과 화폐적 축적 사이의 분리는, 필연적으로, 매우 위기내재적이며, 그 관례상 폭력적이다. 이 분리는 미래의 노동착취에 대한 저당을, 인간의 삶을 파괴하는 저당을 포함하는데, 이것은 모든 붕괴나 금융위기가 보여주는 바와 같은 것이다.

그럼에도 불구하고, 이 비참함은 자본주의적으로 조직된 사회적 재생산관계들 속에서 그리고 그것들을 통해, 인간에 의해 만들어진다. 여기에서 사회적 개인들은 부정되는 존재양식으로 존재한다. 노동계급은 단지 자기 자신만이 해방시킬 수 있을 뿐이라는 맑스의 진술은 혁명의 실재적 문제를 제기한다. 이 문제는 노동의 자기조직화의 문제, 즉 자본주의의 실재적 대안을 제시하며, 그리하여 혁명적인 투쟁의 목적들을 그 조직적인 수단들 속에 반영하는 자기조직화의 문제이다. 요컨대 혁명적 조직화라는 위대한 문제는 인간에게 어울리는 투쟁의 수단과 방법을 발견하는 문제이다. 중무장한 반동들에 항거할 수 있을 뿐만 아니라 중요하게는, 일상의 삶의 실천에서 권력의 모방에 항거할 수 있는 투쟁의 수단과 방법을 발견하는 문제이다. 인간해방의 첫 번째 원리는, 자연과의 신진대사의 민주적 조직화이다. 다시 말해, 인간 세계를 인간에게 되돌려 주고, 노동을 직접적으로 사회적으로 만들어 주는, 생산수단의 해방수단으로의 변형이다. 이 사회의 민주화는 본질적으로 사회적 필요노동의 민주적인 조직화를, 즉 연합한 생산자들 자신에 의한 필연의 영역의 조직화를 의미한다. 사회의 민주화 및 필요노동의 민주적 조직화는 서로 각각의 전제이다. 어떠한 강압과 폭력으로부터도 자유로운 필요노동의 민주화는 인간 삶의 모든 영역들에서의 사회적 자율을 위한 요구를 수반한다. 자율은 인간적 주권을, 그리하여 주체로서의 인간적 존엄을 의미한다. 자율은 인간을 추상에 의해 지배당하는 타락한 존재로 만드는 모든 관계의 폐지를 의미한다. 요컨대 사회적 자율은, 자신의 조직화의 방법 속에서 혁명의 목적(즉 인간해방)을 예상하는 그러한 저항의 조직적 형태들 속에서 그리고 그것을 통해서 사회적 자기결정을 이루어나가는 것을 의미한다. '자유롭고 평등한 사람들의 사회'는 계급의 종말을 의미한다. 그것은 인간이 자신의 '고유의 힘'을 그 자신의 사회적 힘으로 인식하고 조직하는 계급 없는 사회를 의미한다.[81]

그러므로 코뮤니즘이 제기하는 이슈는 이것이다. 코뮤니즘은 권력을 잡지 않고 어떻게 세상을 바꿀 수 있을 것인가?[82] 리[83]는 레닌의 세기가 아직도 진행 중이라고 생각한다.[84] 그는 수단과 목적을 혼동하고, 국가의 점유와 인간해방을 동일시하며, 철 지난 레닌을 만들어 낸다. 지젝은 이와 달리 훨씬 조심성이 있으며, 그래서 진실에 더 가까이 접근한다. 지젝은 레닌이 정치 사상가며, 그에게 '무엇을 할 것인가'가 실재적 의미와 중요성을 지녔음을 상기시킨다. 이 폭력outrage과 저 폭력에 맞닥뜨렸을 때 그는 이것이나 저것에 적응하지 않고, 이것과 저것의 전제조건들을 비판했다. 제국주의 전쟁에 직면하여 그는 자본주의적

---

81. Marx, *Zur Judenfrage*, p. 370 [칼 마르크스, 「유태인 문제에 대하여」, 『마르크스의 초기 저작』, 361쪽]을 참조하라.
82. Holloway, *Change the World Without Taking Power* [존 홀러웨이, 『권력으로 세상을 바꿀 수 있는가』, 조정환 옮김, 갈무리, 2002].
83. [옮긴이] Lars T. Lih : 옥스퍼드 대학교에서 정치학 석사 학위를 받고 프린스턴 대학교에서 정치학 박사학위를 받았다. 듀크 대학교와 웰슬리 대학에서 강의를 하다 지금은 몬트리올에서 독립된 연구 활동을 벌이고 있다. 현재 볼셰비키 강령에 대한 책을 준비 중이다.
84. Lih, *Lenin Rediscovered*, Leiden : Brill, 2002.

인 사회관계들에서의 전쟁의 사회적 필연성을 폭로했으며, 전쟁에 대한 한 해결책으로서 사회주의 혁명을 요구했다. 그는, 전쟁을 부정하는 대신 이것과 저것 사이의 싸움에서 어느 한 편을 들면서 전쟁을 도덕화하고 그리하여 전체화하는 동시대의 추종자들 — 그저 생각 없는 십자군들, 즉 이유 없는 **국제 사회주의자들** — 과 달리, **이런** 또는 **저런** 군사조직에 자신을 결부시키지 않았다. 지젝의 레닌은 내 적의 적은 친구라는 사유 없는 이념을 받아들이는 정치적 자세를 비난한다. 지젝 역시 리의 레닌을 믿는다는 점은 사실이다. 그러나 '믿음'은 지나가 버린 시대의 **시대정신**Zeitgeist에 속하는 신학적인 범주이다.

10장

시초축적과 자본주의적 축적

사회적 구성과 수탈에 대한 주석들

서문

많은 논평가들이 맑스가 '시초'축적이라고 언급했던 것과 유사한 발전들을 이해하기 위해 신자유주의적 세계화를 분석해 왔다.[1] 하비의 책『신제국주의』는 이 분야에서 광범한 주목과 논쟁을 불러일으켰다.[2] 하비는 시초축적이 모든 이후의 자본주의 축적의 토대이며, 축적의 수레바퀴를 유지하기 위하여 특히 위기의 시기에 결국 반복되어야 했다

---

1. 예를 들어 De Angelis("Marx and Primitive Accumulation", *The Commoner*, No. 2, 2001), Dalla Costa("Capitalism and Reproduction", in Bonefeld et al. (eds.), *Open Marxism*, London : Pluto, 1995; "Development and Reproduction", in Bonefeld (ed.), *Revolutionary Writing*, New York : Autonomedia, 2003), Midnight Notes("The New Enclosures", in Bonefeld (ed.), *Subverting the Present*, New York : Autonomedia, 2008)을 보라.
2. Harvey, *The New Imperialism*, Oxford : OUP, 2003.

고 주장했다. 그는 자본주의 내부의 이 시초축적을 강탈dispossession에 의한 축적이라고 부르며, 신자유주의적 자본주의에서 강탈에 의한 축적이 자본주의적인 과도축적을 극복하기 위한 특수한 시도를 나타낼 뿐만 아니라,3 사실상 자본주의의 지배적인 축적 형태가 되었다고 주장한다.4 강탈에 의한 축적은 자본주의적 사회관계들을 발전시키는 수단으로서, 자본주의의 주변부에서뿐만 아니라 그 중심에서도 역시 나타난다. 하비의 시각에서 볼 때, 강탈에 의한 축적은 맑스가 생산자들을 생산수단과 생존수단으로부터 폭력적으로 분리시키는 것으로 보았던 수탈 과정들뿐만 아니라, 예를 들어 국유화된 산업들의 사유화 역시 포함한다.5

강탈에 의한 축적과 관련한 경험적 논의는 해석의 세부적인 측면들에서의 불일치들과 관계없이 상당히 진척되었다. 이러한 논의들 속에서 시초축적은, 그것이 자본주의적 재생산의 확장적인 본성으로부터 유래하기 때문에,6 또는 그것이 노동을 복종시키는 자본주의적 수단이기 때문에,7 자본주의의 영구적인 특징으로 논의되었다. 어느 경우이건, 그것의 목적은 프롤레타리아를 확대시키는 것이다. 시초축적은 따라서 자본주의의 역사적 전제로, 그리고 그 재생산의 필수적인 요인으로 간주된다. 하지만 시초축적이 자본주의적 사회관계의 구성적 전제가 된다는 것에 대한 문헌상의 논의는 찾아보기 힘들다. 자본주의적 사회관계의 역사적 전제는 한편에서는 이중으로 자유로운 임금노동자, 그리고 다른 한편으로는 생존수단의 소수의 수중으로의 집

---

3. 같은 책, 2003, pp. 140~142, 149~150, 158.

4. 같은 책, p. 153, 172.

5. 같은 책, p. 146을 보라.

6. 같은 책.

7. De Angelis, "Marx and Primitive Accumulation."

중이다. 시초축적에 대한 맑스의 설명은, 결과적으로 직접적 생산자를 생산수단 및 생존수단으로부터 분리시킨 일련의 과정들에 주목한다. 그의 말처럼, 시초축적은 '사회적 생활수단과 생산수단을 자본'으로 전환시키며, '직접적 생산자를 임금노동자로 전환시키는', '생산자와 생산수단 사이의 역사적인 분리과정'이다.[8] '머리에서 발끝까지 모든 털구멍에서 피와 오물을 흘리면서 이 세상에 나온'[9] 자본은 '노동자가 자기의 노동을 실현할 수 있는 조건들의 소유로부터 완전히 분리되어 있는 것'[10]에 의해 창조되었다. 맑스는 자본주의가 이 분리를 전제하고 그것을 '확장된 규모로'[11] 유지한다고 말한다. 이 글은 이 논쟁에 초점을 맞춘다. 여기에서 나는 자본주의적 재생산이 이 분리에 의존한다고 주장한다. 이 분리가 자본주의의 구성적 전제이다. 그리고 이것이 자본의 개념을 형성한다. 강탈당하고 이중으로 자유로운 노동자들 속의 그 구성적 전제가 자본주의의 일반적 개념 — 과정 속의 가치, 과정 속의 화폐, 그리고 자본 그 자체 — 속에서 자취를 감추는 상황은, 무엇보다도, 자본이 형성되고 정립되는 과정에서에서의 폭력이 하나의 경제적 사물이라는 외관[가상] 속에 은폐된다는 것을 말하는 것에 지나지 않는다.

　나는 시초축적이 한편으로 자본이 태어나는 역사적 과정들과 관련된다고 주장한다. 다른 한편으로 시초축적은 일정한 사회적 노동양식 — 토지, 생존수단, 생산물, 생존으로부터 분리된 노동, 즉 그 대상, 그 결과들, 그 사회적 존재의 조건들로부터 분리된 노동 — 의 토대에 초점을 맞춘다.[12]

---

8. Marx, *Capital* vol. I, p. 711 [칼 마르크스, 『자본론 I (하)』, 981쪽].

9. 같은 책, p. 712 [같은 책, 1046쪽].

10. 같은 책, p. 668 [같은 책, 981쪽].

11. 같은 책, p. 668 [같은 책, 981쪽].

12. Negt/Kkuge, *Geschichte und Eigensinn*, Frankfurt : Verlag 2001, 1981; Fracchia, "Die koerperliche Tiefe des Marxschen Verelendungsbegriffs", in Kirchoff et al. (eds.), *Gesell-*

자본주의적으로 조직된 사회적 재생산 형태에서의 노동은 그 조건들로부터 분리된 노동이며, 나는 자본 개념이 이 노동에 기초하고 있다고 주장한다. 인구대중의 생존수단으로부터의 '본래적인' 분리의 논리가 자본주의적 사회관계들의 구성적 전제이다.

I. 자본주의와 시초축적

노동수단의 노동으로부터의 분리가 '[자본주의적] 생산의 토대이다.'[13]

시초축적을 자본주의적 재생산의 영구적인 특징으로 이해하는 것은 로자 룩셈부르크까지 거슬러 올라간다.[14] 그녀는 자본주의가 안정을 얻기 위해 자기 외부에 무언가를 가져야 하며, 자본주의적 축적의 위기들은 새로운 시장들을 창출하고, 새로운 원재료들을 발견하고, 새롭고 더 싼 프롤레타리아를 고용하면서, 시초축적의 조건들을 새로운 인구에 부과하는 것 속에서 일시적인 해결책을 찾는다고 주장했다.[15] 1970년대에 저술 활동을 펼친 아민[16]은 이러한 관점을 되풀이했다.[17]

---

schaft als Verkehrung, Freiburg : Ça ira, 2004. 나는 Bonefeld("Class Struggle and the Permanence of Primitive Accumulation", *Common Sense* no. 8, 1988; "The Permanence of Primitive Accumulation", *The Commoner*, no. 2, 2001; "Capital, Labour and Primitive Accumulation"; "Accumulazione primitiva e accumulazione capitalistica", in Sacchetto/Tomba (eds.), *La Lunga Accumulazione Originaria. Politica e Lavoro nel Mercato Mondiale*, Verona : Ombre Corte, 2008)에서 이 이중적 의미를 탐색했다. 또한 Krahl, *Konstitution und Klassenkampf*을 보라.

13. Marx, *Theories of Surplus Value* Part III, p. 272.

14. Luxemburg, *The Accumulation of Capital*, London : Routledge, 1963.

15. Marx, *Capital* vol. III, ch. 14 [칼 마르크스, 『자본론 III (상)』, 14장]을 참조하라.

16. [옮긴이] Samir Amin (1931 ~) : 이집트 출신의 정치경제학자. 신종속학파의 대표적 이론가로 평가받고 있다.

아민은 시초축적의 메커니즘들이 '자본주의의 선사先史에만 속하는 게 아니라, 또한 동시대적이기도 하며, 세계적 규모에서 축적 이론의 영역을 형성한 것은, 중심부의 이득을 위한, 변화되었지만 지속적인, 시초축적의 이러한 형태들이다'라고 주장했다. 하비의 분석은 룩셈부르크와 아민의 뒤를 이어, 신자유주의 하에서 자본주의가 주변부로 확장하면서 전개한 시초축적의 과정들을 강조한다. 하비는 이 과정들이 또한 자본주의의 중심부에 있는 동시대적 힘이라고 주장함으로써 그들의 분석을 확장한다.[18]

이러한 견지에서 볼 때, 시초축적은 영구적인 축적이다. 그것은 초창기의 자본주의적 생산양식의 토대이며, 확대된 자본주의적 재생산의 결과이다. 하지만, 자본주의의 역사적 전제가 그 재생산의 결과가 되는 이 변증법적 운동은 강탈에 의한 축적과 자유노동의 착취를 통한 '가치 증식'[19]에 의한 축적의 관계가, 시초축적의 영구성이라는 룩셈부르크가 촉발한 개념들이 고려하는 것보다 더 복잡하다고 암시한다. 그것은 자본주의의 전제이며 그 '효과들' 중의 하나이다. '전제'의 '효과'로의 변증법적 변형은 그 의미가 생득적으로 자본주의적임을 암시한다. 실제로 맑스는 시초축적이 '자본의 개념Begriff을 형성한다bildet'라고 주장했다.[20] 이러한 시각에서 볼 때, 시초축적의 독창성은 그 사회적 내용들, 즉 노동의 그 수단으로부터의 강제적 분리, 그리고 그와 함께 강탈당한 노동에 기초하고 있는 자본주의적인 노동양식의 구성과 관계가 있다. 자본은 이 기초에 의존한다. 등가물 없는 사회적 노동시간을

---

17. Amin, *Accumulation on a World Scale*, New York : Monthly Review Press, 1974, p. 3.
18. Harvey, *The New Imperialism*.
19. Marx, *Capital* vol. I, p. 555 [칼 마르크스, 『자본론 I (상)』, 806쪽].
20. Marx, *Capital* vol. III, p. 246 [칼 마르크스, 『자본론 III (상)』, 296쪽].

전유하는, 잉여가치를 향한 그 늑대인간의 갈망은 강탈당한 노동의 확대된 재생산에 의존하고 또 그것을 통해 전개된다. 노동의 생존수단으로부터의 분리, 즉 시초축적은 확대된 축적의 단순한 제국주의적 효과 이상이다. 그것은 자본주의적 사회관계들의 전제이며, 마찬가지로 자본주의적으로 구성된 생산양식의 개념을 결정한다.

수단으로부터 분리된 노동은 자본주의적 사회관계들의 전제조건이자 지속적인 전제이다. 맑스가 말한 바와 같이, '노동과 노동의 교환 — 겉보기에는 노동자 소유의 조건 — 은 노동의 토대로서 노동자의 무소유에 기초한다.'[21] 자본주의적 축적은 그 자신의 작동의 결과로서 강탈 속에서 그 구성된 전제를 재생산한다. 노동자는 '객체적인 부를 자본의 형태로, 즉 그를 지배하며 착취하는 외부의 힘으로 끊임없이 생산하며, 자본가는 노동력을 부의 주체적 원천의 특수한 형태— 노동자의 신체 속에 있을 뿐이며, 그 자신을 대상화하고 실현할 모든 수단으로부터 분리되어 있는 추상적인 원천— 로 끊임없이 생산한다. 간단히 말해, 자본가는 노동자를 임금노동자로 생산한다. 노동자의 이 끊임없는 재생산 또는 영구화는 자본주의적 생산의 필수조건이다.'[22] 자본주의는 스스로를 자신의 역사적 발생과 분리할 수 없다. 노동의 그 수단으로부터의 분리는 자본 개념을 형성한다.

'발생'의 '실존'으로부터의 분리는, 비자본주의적 생산양식에서 자본주의로의 시간적으로 특정된time-specific 이행 시기인 시초축적에 대한 논의의 기초가 된다.[23] 이러한 입장에서 보면, 시초축적은 진보적인

---

21. Marx, *Grundrisse*, p. 515 [칼 맑스, 『정치경제학 비판 요강 II』, 147쪽].
22. Marx, *Capital* vol. I, pp. 535~536 [칼 마르크스, 『자본론 I (하)』, 776쪽].
23. Zarembka, "Primitive Accumulation in Marxism, Historical or Trans-historical Separation from theMeans of Production", in Bonefeld (ed.), *Subverting the Present* 와 Bonefeld, "History and Social Constitution", 같은 책을 참조하라.

것으로 나타난다. 글래스만[24]의 말에 따르면, 그것은 '더 완전한 인간 발달을 위한 필수적인 단계이다.'[25] 글래스만의 논점은 진부하든가—현재는 역사 발전의 결과이다—아니면, 역사적 법칙들이 인간의 발달을 위해 필연적으로 전개된다고 생각한다는 점에서 신학적이다. 그는 시초축적에 대한 맑스의 논의가 '주로 프롤레타리아화'에 초점을 맞추는데, 그 이유는 '맑스가 가장 관심을 두는 것은 가장 혁명적인 주체라고 생각하는 것의 형성 및 그들이 투쟁하는 핵심 논점들'[26]이기 때문이라는 것이다. 그는 맑스가 자본주의의 사회적 토대를 자유로운 임금노동 속에서 개념화하는 데에 관심이 있는 것이 아니라, 오히려 혁명적 주체를 발전시키는 데에 관심이 있다고 시사하는 것으로 보인다. 데 안젤리스[27]도 유사한 주장을 펼치지만 강조점은 다르다.[28] 그의 주제는 자본이다. 그는 시초축적이 자본주의적 생산의 기본적인 존재론적 조건이라고 주장하며, 시초축적을 시장 규칙을 (새로운) 인구에게 강요하기 위한 자본주의적인 수단으로 간주한다. 그의 제안에 따르면, 자본은 사회의 지배로부터 자기 자신을 보호하기 위해 사회의 자연적 욕망을 해체하는 무기로서 '시초축적'을 채택한다. '발생'을 '실존'으로부터 분리하는 것은 신학적인, 또는 어떤 경우에는 주관적인 사유의 맹점을 구성한다. 이러한 사유에서 사회적 실천은 존재Being와 **되기**Becoming의

---

24. [옮긴이] James K. Glassman (1947 ~) : 미국의 보수주의적 성향의 논설위원, 저널리스트.
25. Glassmann, "Primitive accumulation, accumulation by dispossession, accumulation by 'extra-economic' means", *Progress in Human Geography*, vol. 30, no. 5, 2006, p. 611.
26. 같은 책.
27. [옮긴이] Massimo De Angelis : 1995년 유타 대학교에서 경제학 박사 학위를 획득했으며 현재 이스트런던 대학교 정치학 교수로 재직하고 있다. 최근 출간된 책 *Beginning of History*를 통해 공통들의 형성과 자본의 포획 간의 투쟁에 의해 구성되는 자본주의적 관계와 역학에 대해 분석했다. 최근에는 위기와 신자유주의의 몰락의 난국의 국면에서 이루어지고 있는 공통 운동의 힘과 전략적 개입에 대해 연구하고 있다.
28. De Angelis, "Marx and Primitive Accumulation."

구조 내부의 기능적인 행위자로 간주된다. 이와 달리, 나는 시초축적이 사회적 노동의 특수한 자본주의적인 생존양식을, 다시 말해 인간의 목적의식적인 생산적 활동을, 노동하는 상품형태 속에서 분석하는 원심 지점이기 때문에 중요하다고 주장한다.

'상품'은 교환되고 '화폐'는 자본주의적 생산을 앞당긴다. 하지만 화폐가 '자본으로 변형되기 위해서는 자본주의적 생산을 위한 선행조건들이 존재해야 한다.'[29] 최초의 역사적 전제는 노동의 그 자신의 수단으로부터의 분리이며, '그리하여 노동의 수단이 자본으로 실존하는 것'이다.[30] 맑스에게 이 분리는 세계의 역사를 구성한다. '상품과 화폐는 자본으로 변형되는데 그 이유는 노동자가 …… 노동의 객관적인 조건들의 소유자에게 자신의 노동 자체를 상품으로 팔 수밖에(자신의 노동력을 직접 팔 수밖에) 없기 때문이다. 이 분리는 화폐(또는 그것을 대표하는 상품)의 자본으로의 변형을 위한 필수조건인 것과 동일한 방식으로 자본과 임금노동의 관계를 위한 필수조건이다.'[31] '자유로워진' 노동자의 생존수단으로부터의 수탈 그리고 '인간 현존의 이 무기적inorganic 조건들과 이 활동하는 현존의' '분리'는 '임금노동과 자본의 관계에서만 정립된다.'[32] 그것은 '[자본주의적] 생산의 토대이며 …… [그리고] 자본주의적 생산 안에 주어진다.'[33] 따라서 축적의 두 가지 형태들 간에는 내적 연결이 존재한다 ― 대중 수탈의 역사적 전제조건은 타자가 반드시 필요하다는 그 비밀스러운 전제 속에서 드러난다. '사회적 재생산과정의 모든 전제조건은 동시에 그 결과이며, 그 결과들 각각은 동시

---

29. Marx, *Theories of Surplus Value* Part III, p. 272.
30. 같은 책.
31. 같은 책, p. 89.
32. Marx, *Grundrisse*, p. 489 [칼 맑스, 『정치경제학 비판 요강 II』, 114쪽].
33. Marx, *Theories of Surplus Value* Part III, p. 272.

에 그 전제조건으로서 나타난다.'³⁴ 시초축적의 구성적 내용은 외관상 자본주의적 축적에서 사라지지만 그 재생산의 결과로서 오직 다시 나타나기 위해서 사라진다. 마치 합리적으로 행동하는 개인들은 각각 자신들의 목적들을 추구하면서 노동시장에서 자유롭고 평등하게 교환하는 것처럼 보인다. 하지만 실제로 노동자는 노동시장에서 자본가와 만나기 전에 이미 자기 자신을 자본가에게 판매한다. 다시 말해, 임금노동의 외형상의 자유는 '피정복자에게서 약탈한 화폐로 피정복자 자신의 상품을 구매하는 정복자의 낡은 방식에 지나지 않는다.'³⁵

'자유노동이 그것의 객체적 실현 조건들로부터 — 생산수단 및 노동재료로부터 — 분리'³⁶되면서 수반되는 폭력은 이제, 최소한 잠깐이나마, 평등한 법적 주체 간의 계약적 관계들의 문명화된 형태로 나타난다. 그들을 위해 직접적인 강압은 (조용한) 경제적 강제로 대체되었다. 노동시장에서 판매자들과 구매자들이 실존하기 위해서는 자기 자신의 노동력을 판매하는 자유로운 노동자의 실존이 전제되어야 한다. '자유노동과 이 자유노동의 화폐와의 교환 — 이는 화폐를 재생산[하고 증식]하기 위한 것이며, 향유[개인적 소비]를 위한 사용가치로서가 아니라 화폐를 위한 사용가치로서 화폐에 의해서 소비되기 위한 것이다 — 이 임금노동의 전제이고 자본의 역사적 전제의 하나이다.'³⁷ 노동의 조건들은 '소외된 자

---

34. 같은 책, p. 507.

35. Marx, *Capital* vol. I, p. 546 [칼 마르크스, 『자본론 I (상)』, 792~793쪽].

36. Marx, *Grundrisse*, p. 471 [칼 맑스, 『정치경제학 비판 요강 II』, 97쪽]. 이러한 내용들은 예컨대 다음의 책들에 자세히 기록되어 있다. Thompson, *The Making of the English Working Class*, London : Harmondsworth, 1968; Linebaugh, *The London Hange*, London : Verso, 2003; Hill, *The World Turned Upside Down*, London : Harmondsworth, 1991.

37. Marx, *Grundrisse*, p. 471 [칼 맑스, 『정치경제학 비판 요강 II』, 97쪽]. 독일어 원본에서 수정함.

본’[38]으로서 노동과 대면하는데, 그 까닭은 그 조건들이 '[노동자들]에게 상실되고 소외된 재산의 형상을 띠기 때문이다.'[39] 다시 말해, '객체 없는 **자유노동자들**'[40]의 실존은 '자본주의적 재생산의 토대'[41]이다. 자본주의적인 소유권은, 자유로운 노동자를 '자본의 명령'[42]에 복종하도록 강제하는, 노동과 그 수단의 분리에 의존한다.

II. 시초축적의 비밀

'처음에는 자본 형성의 조건들로서 나타났던' 것이 '이제는 자본 자신의 실현의 결과로서, 실재의 결과로서, 그것에 의해 정립된 것으로서 나타난다.'[43]

독일어 원본에서 맑스는 '시초'[primitive] 축적에 대해 이야기하지 않는다. 이 용어는 영어 번역본에 나타나는데, 내 생각에는 그것이 그런대로 독일어 원본에 가깝다. 하지만 그것은 정확한 것은 아니다. 독일어 텍스트에는 'ursprünglich'라고 씌어 있다. 이 용어는 또한 '본래적인'[original], '시초의'[initial], '손상되지 않은'[unspoiled], 그뿐만 아니라 '기원'[beginning], '최초의 현현'[first manifestation], '살기 위한 도약'[spring to live] 등으로 번역될 수 있다. 이 용어는 말하자면, 어떤 역사적 사건이 명백한 사회적 관계양식의 형성의 원인이 된다는 '인과성'을 함축하지 않는다. 그 대신 이 용어는 실존의 발생에 대해 묻는다. 시초축적은 자본주의적 축적이라는 의

---

38. Marx, *Theories of Surplus Value* Part III, p. 422.
39. 같은 책.
40. Marx, *Grundrisse*, p. 507 [칼 맑스, 『정치경제학 비판 요강 II』, 136쪽].
41. Marx, *Capital* vol. I, p. 585 [칼 마르크스, 『자본론 I (상)』, 334쪽].
42. Marx, *Grundrisse*, p. 508 [칼 맑스, 『정치경제학 비판 요강 II』, 137쪽].
43. 같은 책, p. 460 [같은 책, 83쪽].

미이다. 달리 말해, 그리고 맑스를 참고하자면,[44] 인간의 해부는 원숭이의 해부를 설명할 수 있지만, 역으로 원숭이의 해부는 인간의 해부를 설명하지 못한다. 만일 원숭이의 해부가 정말 인간의 해부를 설명한다면, 원숭이는 이미 그 진화의 내적 필연성 — 자연적인 목적론 또는 이미 쓰인 미래 — 으로서 인간의 능력을 소유하게 되었을 것이다. 다시 말해, 그리고 '경제적 범주들에 대한 경제주의자의 자연주의'에 대한 맑스의 비판에 따르자면, 이러한 접근법은 자본주의적 생산양식을 '역사에서 독립한 영원한 자연법칙들에 둘러싸인' 것으로 제시할 것이다. 그리고 바로 이 개념이 '자본가들'로 하여금 자본주의적 관계들을 '추상적인 형태의 사회와 역사가 기초하는 폐기할 수 없는 자연법칙들'[45]로 은폐하도록 허용해 준다. 시초축적은 자본주의적 축적의 입장에서 볼 때에만 시초적이다. 본래적ursprünglich 축적으로 간주된다면 그것은 전혀 시초적이지 않다. '피와 불의 문자로 인류의 연대기에 기록되어 있는'[46] 그것의 공포는 노동과 그 생존수단의 완전한 분리로 귀결되었으며, 자본주의적 재생산이 확장된 규모로 영구화하고 유지하는 이 분리는 '자본의 개념을 형성한다.'[47]

자본주의의 본래적 기원은 자본주의적으로 조직된 사회적 노동 형태 위에 악몽처럼 부과된다. 이 기원은 '자본의 명령 아래에 놓인 자유로운'[48] 노동으로 나타날 뿐만 아니라, 그 자신의 사회세계에서 사라지며, 인간적·사회적human-social 내용과 목적이 결여된 채 생산자들의 등

---

44. 같은 책, p. 105 [칼 맑스, 『정치경제학 비판 요강 I』, 76쪽].
45. 같은 책, p. 87 [같은 책, 55쪽].
46. Marx, *Capital* vol. I, p. 669 [칼 마르크스, 『자본론 I (하)』, 982쪽].
47. Marx, *Capital* vol. III, p. 246 [칼 마르크스, 『자본론 III (상)』, 296쪽].
48. Marx, *Grundrisse*, pp. 507~508 [칼 맑스, 『정치경제학 비판 요강 II』, 136~137쪽]을 참조하라.

뒤에서 모습을 드러내는 자본, 이윤, 이자율 같은 경제적 범주들 속에서 나타난다. 따라서 자본가와 임금노동자는 '마찬가지로 단순히 자본과 임금노동의 구현체들, 인격화들 — 사회적 생산과정에 의해 개인들에게 낙인찍힌 명확한 사회적 특성들 — 이다.'[49] 자본가와 임금노동자는 동일한 경제적 범주들의 인간적 파생물들로 나타난다. 이 범주들은, 인구 대중에게서 그들의 생존수단을 빼앗은 최초의 수탈을 둘러싼 계급투쟁의 결과로 생겨난 것이다.

개인적 종속의 관계들 대신, 자본주의적 사회관계들은 추상적인 종속 형태들에 의해 지배된다. 경제적 강제는 사물들 자체에서 직접 나오는 것으로 보인다. 사회세계는 마치 두 번 나타났던 것처럼 보이는데, 한 번은 마치 자연의 힘에 의한 것처럼 행위하는 주체들 위에 스스로를 부과하는 경제적 사물로서, 그리고 다른 한 번은 그 사물의 인간적 인격화로서 나타난 것처럼 보인다. 사회는 마치 별개의 세계인 것처럼, 행위하는 개인들의 등 뒤에서 영향을 미친다. 분리의 논리란 인간 주체가 그 자신의 사회세계의 인격화로서 존속하는 것이다. 따라서 자본이 '노동의 조건들에 의해 가정된 형태'[50]인 것은 말할 것도 없다. 상품들은 또한 자본주의적으로 구성된 산 노동의 생산물이라기보다는 마치 '자본의 생산물'[51]인 것처럼 보인다. 본질적으로 자본은 '사회적 노동의 실존, 즉 주체 및 객체로서의 노동의 결합이지만, 이러한 실존은 노동의 실재적인 계기들에 대해서 자립적으로 — 요컨대 이들 곁에 있는 특수한 실존으로 — 존재한다. 따라서 자본 자신은 총괄적 주체이자 타인 노동의 소유자로 나타나며, 그의 관계 자체는 임금노동의 관계와

---

49. 같은 책, pp. 507~508 [같은 책, 136~137쪽]
50. Marx, *Theories of Surplus Value* Part III, p. 492.
51. Marx, *Capital* vol. III, p. 880 [칼 마르크스, 『자본론 III (하)』, 1084쪽].

마찬가지로 완전한 모순의 관계이다.'[52] 이 모순의 최고의 표현은 '이자를 낳는' 자본 — 자본의 '가장 피상적이고 물신적인 형태' — 이다.[53] 그리고 '임금' — 임금노동의 규정적인 특성은? '노동-임금, 즉 노동의 가격'은 '노란색의 대수라는 말만큼이나 불합리한'[54] 표현이다. 그렇다면 설명될 필요가 있는 것은 그 직접적이고 간접적인 의미에서의 자본과 임금노동의 관계 — 말하자면 주체로서의, 또는 구조적 권력으로서의 자본 — 가 아니라 오히려 자본관계가 기초하고 있고 또 그를 통해 존속하는 사회적 구성이다.[55] 자본주의적으로 조직된 사회적 노동 형태는 직접적 생산자의 수탈을 전제하며, 그 노동 형태 자체가 그러한 수탈에 의해 정립된 사회적 형태이다. '처음에는 자본 형성의 조건들로서 나타났던 — 따라서 자본으로서의 그것의 행동에서 유래할 수 없는 — 이러한 전제들이 이제는 자본 자신의 실현의 결과, 실재의 결과로서, 그것에 의해 정립된 것으로서 — 그것의 등장의 조건들이 아니라 그것의 현존의 결과로서 — 나타난다.'[56] 그 자신의 실현의 결과로서 시초축적은 영구적인 축적이다.

이 맥락에서 '영구적인'permanent은 어떻게 이해해야 하는가? 라틴어로 'per'는 '통해서', '길'을 의미하고 'manere'는 '유지하다', '계속되다'를 의미한다. 따라서 'permanent'는 지속적인 성격, 즉 시간을 통해, 또한 시간 속에서 유지되는 어떤 것을 내포한다. 시초축적과 관련해서 볼 때, '영구적인'은 노동과 생산수단의 분리가, 자본이 자신의 생존의 토대로서 재생산해야 하는, 자본주의적 사회관계들의 내재적인 필연성이라는 것을 의미한다. 자본주의적 축적은 근본적인 분리 과정의 재생

---

52. Marx, *Grundrisse*, p. 471 [칼 맑스, 『정치경제학 비판 요강 II』, 96쪽].

53. Marx, *Capital* vol. III, p. 391 [칼 마르크스, 『자본론 III (상)』, 478쪽].

54. 같은 책, p. 818 [칼 마르크스, 『자본론 III (하)』, 1008쪽].

55. 같은 책, ch. 48을 참조하라.

56. Marx, *Grundrisse*, p. 460 [칼 맑스, 『정치경제학 비판 요강 II』, 83쪽].

산을 수반한다. 이 분리의 과정 속에 과거의 방식으로 남아 있는 것은 아무것도 없으며, 그와 동시에 계급들 간의 본질적인 관계 — 한편에는 자본이 있고 다른 한편에는 이중으로 자유로운 노동자가 존재하는 — 는 변하지 않는다. '정체 속의 동역학'이라는 아도르노의 개념은 이 점을 분명하게 보여준다.[57] 자본주의는 사회관계들의 지형을 계속 발전시키고 변화시키는 동역학이다. 자본주의에서 굳어 있는 모든 것은 녹으며 그와 동시에 발전의 '법칙'은 변하지 않고 유지된다 : 이윤의 제단 위에서 인간의 목적의식적인 실천을 희생시키는, 산 노동의 착취의 토대로서의 무목적적인 자유로운 노동자의 확장적 재생산. 다시 말해, 노동의 그 조건들로부터의 자유는 '축적의 피라미드들 위에서 "인간 기계들"의 희생'[58]을 통해 추상적 부를 보존할 수 있는 자본주의적 소유권을 수반한다. 따라서 자본의 법칙은 다음과 같이 요약될 수 있다 : 법칙이란 소멸 속에서도 잔존하는 것이다. 자본주의의 구체적이고 변화하는 역사적 형태들이 어떠하든지 간에 그것은 '분리의 논리'의 힘에 의존하고 또 그 힘에 의해 발전한다.

　나는 시초축적이 자본의 역사적 전제이며, 그 체계적 내용이 자본주의적인 사회관계들의 토대를 형성한다고 주장했다. 그 내용은 자본주의적인 경제적 형태들 속에서 지양된다. 여기에서 비판적 논점은 '지양'aufgehoben의 정확한 의미이다. '지양'suspended은 보통 독일어 'aufgehoben'이나 'Aufhebung'의 영어 번역으로 사용된다. 'Aufhebung'은 영어로 번역하기 가장 어려운 용어이며, 'suspended'는 이 전형적으

---

57. Adorno, *Gesellschaftstheorie und Kulturkritik*를 참조하라.

58. Gambino, "A Critique of the Fordism and the Regulation School", in *Common Sense*, no. 19, reprinted in Bonefeld (ed.), *Revolutionary Writing*, New York : Autonomedia, 1966, p. 55.

로 많은 측면을 가진 독일어의 완전한 의미를 담지 못한다. 시초축적이 자본주의적 축적 속에서 '지양된다'는 생각은, 마치 수탈(강탈)에 의한 축적과 '자유로운' 노동의 착취에 의한 축적 사이에 아무런 차이가 존재하지 않는 것처럼, 두 개의 구별되는 개념들의 차이를 없애지 못한다. 이들 간의 차이는 중요하지만, 이들 간의 내적 연계 역시 중요하다.

헤겔주의적 언어에서 '지양'Aufhebung은 변증법적인 결정적 부정의 과정을 내포한다. 즉, 한 조건의 부정이 그 조건을 부정하는 것과 동시에 그렇게 부정된 조건은 새로운 조건으로 변형된다. 이 과정에서, 그 부정된 조건은 자신의 독립적인 실존을 상실하며, 그렇게 함과 동시에 자신의 본질은 새로운 조건 속에 유지된다. 새로운 조건은 그 부정된 조건에 의해 생기를 얻는다. 부정된 조건의 본질이 새로운 조건 속에 유지되는 상황은, 낡은 조건의 본질이 또한 새로운 조건의 본질이라는 것을 의미한다. 지양은 여러 가지 의미들을 지닌다. 지양이 가진 의미들은 각기 다를 뿐만 아니라 서로 모순된다. 이 지양 개념은 이러한 모든 상이하고 모순적인 의미들을 함축한다. 지양은 세 가지 중요한 의미들을 가진다. '고양하다' 또는 '상승시키다', '무효로 만들다' 또는 '소멸시키다/제거하다', '유지하다' 또는 '지속하다'가 그것들이다. 우리의 맥락에서, 지양은 시초축적의 역사적 형태가 그것의 원래의 형태와 독립적인 실존이 제거(또는 소멸)됨과 동시에 그의 본체나 본질 Wesenshaftigkeit이 새로운 형태 속에 유지되는 새로운 단계로 고양된다는 것을 의미한다. 달리 말해, 시초축적의 본질이 축적 자체에 지양된다는 관념은 시초축적의 원리가 특수한 역사적 시기로서의 시초축적의 역사를 제거하면서 새로운 단계로 고양된다는 것을 의미한다. 그와 동시에 그것의 본질적인 성격은 새로운 형태 속에 보존된다. 즉 자본주의의 역사적 전제는 그 실존의 전제가 된다 : 자신의 수단으로부터 분리된 노동은, 자본이 생산의 은폐된 거처abode에서 자유로운 노동자로부터 추출할 수 있고, 사회적 필요노동시간에 의한 교환 속에서 정당화할 수 있는, 잉여가치의 전유에 기초하고 있는 축적 과정의 결과가 된다. 맑스가 상품을 다루는 식으로 바꾸어 설명하자면, 시초축적이 축적 속에서 완전히 소멸되는 과정은 '그러므로 그와 동시에 그것의 소멸의 소멸 과정으로서, 다시 말해 재생산과정으로서 나타나야 한다.'[59] 자본주의적 재생산은, 자신의 생존의 필수조건인, 이중으로 자유로운 노동자를 영구화한다.[60] 요컨대, 시초축적이 자본주의적 축적 속에서 지양된다는 생각은 '분리의 논리'가 자본주의적 사회관계들의 구성적인 전제라는 것을 강조한다.[61]

III. 경제적 범주들과 역사적 전제에 대한 비판

서술은 연구와 달라야 한다.[62]

나는 앞에서 자본주의적 축적의 해부를 설명해 주는 것이 시초축적이 아니라, 시초축적의 해부를 설명해 주는 것이 자본주의적 축적의 해부라고 주장했다. 이 논점은 애덤 스미스의 역사 단계 이론 같은 목적론적 설명들, 그리고 또 애덤 스미스의 교환하고자 하는 인간의 자연적 기질 같은 역사에 대한 자연법칙적 설명들 둘 다를 거부한다. 맑스가 『자본론』 1권의 끝에서 시초축적을 논의한 상황은 그러므로, 글

---

59. Marx, *From the Preparatory Materials*, p. 497.
60. Marx, *Capital* vol. I, pp. 535~536 [칼 마르크스, 『자본론 I (하)』, 776쪽]을 보라.
61. Krahl, *Konstitution und Klassenkampf*, p. 223을 참조하라.
62. Marx, *Capital* vol. I, p. 28 [칼 맑스, 『자본론 I (상)』, 18쪽].

래스만이 그것을 사실이라고 믿는 것처럼, 결과론afterthought이 아닐 수도 있다.63 그의 시각에서 볼 때, '맑스는 그 날 늦게 시초축적이라는 이슈에 다다랐다. …… 수백 쪽에 걸쳐 자본주의 사회에서 상품들과 잉여가치가 생산되는 노동과정, 즉 "확장된 재생산" 과정을 분석한 뒤에 맑스는 최초의 축적 과정을 가능하게 한 잉여 — "소위 시초축적" — 의 기원들을 고찰하는 데로 되돌아갔다.' 글래스만의 견해와 달리, 강탈은 부에서 잉여를 창출하지 못한다. 그것은 단지 소수가 다수를 약탈하는 것에 지나지 않는다. 그것은 생존수단의 분배를 변화시키며, 이러한 과정에서 사적 소유의 사회적 토대, 다시 말해 이중으로 자유로운 노동자를 창출한다. 내가 앞에서 주장한 바와 같이, 시초축적은 자본의 구성적인 전제이다. 따라서 맑스가 『자본론』 1권 8편 ['이른바 시초축적' — 옮긴이]에서 보여주는 상품형태의 역사적 전제에 대한 진술은 부분적으로는, 시초축적의 의의가 최초의 자본주의적 잉여로서의 시초축적에 있는 것(글래스만의 주장)이 아니라 오히려 자본주의적인 사회적 재생산양식의 전개에 그 의의가 있다는 통찰에 의해 설명된다. 다시 말해, 자본주의적 축적이 시초축적의 역사적 의의를 '밝혀내는' 것이지, 시초축적의 역사적 의의가 자본주의적 축적을 밝혀내는 것이 아니다.64

『자본론』에 대한 맑스 자신의 이해방식에 따르면, 그것[연구 — 옮긴이]은 경제적 범주들 간의 "내적 관련을 구명究明"65하는 것이었다. 『자본론』의 [연구 — 옮긴이] 주제는 자본주의적인 사회적 재생산관계들이

---

63. Glassman, p. 610.
64. 헤겔주의적 용법에서 자본주의적 축적은 '그 전제를 정립한다.' 경제적 범주들에 대한 맑스의 변증법적 발전의 맥락에서 이 점을 다룬 것으로는 다음을 보라. Fineschi, "Dialectics of the Commodity and its Exposition", in Bellofiore/Fineschi (eds.), *Rereading Marx*, London : Palgrave, 2009; Psychopedis, "Dialectical Theory"를 보라.
65. Marx, *Capital* vol. I, p. 28 [칼 마르크스, 『자본론 I (상)』, 18쪽].

다. 그러므로 '경제적 범주들을 그것들이 역사적으로 규정적인 범주들이었던 순서에 따라 위치지우는 것은 실행할 수도 없고 잘못된 것이다. 오히려 그것들의 서열은 그것들이 근대 부르주아 사회에서 서로 맺고 있는 관계에 의해 규정된다.'[66] 『자본론』 1권의 장순서는 역사적 사건들이 일어난 순서들과 다르며, '설명 양식'도 사건들의 실제 과정과 유사하지 않다. 역사적 발생은 기존의 사회적 관계들의 근본적인 범주들에 의해 분석된다. 자본주의적인 경제 형태들의 구성된 범주들은 임금노동자의 형성, 즉 생산수단으로부터 자유롭고, 자신의 노동할 수 있는 능력을 자유롭게 팔 수 있는 노동자, 그리고 대개는 테러 수단에 의해서, 그리고 언제나 비참한 가난에 의해서 노동규율이 주입되는 노동자의 형성을 전제한다. 이 역사적 전제가 맑스가 자신의 정치경제학 비판에서 해독하려고 하는 자본주의적 경제 범주들의 전제이다.

1930년대의 호르크하이머의 논문들을 제외하고는, 맑스의 『자본론』에 대한 논평자들은 대체로 연구Forschung와 서술Darstellung의 구분을 무시했다.[67] 알프레드 쉬미트[68]의 설명에 따르면, 『자본론』에 대한 이해는 '서술의 개념에 따라 성패가 갈린다.'[69] 쉬미트에게 『자본론』의 '서술양식'Darstellungweise은 자본 발전의 서사적인 역사를 따르지 않고 완결된 형태들 ─ 상품, 교환가치, 추상노동, 화폐 등등, 즉 자본주의적으로

---

66. Marx, *Grundrisse*, p. 107 [칼 맑스, 『정치경제학 비판 요강 I』, 79쪽].
67. Horkheimer, *Gesammelte Schriften*, vol. 3, edited by Schmidt, Frankfurt : Fische, (1992). 그렇지만 Schmidt, "Zum Erkenntnisbegriff der Kritik der politischen Ökonomie", in Euchner/Schmidt (eds.), *Kritik der Politischen Ökonomie heute. 100 Jahre "Kapital"*, Frankfurt : Europäische Verlagsanstalt, 1968; Pscyhopedis, "Dialectical Theory"를 보라.
68. [옮긴이] Alfred Schmidt (1931 ~) : 독일의 철학자. 프랑크푸르트의 괴테 대학교에서 영어와 고전철학을 공부하고 이후 철학과 사회학을 전공했다. 아도르노와 호르크하이머에게 사사했다. 1972년부터 프랑크푸르트 대학교에서 철학 및 사회학 교수를 역임했다. 주된 연구 주제는 프랑크푸르트학파의 비판이론, 종교철학, 쇼펜하우어의 철학이다.
69. Schmidt, "Zum Erkenntnisbegriff der Kritik der politischen Ökonomie", pp. 35~36.

구성된 사회적 관계들의 근본적인 범주들— 에서 시작한다. 맑스는 책의 뒷부분에서 그것들의 역사적 전제에 대해 논의한다. 따라서 맑스의 논의는 이러한 범주들의 기초인 사회적 관계들이 전개되는 현실적이고 역사적인 진행과 그 순서가 거꾸로 되어 있다. 다시 말해, '서술방법은 연구방법과 다르지 않을 수 없다. 조사는 마땅히 세밀하게 소재를 파악하고, 소재의 상이한 발전 형태들을 분석하고, 이 형태들의 내적 관련을 구명해야 한다. 이 조사가 끝난 뒤에라야 비로소 현실의 운동을 적절하게 서술할 수 있다. 조사가 잘 되어 소재의 일생이 관념에 반영된다면, 우리가 마치 선험적인 논리구성을 한 것처럼 보일 수도 있다.'[70] 결정적인 경제적 형태들의 논리적 전개는 '현실의 역사적 발전과는 반대의 길'을 밟는다.[71] 다시 말해, 분석은 '사후적으로, 따라서 발전과정의 기성^{既成}의 결과를 가지고 시작하기 때문이다. 노동생산물에 상품이라는 도장을 찍는 [따라서 상품유통의 전제조건으로 되어 있는] 형태들은, 사람들이 그 형태들의 역사적 성격이 아니라[그들에게는 그것들이 불변의 것으로 보이기 때문이다] 그것들의 내용과 의미를 해명하려고 시도하기도 전에, 이미 사회생활의 자연적 형태라는 견고성을 획득하고 있다.'[72] 추상노동, 가치, 교환가치, 화폐, 자본, 착취, 잉여가치, 자본축적 등의 범주들은 자신들의 개념성 안에 시초축적의 체계적인 내용 — '분리 개념' — 을 전제한다.[73]

　『자본론』 1권의 맨 끝 부분에서 맑스는 다음과 같이 주장한다. '자본주의적 생산양식과 축적양식, 따라서 또 자본주의적 사적 소유는 개

---

70. Marx, *Capital* vol. I, p. 28 [칼 마르크스, 『자본론 I (상)』, 18쪽].
71. 같은 책, p. 80 [같은 책, 97쪽].
72. 같은 곳. (같은 책, p. 80 [같은 책, 97쪽]).
73. Backhaus, "Some Aspects of Marx's Concept of Critique in the Context of his Economic-Philosophical Theory"을 보라.

인 자신의 노동에 입각하는 사적 소유의 철폐, 즉 노동자의 수탈을 기본조건으로 삼는다.'[74] 노동의 생산수단으로부터의 분리는 '자본주의적 생산 속에서 이루어지며',[75] '자본주의적 생산은 …… 그 자신의 진행에 의해 노동력과 노동수단 사이의 분리를 재생산한다.'[76] 자본주의적 생산은 '노동자를 착취하기 위한 조건들'을 영구화함으로써 그렇게 한다. '그것은 노동자로 하여금 생존을 위해 노동력을 팔 수밖에 없도록 끊임없이 강요하며, 또 자본가로 하여금 노동력을 살 수 있게 한다. …… 생산과정 자체가 노동자를 자기 노동력의 판매자로 끊임없이 다시 상품시장에 내던지며, 또 끊임없이 노동자 자신의 생산물을 타인[자본가]이 노동자를 구매할 수 있는 수단으로 전환시킨다.'[77] 분리의 논리는 계급적대를 부정적인 의존성의 관계 — 강탈당한 노동 없이는 자본도 없다 — 로 결정한다. 다시 말해, '자본은 임금노동을 전제로 하며 또 임금노동은 자본을 전제로 한다. 즉, 그들은 상호제약하면서 동시에 서로를 성립시킨다. 면공장의 노동자는 면제품만을 생산하는가? 아니다. 그는 자본을 생산한다. 그는 가치를 생산하지만, 그 가치는 다시 자기의 노동을 지배하며, 그리하여 새로운 가치를 창조한다.'[78] 상품들은 가치들로 실현되어야 한다. '가치 — 그것이 화폐로 존재하건 상품들로 존재하건 — 그리고 그것의 심화된 전개 속에서 노동의 조건들이 **타자의 재산**으로서 노동자와 대면한다는 사실은 단순히 그것들이 비노동자의 **재산**으로서 그와 대면하거나, 어쨌든 자본가로서 그가 노동자가 아닌 가치 등의 **소유자**로서, 이러한 사물들이 그들 자신의 의지를 갖는, 그

---

74. Marx, *Capital* vol. I, p. 724 [칼 마르크스, 『자본론 I (하)』, 1066쪽].

75. Marx, *Theories of Surplus Value* Part III, p. 272.

76. Marx, *Capital* vol. I, p. 541 [칼 마르크스, 『자본론 I (하)』, 785쪽].

77. 같은 책, pp. 541~542 [칼 마르크스, 『자본론 I (상)』, 785~786쪽].

78. 같은 책, p. 542, fn. 3 [같은 책, 787쪽, 각주 21번].

자신들에 속하고 독립적인 힘들로 인격화된 주체로서, 그것들[노동의 조건들]과 대면한다는 것을 의미한다.'[79] 여기에서 자본은 보이지 않는 손이 구현된 주체 — 이것도 저것도 아닌, 그렇지만 동시에 이것이기도 저것이기도 한 초월적인 주체 — 로 나타난다. 맑스의 상품 물신주의 비판은, 불굴의 불변성을 가지고 확장적인 규모로 자본과 노동 간의 재산상의 불평등을 재생산함으로써 추상적 가치의 관계들을 조절하는 보이지 않는 손의 실재를 부정하지 않는다. 사실상 물신주의는 실재적이다. 상품 물신주의에 대한 비판이 드러내고자 하는 것은 특정한 인간 실천 양식에 있어서의 사회적 구성이다. 사물들의 세계는 개인들의 등 뒤에서 일어나지만 그것은 그들 자신의 일이다. 그들의 감각적인 실천은 그들의 소외된 사회적 실천의 현현인 물화된 사물들의 세계를 통해 존속한다.

맑스는 가치, 가치형태, 사용가치, 교환가치, 추상노동, 구체노동의 범주들을 다룬 뒤에 '화폐로서의 화폐'의 '자본으로서의 화폐'로의 변형에 대한 분석에서 노동력의 구매 및 판매에 대한 분석으로 자신의 논의를 전개시킨다. 그런 뒤에 필요노동과 잉여노동 간의 관계, 노동일의 구성적 부분들을 분석하면서 공장에서 일하는 자유로운 노동자에 대한 논의가 이어진다. 여기에서 자본은 가능한 한 많은 노동시간을 전유하려고 시도하면서 자유로운 노동자가 노동하도록 만든다. 사실상 이것은 노동자의 삶시간을 수탈하여 그것을 온전히 노동시간으로 축소하려는 시도이다. 잉여가치의 생산에서 출발한 우리는 잉여가치가 자본으로 재역전하는 장면에 도달하게 된다. 이러한 재역전은 평등한 교환의 법칙이 허구라는 것을 '밝혀준다.' '재산의 노동으로부터의

---

79. Marx, *Theories of Surplus Value* Part III, pp. 475~476.

분리는, 명백히 그들의 정체성에서 기원한 법칙의 필수적인 결과가 되었다.'[80] 다른 한편, 개별 자본가는 '자기의 자본을 유지하기 위해 그것을' 끊임없이 확대하지 않을 수 없는데, 그는 '누진적 축적에 의해서만 자기의 자본을 확대할 수 있다.'[81] 그 위험은 파산이다. 따라서 경쟁을 통해 매개된, 인격화된 자본은 더욱 활발하게 움직인다. '[인격화된 자본인 자본가는] 가치증식을 열광적으로 추구하며 그리하여 무자비하게 인류에게 생산을 위한 생산을 강제한다.'[82] 요컨대, 사적 소유의 법칙이 함축하는 바는 다음과 같다. '노동 능력은 필요노동의 주체적 조건들 — 생산하는 노동 능력을 위한 생활수단, 즉 자기 실현 조건들과는 분리된 단순한 노동 능력으로서의 재생산 — 만을 점취했다. 그리고 노동 능력은 이 조건들 자체를, 명령하는 낯선 인격화로서 그것에 마주 서는 **사물들**, **가치들**로 정립했다.'[83] 고로 자본주의적 재생산은 한편으로는 자본을 생존수단의 소유자로서 정립함으로써 계급 적대를, 다른 한편으로는 이중으로 자유로운 노동자를 재생산한다. 자본주의적 재생산은 그 자신의 전제 — 역사적 전제로부터 자본주의적으로 조직된 사회적 재생산 양식 개념이라는 구성적 전제로 변형된 전제 — 를 정립한다.

마지막으로 자본주의적 축적으로 돌아가 맑스는 그것이 '단순히 **시초적 축적** 속에서 하나의 명백한 역사적 과정으로서, 자본 출현의 과정으로서 나타나는 **연속적인 과정**으로 모습을 드러낸다'[84]라고 주장한다. 자본 축적은 자본과 노동 간의 근원적인 관계를 재생산하며, 노동자의

---

80. 같은 책, p. 547.

81. Marx, *Capital* vol. I, p. 555 [칼 마르크스, 『자본론 I (하)』, 807쪽].

82. 같은 책, p.555 [같은 책, 806쪽].

83. Marx, *Grundrisse*, pp. 452~453 [칼 맑스, 『정치경제학 비판 요강 II』, 74쪽].

84. Marx, *Theories of Surplus Value* Part III, p. 272와 Marx, *Capital* vol. I, p. 668 [칼 마르크스, 『자본론 I (하)』, 981쪽].

운명에 대한 분석은 시초축적이 계속적인 자본주의적 축적 과정의 분석을 위한 본질적인 개념임을 보여준다. 그것은 또한 자본 집중으로서, 그 자신의 맥락 속에서 수탈 과정을 계속한다. 자본의 집중화는 가치 확장에 의한 축적이 아니다. 그보다도 집중화는 수탈의 형태이다. '한 자본가는 많은 자본가를 파멸시킨다.'[85] 그와 동시에 '자본가는 자본으로서의 자신과 그에게 마주 서 있는 살아 있는 노동 능력을 생산한다.'[86] '각자는 타자, 즉 자기의 부정을 재생산함으로써, 자기 자신을 재생산한다. 자본가는 노동을 타인 노동으로 생산하고, 노동은 자본을 타인 자본으로 생산한다.'[87] 자본주의적 축적의 역사적 경향을 분석할 때의 맑스의 몹시 승리에 도취된 듯한 언급들 — '생산수단의 집중과 노동의 사회화는 마침내 그 자본주의적 외피와 양립할 수 없는 지점에 도달한다. 자본주의적 외피는 파열된다. 자본주의적 사적 소유의 조종이 울린다. 수탈자가 수탈당한다.'[88] — 을 차치한다면, 경제 형태들에 대한 그의 설명은 분리의 논리가 자본주의적 경제 범주들의 발전의 매 단계에서 자본주의적 사회관계들의 조건임을 드러내준다. 그것은 자본의 구성적 전제이며, 또 그런 만큼 자본 개념을 형성한다.[89]

요컨대 맑스가 주장하는 것처럼 자본을 구성하는 '분리의 논리'는, '시초축적과 함께 시작하여, 그 다음으로는 자본의 축적과 집적에서 끊임없는 과정으로 나타나며, 지금 여기에서 마지막으로 소수인의 수중으로 기존 자본의 집중과 다수인의 자본상실[수탈이 이제 이렇게 바뀌었다]로서 표현되고 있다.'[90] 그것은 또한 이제 과다한, 또는 어떤 경우

---

85. Marx, *Capital* vol. I, p. 714 [칼 마르크스, 『자본론 I (하)』, 1049쪽].

86. Marx, *Grundrisse*, p. 458 [칼 맑스, 『정치경제학 비판 요강 II』, 81쪽].

87. 같은 책, p. 458 [같은 책, 81쪽].

88. Marx, *Capital* vol. I, p. 715 [칼 마르크스, 『자본론 I (하)』, 1050쪽].

89. Marx, *Capital* vol. III, p. 246 [칼 마르크스, 『자본론 III (상)』, 296쪽]을 보라.

에는 여분의 노동력의 개별 소유자를 고용될 수 있거나 또는 판매 가능한 부분들로 분해될 수 있는 하나의 구체적인bodily 사물로 변형시키는 과정 속에 존재한다. 달라 코스타[91]의 말을 바꾸어 표현하자면, 인류는 '엉망이 되고, 해부되고 만들어진, 하나의 상품'이다.[92] 이중으로 자유로운 임금노동자라는 맑스의 개념은 변형된 것으로 나타난다. 이중으로 자유로운 임금노동자는 사실상, 적어도 대부분의 인류에게는, 단지 노동하는 상품 이상의 것이 되었다. 그것은 또한 여타의 상품처럼, 시장에서 팔릴 수 있는 신체 물질의 운반자가 되었다.[93]

결론 : 분리의 논리와 인간해방

나는 자본의 최초의 폭력이 평등, 해방, 자유, 공리[94] 등의 '문명화된' 형태들을 형성하는 내용이라고 주장했다. 이러한 형태들은 부르주아 '평등'의 실재적인 내용 — 문명화된 형태들에 은폐되어 있는 폭력 — 을 신비화한다.[95] 가치 법칙의 규칙은 시초축적이 '사회적·집단적 소유의

---

90. 같은 책, p. 246 [칼 마르크스, 『자본론 III (하)』, 296쪽].

91. [옮긴이] Mariarosa Dalla Costa : 이탈리아 파두아 대학의 정치학교수. 자율주의적 맑스주의자이자 페미니스트인 그는, 여성의 무임금노동이 단순히 남성이 여성에게 부과한 억압이 아니라, 자본주의적 재생산의 본질적 부분이라고 주장한다.

92. Dalla Costa, "Capitalism and Reproduction", p. 12.

93. Bonefeld, "Human Progress and Capitalist Development."

94. 공리주의의 아버지인 벤담은 아이들이 14세가 아닌 4세에 노동을 해야 한다고 권고하며 다음과 같이 말한다. '아무것도 이루어지지 않은 10년의 귀중한 시간들! 산업을 위해 아무것도 하지 않다니! 도덕적이거나 지적인 개선을 위해 아무것도 하지 않다니!'(Bentham. Perelman, *The Invention of Capitalism*, Durnham : Duke University Press, 2000, p. 22 에서 재인용.) 그것은 진보를 위해, 문명을 위해, 이윤을 위해 잃어버린 10년이다.

95. Benjamin, *Zur Kritik der Gewalt*, Frankfurt : Suhrkamp, 1965를 참조하라.

대립물'[96] 속에 확립한 사적 소유의 법칙의 힘을 전제한다. 일단 노동자가 자신의 생존수단에서 분리되면, 그는 임금을 위해 자신의 노동력을 자유롭게 판매하며, 자본가는 노동자로 하여금 생산과정 속에서 자신의 명령에 복종하게 만들면서 자신이 구매한 것[노동력 — 옮긴이]을 소비할 권리를 획득한다. 안젤리스, 하비와 달리 나는 시초축적이 자본이 노동을 복종시키기 위해 채택할 수 있는 무기(안젤리스)가 아니며, 확장된 제국주의적 재생산 형태의 필수적인 산출물(하비) 이상의 것이라고 주장했다. 나는 자본주의적 축적이 일정한, 역사적으로 특수한 사회적 노동양식, 즉 생존수단에서 분리된 노동의 계속적인 재생산에 토대하고, 또 그에 의존한다는 것을, 그리고 이 노동이 자본주의적인 사회관계들의 구성적 전제라는 것을 주장했다. 분리의 논리의 현실성은 자본주의의 선사 및/또는 확대된 재생산의 제국주의적 효과로서의 시초축적에 존재하지 않는다. 분리의 논리의 현실성은 자본주의적인 사회관계들—자본 개념을 형성하는 분리의 관계들—에 존재한다. '사회주의냐 야만이냐'라는 룩셈부르크의 언명은 자본주의적 축적의 '문명화된 형태'가 야만적인 내용을 갖는다는 것을 인식한다. 우리는 이러한 통찰에 상응하는 자본주의적인 경제적 범주들의 개념을 확보해야 한다.

인간해방의 이념이 아무리 단순하다 해도, 그 목적과 수단을 고려한다면 그 실천은 가장 어렵고 불확실하다. 무엇을 할 것인가? 인간해방에 이르는 문을 열어주는 황금 열쇠는 존재하지 않는다. 그럼에도 불구하고, 아도르노가 말한 것처럼 노동이 더 이상 모든 사물들의 척도가 아닌 사회에서는 완전고용이 대안이 될 수 있을 것이다. 다시 말해, 모든 사물들의 척도가 개별적인 인간 필요들을 충족하고, 평등이

---

96. Marx, *Capital* vol. I, p. 713 [칼 마르크스, 『자본론 I (하)』, 1047쪽].

더 이상 화폐 앞의 평등이 아니라 오히려 필요들의 평등인 사회에서 그것은 가능하다. 1990년에 생산된 상품들과 똑같은 양을 생산하기 위해, 2010년에는 얼마나 많은 노동시간이 필요했을까? 20퍼센트? 40퍼센트? 아니면 50퍼센트? 그 비율이 얼마가 되건 간에, 확실한 것은 노동시간이 줄어들지 않았다는 것이다. 노동시간은 늘어났다. 또한 확실한 것은 부의 분배가 전에 없이 불평등하다는 것이다. 그렇다면 부르주아 사회는 한편으로는 '과잉인구'[97]의 증가에, 다른 한편으로는 추상적 부의, 자본의 과도축적에 어떻게 대처하는가? 생산력과 생산관계의 모순은 다음과 같은 해결책을 찾아 나선다. 생산력들의 파괴, 전쟁, 일반화된 기아와 비참을 통해 노동을 해체하기, 부의 전례 없는 축적을 배경으로 노동일과 이 모든 것을 늘리기, 그리고 더 거대한 노동 유연성을 통해 티끌 같은 노동시간을 가치화하려는 훨씬 파괴적인 시도들. 이와 같이 티끌 같은 추가적인 노동시간을 계속 정복하는 것은 인격을 파괴하고[98], 그리하여 민주적인 개인의 인격과 대립하게 된다.[99] 인간 존재들이 풍부한 유용성, 현금, 생산물로 계속적으로 전환되는 것은 시간이 돈이라고 주장하는 사회적 시간 개념에 기초하고 있다. 부의 척도로서의 시간은 민주적인 개인의 시간이 아니다.[100] 연합한 생산자 자신들에 의해 이루어지는 사회적 필요노동시간의 민주적인 조직화는 따라서 '기본적인 선행조건'을 필요로 하는데, 그것은 '노동일 단축'[101]

---

97. [옮긴이] 칼 마르크스, 『자본론 I (하)』, 675쪽, 그리고 25장 3, 4절을 참조하라.

98. Sennett, *The corrosion of character*, New York : Norton, 1998.

99. 시초축적과 시간의 전유의 연계에 대해서는 Krahl, *Konstitution und Klassenkampf*를 보라.

100. Tischler, "Time of Reification and Time of Insurbordination", in Bonefeld/ Psychopedis (eds.), *Human Dignity* 를 참조하라.

101. Marx, *Capital* vol. III, p. 820 [칼 마르크스, 『자본론 III (하)』, 1011쪽].

을 위한 투쟁이다. 노동일의 길이를 둘러싼 투쟁에 대한 맑스의 분석은 자본의 정치경제학에 대한 노동의 정치경제학의 승리가 갖는 모순적인 성격을 보여 주었다. 그럼에도 그것은 하나의 승리였다.

코뮤니즘적 개인의 시간은 부르주아 사회, 자본, 그리고 그 국가의 부정을 필요로 한다. 그 시간은 사회적 시간을 현금과 생산물로 환원하는 것에 대한 투쟁을 필요로 한다. 이러한 투쟁은 사회적 노동관계들의 정치화를 필요로 하고, 이것은 자본과 그 국가의 개념성에 도전한다. 확실한 것은 없다. 이와 다른 방법으로 투쟁하는 것은 인간해방을 위한 기획이 의도하는 것을 오해하는 것이다. 그렇지만 인간해방이 성공할 것 같지 않으면 않을수록, 더 크게 요구해야 하고, 그것을 위해 더 강렬하게 투쟁해야 한다는 것 역시 사실이다.

11장

반유대주의와 자본주의에 대한 (근대적) 비판

I

　나치 이론가 로젠베르크[1]는 반유대주의를 코뮤니즘, 볼세비즘, 유대인 자본주의에 대한 공격이라고 묘사함으로써 반유대주의의 근대적 정수를 간결하게 정식화했다. 그가 말하는 유대인 자본주의란, 생산적 노동 및 산업의 자본주의가 아니라, 기생충들 — 화폐와 금융, 투기자들과 은행가들 — 의 자본주의이다.[2]

　물론 아우슈비츠에서 정점에 달한 반유대주의와 1945년 이후 세계의 반유대주의에는 차이가 있다. 하지만 반유대주의가 아우슈비츠 때문에 또는 아우슈비츠에도 불구하고 지속되고 있는지 어떤지 하는 것은, 결국은 쓸모없는 물음이다. '불구하고' 그리고 '때문에'라는 생각들

---

1. [옮긴이] Alfred Rosenberg (1893 ~ 1946) : 나치당의 정치가이자 인종 이론가.
2. Rosenberg, *Der staastsfeindliche Zionismus*, Munich : F. Eher Nachfahren, 1938.

은 반유대주의를 파괴한 것으로 생각되는 죽음의 공장이 아우슈비츠라고 믿는다. 더욱이, 그리고 이러한 믿음과 연결된 것으로 반유대주의는 단지 현재에 그림자를 드리우지만 그 자체 아무런 실재적 존재감을 갖지 않는, 과거의 현상으로 간주된다. 이처럼, 반유대주의에 대한 공공연한 표현들은, 다른 식으로 문명화된 세계의 병리학적 탈선들처럼 단지 추한 것으로 여겨진다. 이러한 맥락에서 반유대주의에 대한 비평은 '유럽 죄의식'의 표현으로 비하되거나 배신bad faith의 표현으로 거부되는 것 둘 중 하나이다. 반유대주의에 대한 비판이, 이스라엘을 비판으로부터 보호하기 위한 위장으로 여겨지는 것이다.3

이스라엘 국가와 이스라엘의 종종 격렬한 지지자들이, 특히 팔레스타인 타자를 죽이는 것이 국가의 정당한 행위라고 방어하면서, 반유대주의에 대한 담론을 도구화할 수 있고, 또 그래 왔다는 것은 의심할 바 없다. 이러한 도구화는 의문시되어야 한다. 반유대주의 비판은 이스라엘 국가를 위한 비판이 아니다. 그 대신 이 비판은 결국 그 정치적 형태, 즉 국가의 형태 — 그 국민성이 어떻다고 주장되건, 또는 어떤 경우 민족 공동체가 어떻다고 상상되건 — 를 포함하여 부르주아 사회에 대한 비판이다. 이러한 공동체 관념들은 계급을 민족으로 대체하고, 국민국가를 민족에 기초한 사회의 정치적 형태로 해석한다. 국가는 이 사회를 위해서 민족의 대표로서 한 덩어리로 행동한다는 것이다. 민족적 법률이 단일한 힘 — 국가의 힘 — 에 의해 계급분할적 사회에 부과되기 때문에 오직 하나의 국익이 존재한다는 것이다. 상상된 공동체는 혈연과 토지 소유의 경계들에 기초한 공동체로 간주된다. 반유대주의에 대한

---

3. Keaney, Review of *Human Dignity*, in *Review of Radical Political Economics*, vol. 39, no. 4, 2007.

비판은 근본적으로, 민족주의적이고 국가사회주의적인 반자본주의 형태들을 포함하는, 자본주의적 사회관계들에 대한 비판으로 귀결된다. 자본주의적 사회관계들은 소위 구체적인 공동체의 민족적 관계들을 제거하는 힘들인 것처럼 보이기 때문에 이러한 외양에 기초한 자본주의에 대한 비판은 모두 또한 쉽게 반유대주의적 요소들을 포함한다. 다시 말해 그것은 민족 공동체의 권력들이 화폐와 금융의 추상적인 전지구적 힘들에 맞서는 방어물이 되어 줄 것을 재요구하고, 화폐 자본주의를 기생적인 것으로 비난하며, 그리하여 생산의 소위 구체적 본성에 기초한 자본주의를 요구한다.

이 글에서 나는 근대의 반유대주의가 자본주의의 혐오스런 형태들의 화신인 '유대인들에 대한 소문'이라고 주장한다.[4] 이 소문은 반유대주의가 자본주의에 대한 저항을 표현한다는 것을 함축한다. 이 글은 이 죽음의 관념을 상술한다. 이 글은 반유대주의가, 반헤게모니적인 것으로 나타날 수 있는 매우 반동적인 이데올로기라고 주장한다. 따라서 이 글은 진보적인 운동들을 위한 특별한 도전을 제기한다. 다음 절에서는 반유대주의의 몇몇 현대적 표현들을 탐구한다. 4절과 5절은 반유대주의에 대한 아도르노, 호르크하이머[5], 포스톤[6]의 비판[7]을 상술한다. 결론에서는 자본주의적 사회관계들의 성격에 대해 물으며, 반헤게모니 투쟁이 자본주의에 대한 대안을 제공해야 한다고 주장할 것이다.

---

4. Adorno, *Minima Moralia*, Frankfurt : Suhrkamp, 1951, p. 141를 참조하라.

5. Horkheimer/Adorno, *Dialectic of Enlightenment*, London : Verso, 1989 [아도르노·호르크하이머, 『계몽의 변증법』, 김유동 옮김, 문학과지성사, 2003].

6. [옮긴이] Moishe Postone : 시카고 대학교의 역사학 교수이며, 이곳에서 유대인 연구회 회원으로 활동하고 있다. 그의 연구 관심사는 근대 유럽 지성사, 사회이론 특히 비판적인 근대 이론들, 20세기의 독일, 반유대주의, 현재의 전지구적인 변동 들이다.

7. Postone, "Anti-Semitism and National Socialism", in Rabinbach/Zipes (eds.), *Germans and Jews since the Holocaust*, New York : Holmes & Meier, 1986.

　로젠베르크가 유대인을 내부에 있는 외부의 적으로, 공산주의자, 금융업자, 투기가, 그리고 은행가로 투사하는 것은 오늘날까지 효능이 있다. 예를 들어 말레이시아의 전직 총리였던 마하티르 모하마드는 다음과 같이 언급하면서 1997년 말레이시아의 금융 붕괴의 근본적인 원인을 평가했다. '나는 솔직히, 이 사람들이 인종주의자들이라고 생각합니다. 그들은 우리가 번영하는 걸 보고 좋아하지 않습니다. 그들은 우리가 너무 빨리 성장한다고 말하며 우리가 가난해졌으면 합니다. 우리는 다른 사람들을 적으로 만들고 있지 않지만, 그들은 우리를 적으로 만들고 있습니다.'[8] '우리'가 의미하는 것은 무엇이며 '그들'은 누구인가? 마하티르 모하마드가 자본주의를 '유대인 자본주의'라고 고발하는 것은 사실상, 『파이낸셜 타임즈』가 보도했듯이, 1920년대 헨리 포드가 청탁한 책 『국제 유대인』*The International Jew*에서 그 단서를 취한 것으로 보인다. 이 책의 구조에서 볼 때, 한 나라의 조화로운 이해관계들을 파괴하는 데 혈안이 된 내부에 있는 외부의 적인 '투기자들'이라는 개념은 근대적인 반유대주의에 속한다. 그것은 금융이나 투기자들이 탐욕스런 상인들이라는 생각을 호출하고, 이와 대립되는 것으로서, 다른 한편으로 '국토'에서 솟아나는, 조국에 불멸의 힘과 영원을 제공하는, 그리고 혈통과 혈연 같은 특징들로 결합된 '건강한', '근면한', 그리고 평화로운 국가적 공동체라는 이념을 지지한다.

　다른 예로, 팻 뷰캐넌[9]은 소위 상상된 미국의 가치들과 덕들을 방

---

8. "시장 몰락에 대한 말레이시아의 조치들", *Financial Times*, 1997년 9월 4일에서 인용함.
9. [옮긴이] Pat Buchanan (1938 ~) : 미국 공화당 출신의 보수 논객.

어한다. 그는 이러한 가치와 덕이 '비판이론'의 못된 효과들 때문에 위기에 처했으며, 그 책임이 '그러한 사고뭉치 공산주의자 유대인들'에게 있다고 주장한다.[10] 여기에서 이성과 비판적 사유에 기초하는 지성은 교활한 '유대인'의 속성으로 여겨지고, 그리하여 하나의 강력한 파괴적 힘으로 생각된다. 자연스러운 공동체 속에 뿌리박히는 대신, '유대인'은 이러한 공동체를 전복하는 것으로 간주된다. '유대인'은 자신의 뿌리를 구체적인 본성에 두지 않고 치부책들 속에 두고 있다. 소위 국가, 국토, 그리고 전통의 가치들과 달리, 유대인은 전통과 사회적 유기물을 파괴하는 뿌리 없는 추상적 지성과 교활함을 지니고 있다. 유대인은 '조국'이 없으며, 그 어디에도 근거를 두지 않는다. 국경 없는 세계를 끊임없이 유랑하는 '유대인'은 헤겔의 악무한— 추상적인 영원한 문제— 의 체현으로 생각된다. 유대인의 역능은 구체적으로 서술될 수 없다. 이처럼 '유대인'은, 자본주의이건, 금융이건, 코뮤니즘이건, 현상들의 이면에 위치하는 것으로 간주된다. 이 교활하고 뿌리 없는 타자Other [11]에 속하는 역능은 뿌리 있는 국가의 국민에 대한 엄청나게 강력한, 불가해한, 국제적인 음모의 역능이다.

또 다른 예로 반제국주의적 좌파가 있다. 그들 중에서 더 비판적이고 독특한 사상가들 중의 하나인 페리 앤더슨[12]은 '기업, 정부, 미디어에 둘러싸인 미국의 시온주의가 1960년대 이래 이스라엘을 위한 여론과 공식 정책의 방편들을 확고하게 틀어쥐었으며, 아주 드문 경우에만 힘을 잃었다'라고 주장했다. 이렇게 유대인들은 팔레스타인을 정복했을 뿐만

---

10. Buchanan, *The Death of the West*, New York : Dunne, 2002.

11. [옮긴이] 이 장에서 '타자'는 모두 대문자 'Other'를 옮긴 것이다.

12. [옮긴이] Perry Anderson (1938 ~) : 영국 출신의 역사학자이자 맑스주의자. 캘리포니아 대학교 교수이다. *New Left Review*의 주간을 역임했고 현재 편집위원으로 있다.

아니라, 미국에 대한 통제력 역시 가지게 되었다. 즉 제임스 페트라스[13]의 이해를 따르자면, 현재 이루어지고 있는 '미국 제국 건설'의 노력은 '시온주의적 제국 건설자들'에 의해 주형되고 있는 것이다.[14] 앤더슨이 보기에 이스라엘은 유대인 국가이며, 그 민족주의적 승리는 유대인의 승리이고, 그 경제는 유대인의 경제이다. 이스라엘은 중동에서의 제국주의적 교두보로서 미국에 의해 지켜지는 '금리생활자 국가'이다.

한 국가를 유대인적으로 만드는 것은 무엇인가? 맑스주의 좌파는 전체적으로 부르주아 사회의 강압적 성격이 국가 형태 속에 집약된다는 맑스의 판단에 동의한다. 조야하게 말하자면, 자본의 목적은 이윤을 만드는 것이고 국가는 이러한 목적의 정치적 표현이다. 따라서 맑스는 국가를 부르주아 집행위원회로 보았다. 막스 베버는 국가를 (이미 지화된 민족적 특징들은 말할 것도 없고) 그 기능들로써 규정할 수 있는 것이 아니라 오로지 그 수단— 물리적 폭력의 사용— 에 의해서만 규정할 수 있다고 주장했다. 그는 근대 국가를 폭력 기계로 간주했다. 애덤 스미스는 국가를 시장을 가능하게 하는 권력으로 규정했다. 국가는, 아무도 어느 특별한 사람들에게 절대적으로 의존하지 않지만 누구라도 모두에게 어쩔 수 없이 의존해야 하는 맥락 속에서, 각자의 목적들을 추구하도록 장려되는 사적 이해관계들 간의 준법 행위를 단속하는 책임을 맡는다는 것이다. 애덤 스미스는 국가의 자유주의적 목적을

---

13. [옮긴이] James Petras (1937 ~) : 뉴욕 빙햄턴 대학 사회학과 명예교수. 아르헨티나 실업노동자 운동에 대한 연구와 더불어 지난 11년 동안 브라질 무토지 농업노동자 운동에 대한 작업을 해왔다. 국내에 번역된 저서로 『제국은 어떻게 움직이는가?』(공저, 갈무리, 2010), 『세계화의 가면을 벗겨라』(메이데이, 2008), 『게릴라의 전설을 넘어』(생각의 나무, 2004), 『발전주의 비판에서 신자유주의 비판으로』(공감, 1998) 등이 있다.
14. Petras, "Empire Building and Rule", in Chandra et al. (eds.), *The Politics of Imperialism and Counterstrategies*, Dehli : Aakar Books, 2004, p. 210.

시장 경찰과 유사한 것으로 규정했다. 이러한 접근법들 중 어느 것도 동질적인 민중이라는 가정되거나 상상된 민족적 특성의 맥락에서 국가를 규정하지 않는다. 민족적 정체성에 대한 날조는 신화화된, 또는 어떤 경우에는 상상된 과거의 토대 위에서 국가의 정당성을 확립하려는 것을 목표로 하는 정치적 작업이다.[15] 사실상, 반제국주의의 역逆은 민족해방, 민족자율, 그리고 민족의 자기결정을 위한 요구이다. 이것은 정치권력에 의해, 그리고 정치권력을 위해, 효과적으로 만들어진, 계급 없는, 상상된 공동체의 단순한 추상이다.[16]

민족주의의 '퇴행적 평등egality'[17]은 계급 차별을 특정한 민족적 동일성 속으로 와해시킨다. 이 동일성의 응집성은 내부에 있는 외부의 적의 식별에 의존한다. 타자는 상처받은 삶을 위한 구실, 엄밀하게는 희생양[18]을 제공하며, 원한의 대상이 된다. 따라서 페리 앤더슨이 상상된 타자에 맞선 폭력의 잠재력이 민족주의 ― 그것이 어떤 것이건 ― 에 내재적이라고 주장할 때 그는 절대적으로 옳다.[19] 그리고 여기에는 자본주의를 반대하는 대신 제국주의적 조직을 거부하고 독립국의 지위와 민족적 평등의 권리들을 요구하는 민족적인 반자본주의의 형태들이 포함된다. 반제국주의적 민족주의는 (미국 제국주의와 동일시되는) 병리학적 민족주의와 (민족해방 그리고 피억압 민족들의 민족적인 자

---

15. Tischler, "Time of Reification and Time of Insurbordination"을 보라.

16. Anderson, *Imagined Communities*, London : Verso, 1991을 참조하라.

17. Adorno, p. 56.

18. [옮긴이] 집단을 정당화하기 위해 외부 적을 설정하고 그들을 희생양으로 만드는 사회심리학적 메커니즘은 9·11 이후 테러와의 전쟁을 정당화하기 위한 미국 지배계급의 정치적 전술이었다. 이에 관한 자세한 내용은 마이클 웰치, 『9·11의 희생양』, 박진우 옮김, 갈무리, 2011을 참조하라.

19. Anderson, "Scurrying Towards Bethlehem", *New Left Review*, 2nd series, no. 10, pp.5~30, 2001.

기결정을 위한 욕구와 동일시되는) 건강한 민족주의를 구분한다. 이러한 시각은 좌파에 엄청난 해악을 끼친다. 착취와 계급지배가 어떻게 반자본주의적 민족주의에 의해 무효화될 수 있는지 나는 이해가 안 된다. 자본주의가 시온주의, 미국주의, 그리고 월가와 동일시되지 않는다면 말이다. 이러한 맥락에서는 반자본주의가 반시온주의로, 반미주의로, 반금융자본주의로 생각된다. 이러한 태도의 반자본주의적 성격은 무엇인가? 그것은 자본주의에 대한 대안들을 제공하는가? 그것의 반자본주의적 수단은 무엇이며, 그것의 반자본주의적 목적들은 무엇인가?

이매뉴얼 월러스틴[20]이 주장한 바처럼, 원래 맑스주의 좌파는 민족해방 개념에 적대적이었으며, '국민들의 권리들에 대한 모든 담화를 매우 의심스러워했는데, 그들은 이것에서 중간계급적인 민족주의 운동들을 연상했다.'[21] 계급투쟁에 대한 강조가 '반제국주의의 전술적 우선성 — 제3인터내셔널이 거대 유럽 공산당들 그리고 최소한 그와 같은 …… 보다 근본적인 민족해방 운동 간의 정치적 동맹을 수립하고 싶어 했던 테마 — 을 위해 은밀히 보류되었던'[22] 것은 기껏해야 1920년의 바쿠 회의[23]에서였다. 바쿠 회의 이후, 반제국주의적 투쟁들엔 '"혁명적인" 활동이라는 이름표가 주어졌다.'[24] 이렇게 일반적인 인간해방을 위한 계급투쟁이 민족해방을 위한 반제국주의 투쟁으로 이동했음을 알린 혁명적인 텍스트는 1913년에 저술된 스탈린의 『맑스주의와 민족문제』였다. 스

---

20. [옮긴이] Immanuel Maurice Wallerstein (1930 ~) : 미국의 사회학자, 역사적 사회과학자, 세계체제 분석가.

21. Wallerstein, *After Liberalism*, New York : The New Press, 1995, p. 156.

22. 같은 책.

23. [옮긴이] 1920년 9월 바쿠에서 열린 중근동 회의. 이 회의 이후 반제국주의 강령이 세계 공산주의 운동의 강령이 되었다.

24. Wallerstein, *After Liberalism*, p. 211.

탈린은 민족을 '역사적으로 진화된, 언어, 지역, 경제적 삶, 그리고 문화의 공동체 속에 드러난 심리적인 기질make-up을 갖춘 안정적인 공동체'라고 규정하면서, 민족의 안보라는 이름으로 도래하게 될 사태에 대한 주목할 만한 선견지명을 가지고 다음과 같이 언명했다. '이러한 특성들 중의 단 하나가 결여되는 것만으로도 충분히 민족은 더 이상 민족이 아니게 된다.'[25] 레온 트로츠키가 1937년 초에 논평했듯이, 대숙청[26]은 국제주의적 종파의 맑스주의자들에 맞서 반유대주의적 민중선동을 채택함으로써 거의 과학이 되기에 이르렀다. 소련판 반제국주의적 민족해방으로서의 계급투쟁에서, 유대인들은 수많은 가면들 ― 자유주의자, 프리메이슨, 사회민주주의자, 트로츠키주의자, 파시스트나 시온주의자 ― 을 쓰고 나타났지만, 이 가면들이 투사하는 이미지와 무관하게 그들은 자본가, 제국주의자, 서구인 그리고 무엇보다도 비러시아인으로 규정된 모든 것을 체현했다.[27]

특히 중동에서 반유대주의가 확산되자, 반제국주의적 좌파는 과격한 이슬람주의적 반유대주의를 이스라엘과 미국 제국주의에 대한 정당한 분노의 부대현상에 불과한 것으로 치부하는 경향이 있었다. 국제사회주의가 〈무슬림 형제단〉과의 연대를 요구하는 것은 징후적이다. '우리는 특정한 이슈들[팔레스타인이나 이라크]에 대해 무슬림 동지들과 함께 해야 한다고 주장하는 바이다.'[28] 이러한 입장은 무조건적으로

---

25. Stalin, *Marxism and the National and Colonial Question*, New York : International Publishers, p.8.
26. [옮긴이] 구(舊)소련에서 스탈린 정권의 중기인 1930~38년 단행된 반(反)스탈린파 공산당원·군인·지식인·대중에 대한 대대적인 제명과 투옥 및 숙청사건.
27. Poliakov, *Vom Antizionismus zum Anti-Semitismus*, Freiburg : Ça ira, 1992, p. 47에서 인용함.
28. International Socialism, "Egypt : the pressure builds up", p. 31.

거부되어야 한다. 지젝이 말하는 바와 같이, '아랍의 반유대주의를 ……
팔레스타인 사람들의 슬픈 처지에 대한 "당연한" 반응으로 "이해하려
고"' 해서는 안 된다.[29] 이슬람 반유대주의를 제국주의에 대한 분노의
'정당한' 표현으로 '이해하는' 것은 반유대주의가 자본주의에 대한 저항
을 표현한다고 암암리에 주장하는 것이다. 마찬가지로, 이스라엘 국가
의 조치들을 유대인 대학살에 대한 "당연한" 반응으로 이해하려고' 해
서는 안 된다.[30] 이러한 '이해하기'는 절멸의 야만을 국가 행위의 정당
한 힘으로 받아들인다. 그것은 아우슈비츠를 의식화儀式化하며, 이 의식
화는 팔레스타인 타자의 살인을 정당화한다. 이러한 정당화는 죽은 자
를 살리는 것이 아니라, 그들을 죽음에 머물게 하는 것이다. 벤야민에
따르면, [죽은 자를 살리는— 옮긴이] 구속救贖은 인간 존엄을 위한 현대의
투쟁 속에서 과거의 일을 되살려내는 것을 함축한다. 이것은 특이함과
동시에 보편적이며, 분할 불가능함과 동시에 가치를 매길 수 없는 것
이다. 구속은 명령복종 거부자들refusniks, 이단자들, 반대자들, 불찬성자
들과 관계있지 국가의 유능한 관리들과는 관계가 없다. 치명적인 목적
의 민족적 조화 대신에, 그것은 계급 연대를 요구한다. 민족이 아닌 계
급이 반자본주의 투쟁의 열쇠를 쥐고 있다.

이스라엘에 대한 비판이 이스라엘의 명령복종 거부자들과의 연대
속에서 진전되어야 하는 것과 꼭 마찬가지로, 이슬람 나라들의 조건들
에 대한 비판은 사회주의적 동지들과의 연대 속에서 진전되어야 한다.
이 사회주의적 동지들은, 이슬람 근본주의자들이 그들 각자의 정부에
게 당하는 것과 똑같이, 이슬람 근본주의자들에게 억압을 받고 뿐 아

<hr>

29. Zizek, *Welcome to the Desert of the Real*, p. 129 [슬라보예 지젝, 『실재계 사막으로의
    환대』].
30. 같은 책.

니라 죽임을 당하기까지 한다. 이슬람 근본주의는 기존의 권력관계들에 대한 대안을 제공해 주지 않는다. 그것은 단지 권력을 위해 경쟁할 뿐이다. 우리는 이슬람 근본주의를, 자신의 이미지에 따라 세계를 창조하려는 전지구적 자본의 '중포'重砲에 대한 반응으로 이해할 수 있다. 이슬람 근본주의는 전지구적 자본에 맞서 소위 조상 전래의 신분들과 전통들의 정화淨化를 통해 기존의 사회관계들을 보존하려고 한다. 이슬람 근본주의는 격렬하고 귀를 찢을 듯한 폭력으로 '전형적인 파시즘적 제스처 ― [아랍 근본주의자들은] 자본주의 없는 자본주의를 원한다'31 ― 를 반복한다. '서구 중독화'westoxication 32에 대항한 이러한 싸움(호메이니는 이 싸움을 자유주의, 민주주의, 사회주의, 코뮤니즘의 이념이라 불렀다)이 의미하는 바는 다음과 같다. 이스라엘을 '유대인' 자본주의적 역반란의 제국주의적인 교두보로 묘사하는 것이야말로 '유대인' 국가인 이스라엘에 대한 증오에 기름을 붓는 것이다.

요컨대, '유대인'의 속성은 구체적인 인간들을 가리키지 않는다. 그가 아리엘 샤론33이나 칼 맑스이건, 알버트 아인슈타인이나 엠마 골드만34이건, 로자 룩셈부르크나 레온 트로츠키이건, 마이클 노이먼35이나 에스터 로젠베르크36이건 상관없다. 계급, 젠더, 인종 등등의 사회적 차이들은 무시된다. 오히려, 무정부주의자이건, 코뮤니스트이건, 명

---

31. 같은 책, p. 131.
32. [옮긴이] 이슬람 사회의 서구화를 일컫는 말이다.
33. [옮긴이] Ariel Sharon (1928 ~) : 이스라엘의 전 총리.
34. [옮긴이] Emma Goldman (1869 ~ 1940) : 리투아니아 출신의 혁명가이자 무정부주의자.
35. [옮긴이] Michael Neumann (1946 ~) : 캐나다 온타리오의 트렌트 대학의 철학교수. 반유대주의, 그리고 이스라엘과 중동의 갈등에 관한 많은 글을 썼다.
36. [옮긴이] Ethel Rosenberg (1915 ~ 1953) : 미국의 공산주의자. 전쟁 중 간첩 활동 혐의로 1953년 남편(Julius Rosenberg)과 함께 유죄 선고를 받고 사형이 집행되었다. 원자탄에 관한 정보를 소련에게 넘겨주었다는 죄목이었다. 이것은 미국 역사상 간첩 혐의로 시민을 처형한 최초의 사례로 기록되었다.

령복종 거부자이건, 자본가나 노동자이건, 보수주의자이건, 종교적 광
신도이건, 전쟁상인이건, 평화 애호자이건, 걸인이건, 또는 그저 따분
한 평범한 사람이건, 그들은 모두 같은 민족의 자손이라고 추정된다.
모순들, 차이들, 적대들, 투쟁들, 갈등들, 그리고 무엇보다도 용기, 거
부, 그리고 계급적 연대, 그리고 인간 고통에 대한 매우 용기 있는 반대
를 인식하는 대신에, 이스라엘을 유대인 국가로 비난하는 것은, 반유
대주의가 의거하는 그러한 추상적이고 비이성적인reason-defying, 상상된
'자질들'을 민족화된 사람들에게 투사하는 것이다. 기존의 사회관계들
에 대한 비판을 민족적 아군과 적군이라는 전체주의적 개념들로 대체
하면서 말이다. 이러한 관계 속에서 이성은 유예되며, 사유는 나의 적
군의 적군은 나의 아군이라는 — 이 아군의 목적이 무엇이건 간에 — 비합
리적인 신념으로 귀결된다. [그와 달리 — 옮긴이] 비판적 사유는 인간의
의도와 목적에 초점을 맞춘다. 비판적 사유의 입장은 지지를 받을 수
도 있고 받지 못할 수도 있다. 하지만 비판적 사유야말로 절실히 필요
하다.

III

　맑스의 『유대인 문제』와 프랑크푸르트학파의 저작들에서 '유대인'
범주는 자본주의의 입장에서의 반자본주의적 분노 — 반자본주의적 자
본주의 — 에 주목하는 사회적 은유이다. 하지만 페리 앤더슨이 '유대인'
을 긍정적으로 범주화하는 것과 대조적으로, 맑스와 프랑크푸르트학
파는 부르주아적 생산관계들의 물신주의 비판이라는 렌즈를 통해 '유
대인 문제'에 접근했다. '이 내용[인간의 사회적 관계들]이 왜 그러한 형

태[자본형태]를 취하는가?'37라는 맑스의 문제 제기를 확장하면서, 프랑크푸르트학파는 (부르주아의) 자본주의 비판이 왜 반유대주의의 형태를 취하는지 묻는다. 이러한 입장과 달리, '유대인' 범주를 긍정적으로 사용하는 것은, 반유대주의를 자본주의의 증오적 형태의 현현으로 합리화하는 것이며, 이러한 합리화를 통해 '유대인에 대한 소문'에 동참한다.

독일 적군파의 공동 창시자였던 고㉾ 울리케 마인호프38는 다음과 같이 주장하면서 반유대주의가 자본주의에 대한 증오의 합리화임을 간결하게 요약했다. '아우슈비츠가 의미하는 것은, 단지 유대인 ─ 화폐 유대인 ─ 이라는 이유로 6백만 명의 사람들이 살해당하고 유럽의 쓰레기더미에 던져졌다는 것이다. 제국주의와 자본주의 체계의 근간根幹인 금융자본과 은행들로 인해, 인간의 증오는 화폐와 착취로, 그리고 유대인에게로 향하게 되었다. …… 반유대주의는 진정 자본주의에 대한 증오이다.'39 이어지는 절들에서 나는 이것을 나치의 반유대주의와 관련하여 더 깊게 탐구할 것이다.40

IV

---

37. Marx, *Das Kapital* vol. I, p. 95를 참조하라.

38. [옮긴이] Ulrike Marie Meinhof (1934 ~ 1976) : 독일 좌파의 투사. 좌파 잡지 *Konkret* 의 저널리스트로 활동하다 1970년에 적군파를 창설했다.

39. Watson, "Race and the Socialists", *Encounter*, November, 1976, p.23에서 재인용함.

40. 이후의 내용들은 Horkheimer/Adorno(*Dialectic of Enlightenment*)와 Postone("Anti-Semitism and National Socialism", in Rabinbach/Zipes (eds.), *Germans and Jews since the Holocaust*, New York : Holmes & Meier, 1986)에서 자유롭게 빌려왔다. 또한 Bonefeld("Notes on Anti-Semitism", *Common Sense*, no. 21, 1997; "Nationalism and Anti-Semitism in Anti-Globalisation Perspective"를 보라.

‘유대인’ 범주는 구체적으로 규정될 수 없는 고유한 힘들을 갖는다. 그것은 아무도 배제하지 않는 하나의 추상이다. 누구라도 유대인으로 간주될 수 있다. ‘유대인’ 범주는 어떠한 개인도 알지 못한다. 그것은 어떤 남자나 어떤 여자가 될 수 없으며, 어떤 노동자나 거지로 간주될 수도 없다. ‘유대인’이라는 단어는 비인간non-person, 추상과 연관된다. ‘유대인은 다른 사람들이 그를 유대인이라고 간주하는 그런 사람이다.’[41] 반유대주의는 유대인을 ‘필요로 하지’ 않는다. 그것은 ‘교체 가능한 프로그램의 일부로서만 발생하는 경향이 있으며’, 그것의 토대는 ‘전쟁터에서 스튜디오에 이르기까지 모든 특수한 에너지를 하나의 동일한 추상적 노동형식으로 환원시키는 보편적 경향’이다.[42] 벤자민 프랭클린은 시간은 돈이라고 말했다. 그리고 우리는 거기에 ‘그러므로 돈이 시간이다’라고 덧붙일 수 있을 것이다. ‘시간의 경제, 모든 경제는 결국 이것으로 귀착된다.’[43] 따라서 모든 게 시간 ― 가차 없이 단위에서 단위로 계속 움직이는, 균등하고 동질적이며 불변하는 단위들로 나눌 수 있는, 추상적 시간 ― 으로 환원된다면, 그리하여 구체적인 인간 활동에서 분리되어 그 내용과 관계없이 측정되는 시간으로 환원된다면, ‘인간은 아무것도 아니다. 기껏해야 인간은 시간의 육화肉化일 뿐이다.’[44] 시간은 본질적이다. 다른 모든 것은 시간의 찌꺼기이다. 사회적 내용이나 인간의 목적들과 달리 이러한 시간은 오직 두 가지에만 관심을 갖는다. ‘얼마나 많이?’와 ‘얼마나 오래 걸리느냐?’가 그것이다. 단순히 차이가 존재하는 것만으

---

41. Sartre, *Anti-Semite and Jew*, trans. Becker, New York : Schocken Books, 1976, p. 69.
42. Horkheimer/Adorno, *Dialectic of Enlightenment*, p. 207 [아도르노·호르크하이머, 『계몽의 변증법』, 309쪽].
43. Marx, *Grundrisse*, p. 173 [칼 맑스, 『정치경제학 비판 요강 I』, 155쪽].
44. Marx, *The Poverty of Philosophy*, MECW, vol 6, London : Lawrence & Wishart, 1976, p. 127 [칼 마르크스, 『철학의 빈곤』, 강민철·김진영 옮김, 아침, 1988, 54쪽].

로도, 다시 말해 노동시간의 단순한 인격화로서의 삶 너머에 행복이 있음을 알려주는 차이가 존재하는 것만으로도, 맹목적 원한과 분노가 불러일으켜질 수 있다. 반유대주의는 이 원한과 분노를 직접 생산하지는 못하지만 집중적으로 활용한다. '힘이 없는 행복이라는 관념은 그것만이 비로소 행복일 것이기 때문에 견딜 수가 없다.'[45]

　반유대주의는 평등을 위한 전도된 충동을 드러낸다. 반유대주의는 민족 공동체, 즉 '우리라는 집단'[46] 공동체에의 소속감으로부터 유래하는 평등을 추구한다. 이 평등은 혈연에 기초하는 대지와 국토의 신화적 '속성'에 의해 규정된다. 따라서 그것은 '사회'와 '민족 공동체'를 구별한다. '사회'는 '유대인'과 동일시된다. 반면에 공동체는 사회에 반대되는 세계로 주조된다. 공동체는 자연에 의해 구성되는 것으로 보이며, '자연'은 '사악한' 추상적인 사회세력들 때문에 위험에 처하는 것으로 보인다. 반유대주의자에 의해 유대인들에게 부여된 속성들은 다음과 같은 것들을 포함한다. 이동성, 이해불가능성, 뿌리 없음, 그리고 정직하고 근면한 사람의 상상된 공동체의 — 신화적이고 신화화된 — 가치들에 대한 음모. 당연한 것으로 여겨지는 이 공동체의 '안녕'은 사악한 권

---

45. Horkheimer/Adorno, *Dialectic of Enlightenment*, p.172 [아도르노·호르크하이머, 『계몽의 변증법』, 259쪽]. [다음을 참조하라. '기만당한 대중은 계급이 있는 한 행복의 약속이 적어도 보편적 약속으로서는 거짓말이라는 것을 어렴풋이나마 예감하기 때문에 분노를 터뜨린다. 그들은 조롱당했다고 느낀다. 행복의 관념이 절실할수록 그들은 행복의 가능성이나 행복의 이념을 더욱 거칠게 추방하고 부정해야만 한다. 대다수에게 행복이 거부당하고 있음에도 불구하고 어디에선가는 실현되고 있는 것처럼 보일 때 그들은 행복에 대한 그들 자신의 동경을 재차 억압해야만 한다. …… [유대인은 — 옮긴이] 지배에 의해 불구가 된 자들의 이룰 수 없는 소망상으로서 지배는 자신을 영원화하기 위해 이 소망을 이용한다.'(위의 책, 258~259쪽) — 옮긴이].
46. [옮긴이] 'Volksgenosse'를 옮겼다. 이 단어는 나치의 용어로서, 유대인에 대해 나치가 자국민을 묶어내는 개념으로 사용하였다. '인민 동지', '국민 동지', '국민', '동족'(同族) 등의 의미를 갖지만, 여기서는 글의 맥락을 고려하여 '우리라는 집단'으로 옮기기로 한다.

력들— 지적 사유, 추상적 규칙들과 법칙들, 코뮤니즘과 금융자본의 분열 세력들— 에 의해 좌지우지되는 것으로 보인다. 코뮤니즘과 금융자본은 둘 다 뿌리를 뽑는 힘들로, 이성의 실체들entities로 간주된다. 이성은 사물들의 뿌리에 가 닿으려는 그 전염력이 강한 욕망 때문에 거부된다. 그러나 사물들의 뿌리는 사회적 관계들 속의 인간일 수밖에 없다. 이성은 비판의 무기이다. 이성은 인간이 단순한 경제적 자원으로 격하되는 조건들에 도전한다. 반유대주의자는 사유의 독립성과, 두려움 없이 자유롭게 사고할 수 있는 능력을 몹시 싫어한다. 그는 '인간이 인간에게 지고한 존재'라는 생각을 혐오한다.[47] 그 대신 그 자신의 광기를 격렬하게 긍정함으로써 구원을 받고자 한다. 반유대주의자가 인격화된 악으로 그려내는 유대인의 초상은 사실 그들 자신의 본질을 드러내는 자화상이다. '광기는 인류가 그 자신의 세계를 인도적으로 조직할 수 있으리라는 꿈, 즉 인간이 만든 세계가 완강히 거부하고 있는 꿈의 대체물이다.'[48]

평등에 대한 민족주의적 개념은 '사회'를 타자로 규정하는데, 이 타자는— 부르주아— 문명의 추상적이고 파악 불가능한 가치들의 '파괴적' 힘을 통해 '자연스러운 공동체'를 억압하고, 침식하고, 전도시키는 것을 목표로 하는 기생충이다. '유대인' 범주는 추상적 사유와 추상적 평등을 인격화하는 것으로 간주된다. 그의 화신인 화폐를 포함해서 말이다. 따라서 '우리라는 집단'은 '유대인적인' 추상적 가치들에 저항하고 그 대신 일종의 자연적인 평등을 지지하는 누군가로 간주된다. 유대인의 '평등'은 하나의 구축물이다. 그것은 '우리라는 집단' 개념, 다시

---

47. Marx, "Contribution to the Critique of Hegel's Philosophy of Law. Introduction", p. 182 [칼 마르크스, 「헤겔 법철학 비판 서문」, 『헤겔 법철학 비판』, 20쪽].
48. Adorno, "What does Coming to Terms with the Past Mean?", in Harman (ed.), *Bitburg in Moral and Political Perspective*, Bloomington : Indiana University Press, 1986, p. 124.

말해 신화적인 구체적 문제matter에서 벗어나는 모든 사람들이 속하는 구조물이다. 유대인의 신화는 국토soil의 원초적인 소유의 신화 — 민족주의의 '퇴행적 평등'을 해방 행위로까지 격상시키는 — 와 대면한다. '우리라는 집단'은 그 자신을 자연의 아들로, 그리하여 자연적인 존재로 간주한다. 그는 뿌리 없고 추상적이라고 추정되는 [유대인적 — 옮긴이] 가치들로부터 민족 공동체를 해방시키는 것이 자신의 자연스러운 운명이라고 생각하며, 모든 것이 '자연'으로 돌아가도록 그것들의 자연화를 요구한다. 간단히 말해, '우리라는 집단'은 분노를 집단적으로 승인함으로써 광기의 부도덕 속에서 그 자신의 신념을 지키기 위해 피와 조상 대대의 전통 속에 뿌리박힌 것으로 자신을 묘사한다. 이러한 분노는 소위 자연에 대한 문명의 승리를 향한다. 문명의 승리는 '우리라는 집단'에게 고역, 노고, 육체적 노력을 운명지우는 것으로 이해된다. 반면 타자는 은행가와 투기자(근면한 사람들로부터 생명을 빨아먹는 흡혈귀 같은 단순한 기생충들)로서 힘들이지 않는 삶을 살아가고 있는 것으로 간주된다. 이 '우리라는 집단'은 스스로를 갈망한다. '우리라는 집단'은 죽음에 투기를 하고, 뽑아낸 금니들을 쌓는다.

V

　　나치의 반유대주의는 구 기독교 세계의 반유대주의와 다르다. 이것은 그것이 기독교 반유대주의를 악용하지 않았다는 것을 의미하지는 않는다. 기독교 반유대주의는 '유대인'을 추상적인 사회적 권력으로 구축했다. '유대인'은 예수의 암살자로 비난을 받으며, 따라서 살인자의 아들로 박해를 받았다. 근대의 반유대주의에서 유대인이 선택되었던 까닭은 '기독교 반유대주의가 항상 퍼뜨렸던 종교적 공포'[49] 때문이었다. 기독교 세계에서 '유대인'은 또한 사회적인 경제적 구조물이었다. 화폐를 매매하는 지극히 중요하고도 혐오스런 경제적 기능을 수행할 수밖에 없는 사람을 유대인이라고 불렀다. 이 사회적 역할이 수반하는 경제적 저주가 종교적 저주를 강화했다.

근대의 반유대주의는 이러한 역사적 구조물들을 이용하고 활용하며, 변형시킨다. 유대인은 비생산적 활동에 종사한다고 고발을 당하며 박해를 당한다. '은행가와 지식인, 돌고 도는 순환의 표본인 돈과 정신은 지배에 의해 불구가 된 자들의 이룰 수 없는 소망상像으로서, 지배는 자신을 영원화하기 의해 이 소망상을 이용한다.'[50] 이러한 맥락에서 혈연에 토대를 둔 국토와 조상 대대의 전통의 신화화된 소유는 보편적이고, 추상적인 현상들의 소유와 대립을 이룬다. '추상적인, 합리주의적인, 지적인……' 같은 말들은 '경멸적인 의미를 갖는다. 그럴 수밖에 없는 까닭은, 반유대주의자가 민족이라는 가치에 대한 구체적이고 비합리적인 소유권을 주장하기 때문이다.'[51] 추상적 가치들 자체는 생물학적으로 되며, 추상적인 것은 '유대인'과 동일시된다. 따라서 '구체적인'과 '추상적인' 둘 다 생물학적으로 된다. 하나는 토지의 소유(자연, 혈연, 전통에 뿌리박은 것처럼 구체적인 것)를 통해, 다른 것은 '독'의 소유(지성과 화폐의 뿌리 없는 권력 같은 추상적인 것)를 통해. 민족적 통일의 신화는 유대인의 신화와 대립한다. 유대인은 죄악, 매춘, 그리고 저속한 물질주의적 문화의 도시 세계의 이면에 존재하는 것으로 간

---

49. Sartre, *Anti-Semite and Jew*, p. 68.
50. Horkheimer/Adorno, *Dialectic of Enlightenment*, p. 172 [아도르노·호르크하이머, 『계몽의 변증법』, 259쪽].
51. Sartre, *Anti-Semite and Jew*, p. 109.

주된다. 전통은 이성, 지성, 그리고 자아성찰self-reflection과 대립한다. 그리고 공동체, 경제, 노동의 민족주의적 개념화는 국제적인 금융 및 코뮤니즘의 추상적 힘들과 대립한다. 따라서 '우리라는 집단'은 맹목성의 측면에서는 유대인과 동일하다. '반유대주의의 행태는 주체성을 박탈당했던 눈먼 인간들이 다시 주체임을 자각하고 행동하게 된 상황 속에서 시작되었다.'[52] 이성은 사회관계에 대한 비판 속에서 그리고 그 비판을 통해서 존속한다. 그런데 '우리라는 집단'은 자본주의의 인격화들이라고 여겨지는 것들에게서 그들의 모든 것, 즉 의복, 신발, 이빨, 머리카락, 피부, 생명 들을 강탈하는 효과적인, 무자비한 테러를 믿을 뿐이다. 사망자들에게서 모은 금니들, 죽음을 앞에 둔 사람들에게서 모은 머리카락, 그리고 그날그날을 근근이 살아갈 수밖에 없었던 사람들의 노예노동에 대한 감시를 위해 효과적인 조직화가 필요할 뿐이다.

따라서 나치즘이 자본주의를 '유대인 자본주의'라고 고발하는 것은 자본주의 기업에 지칠 줄 모르는 발전을 허용하면서도, 다른 한편 외관상으로는 금융의 체계, 돈을 움켜쥐는 투기의 체계, 기생적 부의 축적의 체계로서의 자본주의를 거부하는 것이다. 즉, [유대인 자본주의는 — 옮긴이] 뿌리도 없고 이동적이며, 시간을 통해 공간을 없애는 파악 불가능한 절멸자로서 화폐의 제단에서 구체적인 기업을 무너뜨린다는 것이다. 자본주의를 '유대인 자본주의'라 비판하는 것은 자본주의가 사실상 비생산적 화폐 제조 체계 이상이 아니라는 것을 보여준다. 이러한 금리 경제는 기식寄食을 하며, 그렇게 함으로써 창조적이고 근면한 개인들의 상상된 민족 공동체를 침식하고, 그들을 전지구적 화폐의 뿌

---

52. Horkheimer/Adorno, *Dialectic of Enlightenment*, p. 171 [아도르노·호르크하이머, 『계몽의 변증법』, 256쪽].

리 없고 무자비한 세력들에게 복종시킨다. 즉 마하티르 모하마드가 말했듯이, '그들은 우리가 번영하는 것을 보고 행복해하지 않는다.'

따라서 반유대주의자에게, 세계는 자본주의의 혐오스런 형태들—특히 금융과 화폐자본—과 구체적인 자연으로 나뉘는 것으로 이해된다. 구체적인 것은 즉각적이고 직접적으로 사용할 수 있는 물질로 간주되고, 산업[근면]과 생산적 활동에 뿌리박혀 있다. 다른 한편으로 화폐는 모든 악의 뿌리로 간주될 뿐만 아니라, 또한 뿌리 없는 것으로 그리고 산업자본으로부터 독립적으로 존재함과 동시에 민족의 산업적 노력의 반대편에 존재하는 것으로 파악된다. 모든 기업은 화폐의 끊임없는 파괴적인 자기 확장의 추구라는 명목 속에서 악용되는 것으로 여겨진다. 이런 식으로 화폐와 금융자본은 자본주의와 동일시되는 반면, 산업[근면]은 민족 공동체의 구체적이고 창의적인 기업을 구성하는 것으로 간주된다. 화폐 축적으로서의 자본주의와 산업 기업으로서의 민족 공동체 사이에서, 주도권을 쥐는 것은 바로 화폐이다. 이러한 시각에서 볼 때, 산업과 기업은 화폐에 의해 자본주의적으로 '만들어진다.' 화폐는 산업의 모든 표현들을 관통하고, 따라서 금융자본의 추상적 가치들의 이름으로 공동체를 전도시키고 붕괴시킨다. 이 파괴적인 힘은 다음과 같은 것들에 대한 소유권을 주장하고 그래서 그것들을 전도시킨다. 기업가로서의 개인. 사용가치 생산의 온정주의적 방향에서 창의적인 것. 민족Volk이란 말에 뿌리박힌 것. 자연적인 공동체로서의 공동체. 위계와 지위라는 공동체의 자연적 질서 대신에, 소위 인공적이고 뿌리 없는 화폐의 힘은 '우리라는 집단'의 자연적인 질서를 뿌리 뽑음으로써 세상을 돌아가게 만드는 것으로 파악된다. 따라서 이런 식으로 '우리라는 집단'이 자본주의를 포용하는 것이 가능할 뿐만 아니라 강요된 노동이 자유를 창조한다—노동은 자유를 준다—고 선언하는 것 역시 가능하다. '그들[주인들 — 옮긴이]은 다른 사람들을 좀 더 합리적으로 지배하기 위해 노동은 천한 일이 아니라고 선언한다. 그들은 스스로 생산자임을 자처하지만 실제로는 옛날처럼 여전히 착취자다.'[53] 근본적으로 하나의 세트로 되어 있는 생산과 화폐를 분리함으로써 화폐와 산업·기업을 구분하는 것은, 자본에 대한 물신적 비판이 된다. 이러한 비판은 자본의 투사된 인격화를 공격함으로써 테러를 수단으로 하는 고삐 풀린 자본의 확장을 추구한다.

'우리라는 집단'을 혈연, 국토, 전통, 산업 같은 구체적인 것들의 인격화로 받아들이는 것은 추상적인 것을 부추기고 왜곡하는 세력들의 제거와 궤를 같이 한다. '교활한 유대인'은 자본주의의 파괴적인 화신으로 비난받는다. 이런 식으로, 한편으로는 혈연과 국토 이데올로기와 다른 한편으로는 고삐 풀린 산업적 확장, 이것들은 건강한 민족이라는 이미지로 투사된다. 이 민족은 '유대인 자본주의'라는 '흡혈귀' — 추상적이고, 보편적이고, 뿌리가 없으며, 이동적이고, 파악 불가능하며, 국제적인 — 에 의해 전도된 것으로 여겨지는 산업으로부터 자신을 정화할 준비가 되어 있다. [유대인 — 옮긴이] 학살은 그 자체로 구체적인 자연의 산업적 노력이며, 이러한 산업화는 '사람들이 길들여져 있는 삶의 냉혹함'[54]을 드러낸다. '우리라는 집단'으로서의 그들은 모두 동일한 행위를 하고, 그리하여 비로소 동등해진다. 그들이 효과적으로 이행한 직분은 그들이 이미 알고 있는 것, 즉 그들이 주체들로서 자신의 개성을 잃어버린 것을 확증할 뿐이었다.

효과적인 조직 그리고 그 행위의 냉정하고 침착한 집행은 개성의

---

53. Horkheimer/Adorno, *Dialectic of Enlightenment*, p. 173 [호르크하이머·아도르노, 『계몽의 변증법』, 260쪽].
54. 같은 책, p. 171 [같은 책, 256쪽].

무시를 반영한다. 시체들은 모두 그 결과만 생각한다면 똑같은 것으로 보이며, 양적인 면에서의 차이 — 성공의 척도 — 를 제외하고는 한 숫자와 다른 숫자를 구별하는 것은 의미가 없다. 구별한다는 것은 하나의 도발이다. 판단은 중지된다. 모든 사람에게 숫자가 매겨지며 사용을 위해 평가된다. '반유대주의의 투사에는 반성이 결여되어 있다는 점이 반유대주의 속에 들어 있는 병적인 요소다.'[55] 따라서 아우슈비츠는 '추상'의 원리의 '냉혹성'뿐만 아니라, '추상화'의 '냉혹성' 역시 나타낸다. 추상적인 것을 '유대인'으로 생물학화하는 것 역시 **추상적으로** 만들어진다. 사용될 수 있는 모든 것은 이빨, 머리카락, 피부처럼, 즉 노동력처럼 사용된다. 그리고 마침내 추상적인 것은 추상적으로, 그리하여 보이지 않는 것으로 만들어진다. '유대인'의 역능과 동일시되는, 시장의 보이지 않는 손은 막후의 배경으로 변형된다.

따라서 모든 것이 순수한 자연으로 바뀐다. 추상적인 것은 인격화되고 생물화되었을 뿐만 아니라, 또한 '추상화'되었다.

아우슈비츠는 …… 추상적인 것의 인격화를 파괴하기 위한 공장이었다. 그것의 조직화는 잔인한 산업 과정의 조직화이며, 그것의 목표는 추상적인 것으로부터 구체적인 것을 '해방시키는' 것이었다. 그 첫 조치는 탈인간화하는 것, 즉 인류의, 질적인 특수성의 '가면'을 벗겨버리는 것, 그리고 유대인에 대해 '진정 그들의 본질' — 그림자들, 암호들, 숫자화된 추상 — 이 무엇인지 밝히는 것이었다. 두 번째 조치는 그 다음에 그러한 추상성을 근절하는 것, 그것을 연기로 바꾸는 것, 그러한 과정에서 구체적인 물질적 '사용가치들' — 의복, 금, 머리카락, 비누 — 의 마지막 찌꺼기들을 떼어내는 것이었다.[56]

---

55. 같은 책, p. 189 [같은 책, 283~284쪽].
56. Postone, "Anti-Semitism and National Socialism", pp. 313~314.

결론

애덤 스미스는 자본주의가 국부를 창조한다고 확신했으며, 다음과 같이 언급했다. '자본 소유자는 세계의 시민이라고 하는 것이 더 적절하며, 그는 반드시 어느 특정국에 속해 있는 것도 아니다. 그는 무거운 세금을 부과하려고 골치 아픈 세무조사를 하는 나라를 쉽게 떠나며, 자기의 사업을 더 쉽게 할 수 있거나 자기의 재산을 더 안락하게 즐길 수 있는 다른 나라로 자기의 자본을 이동시킬 것이다.'[57] 데이비드 리카도는 다음과 같이 덧붙이면서 이에 동의했다. '만일 여기에서 기계를 사용하여 얻을 수 있는 최대의 순소득을 벌어들일 수 없다면, 자본은 해외로 빠져나가 결국 노동에 대한 수요를 심각하게 억제할 것이다.'[58] 따라서 그는 또한 '과잉인구'를 생산할 수밖에 없는 자본주의적 사회관계의 필연성을 정식화했다. 헤겔에 따르면, 부의 축적은 자신들의 사회적 재생산을 위해 자신들의 노동력을 파는 것에 의존하는 사람들을 악화되는 조건 속에 몰아넣어 불안정하게 만든다. 헤겔은 부르주아 사회가 부를 축적하지만 종속적 대중들을 진정시키는 것이 아주 어려울 것이라고 결론지었다. 헤겔은 국가 형태를, 종속적인 대중들을 봉쇄하면서 사회적 적대를 화해시키는 수단으로 생각했다.

칼 맑스는 이러한 통찰들을 발전시켜 '평등한 권리들'이라는 이념이 원리상 부르주아적 권리임을 보여주었다. '각 개인이 타인의 활동이나 사회적 부에 대해서 행사하는 권력은 그가 **교환가치들, 화폐의 보유**

---

57. Smith, *The Wealth of Nations*, Vol. II, pp. 848~849 [애덤 스미스, 『국부론 (하)』, 1049쪽].
58. Ricardo, *On the Principles of Political Economy and Taxation*, Cambridge : Cambridge UP, 1995, p. 39 [데이비드 리카도, 『정치경제학과 과세의 원리에 대하여』, 권기철 옮김, 책세상, 2010].

자라는 점에 있다. 개인들은 사회와의 연관뿐만 아니라 사회적 권력도 보유하고 있다.'[59] 부르주아의 형식적인 평등 형태에 맞서 맑스는 코뮤니즘이 개인의 인간적 필요들의 평등에 의존한다고 전복적으로 주장했다.

테어도어 아도르노와 막스 호르크하이머는 부르주아적인 반자본주의 형태들이 반유대주의의 요소들을 함축한다고 주장했다. 그들은 반자본주의를 자본주의에 유용하게 만드는 무의미하고 야만적인 자본주의 거부를 명료화한다. '지배란 지배받는 사람들 스스로가 자신이 동경하는 것을 증오의 대상으로 만들 경우에만 성립할 수 있는 것이다.'[60] 시장 자유주의의 변호론자들에게, 보이지 않는 손에 대한 언급은 설명을 위한 피난처처럼 작동한다. 시장 자유주의는 보이지 않는 것에 대한 언급으로 모든 것을 설명한다. '기아는 자본주의에 대한 신념이 너무 적은 사람들을 처벌한 신의 방식이다.'[61] 하지만 반유대주의자에게, 보이지 않는 것의 권력은 다음과 같이 설명될 수 있다. 유대인은 그것의 인격화이자 생물학적으로 된 실존이다.

나는 반유대주의가 조건들에 대한 불만을 자본주의의 투사된 인격화에 맞선 체제순응적인 반란으로 변형시킨다고 주장했다. 반유대주의는 조건들에 대한 불만을 내부에 있는 투사된 외부의 적에 대한 맹목적 원한으로 이끈다. 자본주의에 대한 이러한 거부는 '지배에 대항한 억압된 자연의 반란을 직접 지배에 동원한다는 점에서도 전체주의적이다. 이러한 메커니즘은 유대인을 필요로 한다.'[62] 다시 말해 '유대인

---

59. Marx, *Grundrisse*, p. 157 [칼 맑스, 『정치경제학 비판 요강 I』, 137쪽].

60. Horkheimer/Adorno, *Dialectic of Enlightenment*, p. 199 [호르크하이머·아도르노, 『계몽의 변증법』, 298쪽].

61. Rockefeller Sr. Marable, *Race Reform and Rebellion*, 2nd ed., Jackson : University Press of Missisippi, 1991, p. 149에서 재인용함.

들의 진정한 모습이 어떠한가와 무관하게, 그들의 이미지는 패배자의 이미지로서 총체적이 되어버린 지배가 가장 미워할 수밖에 없는 모습을 담고 있다. 이 모습은 권력을 갖지 않는 행복, 노동 없는 보수, 경계선이 없는 고향, 신화 없는 종교의 모습이다. 이러한 모습들은 지배자들에 의해 경멸을 받는다. 왜냐하면 지배받는 자들은 그러한 행복을 은밀하게 동경하기 때문이다.'[63] 반유대주의는 행복이라는 바로 그 가능성과 이념을 파괴하면서, 군중으로 하여금 비인간화하고, 상처를 내고, 살인을 하도록, 그리고 학살에 참여하게 함으로써 차별을 재촉한다. 그것은 자본주의에 대한 대중적 불만을 위한 배출구를 제공해 줌으로써, 자본주의적 재생산에 직접적으로 도움을 준다.

미국 제국주의의 중동 교두보인 이스라엘에 대한, 그리고 미국 자본주의의 이데올로기이며 광범위한 조직 체계이자 정치적 실천으로서의 근대 시온주의에 대한 반제국주의적 비판은 근원적인 반자본주의적 동기들을 허위의 갈등에 집중시키고, 거짓된 친구들과의 우정을 조장한다. 원래 이데올로기 비판은 인간의 사회적 실천의 — 사물들 간의 관계들로서의, 그리고 '사물들의 논리'(그것이 자본이건 가치이건 가격이건, 화폐이건, 민족이건)의 단순한 인간적 대행자로서의 — 필연적인 전도를 그 외관[가상] 속에서 밝히려고 시도했다. 계몽은 그것의 비판적인 의도였다. 비참한 고통에 직면하여 스스로도 어떻게 할 수 없이 되어, 사건들에 휘둘려, 그리고 행동을 위한 욕구에 눈이 멀어 그것은 이제 요청할 어떠한 원칙도 갖지 않는 단순한 세계관으로 나타나며, 정치적 타산이나 기회주의에 종속된다. 알 카에다를 파시스트라고 묘사하는 것에 맞

---

62. Horkheimer/Adorno, *Dialectic of Enlightenment*, p. 185 [호르크하이머·아도르노, 『계몽의 변증법』, 277쪽].

63. 같은 책, p. 199 [같은 책, 298쪽].

서 그들을 확고하게 방어하는 알렉스 캘리니코스가 이것을 잘 보여주고 있다. 캘리니코스는 이러한 묘사가 '터무니없는 주장'이라고 거부하면서, 계속해서 다음과 같이 말한다. '움마ummah — 충실한 공동체 — 라는 이슬람교의 개념은 정확히 초국적 개념이다. 이 개념은 (그 이슬람 교리에 대한 해석들이 아무리 많은 측면에서 다른 사람들의 해석과 다르다 할지라도) 알 카에다 네트워크처럼 수많은 상이한 민족적 배경들을 가진 활동가들을 통합하면서 엄격하게 준수해 온 어떤 것이다.'[64] 이렇게 국제적인 추종자 공동체를 가진 초국적 조직으로 알 카에다를 묘사하는 것은 마치 우리가 진보적인 운동, 즉 국제적 연대, 세계시민적 목표, 그리고 믿을 만한 목적들을 가진 운동을 다루고 있는 것처럼 보이게 한다. 하지만 이것이 의미하는 바는 무엇인가?[65]

알 카에다를 초국적 조직이라고 방어하는 것은 도움이 되지 않는다. 핵심을 보자면, 이러한 태도는 내용과 형식을 혼동한다. 더 잘 표현하자면, 그것은 이야기할 어떠한 내용도 없다. 그 사물들이 무엇인지 말하는 대신, 그것은 사물들에 이름표를 붙이고, 그 이름표를 그것이 반제국주의라고 부르는 특정하게 이미지화된 내용들과 동일시한다. 이름표를 붙이는 사유는 사물들의 가치를 높이기 위해 사물들을 광고한다. 그것은 기회비용과 이익을 측정하면서, 계산기를 들고 정치적 시장에 접근한다. 그것은 티켓적인 사고ticket thinking이다[66] — 다시 말

---

64. Callincos, "The Anti-Capitalist Movement after Genoa and New York", in Aronowitz/Gautney (eds.), *Implicating Empire*, New York : Basic Books, 2003, p. 140.

65. 파시즘에 대한 신중한 개념화에 대해서는 Agnoli(*Faschismus ohne Revision*)를 보라. 또한 Bonefeld ("On Fascism", *Common Sense*, no. 24, 1999)를 보라.

66. [옮긴이] 아도르노와 호르크하이머는 『계몽의 변증법』에서, 지배자들이 마치 티켓을 교환하는 것처럼 하나의 이데올로기적 구호를 다른 이데올로기적 구호로 손쉽게 대체하는 것을 '티켓적인 사고'라고 규정한다. 『계몽의 변증법』, 309쪽 참조.

해, 공개적으로 사기이다. 그것은 그 자신의 이데올로기적 상표의 판매 전망을 개선하기 위해 사물들로부터 이익을 얻고자 한다. 비판이론은 이러한 술수와 관계가 없다. 비판이론은 자신이 사회적 세력들의 진정한 표현이라고 내세우지 않는다. 비판이론은 그것들을 해체하고자 한다. 반자본주의의 대체된 양식들은 사물들의 외양을 문제 삼지 않는다. 이 양식들은 단지 그것들을 상이하게 해석할 뿐이며 부정적인 인간 조건들을 또 다른 방식으로 배열하려고 한다. 그것이 사물들의 이 세계이건 또는 사물들의 저 세계이건, 그 어떤 경우이건, 어떤 행위가 이루어지면, 침묵의 잔인성은 귀청이 터질 지경이다.

사회주의는 야만에 대한 대안이지 그 파생물이 아니다. 특히 오늘날과 같은 비참의 시대 — 조금이라도 의심이 가는 움직임이 있으면 폭탄을 투하하여 쑥대밭을 만들고, 수색하여 파괴하려는 권위주의적 결정의 시대 — 에, 인간해방의 목적들이 일상적인 삶 속의 반대 수단들 — 세속적인 일상사에서부터 가장 정련된 표현들에 이르는 — 에 생기를 불어 넣는 것이 각별히 중요하다. 인간해방의 목적들은 값을 매길 수도 없으며, 정치적 시장이라는 장소에서 팔릴 수도 없다. 그것에 맞서 싸울 의지와 용기를 갖춘 개인들이 존재하는 것만큼 많은 사회주의가 존재한다.

12장

역사와 인간해방

투쟁, 불확실성 그리고 개방성

I. 모든 해방은 인간의 세계와의 관계를 인간 자신에게로 복귀시키는 것이다.[1]

'계급'은 긍정적인 범주가 아니라 비판적 개념이다. 계급 사회에 대한 비판은 계급 없는 사회 속에서만, 코뮤니즘 속에서만 긍정적인 것을 발견한다. 코뮤니즘은 'communis' — 직접적 생산자들의 코뮌이나 연합 — 을 의미한다. 여기에서 각자는 자신의 능력에 따라 기여하며, 각자의 필요에 따라 받는다. 따라서 이것은 자유롭고 평등한 사람들의 사회이다. 이것은 그들 자신의 사회적 능력을 직접적으로 행사하는 코뮤

---

1. Marx, *Zur Judenfrage*, p. 370 [칼 마르크스, 「유태인 문제에 대하여」, 『마르크스의 초기 저작』, 361쪽].

니즘적 개인들의 코뮌이다.2 개인의 추상으로서의 '사회'에 맞서는 대신에, 코뮤니즘적 개인들은 '사회'를 그들 자신의 사회적 생산물로 인식하고 조직한다.

그러므로 계급분석은 노동계급을 위한 애국적인 행사가 아니다. 실제로 '생산적 노동자가 되는 것은 …… 행운이 아니라 불운이다.'3 계급을 긍정적으로 개념화하는 것은, 이것이 아무리 선의와 호의를 내포하고 있다 할지라도, 노동계급을 더 좋은 거래, 새로운 거래를 할 만한 생산력으로 전제한다. 공정임금이란 무엇인가? 맑스는 다음과 같은 의견을 말했다. ' "노동의 가격"이라는 말은 노란색의 대수라는 말만큼이나 불합리하다.'4 공정임금과 공정한 노동조건에 대한 요구는 자본주의의 바로 그 '공정성'이라는 조건들에서 추상된다. 맑스의 통찰은 자본주의적으로 구성된 공정하고 평등한 교환관계들의 현재적 조건들에 대한 영향력 있는 판단으로 남아 있다. 그에 따르면, '오늘날 미국에 나타나고 있는 출처불명의 많은 자본은 어제 영국에서 아동들의 피가 자본으로 전환한 것이다.'5

노동계급을 옹호하는 이론은 부르주아 사회의 일상의 종교 — 상품 물신주의 — 를 공통 기반으로 하는 강령과 정견을 수용하는 것으로 귀결된다. 『자본론』 3권의 48장은 고전적 정치경제학에 의해 제시된 (그리고 근대 사회과학이 공유한) 계급이론에 대한 맑스의 비판을 제공해 준다. 그것에 따르면, 계급 이해관계들은 맑스가 주장하는 바의 사회적인 생산관계들에 기초하기보다는 사회적 집단들의 재원들(즉, 베버

---

2. Marx, *Capital* vol. I, p. 85 [칼 마르크스, 『자본론 I (상)』, 100~101쪽]를 참조하라.
3. 같은 책, p. 447 [칼 마르크스, 『자본론 I (하)』, 685쪽].
4. Marx, *Capital* vol. III, p. 818 [칼 마르크스, 『자본론 III (하)』, 1008쪽].
5. Marx, *Capital* vol. I, p. 707 [칼 마르크스, 『자본론 I (하)』, 1041쪽].

식으로 말하자면 시황)에 의해 결정된다.6 정치경제학은 사실상 노동자들에게서 탈취한 획득물을 어떻게 분배할 수 있을지에 관한 학문상의 싸움이다.7 의심할 여지없이 노동자가 많이 얻으면 얻을수록 좋은 것이다. 무엇보다도 '국익'을 생산하는 것은 그의 사회적 노동이다. 심지어 노동을 고용할 때 등가물이 등가물로 교환된다는 가정에서조차, '그 거래는 역시 피정복자에게서 약탈한 화폐로 피정복자 자신의 상품을 구매하는 정복자의 낡은 방식에 지나지 않는다.'8 정치경제학 비판은 노동자를 영구화시키는 것에 만족하지 않는다. 정치경제학 비판의 논법은 인간적 비존엄의 모든 관계들을 전복한다. 전복은 단순한 체제 순응적 반란으로서의 혁명 — 임금 노예의 영구화를 위한 혁명 — 을 추구하는 대안적 엘리트들의 관심사가 아니다. 그들의 관심사는 노동을 지도하는 것이지, 노동의 자기해방이 아니다. 전복은 전면적인 인간해방을 목표로 한다.

II. 역사는 역사를 만들지 않는다.

제2, 3인터내셔널은 사회와 역사의 자연화된 개념들에 동의했다. 그들의 똑같이 '자연화된 맑스주의'는 자본주의적인 경제적 범주들이 초역사적 타당성을 갖는다고 주장한다. 그리고 이러한 범주들이 역사

---

6. 애덤 스미스의 계급과 근대 사회학 개념(거기에 하나를 추가해야 한다면, 그것의 분석적이고 구조주의적인 맑스주의 후예들을 포함해서)에 대한 설명을 위해서는 Clarke, *Marx, Marginalism and Modern Social Theory*, 2nd edition을 보라. Bonefeld, "Capital, Labour and Primitive Accumulation"을 보라.

7. Marx, *Capital* vol. I, p. 559 [칼 마르크스, 『자본론 I (하)』, 813쪽]를 보라.

8. 같은 책, p. 546 [같은 책, 793쪽].

적으로 구체적인 사회들 속에서 모습을 나타내는 방식에 의해 상이한 생산양식들이 구별된다고 주장한다. 또한 사회주의로의 이행이 '객관적인 가능성'이 될 때까지 (스미스의 역사 단계 이론을 비판적으로 확장한) 객관적인 발전 논리를 포함한 역사가 오랫동안 가차 없이 움직여간다고 주장했다. 수정주의자들은 혁명이 불필요하다고 주장하기 위해 그렇게 했으며, 정통파는 혁명이 자연적 필연성의 산물이라고 주장하기 위해 그렇게 했다.[9] 나는 역사가 이러한 이데올로기를 포함하는지 도무지 확신할 수 없다. 그리고 예전에 이러한 시각을 옹호했던 자들, 예컨대 볼프강 프리츠 하우크[10] 같은 사람 역시 그렇게 생각하는 것은 주목할 만하다. 그들은 국가사회주의적 변형의 객관적 필연성에 대한 이러한 신념이 '어린아이의 꿈'이라고 선언한다.[11] 하지만 신적인 계시나 추상적인 역사적 법칙들의 결과가 아니라면, 역사란 무엇인가?

역사는 역사를 만들지 않는다. 다시 말해, '역사는 아무것도 하지 않고, "막대한 부를 소유하지" 않으며, "전투를 치르지" 않는다! 그것은 인간이다. 아니 더 잘 표현하자면, 이 모든 것을 하고, 소유하고 싸우는 것은 실제의, 살아 있는 인간이지, 인간을 그 목적을 추구하기 위한 수단으로 이용하는 "역사"가 아니다. 역사가 마치 개별 인간인 것 같다고 하더라도 말이다. 역사는 그 목적을 추구하는 인간의 활동에 지나지 않는다.'[12] 역사적 유물론은 영리한 반대자들과 무반성적 옹호자들에

---

9. Krahl, *Vom Ende der abstrakten Arbeit*, pp. 115~116을 보라. '객관적인 가능성'은 물론 베버식 용어이다. 객체들은 가능성들을 갖지 않고 주체들이 갖는다. 객관적인 가능성은 사회적 관계의 산물이며, 이 관계들을 위해서만 그리고 그것들 안에서만 자신의 정당성을 갖는다. 인간 주체는 객체 속에서 자신을 객관화한다. 이러한 객체가 자본의 형태 속에서 어떻게 전도되건(verrrückt) 말이다.

10. [옮긴이] Wolfgang-Fritz Haug (1936 ~) : 서독의 사회학자. '상품미학' 개념을 정립한 것으로 유명하다.

11. Haug, *Vorlesungen zur Einführung ins 'Kapital'*, p. 11.

의해 지시되는 교조가 아니라, 교조라고 이해되는 것들에 대한 비판이다. 다시 말해, '인간의 해부는 원숭이의 해부를 위한 하나의 열쇠를 쥐고 있지만',[13] 역으로 원숭이의 해부가 인간의 해부를 설명해 주지는 못한다. 원숭이의 해부가 정말 인간의 해부를 설명한다면, 원숭이는 이미 그 진화의 내적 필연성 — 자연적인 목적론 또는 이미 쓰인 미래 — 으로서 인간을 지니고 있을 것이다. 하지만 미래는 미리 쓰이지 않았다. 미래는 또한 역사적 발전의 어떤 추상적으로 상상된 객관적 논리의 결과는 아닐 것이다. 역사는 마치 그것이 개별 인간인 것처럼 펼쳐지지 않는다. 역사는 그 목적을 추구하는 인간에 의해 만들어져야 하며, 만들어질 것이다. 도래할 미래는, 자기들이 마치 자연의 힘인 것처럼 주인공들에게 나타나는 역사 발전의 어떤 객관적 법칙들에서 유래하지 않을 것이다. 미래는 오늘의 투쟁들로부터 유래할 것이다. 역사 발전의 객관적인 법칙들에 대한 교조적인 논의는 추상적인 역사적 법칙들을 드러내지 못한다. 그것이 드러내는 것은, '객관적인 조건들'에 대한 순응이다. 다시 말해, 가정된 사회적 구조로부터 사회적 실천을 끌어낸다.

인류를 어떤 상상된 역사적 시초에서 자본주의를 거쳐 사회주의로 인도하는 보편적인 역사적 법칙이란 존재하지 않는다. 노동계급의 편에 선 역사도 존재하지 않는다. 역사는 어떠한 입장도 취하지 않는다. 역사는 사회주의의 역사만큼이나 쉽사리 야만의 역사가 될 수 있다. 하지만 예속된 대중에 대한 30여 년 간 지속된 공격으로 미루어 볼 때, 그리고 테러, 전쟁, 전지구적인 금융 대폭락[14] 및 불황, 그리고 금융사

---

12. Marx/Engels, *Die heilige Familie*, p. 98.
13. Marx, *Grundrisse*, p. 105 [칼 맑스, 『정치경제학 비판 요강 I』, 76쪽].
14. [옮긴이] meltdown : 주식시장에서 상당한 손실이 발생한 사건을 말한다. '검은 월요일 (1987년 10월 19일)'을 언론에서 'Meltdown Monday'라고 표현한 데서 유래한다.

회주의의 위협 앞에서, 야만 이외에는 다른 방도가 없는 것처럼 보이며, 과거보다 오늘날 그 가능성은 더 짙어 보인다. 하지만 화폐적 축적(M … M′)이 생산적 축적(M … P … M′)으로부터 분리된다는 사실은 자본주의 권력에 대한 근본적인 도전의 증거이며, 모든 경제적 호전이 갈등을 재개시킬 것이라는 사실로부터 유래하는 공포의 증거이다.[15] 요컨대, 그것은 자본주의적인 가치화 과정의 재구조화가 아직도 최고조로 작동하고 있다는 증거이다. 세계에서 일어나는 변화의 속도는 미래에 대해 신중하게 판단할 수 없을 정도로 빨라졌다. 그럼에도 불구하고, 그리고 특히 우리 시대의 비참 속에서, '모든 사회적 삶이 본질적으로 실천적'이라는 맑스의 통찰을 회상하는 것은 가치가 있다. 상상해보라, 내가 현재의 조건들이 혁명을 불가능하게 만든다고 말하고 나자마자, 말하자면 모든 곳의 잘츠부르크[16]와 이라클리온[17]에서 혁명이 발발하는 것을!

---

15. 1980년대에 에르네스트 만델은 뒤집힌 피라미드에 대해 말함으로써 이 분리를 설명하였다. 여기에서 영원히 상승하는 신용-상부구조는 하락하는 토대 — 생산적 축적에 의해 뒷받침된다. 이 뒤집힌 피라미드는 미래의 노동착취에 대한 거대한, 잠재적으로 태환 불가능한 저당을 나타낸다. 전후 자본주의의 '황금시대'는 이제 하나의 추억이며, 전쟁과 석유를 통한 유혈 또한 마찬가지이다. 태환 불가능한 채무의 해결책이 무엇을 의미할 수 있는가 하는 것은 어쩌면 악몽 같은 미래의 경고로서 우리 뒤에 서 있는지도 모른다. Mandel, *Die Krise*, Hamburg : Konkret, 1987를 보라. 나는 다음에서 이 발전을 분석했다. Bonefeld, *The Recomposition of the British State*. 그리고 다음 글에서 논의를 진전시켰다. Bonefeld, "Human Progress and Capitalist Development." 그 도전의 급진성에 대한 논의는 다음에 의존하고 있다. Bellofiore, "Lavori in Corso", *Common Sense*, no. 22, 1997.
16. [옮긴이] Salzburg : 2001년 신자유주의 반대 시위로 인해 세계은행이 총회 개최를 포기하고 매년 스위스의 다보스에서 열리던 세계경제회의를 오스트리아의 잘츠부르크로 옮겨 개최하였으나 이곳에서도 거센 저항이 일어났다.
17. [옮긴이] Heraklion : 그리스 남부의 크레타 섬 북쪽 바다 기슭에 있는, 이 섬에서 가장 큰 항구 도시. 군사 기지가 있으며 농산물 집산지이다. 2008년 12월 이곳에서 청년실업과 경기침체에 대한 시위가 일어났다. 시위 도중 경찰이 쏜 총에 15세의 청소년이 사망하자 전국으로 시위가 확대되었다.

III. 객관적 조건 – 그것은 무엇인가?

인간은 먹어야 한다. 이것은 자연적 필연성이다. 이것으로부터는 자본주의도 사회주의도 나오지 않는다. 자본주의의 경제적 범주들이 자연적 필연성의 범주들이라고 말하는 것은 본질적으로 사회적인 범주들의 자연화를 함축할 뿐만 아니라, 그와 함께 자본주의의 경제적 범주들이 자연에 의해 정립되어 그들 자신의 내적 논리에 따라 발전하는 것으로 보이는 자기주도적 사물로, 발전된 자연으로 존재론화되는 것 역시 함축한다. 사회적 범주들을 이런 식으로 자연화하게 되면, 가정된 구조적 자질들로부터 계급투쟁이 유래한다는 것을 의미하게 된다. 따라서 이러한 자연화의 요지는 객관적 발전 법칙들이 사회적 계급들의 행위와 행동을 구조화하고 계급투쟁이 펼쳐지는 일반적인 테두리를 설정한다는 것이다. 히르쉬는 이러한 요점을 다음과 같이 간결하게 정식화했다. 그는 '그 일반적인 법칙들의 테두리 내부에서 자본주의의 발전이 …… 행동하는 주체들과 계급들의, 그로부터 기인하는 계급의 구체적인 조건들과 그것들의 정치적 결과들이 미치는 작용들에 의해 결정된다'라고 주장했다.[18] 말하자면, 사회적 생존의 법칙들은 주인공들의 등 뒤에서 '객관적으로' 모습을 드러낸다.[19] 사실, 자본주의에서 세계의 구성은 개인들의 등 뒤에서 일어난다. 그러나 결정적으로 그것은 그들 자신의 일이다. 따라서 이러한 접근법은 사회역사적 구성의 전체 논점을 억누른다. 그 대신 그것은 제2의 자연의 '법칙들'을, 즉 특수한 사회관계들의 계속적인 생존에 의존하는 생존을, 일반적인 역

---

18. Hirsch, "The State Apparatus and Social Reproduction." 강조는 인용자.
19. Hirsch/Roth, *Das neue Gesicht des Kapitalismus*, Hamburg : VSA, 1986, p. 37을 보라.

사적 법칙들로 고양시킨다.

소비에트 맑스주의를 학문적으로 실용적인 서구 맑스주의의 분파로 변형한 공로를 인정받을 필요가 있는 루이 알뛰세는, 정치경제학 비판이 자본주의에 대한 비판이 아니라 오히려 과학적 맑스주의의 '개념 체계를 발전'시키는 것이라고 주장할 수 있었다.[20] 알뛰세와 그의 학파에 따르면, 정치경제학 비판은 경제적 필연성의 초역사적 법칙들에 대한 자본주의적 해부를 보여 주지만 자본주의를 살아 있는 과정으로 분석하지는 않는다. 자본주의 생산양식의 자연적인 토대를 해독하는 것은 따라서 그들의 역사적 외양의, 즉 그들의 자본주의적 실체화의 중층결정된 양식으로부터 경제적 필연성의 지속적인 구조들을 추출하는 현미경적 주의를 필요로 한다. 따라서 사회주의를 위한 투쟁은 당의 형태로 혁명적 전위를 필요로 할 뿐만 아니라, 사회주의적인 노동경제의 조절이 필요로 하는 기술적 지식을 포함하는, 전술·전략적 투쟁들로부터 독립하여 경제적 본성에 대한 과학적 통찰을 사회주의에 제공하는 과학적 전위 역시 필요로 할 것이다. 자본주의적인 사회적 범주들을 그것들의 초역사적인 자연적 토대로까지 소급하려는 교조적 노력은 그것이 승인하고자 하는 것 이상을 말해 준다. 좀 더 면밀히 고찰해 보면, 그러한 노력은 그 진보 개념을 포함해서, 모든 면에서 자본주의적 실재들에 묶여 있는 것으로 보인다. 자본주의적 범주들을 자연화함으로써 그러한 노력은 그것들을 역사 일반의 법칙들로 고양시킨다. 따라서 그것은 역사를 자본주의 생성의 역사로 묘사하며 사회주의를 자본주의의 파생물로 간주한다.[21] 다시 말해, 그리고 '경제주의자들'

---

20. Althusser, "Averstissement aux lecteurs du Capital", Preface to the paperback edition of *Le Capital I*, Paris : Ed. Sociales, 1969, p. 7.
21. 다음과 같은 맑스의 비웃음은 과거에 그랬던 것처럼 오늘날에도 시사적이다. '이들을

의 경제적 범주들의 자연화에 대한 맑스의 비판에 기대어 보면, 그것
은 자본주의 생산양식을 '역사에 독립적인 영원한 자연적인 법칙들에
둘러싸여 있는 것으로' 묘사한다. 그들, 즉 경제주의자들과 과학적 사
회주의자들로 하여금 '추상적인 형태의 사회와 역사가 기초하는 폐기
할 수 없는 자연법칙들'로서의 자본주의 관계들을 밀수입하도록 허용
하는 것은 바로 이 진술이다.[22] 추상적 역사와 같은 것은 존재하지 않
는다. 역사는 역사를 만들지 않는다.

　　제2, 제3인터내셔널과 그에 호의적인 학자들 그리고 꾀바른 테크
노크라트[23]들과 달리, 자본주의적인 경제적 범주들은 초역사적인 정
당성을 갖지 않는다. 그것들은 자신들이 태어난 사회에 속한다. 자본
주의적인 사회적 재생산 법칙들은 자본주의의 유한하고 일시적인 실
재의 유한하고 일시적인 생산물들이다. 인간해방을 위한 투쟁이 이러
한 범주들을 초월하느냐 하는 것은 코뮤니즘적인 사회적 실천의 문제
이다. 자연, 즉 소위 객관적인 역사적 발전 법칙은 그것과 아무런 상관
이 없다. 다시 말해, 미래는 미리 쓰이지 않으며, 사회적 구조들은 인
간의 사회적 관계들을 위해서만, 그리고 그 안에서만 유효하며, 자본
주의적인 경제적 범주들은 자본주의적으로 구성된 사회적 관계들의

부르주아 옹호론자들과 구별하는 것은, 한편으로는 이 체제가 내포하고 있는 모순에
대한 감각이며, 다른 한편으로는 부르주아 사회의 현실적 형체와 이념적 형체 사이의
필연적인 차이를 이해하지 못하고, 따라서 관념적 표현이 사실상 이 현실의 사진
(Lichtbild)에 지나지 않음에도 불구하고, 이 표현 자체를 다시 실현하려는 불필요한 사
업을 수행하려는 공상성이다.'(Marx, *Grundrisse*, p. 249 [칼 맑스, 『정치경제학 비판 요
강 I』, 245쪽]). 코뮤니즘은 자본주의에서 파생하지 않는다. 자본주의와 경쟁하지도 않
는다. 코뮤니즘은 자본주의에 대한 대안이다. 이에 대해서는 Dyer-Witheford, *Cyber
Marx*를 보라.

22. Marx, *Grundrisse*, p. 87 [칼 맑스, 『정치경제학 비판 요강 I』, 55쪽].

23. [옮긴이] technocrat : 과학적·전문적 지식이나 능력을 가지고 현대의 조직이나 사회의
　　의사 결정과 관리·운영에서 중요한 역할을 맡고 있는 사람. 기술 관료.

형태 — 역사적으로 '인간들은' 이것의 '일부를 이룬다'[24] — 속에서 필연성
의 법칙들을 드러내며, 역사는 자신이 마치 개별 인간인 것처럼, 행동
하는 주체들 위에 객관적으로 자신을 강제하지 않는다. 역사는 제 스
스로 발생하지 않는다. 어떤 역사가 존재하게 될지라도, 그것은 행동
하는 주체들 자신들에 의해서 만들어지게 될 것이다. 미래는 현재 속
에서 만들어지며, 그것은 미래의 현재인 것과 꼭 마찬가지로 현재의
미래이다.

IV. 자본주의에서 모든 진보는 재난이 된다.

노동계급이 투쟁하는 것은 맑스의 정치경제학 비판 때문이 아니라
그들이 착취를 당하고 지배를 받는 계급이기 때문이다. 노동계급은 맑
스가 글을 쓰기 이전에도 자본주의에 맞서 투쟁했으며, 오늘날까지도,
맑스 때문이 아니라 오히려 맑스를 넘어 자본주의에 맞서 투쟁한다.
우리는, 실제로 요하네스 아놀리처럼, 다음과 같이 말할 수 있을 것이
다. '하나의 특이한 개체로서, 하나의 집단으로서, 아니면 하나의 대중
으로서 자신을 주체로 이해하는, 그리고 단순한 객관적 실존에 맞서
스스로를 방어하는 존재를, 정치학에서, 종교에서, 철학에서는 인간이
라 한다. 우리는, 전복이 진실로 인간적인 현상이라고 말할 수 있다. 인
간은 전능자의 단순한 장난감이 되는 것을 싫어한다. 그럴 때 인간은
단순한 대상에 지나지 않는다. 마찬가지로, 인간이 주인의 노예라면,
우리가 이것을 사회적이거나 종교적인 술어들로 진술한다 하더라도,

---

24. Marx, *Zur Kritik der Politischen Ökonomie*, p. 8.

인간은 단순한 대상에 지나지 않는다. 그럴 때 인간은 (정치 정당들이 이야기하는 바와 같이) 결코 정치의 중심에 있지 않으며, 정치의 수단이다. …… 그리고 인간이 무지의 상태에 포획되어 있을 때 인간은 대부분 대상으로 머문다. …… 전복은 자연, 그리고 그와 더불어 인간 존재 역시 항상 위협하는 사유의 체계들, 정치적·경제적 체계들에 맞서 작동한다.'[25] 전복은 '인간'이 만든 것이기 때문에 기존의 질서를 부정할 수 있다.

현재의 계급투쟁과 맑스의 관련성은 단순히 말하자면 이것이다. 그의 정치경제학 비판은 기존 사회관계들의 발생을 인간의 실천 속에서 드러낸다. 이것이 적어도 그의 이론이 비판적으로 내포하는 것이다. 그리고 그의 주장은 기존의 비참한 관계들이 그것들의 부정의 힘에 의해 발전한다는 것을 보여준다. 잉여가치를 정립하기 위해 자본은 필요노동을 정립해야 한다. '필요노동과 잉여노동의 관계는 …… 노동일의 구성적 부분들과 그것을 구성하는 계급관계 사이의 관계이다.'[26] 자본은 세계의 노동계급들에 대한 잉여노동의 구성적 측면인 필요노동의 부과에 의존한다. 자본은 잉여노동을 증대하기 위하여 필요노동을 최대한도로 축소시켜야 함과 동시에 필요노동을 정립해야 한다. 이러한 축소는 노동 생산력을 발달시킨다. 즉, 동등한 양의 사용가치들을 생산하는 데 더 적은 사회적 노동시간이 필요해진다. 따라서 증대된 노동 생산성은 물질적 부를 증대하는 경향이 있다. 더 잘 표현하자면, 삶의 필수품들을 생산하는 데 점점 더 적은 사회적 필요노동시간이 요구되는 상황은 필연의 영역을 제한하고, 그래서 맑스가 자유의 영역으로

---

25. Agnoli, *Subversive Theorie*, p. 29.
26. Negri, *Marx Beyond Marx*, p. 72 [안토니오 네그리, 『맑스를 넘어선 맑스』].

성격 규정한 것이 만발하도록 해 준다. 그렇지만 자본주의적 부의 형태가 주어지면, '물적 부의' 이 [양적 — 옮긴이] 증대가 '그 가치량의 감소를 동반할 수 있다.'[27] 따라서 축적을 위한 축적은 자본주의 생산양식이 그 사회적 형태의 한계들을 벗어나도록 밀어붙이는 경향이 있다. 그것을 그것의 형태 내부에 가두는 것은, 생산적 역량들의 파괴, 즉 실업뿐만 아니라 전쟁과 생태학적 재난을 통해 인간 삶의 파괴 역시 포함하는, 폭력을 필요로 한다. 모든 사회적 진보는 재난이 된다. 자본주의에서 노동생산성의 모든 증대는 노동시간을 단축하지만, 그 자본주의적 형태 속에서 그것은 그 시간들을 증대한다. 정교한 기계의 도입은 노동을 완화하지만, 그 자본주의 형태 속에서 노동의 강도를 높인다. 노동생산성의 모든 증대는 생산자들의 물질적 부를 증대시키지만, 그것의 자본주의적 형태 속에서 그들을 빈민으로 만든다. 무엇보다 가장 중요한 것은, 노동을 자유롭게 만든 더 거대한 노동생산성이 노동을 과잉인구로 만든다는 것이다. 그러나 노동의 시간을 단축시키는 대신, 그리하여 더 짧아진 노동일을 토대로 모든 노동을 생산 속으로 흡수시키는 대신, 삶시간을 '필연의 영역'으로부터 자유롭게 하는 대신, 고용된 사람들은 더 집중적으로 착취를 당하는 반면, 과잉인구가 된 사람들은 '축적의 제단 위에 "인간 기계들을" '[28] 희생시킨 생산양식의 쓰레기더미 위에서 모습을 드러낸다.

---

27. Marx, *Capital* vol. I, p. 53 [칼 마르크스, 『자본론 I (상)』, 58쪽]. 이 요점을 간결하게 다룬 것으로는 Clarke, *Marx's Theory of Crisis* 를 보라.

28. Gambino, "A Critique of the Fordism of the Regulation School", in Bonefeld (ed.) *Revolutionary Writing*, p. 104. 자본주의 발전의 사회적 재난은 Marx, *Capital* vol. I, p. 416 [칼 마르크스, 『자본론 I (하)』, 652~653쪽]에서 가져옴.

V. 수정될 수 없는 오로지 하나의 인간 수단만이 존재한다. 그
것은 단지 잃어버릴 수 있을 뿐이다.[29]

　노동자들의 삶시간을 노동시간으로 환원하려는 자본주의적 시도
에 대한 계급투쟁은 생산의 숨겨진 장소에서, 즉 '외부인 출입금지'라
쓰인 공장 문 뒤에서 일어난다. 이것은 객관적인 경제 법칙들의 단순
한 대행자들이나 담지자들Träger과 구조들 사이의 투쟁인가? 부르주아
가 이 노동계급을 인정하고, 노동계급이 경제적 풍요로움의 담지자로
서, 다시 말해 생산의 고분고분한, 효율적인, 풍부한 요인으로서 잘 행
동하기를 요구하는 것은 놀라운 일이 아니다. 부르주아는 또한, 노동
계급이 소위 낙수효과에 의해 그 정당한 보수를 획득할 수 있도록 자
신들의 이해관계를 자본의 확대된 축적에 결합하라고 명령한다. 하지
만 부르주아는 이러한 관념들을 자기 자신에게는 적용하지 않는다. 그
대신 부르주아는 자신의 합목적성과 전반적인 인류애에 대해 존경과
찬양을 해 줄 것을 요구한다. 인간이 본성상 게으르다고 말하는 것은
인간의 본성에 대해 아무것도 말해주지 않는다. 하지만, 그것은 부르
주아 사회에 대해서는 많은 걸 알려준다. 결코 노동해 본 적 없는 상당
히 많은 사람들이 역사적으로 오히려 더 잘 먹고 마셨다는 사실은 의
심할 여지가 없다. 노동계급에게 인류애가 결여되어 있는 까닭이, 현
실에서 생산적 대행자에 지나지 않기 때문이라고 가정하는 것은 따라
서 특정한 계급적 입장을 보여준다.
　서구 맑스주의의 교조적 전통은, 사회가 그러한 사회적 생산관계
들 속의 인간들과 관계가 있다는 생각을 경시한다. 루이 알뛰세는, 우

---

29. Frisch, *Tagebuch 1946~1949*, Frankfurt : Suhrkamp, 1980.

리가, 인간이라는 철학적 신화가 재로 사라지는 조건에서만 인간을 인식할 수 있다고 주장했다. 니코스 풀란차스는 맑스의 이론이 '주체에 대한 역사적 문제틀'[30]로부터의 급진적인 단절이 된다고 주장하면서 이러한 시각을 급진화했다. 인간이 존재하지 않는다고 주장하는 알뛰세는 백 번 천 번 옳았다. 자본의 전도된 세계에서, 인간은 사실상 경제적 범주들의 인격화로서 존재한다. 하지만 그렇다고 해서 정치경제학 비판이 정말 '사물들의 논리'의 세속화된 신화에 지나지 않는단 말인가? 노동자들이 가변자본을 인격화한다고 말하는 것은 정말 옳단 말인가? 가변[자본]은 파업을 일으키지 않는다. 파업은 노동자들이 일으킨다. 자본이 어디로 가건, 자본주의적 계급 갈등은 일어나며, 계급 갈등이 어디에서 일어나건, 자본은 탈출을 시도한다. 그러한 탈출이 항상 성공적이지는 않다 하더라도 말이다.[31]

노동계급의 해방은 노동계급 자신에 의해서만 성취될 수 있을 뿐이다. 그러나 어떻게? 인간해방이라는 단순한 이념은 실천 속에서 떠올리기 쉽지 않다. 노동계급의 자기해방을 떠올리기 어려운 것은 인간해방이라는 바로 그 이념과 관계가 있다. 이윤의 추구, 권력의 장악, 정치적 권력의 추구 및 보존과 달리, 인간해방은 인간 발달의 완전히 다른 엔텔러키[32]를 따른다. 노동운동이 소위 노동해방을 위해 분투하고, 스스로 — 훌륭하게 — 노동자들의 삶의 질의 개선에 관심을 갖는 것은

---

30. Althusser, *For Marx* [루이 알뛰세르, 『맑스를 위하여』]; Poulantzas, "Theorie und Geschichte."

31. Silver, *Forces of Labour*, Cambridge : Cambridge University Press, 2003 [비버리 실버, 『노동의 힘』, 백승욱·윤상우·안정옥 옮김, 그린비, 2005]을 보라. Wildcat, *Unruhen in China*, Beilage der Wildcat No. 80, Dezember 2007. Holloway, "Zapata in Wallstreet", in Bonefeld/Psychopedis (eds.) *The Politics of Change*.

32. [옮긴이] 아리스토텔레스의 'entelechy'를 음역하였다. '질료가 형상을 얻어 완성되는 현실', '가장 완전한 현실성' 등을 뜻한다.

너무나 온당하다. 게다가 이러한 관심에는 보이는 것보다 더 많은 것이 존재한다.

따라서 인간해방을 위한 투쟁을 현실적으로 개념화할 필요가 있다. 계급투쟁은 코뮤니즘 — 자본주의 안에서 자본주의에 맞서는 노동계급의 이 운동 — 의 실험실로 재발견되어야 한다. 이 투쟁은 어떤 추상적 이념을 따르지 않으며, 어떤 종류의 외부적인 유리한 위치에서 자본주의 사회를 과녁으로 삼지도 않는다. 계급투쟁은 자본주의 안에서 자본주의에 맞서는 투쟁이다. 이 투쟁의 동역학은 계급 통합과 규제의 제도화된 형태들을 넘어 나아가는 경향이 있다. 이 투쟁이 어떻게 작동하는가하는 것은 예견될 수도, 위로부터 조직될 수도 없다. 다시 말해, 계급의식은 무無로부터 노동자에게 주입될 수 없다. 공산당은 의식이 없는 자들[무의식]을 징집할 수 없다. 계급의식은 계급투쟁의 일부분에 지나지 않는다. 이러한 점에서 코뮤니스트들은 '실존하고 있는 계급투쟁의, 우리 목전에서 전개되고 있는 역사적 운동의 사실적 관계들을 표현한다.'[33] 노동자들이 계급의식을 결여하고 있다는 생각은 당이 그러한 의식의 전위적 담지자라는 관념을 함축하는 것만이 아니다. 그러한 생각은 또한 노동자들이 그들에게 무엇이 가장 좋은 것인지 이해하지 못하고, 그리하여 지도될 필요가 있다는 비난을 함축한다. 이러한 당 형태의 정당화는 소위 객관적인 조건들의 특징에 의존한다. 이러한 시각에 따르면, 노동계급은 생산과정에서의 그 객관적 지위 때문에 혁명적 계급이다. 바로 이 '객관적인' 지위로 인해 노동계급은 혁명적 계급인 것이다. 객관적이라는 것은 주체적이 아니라는 것이다. 다시 말

---

33. Marx/Engels, *The Communist Manifesto*, p. 28 [칼 맑스 · 프리드리히 엥겔스, 「공산주의당 선언」, 『칼 맑스 프리드리히 엥겔스 저작선집 1』, 413쪽].

해, 객관적으로 노동계급은 즉자적으로 존재하며, 혁명계급으로서의
자신의 잠재력을 실현하기 위해 대자적 계급으로, 즉 계급 주체로 변
형되어야 한다. 이러한 변형은 '지도부'를 필요로 한다. '즉자적으로' 노
동계급은 경제적 의식을 발달시킬 수 있을 뿐이지 정치적 의식은 발달
시키지 못한다. 따라서 즉자적 계급은 이 의식이 자본주의적 현실들에
묶여 있다는 것을, 즉자적으로 노동계급이 자본주의 너머를 볼 수 없
다는 것을 의미한다. 그렇다면 노동계급은 '즉자적으로' 무엇을 위해
투쟁을 하는가?

'즉자적으로' 노동계급은 더 나은 임금들과 조건들을 위해 투쟁하
며, 임금 및 노동조건의 수준들을 방어한다. 노동계급은 자본의 '잉여
노동에 대한 늑대 같은 갈망'에 맞서, 그리고 노동시간을 추가적으로
원자들로 만들기 위한 그 파괴적인 정복[획득]에 맞서, 그리하여 그저
시간의 육화^{肉化}로 축소되는 것에 맞서 투쟁한다.[34] 노동계급은 오로지
노동시간만을 구성하는 삶에 맞서, 그리하여 자신의 인간적 삶을 단순
한 경제적 자원으로 축소하는 것에 맞서 투쟁한다. 노동계급은 존경,
교육, 그리고 인간적 의의^{意義}의 인정 등을 위해 투쟁하며, 무엇보다도
음식, 주거, 의복, 따뜻함, 사랑, 애정, 지식, 존엄 등을 위해 투쟁한다.
노동계급은 자신의 삶시간이 노동시간으로 축소되는 것에 맞서, 자신
의 인간성이 경제적 자원으로 축소되는 것에 맞서, 자신의 살아 있는
실존이 인격화된 노동시간으로 축소되는 것에 맞서 투쟁한다. '즉자적'
계급으로서의 노동계급의 투쟁은 '대자적' 투쟁이다. 즉 삶, 인간적 고
귀함, 삶시간, 그리고 무엇보다도 기본적인 인간적 필요들의 만족을
위한 투쟁이다. 노동계급은 자신이 생산한 물질적 부의 증대가 자본주

---

34. Marx, *Capital* vol. I, p. 233 [칼 마르크스, 『자본론 I (상)』, 321쪽].

의적인 부의 형태의 한계를 넘어서 나아가는 조건들 속에서 이 모든 것을 행한다.[35] 자본주의적 축적이 낳을 수 있는 소위 모든 낙수효과는 부의 자본주의적인 축적에서 일련의 트리클 업[36]이 먼저 이루어지는 것을 가정한다. 그런 뒤에

사회는 갑자기 순간적인 야만 상태로 다시 돌아간 것처럼 보인다. 기아와 전면적인 섬멸전이 모든 생존수단의 공급을 중단하는 것처럼 보인다. 공업과 상업은 파괴된 듯이 보인다. 왜 그런가? 그것은 너무 많은 문명, 너무 많은 생존수단, 너무 많은 공업, 너무 많은 상업이 있기 때문이다. 사회의 뜻에 맡겨져 있는 생산력들은 더 이상 부르주아적 소유 조건들의 발전을 촉진시키지 못하게 된다. 반대로 생산력들은 이러한 조건들이 감당하기에는 너무 강력해져 있어서, 이 조건들에 의해서 방해받는다. 그리고 생산력들은 이 방해를 극복하자마자 부르주아 사회 전체를 혼란에 빠뜨리고, 부르주아적 소유의 존립을 위태롭게 한다. 부르주아 사회의 조건들은 그 자신에 의해 만들어진 부를 포용하기에는 너무 협소하게 되어 버렸다. 그렇다면 부르주아 사회는 이 위기들을 어떻게 극복하는가? 한편으로는 대량의 생산력들을 부득이 파괴함으로써, 다른 한편으로는 새로운 시장들을 획득하고 옛 시장들을 더욱 철저히 착취함으로써.'[37]

결론적으로 말해, '하나의 인간적 계급이, 처벌을 받지도 않으면서, 다른 계급을 굶주리게 할 수 있는 한 자유란 공허한 기만이다. 부자들이 타자들의 삶과 죽음에 대해 결정할 권리를 행사하는 한 평등이란 공허

---

35. Marx, *Grundrisse*, German Edition, S. 544f.
36. [옮긴이] trickle-up에 대한 설명은 이 책 157쪽, 각주 13번을 참조하라.
37. Marx/Engels, *The Communist Manifesto*, pp. 18~19 [칼 맑스 · 프리드리히 엥겔스, 「공산주의당 선언」, 『칼 맑스 프리드리히 엥겔스 저작선집 1』, 406쪽].

한 기만이다.'[38] 인간은 단순한 경제적 자원으로 취급되는 것을 반대한다. 경제학은 이러한 반대를 자신의 온당한 기초에 대한 장애물로 인식한다. 그리하여 경제학은 숫자의 과학으로서의 자신의 과학적 신임장을 확립하려고 한다. 따라서 인간 주체는, 경제학이 자신을 (숫자에 대한) 하나의 사회과학으로 확립하기 위해 자신의 과학에서 몰아내야 하는 단순한 형이상학적 현전으로 간주된다.

따라서 계급투쟁에 대한 이해는 '객관적인 조건들'의 과학적 상상의 '고상한' 영역과 '객관적인 역사적 발전 법칙들'을 벗어나, 실재적 개인들, 그들의 활동, 그리고 그들이 살고 있는 조건들의 '실재적인 삶-활동'을 향해 계속 이어져야 한다.[39] 그렇다면 성취될 필요가 있는 것은, '우리가 살고 있는 "비상사태"가 예외가 아니라 상례'[40]라는 피억압자들의 통찰과 일치하는 투쟁 개념이다. '외부인 출입금지'라는 명패가 붙어 있는 공장 출입문에 다다르면 우리는 노동자를 인격화된 노동시간으로 축소하는 것에 대한, 원자화된 추가적인 노동시간의 전유에 대한 일상의 투쟁을 예상하며 들어가야 한다. 이것은 또한 다음과 같은 투쟁 개념을 발달시키는 것이 합리적일 것임을 의미한다. 즉, 일종의 탈영토화되고 탈물질화된 사이버 공간인 세계화의 허상에 굴복하는 대신 '모든 개별 작업장과 모든 지역 공동체에서 일어나는 잉여가치의 생산 및 전유에 대한 일상의 투쟁이 …… 전지구적 규모에서 벌어지는 계급투쟁의 토대'[41]라는 것을 이해하는 투쟁 개념. 세계의 프롤레타리아

---

38. Roux, "Das 'Manifest der Enragés'", in Roux, *Freiheit wird die Welt erobern, Reden und Schriften*, Frankfurt : Röderberg, 1985, p. 147. 로(Roux)는 프랑스 혁명의 좌파 조직인 〈앙라제〉(Enragés) 소속이다.

39. Marx/Engels, *Die deutsche Ideologie*, p. 26.

40. Benjamin, "Geschichtsphilosphische Thesen", p. 84 [발터 벤야민, 「역사철학 테제」, 『발터 벤야민의 문예이론』, 347쪽].

는 해방되는 것을 배울 수도, 강제로 자유롭게 될 수도 없다. 프롤레타리아는 자유롭게 되기 위해서, 자신의 해방을 위해서, 자유로워져야 한다. 일련의 대중 시위들과 사회적 투쟁들, 그리고 그와 함께 사회적 노동관계들의 정치화는 '자유롭고 평등한 사람들'의 사회의 실험실이다.

VI. 이상주의야말로 진정한 현실주의이다.

인간해방에 의미를 부여하는 사람들은 이상주의라 불리는 것을 두려워해서는 안 된다. 그들은 이상주의자다. 이상주의는 코뮤니즘 유령의 진정한 실재이다. 상상력 없는 이성은 괴물들을 창조한다. 이성 없는 상상력은 불필요한 것들을 창조한다. 상상력과 결합한 이성은 코뮤니즘 투쟁의 아름다움을 창조한다.

모든 해방은 인간의 세계와의 관계를 인간 자신에게로 복귀시키는 것이다. 정치적 해방은 인간을 한편으로는 부르주아 사회의 구성원, 이기적인 독립적 개인으로, 다른 한편으로는 공민 즉 도덕적 인격으로 환원시키는 것이다. 현실적이고 개별적인 인간이 추상적 공민을 자신 속으로 환수하고, 개별적 인간으로서 자신의 경험적 삶, 개별적 노동, 개별적 관계 속에서 유적 존재가 되어 있을 때, 그리고 인간이 자기 '고유의 힘'을 사회적 힘으로 승인하고 조직하며, 따라서 그 사회적 힘이 더 이상 정치적 힘의 형태로 자기 자신으로부터 분리되지 않을 때, 이때 비로소 인간해방이 완성된다.[42]

---

41. Clarke, "Class Struggle and the Global Overaccumulation of Capital", pp. 90~91.
42. Marx, *Zur Judenfrage*, p. 370 [칼 마르크스, 「유태인 문제에 대하여」, 『마르크스의 초기 저작』, 361쪽].

그렇다면 이것은 코뮤니즘을, 어느 것도 사회적 개인과 독립적으로 존재하지 않는, 연합한 생산자들이 그들 자신의 사회적 힘들의 통제 속에 있는, 사회적 자율로 개념화하는 것이다. 사회적 자율은 먼 미래에 속한 어떤 것이 아니다. 그것은 인간의 목적들을 어떤 추상노동으로, 현금과 생산물로, 자본주의적으로 축소하는 것에 대한 모든 투쟁 속에서 제기된다. 맑스는 자신의 「헤겔 법철학 비판 서문」에서, 인간이 타락하고, 착취당하고, 천대받고, 버림받으며 예속화된 존재가 되는 모든 관계를 전복시켜야 한다고 주장하면서 인간해방의 정언명령을 정식화했다.[43] 코뮤니즘은 부르주아 사회 속에서 부르주아에 맞서 이루어지는 이러한 정언명령의 정치적 운동이다. 이 운동은 어떤 때에는 보고자 하는 사람 모두에게 분명하게 보이며, 또 어떤 때에는 용기를 내어 그것을 보려고 하는 사람들에게만 보인다. 미래는, 그것이 무엇이건 멀리 있지 않다. 그것은 언제나 미래의 현재이며 그래서 현재의 미래이다.

후기

코뮤니즘적 개인은, 일상생활 속에서, 세속적인 진부한 말에서 가장 세련된 표현들에 이르는, 코뮤니즘적 정언명령을 따르는 사람이다. 코뮤니즘적 개인은 '각자의 자유로운 발전이 모두의 자유로운 발전의 조건이 되는' 사회를 위한 투쟁의 실천적 의미를 이해하는 사람이다.

---

43. Marx, *Zur Kritik der Hegelschen Rechtsphilosophie. Einleitung*, in MEW 1, Berlin : Dietz, 1956, p. 385. [칼 맑스, 『헤겔 법철학 비판』, 20쪽].

코뮤니즘적 개인은 소위 객관적인 조건들과 구조들에서 파생할 수 없
다. 코뮤니즘적 개인은 가격을 매길 수 없다. 코뮤니즘적 개인들의 공
동체는 자본주의로부터 파생하지 않는다. 이 공동체는 자본주의와 경
쟁하지 않는다. 그 대신 자본주의에 맞서 투쟁한다. 이 공동체는 단순
한 이상주의적 가설도 아니다. 이 공동체의 실재는 주어진 것도 추정
된 것도 아니다. 그것의 실재는 그 자신의 실재이다. 어떤 것도 보이는
그대로가 아니다. 확실성이란 존재하지 않는다.

하지만 한 가지는 확실하다. 20세기의 이데올로기들은 완전히 사라
질 것이다. 20세기는 비참한 세기였다. '20세기는 도그마들로, 우리로
하여금 차례차례 시간, 고통, 그리고 많은 불의들의 대가를 치르게 한
도그마들로 가득 차 있다.'[44] 끝나가는 모든 역사를 위해 또 다른 역사
가 모습을 드러낸다. 20세기는 또한 연대와 인간해방의 대안적인 엔텔
러키 속에서 희망이 출현한 세기였다. 우리는 멕시코(1914), 뻬떼로그
라데(1917), 크론슈타트(1921), 베를린(1918), 부다페스트(1919)에서,
그리고 바르셀로나(1936), 베를린(1953), 부다페스트(1956)에서, 그리
고 파리(1968), 그단스크(1980), 치아파스(1994), 아르헨티나의 피께떼로
들(2001)과 그리스의 투쟁들에서 희망을 보았다.[45] 이것들은, 그리고 더
욱 더 많은 투쟁들은, 자유롭고 평등한 사람들의 사회를 향한 출발점들
을 구성한, 인간적인 사회적 자율을 위한 투쟁의 강렬한 순간들이었다.

---

44. Marquez, Newspaper Interview, *El Nuevo Diario*, Managua, April 25, 1990.

45. Löwy, "Dialectica de civilizacion", *Herramienta*, no. 22, 2003을 보라. 대다수 피께떼로
들이 커흐너 정부 하의 국가로 병합한 것에 대해서는 Dinerstein, "Lessons from a
Journey", in Bonefeld (ed.), *Subverting the Present*를 보라. 2008년의 그리스 반란에 대
해서는 Memos, "Neoliberalism, Identification Process and the Dialectics of Crisis", in
International Journal of Urban and Regional Research, vol.34, no.1, 2010을 보라.

13장

결론

불확실성과 사회적 자율

I

전지구를 가로지르는 반자본주의 운동의 부활, 금융위기, 정치적 불안전성이 한창일 때, 레닌의 『무엇을 할 것인가?』는 역사가 된 것처럼 보였다. 레닌주의는 시련을 겪었으며, 그렇게 되는 것은 당연했다. 그것은 씁쓸한 뒷맛을 남긴다. 레닌주의에 대한 무관심은 이해할 만하다. 하지만 불안한 것은 코뮤니즘적인 사회적 자율의 혁명적 기획에 대한 오늘날의 무관심이다. 만일 그러한 기획이 자본주의에 대한 실천적 비판이 아니라면 반세계화의 현대적 형태에서 반자본주의는 무엇을 의미하며, 그 반자본주의가 인간해방의 혁명적 기획을 지지하는 데 실패한다면 그것은 무엇을 성취하고자 하는가?

혁명에 대한 반자본주의적 무관심이란 말은 형용모순이다. 레닌주의로부터 혁명의 이론과 실천을 자유롭게 하기는커녕, 혁명조직을 당 형태로 보는 생각, 그리고 권력 장악의 혁명적 수단으로서의 국가라는 생각은 의문시되지 않는다. 혁명이라고 하면 이제까지 레닌주의를 의미하는 것으로 간주되었다. 그것은 이제 트로츠키주의라는 온건한 형태로 나타나고 있다. 트로츠키주의는 계급투쟁을 미리 구상된 조직 관념에 통합시키려는 시도에 많은 에너지를 쏟아 부었다. 계급투쟁을 당의 지도 하에 관리 가능한 것으로 만들려고 하면서 말이다. 계급투쟁의 관리는 전통적으로 '국가의 형태 속에 집약된'[1] 부르주아에 속한다. 그리고 그 관리의 주요한 방법은 추상적 평등의 형태 속에 계급투쟁을 봉쇄하고 관리하는 것이다. 교환관계의 형태 속에서 재산의 불평등을 추상적 평등에 종속시키는 것에는 인간성에 대한 거부가 포함되어 있다. 이러한 경향은 노동자 국가에 대한 레닌주의적 생각에도 반영되어 있는데, 그러한 생각 속에서는 누구나가 평등하게 경제적 자원으로 취급될 뿐이다.

오늘날의 반자본주의가 혁명에 대한 레닌주의적 개념과 거리를 두는 것은 당연하다. 하지만 혁명에 대한 이런 무관심은 그 반자본주의적 자세가 거짓임을 보여준다. 인간해방의 물음을 제기하지 않는다면 반자본주의에서 무엇이 반자본주의적이란 말인가? [앞에서 말했다시피 — 옮긴이] 혁명에 대한 반자본주의적 무관심이란 말은 형용모순이다. 이러한 모순들은 해결책을 요구하며, 역사의 기괴하고 유혈 낭자한 찡그린 얼굴은 그것이 무엇을 의미하는지를 보여준다.

무엇을 할 것인가? 이것은 레닌의 물음이다. 이 물음은 피할 수 없다. 이것을 레닌이 물었기 때문에 피하거나 거부한다면, 우리는 레닌

---

1. Marx, *Grundrisse*, p. 108 [칼 맑스, 『정치경제학 비판 요강 I』, 80쪽].

주의적 전통과 레닌주의적 혁명 개념에 굴복하게 된다. 우리는 그것을 우리의 물음으로 삼아야 한다. 혁명이 레닌주의를 의미해서는 안 된다. 혁명은 과거에 레닌주의를 의미하지 않았지만, 맑스레닌주의가 국가사회주의의 공식 종교로 확립되면서 레닌주의를 의미하게 되었다. 반자본주의는 혁명의 경쟁적 개념들을 재발견해야 한다. 반자본주의는 교조적 확실성들과 맑스주의를 국가의 교리로 의식화儀式化하는 것으로부터 맑스를 해방시켜야 한다. 이것들은 맑스주의를 유사종교로 만들고, 그것을 이데올로기(비판적 사유를 두려워하는 만큼 그것을 고수하는 사람들의 탄핵과 비판 속에서 강력해진다는)로 제시한다. 이렇게 맑스를 자유롭게 하고, 혁명적 견지를 다시 개시하기 위해서는, 맑스가 선호하는 좌우명 — 모든 것을 의심하라 — 을 재발견해야 한다. 의심은 폭발적이다. 왜 그런가? 다시 말해 인간의 사회적 관계들은 왜 자본 및 그 국가의 형태로 존재하는가? 그렇다면, 인간의 사회적 실천을 예속화하지 않고 그 대신 그것을 자기결정적인 인간의 사회적 실천으로서 자유롭게 하는 현실을 만들어 내기 위해 무엇을 할 것인가? 맑스가 『공산주의자 선언』에서 자유롭고 평등한 사람들의 사회라고 부른 것을 달성하기 위해 무엇을 할 것인가? 추상적인 것들을 쓸모없는 것으로 만들기 위해서 능동적인 인류에 의해 어떤 사회적 관계들이 창출되어야 하는가?

존엄, 정직, 성실 같은 인간적 가치들은 가격을 매길 수 없고 양을 잴 수 없으며, 사거나 팔 수 없다. 이러한 가치들은 개별적인 인간적 특수성, 차이, 감각, 의미 들, 즉 하나의 주체로서 그 자신을 소유하고 있는 인간Mensch을 내포한다. 하지만 인간적 가치들은 추상적 정체성 — 자본주의적인 인간이건 사회주의적인 인간이건 — 의 부과를 통해 파괴될 수 있다. 혁명은 유행을 타지 않는다. 당연한 말이다. 혁명은 상품도 아니며, 가격도 없고, 패션 아이템도 아니다. 혁명은 인간적 가치들을 옹호한다. '행위'의 비용과 혜택을 계산하는 대신, 신념, 성실, 정직으로써 물어볼 수 있는 용기를 불러일으킨다. '인간해방과 관련하여 무엇을 할 것인가?'

'무엇을 할 것인가'라는 물음에 대답하는 것은 쉽지 않다. 무엇을 하지 말아야 할지 대답하는 것이 훨씬 쉽다. 하지만 우선 자유롭고 평등한 사람들의 사회라는 유토피아에 대한 이론적이고 실천적인 지향이 자본의 세계시장 사회가 정립하는 비인간성에서 벗어나는 유일하게 현실적인 출발점이라는 것을 강조하는 것이 중요하다. 이제, 무엇을 하지 말아야 할지 살펴보자. 혁명적 당이 혁명의 조직형태라는 생각은 폐기되어야 한다. 당이라는 형태는 혁명의 내용, 즉 인간해방과 모순된다. 종속적 대중의 해방은 종속적 대중 자신에 의해서만 달성될 수 있다. 혁명의 수단으로서의 국가 형태라는 개념은 사라져야 한다. 종속적 대중을 위한 권력 장악이라는 이념은 그 본질 — 자유롭고 평등한 사람들의 사회에 대한 부정 — 이 폭로되어야 한다. 자본의 '과도함'에 대한 불평은 이제 그만두어야 한다. 한탄하는 식의 비판은, 자본에게 선의의 발전 논리를 채택할 능력을 부여하면서, 조금 더 공정한 자본주의를 창출하기 위하여 애쓰는 것일 뿐이다. 자본은 노동을 착취하는 과정에서 필연적으로 '과도하다.' 이것을 한탄하는 것은 그것의 사회적 구성을 오해하는 것이다. 혁명적 주체를 한정하려는 시도는 포기되어야 한다. 혁명적 주체는 자본의 '논리'로부터 분석적으로 도출될 수 없다. 그리고 혁명적 주체의 실존은 당에 의해 선포될 수도 없다. 혁명적 주체는 자본과 그 국가와의 끊임없는 갈등을 통해 발전한다. 그리고 이 주체의 사회적 구성은 인간해방의 편에 서 있는 사람들에 의존할 것이다. 이론적 용어로 말하자면, 혁명적 주체는 인간 존엄으로서 규

정될 수 있을 뿐이다. 그 사회적 구성은 이론적인 문제가 아니라 실천적인 문제이다.[2]

II

형식적 평등의 부르주아 형태에 반대하며 맑스는 코뮤니즘이 개인의 평등, 즉 개별적인 인간적 필요들의 평등에 의존한다고 주장했다. 이것[아래의 맑스의 언급 — 옮긴이]은 형식적 평등의 법에 대한 것이다. '각 개인이 타인의 활동이나 사회적 부에 대해서 행사하는 권력은 그가 **교환가치들**, 화폐의 보유자라는 점에 있다. 개인들은 사회와의 연관뿐만 아니라 사회적 권력도 보유하고 있다.'[3] 그렇다면 코뮤니즘적 평등의 조건은 무엇인가? 각 개인은 자신의 필요들에 따라 받는다. 개별적인 인간의 필요들의 평등은 실제로 자본주의에 대한 대안을 제공한다. 이와 반대로, 노동경제에 대한 더 많은 개선된 규제와 조직화인 사회주의의 개념들은 자본주의에 대한 대안을 제공하지 못한다. 이 개념들은 단지 경제적 효용성의 토대에서 자본주의와 겨루기 시작할 뿐이다. 자본 및 그 국가에 대한 이러한 종류의 반대는 그 수단과 목적을 자본주의 사회 자체로부터 도출한다. 그것은 노동에 대한 경쟁적 경제의 사회주의적 조직화를 통해 자본주의적인 경제적 관계들을 완전하게 하고자 한다.

자본 및 그 국가에 대한 조직화된 부정만이 자본주의를 넘어설 수

---

2. [옮긴이] 국내 번역본 『무엇을 할 것인가?』(조정환 옮김, 갈무리, 2004)의 38~39쪽을 참고하여 옮겼다.
3. Marx, *Grundrisse*, p. 157 [칼 맑스, 『정치경제학 비판 요강 I』, 137쪽].

있다. 이 조직화된 부정은 사회적 자율이 조직하는 부정이다. 맑스가 「유대인 문제」에서 말한 바처럼, '모든 해방은 인간 세계의 회복이며, 인간이 인간 자신과 맺는 관계들의 회복이다.' 어떤 사람들은 이 인용문이 초기 맑스의 것이라며 반대할지도 모른다. 그리고 맑스는 나이가 들면서 성숙해졌다고들 하기 때문에, 성숙한 맑스로부터의 인용이 요구된다고 할지도 모른다. '인간에 대한 자본의' 경제적 '지배'는 인간의 사회적 재생산이 '그에 의해 통제되도록' 폐지되어야 한다. 그렇다면 국가는? 국가의 목적은 '노동자의 영구화'이다. 그것은 '자본 생존의 필수조건'이다.4

그렇다면 당은? 맑스는 노동계급의 해방이 노동계급 자신에 의해 달성될 수 있을 뿐이라고 철석같이 믿었다. 맑스에게 코뮤니즘은 계급 없는 사회를 의미한다. 맑스는 인간이, 인간성이 더 이상 착취 가능한 자원이 아니라 목적이 되는 사회적 관계를 창조했을 때 인류의 역사가 시작한다고 주장했다. 그의 부르주아 사회 비판은 그 사회의 진정한 성격 ─ 즉 축적을 위한 축적의 피라미드 위에 인간 기계들을 축적하는 것 ─ 을 단지 폭로하기를 원하는 데 있지 않았다. 중요한 것은, 맑스가 또한 부르주아의 사회관계들의 구성된 형태들이 인간의 사회적 실천 형태들임을 보여주었다는 것이다. 이러한 형태가 바로 다음과 같은 맑스의 혁명적 요구를 위한 물질적 토대이다. 인간을 고독한 존재로 만드는 모든 관계들은, 자유롭고 평등한 사람들의 사회 ─ 더 이상 자기에게 강제된 추상에 의해 지배되지 않고 그 자신의 사회적 업무들을 통제하며 그 자신을 소유하는 인간에게 모든 것이 돌아가는 인간 존엄의 사회 ─ 를 위해 폐지되어야 한다는 것이다. 당을 노동계급의 조직화된 전위로 바라보는 생

---

4. Marx, *Capital* vol. I, p. 536 [칼 마르크스, 『자본론 I (상)』, 776쪽].

각은 프롤레타리아의 역사적 퇴보라는 관념의 전제를 이룬다. 프롤레타리아는 경제적 의식을 발전시킬 수 있을 뿐이기 때문에, 자신의 역사적 임무를 완수하기 위해서는 당에 의존해야 한다는 것이다. 역사가 임무를 갖는다는 생각은 차치하고라도, 당이 혁명적 전위라는 생각은 프롤레타리아가 강제로 자유로워져야 한다는 생각에 의존한다. 이러한 생각에 반대하며 나는 혁명이, 계급 사회의 사회주의적인 일반화가 아니라, 계급 사회에 대한 실천적 비판을 수반한다고 주장해 왔다. 계급 사회는 자신의 적극적인 해결책을 계급 없는 사회, 코뮤니즘에서 찾으며, 코뮤니즘은 다소 먼 미래가 아니라, 자본주의적인 사회관계들을 부정하는 실재적 운동이다. 당 사회주의는 자본이 프롤레타리아를 보는 것과 똑같은 방식으로 프롤레타리아를 본다. 두 경우에서 프롤레타리아는, 그 자신의 생각들을 전개하는 경우 의심의 시선으로 바라볼 필요가 있는, 쓸모 있기는 하지만 완전히 신뢰할 수는 없는 생산 행위자일 뿐이다.

그렇다면 무엇을 할 필요가 있는가? 투쟁의 조직적 수단들이 인간 해방의 목적을 앞당겨야 한다는 것은 의심할 여지가 없다. 혁명의 목적들이 저항과 투쟁의 수단들을 구성해야 하는 상황은 혁명적 투쟁의 조직 형태로서의 사회적 자율을 수반한다. 자율은 무엇을 의미하는가? 자율은 어떻게 진술될 수 있는가? 자율은 예컨대 정육면체로 만들어진 버터나 직사각형 모양으로 만들어진 버터 중 어떤 것을 고를지, 소비자로서 '자율적인' 선택을 하는, 찬양받는 원자화된 시장 개인을 의미하지 않는다. 조직화 없는 자율은 용어상 모순이다. 조직화 없는 자율은 그 자유가 동일한 표준에 의한 상이한 생산물들의 선택으로 이루어진 원자화된 시장 개인을 지지한다. 자율은, 진지하게 받아들인다면, 조직화된 부정 형태들, 다시 말해, 자본주의에 대한 대안을 제기하는 형태들을 필요로 한다. 자본주의의 부정은 코뮤니즘적 목적에 의해 앞으로 나아간다. 코뮤니즘은 자본주의와 경쟁하지 않는다. 코뮤니즘은 자본주의의 대안이다. 이 새로운 사회는 자본주의에 반대하는 투쟁에서 성장한다. 이 새로운 사회가 투쟁하지 않는다면, 그것은 코뮤니즘이 아니다. 사회적 자율은 따라서 자본주의 내부에서의 부정의 운동으로서 사회적 자율의 코뮤니즘적 조직 형태들을 획득해야 한다. 부정의 운동만이 다음과 같은 조건에서 자본주의에 대항할 수 있을 뿐이다. 즉 부정의 자율이 투쟁수단이라는 점을 그것이 알고 있다는 조건, 다시 말해, 그것이 자본주의적인 사회관계들 내부에서 드러난다는 사실을 알고 있다는 조건. 여기에서 다음과 같은 문제들이 시작된다. 자율과 조직화는 서로 모순되는 것처럼 보인다. 다시 한 번, 그 모순의 해결책은 그 자신의 권리상 자율적인 주체로 간주되는, 당을 시사한다. [여기에서의] 자율은 무엇을 의미하는가? 이 자율의 의미는, 말하자면 네그리의 존재론적인 삶권력 개념으로 연상되는 오늘날의 개념들과는 사뭇 다르다. 네그리의 시각에서 볼 때, 계급투쟁은 물질성과 사회형태의 모순적인 통일을 표현한다. 다시 말해, 삶권력은 자본주의적인 사회형태와 전투를 벌이는 물질성의 장소이다. 그것은, 실질적 포섭에서의 자본주의의 최상의 노력에도 불구하고 코뮤니즘적인 저항의 토대로서 역사를 횡단하며 여전히 능동적인 어떤 종류의 잔여적인 자연적 역능을 묘사한다. 네그리가 자율을 다중의 삶권력으로 개념화하는 것은 다소 유감스럽다. 네그리의 개념은 자신이 벗어나고자 하는 바로 그와 동일한 정통 맑스주의적 전통으로부터 다음과 같은 맑스주의를 직접적으로 빌려온다. 즉 자연의 경제적 힘들과 자본주의적인 경제적 관계들을 구분하는 맑스주의, 초역사적인 경제적 구조들 속에서 소위 자본주의적인 사회관계들의 자유를 추적하는 맑스주의, 구체적인 사

회들 속에서 보편적인 법칙들의 발견에 몰두했던 과학적 맑스주의가
그것이다. 나는 일부러, 네그리의 입장이 이 전통을 '거부한다'라고 말
하지 않았다. 네그리의 입장은 이 전통을 거부하지 않는다. 네그리가
종종 이 전통을 거부한 것처럼 보이기도 하지만, 그와 달리 네그리는
결코 레닌을 진정으로 포기하지 않았으며, 알뛰세 주도 하의 레닌의
서구 맑스주의적 변형을 포기하지도 않았다. 네그리의 다중의 삶권력
은 코뮤니즘을 자기가치화로 간주한다. 자본에 의해 '가치화되는' 대신
노동은 스스로를 가치화한다. 얼마나 비참한가. 코뮤니즘적 부의 실체
는 처분할 수 있는 시간, 즉 직접적인 생산에 사용되는 것을 넘어서는
시간을 함유한다.[5] 자유의 영역을 통해 필연의 영역을 조직하는 자유
롭게 연합한 생산자들의 시간은 노동이 가치화를 수반한다고 주장하
는 시간 개념과 다르다.

자율은 세 가지 구별되는 의미들을 갖는다. 자율은 첫째 인간해방
의 목적, 그리하여 계급 없는 사회로서의 코뮤니즘을 투영한다. 따라
서 그것은 자유롭고 평등한 사람들의 사회 ― 자신들의 업무들을 통제하
면서 인간 주체들로서의 자신들의 주권에 의해 필연의 영역을 조직하는 직접
적 생산자들의 연합 ― 와 연관된다. 둘째, 자율은 인간해방, 코뮤니즘이
노동계급 자신에 의해서 달성될 수 있다는 것을 의미한다. 자율은 여
기에서 노동계급의 자기활동, 자기조직화, 그리하여 계급 자율, 즉 노
동계급을 단지 조직화의 대상으로 취급하는 당이나 노동조합 같은 기
존의 조직적 형태들로부터의 노동계급의 자율을 의미한다. 여기에서
자율은 룩셈부르크가 생각한 자발성과 연관된다. 물론 룩셈부르크에
게서는 자발성 이론이 발견되지 않는다. '자발성 이론'은 사실상 스탈

---

5. Marx, *Grundrisse*, p. 706 [칼 맑스, 『정치경제학 비판 요강 II』, 381~382쪽].

린주의와 사회민주주의의 결합 세력들이 만든 발명품이다. 룩셈부르크에게 자발성은 단순히 노동계급이 그 자신의 투쟁들 속에서 그리고 그것들을 통해서, 조직적인 저항 형태들을 창조한다는 것을 의미했다. 이러한 형태들은 투쟁의 경험에 실체를 부여한다. 요컨대 중요한 것은, 투쟁 그리고 경험의 축적은 모두 자기결정적인 조직적 저항 형태들에 실체를 부여하고, '프롤레타리아 공중公衆'이라고 부를 만한 것의 창출로 이어진다는 것이다. 이 반자본주의적인 '프롤레타리아 공중'의 조직 형태는 역사적으로 볼 때 코뮌, 레테, 소비에트 들이었는데, 이들은 저항 속에서 연합한 생산자들의 직접적으로 민주적인 자기조직 형태들이었다. 룩셈부르크의 자발성은 운동과 조직의 변증법, 경험과 프롤레타리아 공적 영역의 변증법에 초점을 맞추었다. 따라서 자율은 저항의 조직적 수단 및 목적으로서의 자율을 의미한다. 자율은 저항 수단 속에서 혁명의 목적들을 예상한다. 자율은 부르주아 사회와 그 사회적 조직 형태들로부터의 자율을, 즉 부르주아 사회로부터 자신들의 합리성을 도출하는 그리하여 그들 자신의 계속적인 생존에만 관심이 있는 조직형태들로부터의 자율을 의미한다.

사회적 자율은 혁명적 투쟁의 목적·수단 관계의 맥락에서, 다시 말해 혁명적 투쟁의 자기조직화로서 논의되어 왔다. 하지만 사회적 자율은 자본주의 내부에서 무엇을 의미하는가? 자본주의 외부의 현실이란 없다. 말하자면 반자본주의적 개입을 위한 토대를 제공하는 자유롭고 자율적인 공간들이란 존재하지 않는다. 아도르노는 예전에 우리가 자본주의 사회에서 올바른 삶을 살아갈 수 없다고 이야기했다. 아도르노는 한편에서 옳았고 한편에서는 틀렸다. 직접적 생산자들의 등 뒤에서 세상을 돌아가게 만드는 경제적 범주들의 인격화인 우리 모두가 우리의 노동력을 팔아야 한다는 점에서 아도르노는 옳았다. 하지만 세상을 돌아가게 만드는 것은 우리의 노동이다. 우리는 국가를 비판하고 그것이 역사의 박물관으로 옮겨지기를 요구한다. 그런데 우리는 모든 종류의 일들을 국가에 의존하고 복지 삭감, 그리고 복지 설비들을 줄이는 것에 반대한다. 우리는 복지 서비스, 건강 서비스, 교육 서비스, 복지 혜택에 대한 접근, 대중교통 설비, 고용 등에 의존한다. 우리는 참으로 국가를 통해 생존하며, 실로 임금노동 상품으로서 생존한다. 그래서 아도르노는 우리가 자본주의 안에서 올바른richtiges 삶을 살아갈 수 없다고 주장한다. 우리는 우리가 자본주의적인 착취 및 지배 형태라고 반대하는 그와 동일한 생존형태들 속에서 그리고 그것을 통해서 생존하며, 또 그것들에 의존한다. 그럼에도 우리가 국가에 의존하고 국가 — 자본주의적으로 조직된 재생산양식의 이 정치적 형태 — 를 통해 생존하는 상황이, 우리가 자본 및 그 국가의 진정한 구성을 드러낼 수 없다는 것을, 그리하여 우리는 비판적 이성과 실천적 이성을 결합하면서, 진리를 실제로 효과적으로 만들 수 없다는 것을 의미하지 않는다. 달리 말해, 올바른 삶은 이미 자본과 그 국가에 대한 투쟁 속에서 시작한다. 사회적 자율은 자본과 그 국가, 그리고 그와 관련된 사회적 통합 기구들에 대한 투쟁과 함께 출발한다. 계급투쟁은 자본 속에서 그리고 그것에 대항해서 생존한다. 우리는 모두 부르주아 사회 속에서 살아간다. 하지만 그저 부르주아 사회 속에서 살아가는 것으로는 부르주아 사회를 벗어날 수 없다. 부르주아 사회에 대한 혁명적 부정은 그 구성된 형태들 속에서, 그리고 그것들에 대항해서 작동한다. 여기가 계급 적대와 계급투쟁의 장소이다. 오직 조직된 부정만이 부르주아의 사회적 관계들 속에서의 그리고 그것에 대항하는, 계급투쟁의 생존을, 인간 역사의 저 너머로 변형시킬 수 있다. 부정의 조직 형태들은 자기 자신의 수단 속에서 투쟁의 목적을 예상해야 한다. 연합한 생산자들의 사회는 투쟁의 목적이 아니다. 그것은 그 자신의 목적에 이르는 수단이다.

투쟁이란 언제나 이미 자본주의에 대항하는 투쟁이라고 생각하는 사람들은 자본주의 안에서 살아간다는 것이 갖는 어떤 의미를 갖는지를 망각했다. 그리고 그러한 투쟁이 자본주의 내부로부터 자본주의를 변형할 수단이라고 생각하는 사람들은 코뮤니즘이 자본주의의 대안이라는 의미를 망각했다. 우리는 사물들을 이해하고 그것들을 초월하기 위해서 사물들 자체 내부에 있어야 한다. 다시 말해, 인간적 목적들을 위한 사회적 노동관계의 정치화는 코뮤니즘을 위한 투쟁을 자본주의 안에 그리고 자본주의에 대항하여 정립해야 한다. 불가능한 것은 가능하다. 이상주의는 진정한 **현실주의**이다. 그렇지 않다면 가능한 것만이 가능하다. 이상주의 없는 현실주의. 희망할 것이 없는 것, 싸워야 할 것이 없는 것, 살아야 할 것이 없는 것, 자본주의적 조직화의 지속적인 구조들의 단순한 파생물과, 비인간적 조건들을 인간적인 것들로 만들려고 노력하는 것. 다시 말해, 인간화의 노력은, 인간화를 위한 원인으로서 그리고 영원한 전제조건으로서, 비인간적 조건들을 전제한다. 이 노력은 역설에 빠져 있다. 극복하고자 하는 것을 전제하고 있는 것이다. 인간화의 노력이 악무한 내에서나 가치 있는 목적임은 틀림없다. 그렇다면 성공의 조건들은 무엇인가?

나는 혁명이 급작스럽고 예기치 않게 벌어지는 계시록적 사건이라고 생각하지 않는다. 혁명은 부정의 과정이다. 내가 알고 있는 한도 내에서는, 자유롭고 평등한 사람들의 사회로 우리를 자동적으로 이끌어주는 역사적 법칙은 존재하지 않는다. 역사 발전의 객관적인 법칙들을 심도 깊게 과학적으로 통찰한 사람들은 우리에게 그와는 다른 이야기, 즉 확실성의 이야기를 들려준다. 하지만 신학적으로 고안된 역사적 법칙들을 의심하는 사람들이 볼 때, 자유롭고 평등한 사람들의 사회의 달성은 자본과 그 국가에 대한 성실하고 정직한 투쟁에 달려 있다. 확실한 것은 없다. 혁명에 대해 이야기하는 것은 불확실성을 받아들이는 것이다. 확실성과 예견 가능성은 자본주의에 속한다. 자본주의는 우리의 산 노동 능력을 하나의 자원으로서 확실하게, 생산의 한 요인으로서 예견 가능하게 만드는 것에 의존한다. 자본 및 그 국가에 대한 우리의 투쟁은 확실성에 대한 투쟁, 불확실성의 투쟁이지만, 그 조직적 수단 속에서 확실한 목적 — 인간 존엄 — 을 예기하는 투쟁이다. 그렇다면 이것은 인간이 사회적 힘들을 그 자신의 사회적 힘들로 인식할 수 있도록 만들면서, 인간 세계를 인간 자신으로 복귀시키는 것이다. 우리는 혁명을 우리 시대의 문제로, 불확실성의 문제로 제기해야 한다. 혁명은 일어나지 않을 수도 있다. 하지만 백문이 불여일견이다. 불확실성은 이제 사회적 자율의 결정적 요인이다. 또 다른 요인은 의심이다. 그리고 인내가 필요하다. 우리가 의심의 범주들로 사고한다면, 우리 투쟁의 결과들이 불확실하다는 것을 받아들인다면, 우리는 인내가 혁명적 노력이라는 점을 받아들여야 한다. 조급함은 신속하고, 확실하고, 예견 가능하며 단기적인 결과들을 추구한다. 그리고 투쟁에 직면했을 때 조급함은 모든 것을 종종 냉소주의로, 즉 모든 것을 사물들[사태들] 너머에 존재하는 것으로 보이게 만드는 이 부끄러움 모르는 체제순응 양식으로 바꾸어 버린다. 불확실성에 조급해 하는 것은 확실성을 추구하며, 레닌주의와 레닌주의의 자율 개념 — 프롤레타리아의 자율이 아니라 언제나 [모든 것을] 가장 잘 알고 있는 당의 자율 — 을 믿는다. 혁명을 받아들이는 것은 불확실성과 (혁명적) 인내를 받아들인다는 것을 의미한다. 사회적 자율의 기획은 인내와 불확실성, 그리고 의심의 기획이다. 덧붙여 말하자면, 우리는 아이러니 없이는 해 나갈 수 없다. 아이러니

는 우리가 좌절을 극복할 수 있게 해 주며, 의기소침으로부터, 사유화私
有化(거실의 안전으로의 복귀)로부터 우리를 지켜준다. 아이러니, 의심,
인내, 이것들은 정직하지 못한 삶의 죽은 목적, 희망 없는 삶, 부르주아
사회의 허위를 먹고 사는 삶, 그리하여 그 자신에 무관심하고 효과적
인 자원으로 기능하기 위해 — 권력 추구, 경제적 가치, 재산을 위한— 그
자본주의적 목적을 의문 없이 받아들이는 삶으로부터 우리 자신을 보
호하도록 도와주는 수단들이다. 시대정신은 언제나 우리를 현혹하려
고 한다. 하지만 어떤 것도 결코 보이는 그대로가 아니다.

III

　이 시대의 비참 속에서 무엇을 할 것인가? 첫째, 자본 및 그 국가에
대한 근본적인 반대만이, 개량주의적 반대가 목표하고 있지만 획득할
수 없는 물질적 이권들을 강제할 수 있다. 개량주의적 양보들은 ‘반체
제적인’ 반대의 힘에 의존한다. 둘째, 우리는 조건들, 임금들, 그리고 복
지를 요구해야 한다. 노동은 사회적 부의 생산자이다. 따라서 노동은
그러한 부의 향유를 요구해야 한다. 마지막으로, 우리는 — 우리가 역사
를 만들어 나가면서 살고 체험한 삶과 생존의 — 투쟁들, 패배들, ‘절정’의 순
간들의 경험에서 배워야 한다. 인간해방을 위한 투쟁은 추상들 — 그리
고 ‘추상화들’에 대한 투쟁이다. 그것이 국가와 그 자본이건, 노동시장
과 임금노동이건, 정치(학)와 권력 획득이건 말이다. 이 핵심적인 생각
은 맑스의 『독일 이데올로기』에 가장 강조되어 표현되어 있다. ‘코뮤니
즘이 창출하는 현실은 바로 개인들로부터 독립된 어떤 현실도 불가능
하게 만들기 위한 실재적 토대인데, 단 이는 그럼에도 불구하고 그 현

실이 개인들 자체의 지금까지의 교류의 산물 이외에 아무것도 아닌 한에서 그렇다.'6 혁명에 대한 반자본주의적 무관심은 '추상들'을 수용하고, 그것들의 파괴적인 힘을 한탄하며, 그것들을 호의적으로, 즉 선량한 공동체bonum commune의 이해관계 속에서 조절하려고 한다. 자본주의적으로 구성된 사회적 재생산 형태 내에서 이 선량한 공동체는 자본주의적 축적의 선善을 통해 이루어진 추상적 부의 공동체이다. 혁명은 다시 한 번 하나의 물음으로서 제기되어야 한다. 문제는 코뮤니즘(을 위한 투쟁)의 선량한 공동체의 재발견이다.

---

6. Marx/Engels, *Die Deutsche Ideologie*, p. 70 [칼 맑스·프리드리히 엥겔스, 「독일 이데올로기」, 『칼 맑스 프리드리히 엥겔스 저작선집 1』, 250쪽].

본펠드는 『신자유주의와 화폐의 정치』(이원영 옮김, 갈무리, 1999), 『무엇을 할 것인가?』(조정환 옮김, 갈무리, 2004)의 편저자로 이미 국내에 소개된 바 있다. 그의 최근작 *State, Capital and Class : On Negation and Subversive Reason* 을 번역한 이 책 『전복적 이성 : 포스트신자유주의 시대의 자본, 국가, 계급에 대한 비판적 성찰』은 2008년에 폭발한 미국발 금융위기와 세계경제위기, 그리고 그에 따른 신자유주의의 전 세계적 해체의 국면에서 150년 전 맑스가 문제의 중심에 설정했던 자본[주의] 그 자체를 비판적 사유의 중심으로 가져오고자 시도한 논쟁적 저작이다. 포스트신자유주의적 상황에서 복지국가 담론이 모든 정치세력들의 공통적 의제로 제기되고 있는 이 전환기에, 그는 자본이 무엇이고 국가가 무엇이며 계급이 무엇인가를 비판적으로 성찰하면서 부정과 전복을 통한 사회적 자율로서의 코뮤니즘을 정치(학)적 대안으로 제시하고 있다. 이 책은 다른 언어들은 물론이고 본펠드의 모국어인 영어보다도 앞서 한국어로 먼저 출간되는데 역자와의 메일 교류과정에서 책의 체제에서부터 사소한 각주에 이르기까지 모든 점에 걸쳐 저자가 보여준 적극적이고 성의 있는 협력이 없었다면 이는 아마도 불가능했을 것이다. 저자는 이 책에서 사회민주주의, 레닌주의, 트로츠키주의와 국제사회주의, 알뛰세주의 등 맑스주의의 서구적 변형과 단호히 거리를 둘 뿐만 아니라 네그리의 자율주의적 맑스주의에 대해서도 이론적으로 긴장된 자세를 유지하면서 인간해방과 코뮤니즘을 위한 조건들을 치밀하게 탐색한다.

저자는 총 세 개의 부로 나누어 논의를 전개하고 있는데, 1부에서는 실천적이고 전복적인 이성으로서의 '비판'의 의미를 탐색한다. 또 여러 경제 범주들과 사회적 실천의 개념에 대한 관습적인 이해 방식을 비판하며, 반자본주의 투쟁의 사회적 구성을 분석한다. 저자는 역사 속의 여러 이론가들과 혁명가들을 호출하여 자신의 논의를 뒷받침한다. 이 과정에서 저자는 모든 신비주의와 절대주의를 거부하는 엄격하고도 단호한 태도를 보여준다. 저자는 우리 시대의 비참한 삶을 극복하고 인간 존엄을 회복하기 위해서는 인간의 사회적 실천과 투쟁이 필요하다고 역설한다.

2부에서는 자본주의적 국가 형태를 집중적으로 분석한다. 국가 앞에 어떠한 선의의 관형어를 붙인다 해도, 노동력에 대한 효과적인 지배력을 발휘하려는 부르주아의 집행위원회로서의 본질이 사라지지 않음을 반복적으로 강조한다. 자본주의적인 노동착취의 전제이자 결과로서의 세계시장에 대한 분석을 시작으로 자본과 국가, 혁명, 실천에 대한 개념적 분석을 시도한다. 여기에서 저자는 맑스의 저작을 꼼꼼하게 재독해하면서 맑스 사상의 실천적 의미를 더욱 강조한다. 맑스에 기대어 저자는 인간의 실천이 국가에 대한 환상적이고 신비적인 개념화들을 해결하는 기준임을 여러 차례 강조한다.

3부에서는 인간해방에 초점을 맞추어 인간의 반자본주의적인 사회적 실천의 의미들을 탐색한다. 여기에서 저자는 코뮤니즘을 자율적인 사회적 주체로서 자신들의 일을 스스로 결정하는 다중의 자기활동으로 규정하며, 다중 자신의 투쟁이 코뮤니즘의 실험실임을 강조한다. 저자는 모든 사회적 진보가 재난이 되는 자본주의의 역설을 언급하면서 인간을 통한 생산이 아닌 인간을 위한 생산이 어떻게 가능할 것인가를 묻는다. 저자는 인간의 실천 외부에서 필연성 따위를 끌어들이는 것을 일체 허용하지 않는다.

저자는 자본주의 앞에 어떠한 선의의 관형어를 붙여도 그것이 인간해방과 거리가 멀다고 여러 차례 강조한다. 지금 우리가 고도의 불확실성의 시대를 살아가고 있으며, 바로 그렇기 때문에 기회의 시대를 살고 있다고 진단하는 저자는 우리의 일상적 투쟁들이 전 세계적인 규모의 투쟁의 일부이자 토대라고 강조한다. 혁명을 인간의 권리로 승인하는 저자는 조급한 냉소주의를 극복하고 다시 '무엇을 할 것인가'라는 희망적이고 실천적인 물음을 제기한다.

이 글을 옮기면서 여러 차례 저자와 전자메일을 주고받으며, 책 전체의 체제와 내용 구성에 대해 논의하고, 일부 잘못된 부분에 대해서도 바로잡았다. 역자의 이런저런 귀찮은 요구들에 대해 귀찮아하지 않고 꼼꼼하고 친절하게 대답해 준 저자에게 다시 한 번 감사의 말을 전하고 싶다. 책을 옮기면서『자본론』을 포함한 맑스 저작의 국내 번역본들을 읽게 되었다. 번역 문구나 용어를 수정하는 데 큰 도움을 얻을 수 있었을 뿐만 아니라, 맑스의 사상을 다시 접할 수 있는 기회를 얻게 되어 여간 기쁘지 않았다. 이번 번역에서도 많은 분들의 헌신적인(!) 도움을 받았음을 밝혀야겠다. 전체 일정을 총괄하면서 옮긴이를 배려해주고 결국은 이렇게 튼실한 책으로 결과물을 갈무리해 준 김정연 님, 번역 원고를 꼼꼼히 읽고 잘못된 부분을 지적해 주고 건설적인 의견을 개진해 주신 프리뷰어 박종성 님, 권범철 님께 머리 숙여 감사드린다. 아울러 구문에 대한 정확한 이해를 바탕으로 번역을 더 매끄럽게 하는 데 큰 도움을 주신 이유정 선생님께 진심으로 고마운 마음을 전한다.

:: 참고문헌

Adorno, T., "Drei Studien zu Hegel", *Gesammelte Schriften*, vol. 5, Frankfurt : Suhrkamp, 1971.

______, "Soziologische Schriften", *Gesammelte Werke*, vol. 8, Frankfurt : Suhrkamp, 1972.

______, "What does Coming to Terms with the Past Mean?", in G. Harman (ed.), *Bitburg in Moral and Political Perspective*, Bloomington : Indiana University Press, 1986.

______, "Zur Logik der Sozialwissenschaften", in ibid. et al, *Der Positivismusstreit in der deutschen Soziology*, Munich : dtv, 1993.

______, *Critical Models : Interventions and Catchwords*, New York : Columbia University Press, 1998.

______, *Einleitung zur Musiksoziologie*, Frankfurt : Suhrkamp, 1962.

______, *Gesellschaftstheorie und Kulturkritik*, Frankfurt : Suhrkamp, 1975.

______, *Minima Moralia*, London : New Left Books, 1974 [테오도르 아도르노, 『미니마 모랄리아 — 상처받은 삶에서 나온 성찰』, 김유동 옮김, 길, 2005; T. W. 아도르노, 『한줌의 도덕 — 상처받은 삶에서 나온 성찰』, 최문규 옮김, 솔, 1995]

______, *Minima Moralia. Reflexionen aus dem beschädigten Leben*, Frankfurt : Suhrkamp, 1951.

______, *Negative Dialectics*, London : Routledge, 1990 [테오도르 아도르노, 『부정변증법』, 홍승용 옮김, 한길사, 2005].

______, *Negative Dialectics*, London : Verso, 1973 [테오도르 아도르노, 『부정변증법』, 홍승용 옮김, 한길사, 2005].

______, *Stichworte Kritische Modelle 2*, Frankfurt : Suhrkamp, 1969.

______, "Spengler Today", *Zeitschrift für Sozialforschung*, vol. 9, 1941.

Aglietta, M., *A Theory of Capitalist Regulation*, London : Verso, 1979.

Agnoli, J., "Destruction as the Determination of the Scholar in Miserable Times", in Bonefeld, W. (ed.), *Revolutionary Writing*, New York : Autonomedia, 2003.

______, "Die Schnelligkeit der realen Prozesse. Vorläufige Skizze eines Versuchs über Adornos historisches Ende", in Schoeller, W. F. (ed.) *Die neue Linke nach Adorno*, München : Kindl, 1969.

______, *Faschismus ohne Revision*, Freiburg : Ça ira, 1990.

______, *Faschismus ohne Revision*, Freiburg : Ça ira, 1997.

______, "The State, the Market, and the End of History", in Bonefeld, W. and K. Psychopedis (eds.), *The Politics of Change*, London : Palgrave, 2000.

______, *Der Staat des Kapitals und weitere Schriften zur Kritik der Politik*, Freiburg : Ça ira, 1995.

______, *Subversive Theorie — Die Sache selbst und ihre Geschichte*, Freiburg : Ça ira, 1996.

______, "Von der kritischen Politologie zur Kritik der Politik", *Die Transformation der Demokratie und andere Schriften zur Kritik der Politik*, Freiburg : Ça ira, 1990.

Althusser, L., "Averstissement aux lecteurs du Capital", Preface to the paperback edition of *Le Capital* I, Paris : Ed. Sociales, 1969.

______, *For Marx*, London : Verso, 1996 [루이 알튀세르, 『맑스를 위하여』, 이종영 옮김, 백의, 1997].

Altvater, E., "Postliberalism or postcapitalism?", *Development Dialogue*, no. 51, 2009.

______, "Some Problems of State Intervention", in Holloway, J. and S. Picciotto (eds.), 1978.

Amin, S., *Accumulation on a World Scale. A critique of the theory of Underdevelopment*, New York : Monthly Review Press, 1974.

Anderson, B., *Imagined Communities*, London : Verso, 1991 [베네딕트 앤더슨, 『상상의 공동체 ― 민족주의의 기원과 전파에 대한 성찰』, 윤형숙 옮김, 나남출판, 2003].

Anderson, P., "Scurrying Towards Bethlehem", *New Left Review*, 2nd series, no. 10, pp. 5~30, 2001.

Arthur, C., "The Practical Truth of Abstract Labour", *Historical Materialism*, 2010. [*In Marx's Laboratory : Critical Interpretations of the Grundrisse*, R. Bellofiore, G. Starosta, and P. Thomas(eds.), Leiden: Brill Academic Press, (2011년 출간 예정) ― 옮긴이].

________, "Wide Open", *Radical Philosophy*, vol. 64, 1993.

Backhaus, H. G. "Between Philosophy and Science : Marxian Social Economy as Critical Theory", in Bonefeld, W. et al. (eds.) *Open Marxism*, vol. I, London : Pluto, 1992.

________, "Die Irrtümer der nationalökonomischen Marx-Kritik als Grundmängel der nationalökonomischen Theoriebildung", in Brentel, H. et al. (eds.), *Gegensätze. Elemente kritischer Theorie*, Frankfurt/New York : Campus, 1996.

________, "Some Aspects of Marx's Concept of Critique in the Context of his Economic-Philosophical Theory", in Bonefeld, W., and K. Psychopedis (eds.), *Human Dignity,* Aldershot : Ashgate, 2005.

________, "Über den Begriff der Kritik im Marxschen Kapital und in der Kritischen Theorie", in Bruhn, J. et al. (eds.), *Kritik der Politik*, Freiburg : Ça ira, 2000/2002.

________, *Die Dialektik der Warenform*, Freiburg : Ça ira, 1997.

________, "Zum Problem des Geldes als konstituents oder Apriori der ökonomischen Gegenständlichkeit", *Prokla*, no 63, 1986.

Balogh, T., *An Experiment in 'Planning' by the 'Free' Price Mechanism*, Oxford : Basil Blackwell, 1950.

Barker, C., "A Note on the Theory of Capitalist States", in S. Clarke (ed.), *The State Debate*, London : Macmillan, 1991.

Bell, D., "Marxism, Sociology and Poulantzas' Theory of the State", in D. Bell and I. Kristol (eds.), *The Crisis of Economic Theory*, New York : Basic Books, 1981.

________, "Models and reality of economic discourse", in D. Bell and I. Kristol (eds.), *The Crisis of Economic Theory*, New York : Basic Books, 1981.

Bellofiore, R., "Lavori in Corso", *Common Sense*, no. 22, 1997.

Benjamin, W., *Das Passagen-Werk*, Frankfurt : Suhrkamp, 1983 [발터 벤야민, 『아케이드 프로젝트 1・2』, 조형준 옮김, 새물결, 2005, 2006].

________, "Geschichtsphilosphische Thesen", *Zur Kritik der Gewalt und andere Aufsätze*, Frankfurt: Suhrkamp, English version published as "Theses on the Philosophy of History", *Illuminations*, New York : Harcourt, Brace & World, 1965/1968 [발터 벤야민, 「역사철학 테제」, 『발터 벤야민의 문예 이론』, 반성완 옮김, 민음사, 2004].

________, *Illuminations*, New York : Harcourt, Brace & World, 1968.

________, *Zur Kritik der Gewalt und andere Aufsätze*, Frankfurt : Suhrkamp, 1965.

Bidet, J., *Que faire du Capital?*, Paris : Klincksieck, 1985.

Bieler, A. and A. Morton, " 'Another Europe is Possible?' Labour and Social Movements at the European Social Forum", *Globalizations*, 1 : 2, pp. 305~327, 2004.

Bloch, E., *Das Prinzip Hoffnung*, Frankfurt : Suhrkamp, 1973 [에른스트 블로흐, 『희망의 원리』, 박설호 옮김, 열린책들, 2004].

________, *Logos der Materie*, Frankfurt : Suhrkamp, 2000.

________, *Philosophische Grundlagen I*, Frankfurt : Suhrkamp, 1961.

Bonefeld, W., "Abstract Labour : Against its Nature and On its Time", *Capital and Class*, vol. 34, no. 2, 2010.

________, "Accumulazione primitiva e accumulazione capitalistica : categorie economiche e costituzione sociale", in Sacchetto, D. and M. Tomba (eds.), *La Lunga Accumulazione Originaria. Politica e Lavoro nel Mercato Mondiale*, Verona : Ombre Corte, 2008.

________, "Anti-Globalization and the Question of Socialism", *Critique. Journal of Socialist Thought*, vol. 34, no. 1, 2006.

________, "Between Structure and Autonomy", in ibid. (ed.), *Revolutionary Writing*, New York : Autonomedia, 2003.

________, "Capital as Subject and the Existence of Labour", in Bonefeld, W., R. Gunn, and K. Psychopedis (eds.) *Open Marxism*, vol. III, London : Pluto, 1995.

________, "Capital, Labour and Primitive Accumulation. On Class and Constitution", in A. C. Dinerstein and M. Neary (eds.), *The Labour Debate. An Investigation into the Theory and Reality of Capitalist Work*, Aldershot : Ashgate, 2002.

________, "Class Struggle and the Permanence of Primitive Accumulation", *Common Sense*, no. 8, 1988.

________, "Crisis of Theory", *Capital & Class*, no. 50, 1993.

________, "Critical Economy and Social Constitution", *The British Journal of Politics & International Relations*, vol. 6, no. 2, 2004.

________, "Die Betroffenheit und die Vernunft der Kritik", in Bruhn, J. et al. (eds.), *Kritik der Politik*, Freiburg : Ça ira, 2000.

________, "Emancipatory Praxis and Conceptuality in Adorno", in Holloway, J., F. Matamoros and S. Tischler (eds.), *Negativity and Revolution*, London : Pluto, 2009.

________, "Global Capital, National State, and the International", in *Critique. Journal of Socialist Thought*, vol. 36, no. 1, 2008.

________, "History and Social Constitution", in Sacchetto, D. and M. Tomba (eds.), *La Lunga Accumulazione Originaria. Politica e Lavoro nel Mercato Mondiale*, Verona : Ombre Corte, 2008.

________, "Human Progress and Capitalist Development", in Bieler, A. et al., *Global Restructuring, State, Capital and Labour*, London : Palgrave, 2006.

________, "Marxism and the Concept of Mediation", *Common Sense*, no. 2, 1987.

________, "Naturalisation versus Critique of Economic Categories", *Critique*, vol. 37, no. 2, 2009.

________, "Notes on Anti-Semitism", *Common Sense*, no. 21, 1997.

________, "Notes on Competition, Capitalist Crisis, and Class", *Historical Materialism*, 5, pp. 5~28, 1999.

________, "On Fascism", *Common Sense*, no. 24, 1999.

________, "On Postone's Courageous but Unsuccessful Attempt to Banish to Class Antagonism from the Critique of Political Economy", *Historical Materialism*, vol. 12, no. 3, 2004.

________, "Reformulation of State Theory", *Capital & Class*, no. 33, 1987.

________, "Social Constitution and the Form of the Capitalist State", in Bonefeld, W., Gunn, R. and K. Psychopedis (eds.), *Open Marxism*, vol.I, London : Pluto, 1992.

________, "Social Form, Critique and Human Dignity", *Zeitschrift für kritische Theorie*, 13, pp. 97~113, 2001.

________, "The Capitalist State : Illusion and Critique", in Bonefeld, W. (ed.), *Revolutionary Writing. Common Sense Essays on Post-Political Politics*, New York : Autonomedia, 2003.

__________, "The Permanence of Primitive Accumulation : Commodity Fetishism and Social Constitution", *The Commoner*, no. 2, pp. 1~15, revised in ibid. (ed.) (2008), 2001.

__________, "The Spectre of Globalisation", in Bonefeld, W. and K. Psychopedis (eds.), *The Politics of Change*, London : Palgrave, 2000.

__________, *The Recomposition of the British State During the 1980s*, Aldershot : Dartmouth, 1993.

__________, "Money, Equality and Exploitation", in Bonefeld, W. and J. Holloway (eds.), *Global Capital, National State and the Politics of Money*, London : Macmillan, 1996

__________, "Nationalism and Anti-Semitism in Anti-Globalisation Perspective", in Bonefeld, W., and K. Psychopedis (eds.), *Human Dignity,* Aldershot : Ashgate, 2005.

Bonefeld, W. (ed.), *Subverting the Present— Imagining the Future*, New York : Autonomedia, 2008.

Bonefeld, W. and J. Holloway, "Money and Class Struggle", in ibid. (eds.), *Global Capital, National State and the Politics of Money*, London : Macmillan, 1996.

Bonefeld, W. and J. Holloway (eds.), *Global Capital, National State and the Politics of Money*, London : Palgrave, 1995.

__________, *Post-Fordism and Social Form*, London : Palgrave and New York, 1991.

Bonefeld, W. and K. Psychopedis (eds.), *The Politics of Change*, London and New York : Palgrave, 2000.

__________, *Human Dignity*, Aldershot : Ashgate, 2005.

Bonefeld, W. and R. Gunn, "La constitution et sa signification : Réflexions sur l'épistémologie, la forme et la pratique sociale", *Futur antérieur*, no 8, 1991.

Bonefeld, W. and S. Tischler (eds.), *What is to be Done?*, Aldershot : Ashgate, 2002 [워너 본펠드·쎄르지오 띠쉴러, 『무엇을 할 것인가?』, 조정환 옮김, 갈무리, 2004].

Bowmaker, S. W. (ed.), *Economics Uncut. A Complete Guide to Life, Death and Misadventure*, Cheltenham : Edward and Elgar, 2005.

Boyer, R. and D. Drache (eds.), *States against Markets*, London : Routledge, 1996.

Brandt, U. and N. Sekler , "Postneoliberalism — catch-word or valuable analytical and political concept? Aims of a beginning debate", *Development Dialogue*, no. 51, 2009.

Brenner, R., *The Boom and the Bubble*, London : Verso, 2002.

__________, "The Economics of Global Turbulence", *New Left Review*, no. 229, 1998.

Brittan, S., "The Politics and Economics of Privatisation", *Political Quarterly*, vol. 55, no. 2, 1984.

__________, *Economic Consequences of Democracy*, London : Temple Smith, 1977.

Bruhn, J. et al. (eds.), *Kritik der Politik*, Freiburg : Ça ira, 2000.

Buchanan, P., *The Death of the West*, New York : Dunne, 2002.

__________, "Globalization, Depoliticization and 'Modern' Economic Management", in Bonefeld, W. and K. Pyschopedis (eds.), *The Politics of Change*, London : Palgrave, 2000.

Callinicos, A., "Against the New Dialectic", *Historical Materialism*, vol. 13, no. 2, 2005.

__________, "The Anti-Capitalist Movement after Genoa and New York", in Aronowitz, S. and H. Gautney (eds.), *Implicating Empire*, New York : Basic Books, 2003.

__________, *Equality*, Cambridge : Polity, 2000 [알렉스 캘리니코스, 『평등』, 선우현 옮김, 울력, 2006].

Carchedi, G., "On Chris Arthur's 'New Dialectics' and Value Form Theory", *Historical Materialism*, 17(1), 2009.

Cecena, A. E., "Postneoliberalism and its bifurcations", *Development Dialogue*, no. 51, 2009.

Cerny, P., *The Changing Architecture of Politics : Structure, Agency, and the Future of the State,*

London: Sage, 1990.

Clarke, S., "Class Struggle and the Global Overaccumulation of Capital", in Albritton R. et al. (eds.), *Phases of Capitalist Development*, London : Palgrave, 2001.

________, "The Global Accumulation of Capital and the Periodisation of the Capitalist State Form", in Bonefeld, W., Gunn, R. and K. Psychopedis (eds.), *Open Marxism* Vol. I, London : Pluto, 1992.

________, *Keynesianism, Monetarism and the Crisis of the State*, Aldershot : Edward Elgar, 1988.

________, *Marx's Theory of Crisis*, London : Palgrave, 1993/1994.

________, *Marx, Marginalism and Modern Sociology*, London : Palgrave, 1982.

________, *Marx, Marginalism and Modern Social Theory*, 2nd edition, London : Palgrave, 1992.

________, "M. Itoh's 'Basic Understanding of Capitalism' ", *Capital & Class*, 37. pp. 133~149, 1989.

________, "The Neo-Liberal Theory of the State", in Saad-Fihlo, A. and D. Johnston (eds.), London : Pluto Press, 2005.

________, "State, Class, and the Reproduction of Capital", in ibid. (ed.), *The State Debate*, London : Macmillan, 1991.

Clarke, S. (ed.), *The State Debate*, London : Macmillan, 1991.

Coser, L. A., *The Functions of Social Conflict*, Glencoe : The Free Press, 1956.

Cox, R., "Global Perestroika", *The Social Register 1992*, London : Merlin Press, 1992.

________, "Reflections and Transitions", in R. W. Cox with M. G. Schecter, *The Political Economy of a Plural World : Critical Reflections on Power, Morals and Civilisation* , London : Routledge, 2002.

Cristi, R., *Carl Schmitt and Authoritarian Liberalism*, Cardiff : University of Wales Press, 1998.

Dalla Costa, M., "Capitalism and Reproduction", in Bonefeld, W. et al. (eds.), *Open Marxism : Emancipating Marx*, London : Pluto, revised in Bonefeld (ed.), 1995/2008.

________, "Development and Reproduction", in Bonefeld, W. (ed.), *Revolutionary Writing*, New York : Autonomedia, 2003.

Debord, G., *Society of the Spectacle*, London : Rebel Press, 1987 [기 드보르, 『스펙타클의 사회』, 이경숙 옮김, 현실문화연구, 1996].

Dinerstein, A. C. and M. Neary (eds.), *The Labour Debate. An Investigation into the Theory and Reality of Capitalist Work*, Aldershot : Ashgate, 2002.

Dobb, M., *Political Economy and Capitalism*, London : Routledge, 1940.

Dunayevskaya, R., *Rosa Luxemburg*, Chicago : University of Illinois Press, 1986.

Dyer-Witheford, N., *Cyber-Marx*, Chicago : University of Illinois Press, 1999 [닉 다이어-위데포드, 『사이버-맑스』, 류현·신승철 옮김, 이후, 2003].

Elster, J., *Making Sense of Marx*, Cambridge : Cambridge University Press, 1987.

Engels, F., *Die Entwicklung des Sozialismus von der Utopie zur Wissenschaft*, in MEW 19, Berlin : Dietz, 1973.

________, "Preface to the English Edition", in Marx, K., *Capital*, vol. I, London : Lawrence & Wishart, 1886/1983 [칼 마르크스, 『자본론 I(상)』, 김수행 옮김, 비봉출판사, 2008].

Eucken, W., *Grundlagen der Natinaloekonomie*, Berlin : Springer, 1965.

Fineschi, R., "Dialectics of the Commodity and its Exposition", in Bellofiore, R. and R. Fineschi (eds.), *Re-reading Marx*, London : Palgrave, 2009.

Foucault, M., *The Birth of Biopolitics*, London : Palgrave, 2008.

Fracchia, J., "Die koerperliche Tiefe des Marxschen Verelendungsbegriffs", in Kirchoff, C. et.al. (eds.), *Gesellschaft als Verkehrung*, Freiburg : Ça ira, 2004.

Friedman, M., *Capitalism and Freedom*, Chicago : University of Chicago Press, 1962.

Friedrich, C., *Constitutional Government and Democracy; Theory and Practice in Europe and America*, 4th ed., London : Blaisdell Publishing, 1968.

________, "The Political Thought of Neo-Liberalism", *The American Political Science Review*, vol. 49, no. 2, pp. 509~525, 1955.

Gadamer, H. G., *Hegels Dialectics*, New Haven : Yale University Press, 1976.

Gambino, F., "A Critique of the Fordism of the Regulation School", in Bonefeld, W. (ed.), *Revolutionary Writing*, New York : Autonomedia, 2003.

________, "A Critique of the Fordism and the Regulation School", in *Common Sense*, no. 19.

Garcia Marquez, G., Newspaper Interview, *El Nuevo Diario*, Managua, April 25, 1990.

George, S., *A Fate Worth Than Debt*, London : Penguin, 1988.

Gerstenberger, H., "The Bourgeois State Form Revisited," in Bonefeld. W., Gunn, R. and K. Psychopedis (eds.), *Open Marxism*, vol. 1, London : Pluto, 1992.

________, *Impersonal Power History and Theory of the Bourgeois State*, London : Haymarket, 2009.

Gill, S., *Power and Resistance in the New World Order*, London : Palgrave, 2003.

Glassman, J., "Primitive accumulation, accumulation by dispossession, accumulation by "extra-economic" means", *Progress in Human Geography*, vol. 30, no. 5, pp. 608~625, 2006.

Glyn, A., *Capitalism Unleashed*, Oxford : Oxford University Press, 2006.

Godelier, M., "The Disappearance of the "Socialist System" ", in Bonefeld, W. and Psychopedis, K. (eds.), *The Politics of Change*, London : Palgrave, 2000.

Gunn, R., "Against Historical Materialism", in Bonefeld, W., R. Gunn, and K. Psychopedis (eds.) *Open Marxism*, vol. II, London : Pluto Press, 1992.

________, "Marxism and Mediation", *Common Sense*, no 2, 1987.

________, "Marxism and Philosophy", *Capital and Class*, no. 37, 1989.

________, "Marxism, Metatheory and Critique", in Bonefeld, W. and J. Holloway (eds.), *Post-Fordism and Social Form*, London : Palgrave Macmillan, 1991.

Habermas, J., *Legitimation Crisis*, Boston : Beacon Press, 1975.

Hall, S., "Realignment for What?", *Marxism Today*, December, 1985.

Hardt, M. and A. Negri, *Multitude*, London : Penguin, 2004 [마이클 하트·안토니오 네그리, 『다중』, 조정환·정남영·서창현 옮김, 세종서적, 2008].

Harvey, D., *The New Imperialism*, Oxford : OUP, 2003 [데이비드 하비, 『신제국주의』, 최병두 옮김, 한울, 2005].

Haselbach, D., *Autoritärer Liberalismus und Soziale Marktwirtschaft*, Baden-Baden : Nomos, 1991.

Haug, W. F., *Vorlesungen zur Einführung ins 'Kapital'*, 6th edition, Hamburg : Argument Verlag, 2005.

Hayek, F. A., *The Constitution of Liberty*, London : Routledge, 1960.

________, *Law, Legislation and Liberty*, London : Routledge, 1979.

________, "The Economic Conditions of Interstate Federalism", *Individualism and Economic Order*, London : Routledge and Kegan Paul, 1939/1949.

________, *The Road to Serfdom*, London : Routledge, 1944.

________, *The Road to Serfdom*, London : Routledge, 1976.

________, *A Tiger by the Tail*, London : London Institute of Economic Affairs, 1972.

Hegel, G., *Jenenser Realphilosophie*, Meiner, Leipzig, 1932.

________, *Philosophy of Right*, trans. by T. M. Knox, Oxford : Clarendon Press, 1967 [게오르그 빌헬름 프

리드리히 헤겔, 『법철학』, 임석진 옮김, 한길사, 2008].

Heinrich, K., *Versuch über die Schwierigkeit nein zu sagen*, Marburg : Stroemfeld/Roter Stern, 1982.

Hirsch, J., "Globalization of Capital, Nation-States and Democracy", *Studies in Political Economy*, no.54, 1987.

__________, "The State Apparatus and Social Reproduction : Elements of a Theory of the Bourgeois State", in Holloway, J. and S. Picciotto (eds.), *State and Capital : A Marxist Debate*, London : Edward Arnold, 1978.

Hirsch , J. and R. Roth, *Das neue Gesicht des Kapitalismus*, Hamburg : VSA, 1986.

Hirst, P. and G. Thompson, *Globalization in Question*, Cambridge : Polity, 1999.

Hobbes, T., *The Leviathan*, Oxford : Oxford University Press, 1996 [토마스 홉스, 『리바이어던 1, 2』, 진석용 옮김, 나남출판, 2008].

Holloway, J., "Capital Moves", in Bonefeld, W. (ed.) *Revolutionary Writing*, New York : Autonomedia, 2003.

__________, *Change the World Without Taking Power*, London : Pluto, 2002/2005 [존 홀러웨이, 『권력으로 세상을 바꿀 수 있는가』, 조정환 옮김, 갈무리, 2002].

__________, "Class and classification : against, in and beyond Labour", in A. C. Dinerstein and M. Neary (eds.), *The Labour Debate. An Investigation into the Theory and Reality of Capitalist Work*, Aldershot : Ashgate, 2002.

__________, "From Scream of Refusal to Scream of Power", in Bonefeld, W. et al. (eds.), *Open Marxism*, vol. III, London : Pluto, 1995.

__________, "Zapata in Wallstreet", in Bonefeld, W. and K. Psychopedis (eds.), *The Politics of Change*, London : Palgrave, 2000.

Holloway, J. and S. Picciotto (eds.), *State and Capital : A Marxist Debate*, London : Edward Arnold, 1978.

Horkheimer, M., *Gesammelte Schriften*, vol. 3, edited by A. Schmidt, Frankfurt : Fische, 1992.

__________, *Kritische und traditionelle Theorie*, Frankfurt : Fischer, 1992.

__________, "Nachtrag", *Traditionelle und kritische Theorie*, Frankfurt : Fischer Verlag, 1992.

__________, "Traditionelle und kritische Theorie", *Traditionelle und kritische Theorie*, Frankfurt : Fischer Verlag, 1992.

__________, "Zum Problem der Wahrheit", *Gesammelte Schriften Band 3 : Schriften 1931~1936*, ed. by A. Schmidt, Frankfurt : Fischer Verlag, 1988.

__________, *Zur Kritik der instrumentellen Vernunft*, Frankfurt : Fischer, 1985 [M. 호르크하이머, 『도구적 이성 비판』, 박구용 옮김, 문예출판사, 2006].

Horkheimer, M. and T. Adorno, *Dialectic of Enlightenment*, London : Verso, 1989 [테오도르 아도르노 · M. 호르크하이머, 『계몽의 변증법』, 김유동 옮김, 문학과지성사, 2001].

IFS (Institute für Sozialistische Forschung), *Das Ende des Sozialismus, die Zukunft der Revolution*, Freiburg : Ça ira, 1990.

ILO, *World of Work Report 2008 : Global income inequality gap is vast and growing*, Geneva, 2008.

__________, *World of Work Report 2009 : Global Jobs Crisis and Beyond*, Geneva, 2009.

International Socialism, "Egypt : The Pressure Builds Up", *International Socialism*, no. 106, 2005.

Jessop, B., "The Great Bear", in Bonefeld, W. and J. Holloway (eds.), *Post-Fordism and Social Form*, London : Palgrave Macmillan, 1991.

__________, *Nicos Poulantzas : Marxist Theory and Political Strategy*, London : Macmillan, 1985.

________, "On the Spatial-Temporal Logics of Capital's Globalization and their Manifold Implications for State Power", working paper, Lancaster University, Department of Sociology 〈www.comp. lanc.ac.uk/sociology/sco072jr.html〉, 2001.

________, "Polar Bears and Class Struggle", in Bonefeld, W. and J. Holloway (eds.), *Post-Fordism and Social Form*, London : Palgrave Macmillan, 1991.

________, "Regulation theory, post Fordism and the state : more than a reply to Werner Bonefeld", in Bonefeld, W. and J. Holloway (eds.), *Post-Fordism and Social Form*, London : Palgrave Macmillan, 1991.

________, "State Forms, Social Basis, and Hegemonic Projects", *Kapitalistate*, no 10/11, 1983.

________, *State Theory*, Cambridge : Polity, 1990.

Jojima, K., *Ökonomie und Physik*, Berlin : Duncker & Humblot, 1985.

Joseph, K. and J. Sumption, *Equality*, London : John Murray, 1979.

Kant, I., *Conflicts of the Faculty*, trans. and introd. by M. J. Gregor, New York : Abaris, 1979.

________, *Grundlegung der Metaphysik der Sitten*, Stuttgard : Reclam, 1974.

________, *Nachlass*, in Sämmtliche Werke, G. Hartenstein edition, vol. 8, Leipzig : Leopold Voss, 1868.

________, *Political Writings*, ed. by H. Reiss, Cambridge : Cambridge University Press, 1971.

Kay, G., "Why Labour is the Starting Point of Capital", in D. Elson (ed.), *Value : The Representation of Labour in Capitalism*, London : CSE-Books, 1979.

Keaney, M., Review of *Human Dignity*, in *Review of Radical Political Economics*, vol. 39, no. 4, 2007.

King, A., *Why is Britain Harder to Govern*, London : BBC Books, 1976.

Korsch, K., *Marxism and Philosophy*, London : New Left Books, 1970.

Krahl, H. J., *Konstitution und Klassenkampf*, Frankfurt : Verlag Neue Kritik, 1971/1985.

________, *Vom Ende der abstrakten Arbeit*, Materialis MP 23, Frankfurt : Materialis Verlag, 1984.

Lebowitz, M., "In Brenner, Everything is Reversed", *Historical Materialism*, no. 4, pp. 109~129, 1999.

Lenin, W., *"Left-Wing Communism" : An infantile Disorder*, 5th ed., Moscow : Progress Publishers, 1968.

________, *State and Revolution*, Moscow : Progress Publishers, 1917 [블라디미르 일리치 울리야노프 레닌, 『국가와 혁명』, 편집부 옮김, 새날, 1993].

________, *What is to be Done*, Moscow : Progress Publishers, 1902 [블라디미르 일리치 울리야노프 레닌, 『무엇을 할 것인가』, 최호정 옮김, 박종철출판사, 1999].

Lih, L., *Lenin Rediscovered*, Leiden : Brill, 2006.

List, F., *The National System of Political Economy*, New York : Longmans, 1904.

Locke, J, *The Second Treaties of Government and A Letter Concerning Toleration*, Oxford : Basil Blackwell, 1946.

London, London Edinburgh Weekend Return Group, *In and Against the State*, London : Pluto, 1978.

Löwy, M., "Dialectica de civilizacion : barbarie y modernidad en el siglo XX", *Herramienta* (Buenos Aires) no. 22, 2003.

Lukács, G., *History and Class Consciousness*, London : Merlin, 1970 [게오르그 루카치, 『역사와 계급의식』, 박정호·조만영 옮김, 거름, 1999].

Luxemburg, R., *The Accumulation of Capital*, London : Routledge, 1963.

________, *Reform or Revolution*, London : Bookmarks, 1899/1989 [로자 룩셈부르크, 『사회 개혁이냐 혁명이냐』, 송병헌·김경미 옮김, 책세상, 2002].

Machiavelli, N., *The Discourses*, London : Penguin, 1970.

Madgoff, H., Foster, J. B., Mcchesney, R. W., and P. Sweezy, "The New Face of Capitalism : Slow

Growth, Excess Capital, and the Mountain of Debt", *Monthly Review*, vol. 53, no.11, 2002.

Mandel, E., *Die Krise*, Hamburg : Konkret, 1987.

_______, *The Formation of the Economic Thought of Karl Marx*, London : New Left Books, 1971.

Marable, M., *Race Reform and Rebellion*, 2nd edition, Jackson : University Press of Missisippi, 1991.

Marcuse H., *Der Eindimensionale Mensch*, Darmstadt : Luchterhand, 1967 [헤르베르트 마르쿠제, 『일차원적 인간』, 박병진 옮김, 한마음사, 2009].

_______, *Feindanalyse*, Lüneburg : von Klampen, 1998.

_______, "Philosophy and Critical Theory", *Negations*, London : Free Association Press, 1988.

_______, *Negations*, London : Free Association Press, 1988.

_______, *Reason and Revolution*, London : Routledge, 2000 [헤르베르트 마르쿠제, 『이성과 혁명』, 김현일 옮김, 중원문화사, 2011].

_______, *Vernunft und Revolution*, Darmstadt : Luchterhand, 1979 [헤르베르트 마르쿠제, 『이성과 혁명』, 김현일 옮김, 중원문화사, 2011].

Marx, K., "Brief an P.W. Annenkow vom 28.12. 1846", MEW 4, Berlin : Dietz, 1977 [칼 맑스, 「맑스가 빠리의 파벨 바실리예비치 안넨코프에게」, 『칼 맑스 프리드리히 엥겔스 저작선집 1』, 최호진 외 옮김, 박종철출판사, 1995].

_______, "Contribution to the Critique of Hegel's Philosophy of Law. Introduction", *Collected Works*, Vol. 3, London : Lawrence & Wishart, 1975 [칼 마르크스, 「헤겔 법철학 비판 서문」, 『헤겔 법철학 비판』, 강유원 옮김, 이론과 실천, 2011].

_______, "Die revolutionäre Bewegung", MEW 6, Berlin : Dietz, 1968 [칼 맑스, 「혁명 운동」, 『칼 맑스 프리드리히 엥겔스 저작선집1』, 최호진 외 옮김, 박종철출판사, 1995].

_______, "Inaugural Address of the Working Men's International Association", in *Collected Works* vol. 20, New York : International Publishers, 1976.

_______, "The German Ideology", in R. Tucker (ed.) The Marx-Engels Reader, New York : Norton, 1978 [칼 맑스·프리드리히 엥겔스, 「독일 이데올로기」, 『칼 맑스 프리드리히 엥겔스 저작선집 1』, 최호진 외 옮김, 박종철출판사, 1995].

_______, *Capital* vol. I, London : Lawrence & Wishart, 1983 [칼 마르크스, 『자본론 I(상, 하)』, 김수행 옮김, 비봉출판사, 2008].

_______, *Capital*, vol. II, Harmondsworth : Penguin, 1978 [칼 마르크스, 『자본론 II』, 김수행 옮김, 비봉출판사, 2004]를 참조하라.

_______, *Capital* vol. III, London : Lawrence & Wishart, 1966 [칼 마르크스, 『자본론 III(상, 하)』, 김수행 옮김, 비봉출판사, 1993].

_______, *Das Elend der Philosophie*, MEW 4, Berlin : Dietz, 1977 [칼 마르크스, 『철학의 빈곤』, 강민철·김진영 옮김, 아침, 1988].

_______, *Das Kapital*, vol. I, MEW, Vol. 23, Berlin : Dietz, 1962 [칼 마르크스, 『자본론 I(상, 하)』, 김수행 옮김, 비봉출판사, 2008].

_______, *Das Kapital* vol. I, German edition, MEW 23, Berlin : Dietz Verlag, 1979 [칼 마르크스, 『자본론 I(상, 하)』, 김수행 옮김, 비봉출판사, 2008].

_______, *Der Bürgerkrieg in Frankreich*, MEW 17, Berlin : Dietz, 1979 [칼 마르크스, 「프랑스 내전」, 『프랑스 혁명사 3부작』, 허교진 옮김, 소나무, 1987].

_______, *Die heilige Familie*, MEW 2, Berlin : Dietz, 1980.

_______, *Die Klassenkämpfe in Frankreich 1848 bis 1950*, in MEW 7, Berlin : Dietz, 1969 [칼 맑스, 「1848년에서 1850년까지의 프랑스에서의 계급투쟁」, 『칼 맑스 프리드리히 엥겔스 저작선집 2』, 최인호

외 옮김, 박종철출판사, 1995].

______, *Economic and Philosophic Manuscripts of 1844*, London : Lawrence & Wishart, 1959 [칼 마르크스, 『경제학-철학 수고』, 강유원 옮김, 이론과실천, 2006].

______, *From the Preparatory Materials, Economic Works, 1857~61*, Collected Works, vol. 29, London: Lawrence & Wishart, 1987.

______, *Grundrisse*, English edition, Harmondsworth : Penguin, 1973 [칼 맑스, 『정치경제학 비판 요강 I, II, III』, 김호균 옮김, 백의, 2000].

______, *Grundrisse*, German edition, Dietz Verlag, Berlin, 1974 [칼 맑스, 『정치경제학 비판 요강 I, II, III』, 김호균 옮김, 백의, 2000].

______, *Kritik des Gothaer Programms*, in MEW 19, Berlin : Dietz, 1968 [칼 맑스, 「고타 강령 초안 비판」, 『칼 맑스 프리드리히 엥겔스 저작선집 4』, 최인호 외 옮김, 박종철출판사, 1995].

______, *Kritik des Gothaer Programmes*, MEW 19, Berlin : Dietz, 1973 [칼 맑스, 「고타 강령 초안 비판」, 『칼 맑스 프리드리히 엥겔스 저작선집 4』, 최인호 외 옮김, 박종철출판사, 1995].

______, *Kritik des Hegelschen Staatsrechts*, MEW I, Berlin : Dietz, 1981.

______, *The Class Struggles in France*, in Collected Works, vol. 10, London : Lawrence & Wishart, 1978 [칼 맑스, 「1848년에서 1850년까지의 프랑스에서의 계급투쟁」, 『칼 맑스 프리드리히 엥겔스 저작선집 2』, 최인호 외 옮김, 박종철출판사, 1995].

______, *The Poverty of Philosophy*, MECW, vol 6, London : Lawrence & Wishart, 1976 [칼 마르크스, 『철학의 빈곤』, 강민철 · 김진영 옮김, 아침, 1988].

______, *Theories of Surplus Value*, Part I , London : Lawrence & Wishart, 1963 [K. 맑스, 『잉여가치학설사 1』, 편집부 옮김, 아침, 1989].

______, *Theories of Surplus Value* Part II, London : Lawrence & Wishart, 1969.

______, *Theories of Surplus Value* Part III London : Lawrence & Wishart, 1972.

______, *Theorien über den Mehrwert* Vol. III, German edition, MEW 26.3, Berlin : Dietz Verlag, 1976.

______, "Thesis on Feuerbach", *Collected Works*, vol. 5, London : Lawrence & Wishart, 1975 [칼 맑스, 「포이에르바하에 관한 테제들」, 『칼 맑스 프리드리히 엥겔스 저작선집1』, 최호진 외 옮김, 박종철출판사, 1995].

______, *Zur Judenfrage*, MEW, Vol. 1, Berlin : Dietz, 1964 [칼 마르크스, 「유태인 문제에 대하여」, 『마르크스의 초기 저작 : 비판과 언론』, 열음사, 1996].

______, *Zur Kritik der Hegelschen Rechtsphilosophie. Einleitung*, in MEW 1, Berlin : Dietz, 1956 [칼 맑스, 「헤겔 법철학의 비판을 위하여」, 『칼 맑스 프리드리히 엥겔스 저작선집 1』, 최호진 외 옮김, 박종철출판사, 1995].

______, *Zur Kritik der Politischen Ökonomie*, in MEW 13, Berlin : Dietz, 1981.

Marx, K. and F. Engels, *Die deutsche Ideologie*, MEW 3, Berlin : Dietz, 1962 [칼 맑스 · 프리드리히 엥겔스, 「독일 이데올로기」, 『칼 맑스 프리드리히 엥겔스 저작선집 1』, 최호진 외 옮김, 박종철출판사, 1995].

______, *The German Ideology*, edited by C. Arthur, London : Lawrence & Wishart, 1970 [칼 맑스, 「독일 이데올로기」, 『칼 맑스 프리드리히 엥겔스 저작선집 1』, 최호진 외 옮김, 박종철출판사, 1995].

______, *The Communist Manifesto*, London : Pluto Press, 1996 [칼 맑스 · 프리드리히 엥겔스, 「공산주의당 선언」, 『칼 맑스 프리드리히 엥겔스 저작선집 1』, 최호진 외 옮김, 박종철출판사, 1995].

______, The Communist Manifesto, London : Pluto, 1997 [칼 맑스 · 프리드리히 엥겔스, 「공산주의당 선언」, 『칼 맑스 프리드리히 엥겔스 저작선집 1』, 최호진 외 옮김, 박종철출판사, 1995].

______, *The Communist Manifesto*, London : Pluto, 1998 [칼 맑스 · 프리드리히 엥겔스, 「공산주의당 선

언」, 『칼 맑스 프리드리히 엥겔스 저작선집 1』, 최호진 외 옮김, 박종철출판사, 1995].

Mattick, P., "Der Leninismus und die Arbeiterbewegung des Westens", in Behrens, D. (ed.) *Marxistischer Antileninismus*, Freiburg : Ça ira, 1991.

Memos, C., "Neoliberalism, Indendifaction Process and the Dialectics of Crisis", in *International Journal of Urban and Regional Research*, vol. 34, no. 1, 2010.

Mészáros, I., *The Challenge and Burden of Historical Time*, New York : Monthly Review Press, 2008.

Mohun, S., "Ideology, Knowledge and Neoclassical Economics", in Green, F. and P. Nore (eds.), *Issues in Political Economy*, London : Macmillan, 1979.

________, "Value, Value Form and Money", in ibid. (ed.), *Debates in Value Theory*, London : Macmillan, 1994.

Monthly Review, *FIND : December of November*, 2009.

Müller-Armack, A., "The Social Market Economy as an Economic and Social Order", *Review of Social Economy,* vol. 36, no. 3, pp. 325~331, 1978.

________, *Stabilität in Europa : Strategien und Institutionen für eine europäische Stabilitätsgemeinschaft*, Düsseldorf : Econ Verlag, 1971.

Negri, A., "Interpretation of the Class Situation Today : Methodological Aspects", in *Open Marxism Vol. II : Theory and Practice*, London : Pluto Press, 1992.

________, *Marx Beyond Marx : Lessons on the Grundrisse*, Massachusetts : Bergin and Garvey, 1984 [안토니오 네그리, 『맑스를 넘어선 맑스』, 윤수종 옮김, 중원문화사, 2010].

Negt, O. and A. Kluge, *Geschichte und Eigensinn*, Frankfurt : Verlag 2001, 1981.

________, *Public Sphere and Experience*, Minneapolis : University of Minnesota Press, 1993.

Neocleous, M., "Security, Liberty and the Myth of Balance : Towards a Critique of Security Politics", *Contemporary Political Theory*, vol. 6, pp. 131~149, 2007.

Nicholls, A., *Freedom and Responsibility*, Oxford : Oxford University Press, 2000.

________, "The Other Germans —The Neo-Liberals", in Bullen, R. J., H. Pogge von Strandmann, and A.B. Polonsky (eds.), *Ideas into Politics : Aspects of European Politics, 1880~1950*, London : Croom Helm, 1984.

O'Connor, S. Day, Speech at Georgetown University, March, 2006, reported in *The Guardian*, March 13 2006.

Panitch, L., "Globalisation and the State', *The Socialist Register 1994*, London : Merlin, 1994.

________, "The New Imperial State", *New Left Review*, II:2, pp. 5~20, 2000.

Peacock, A. and H. Willgerodt (eds.), *Germany's Social Market Economy*, vol. 1, London : Macmillan, 1989.

Perelman, M., *The Invention of Capitalism*, Durnham : Duke University Press, 2000.

Petras, J., "Empire Building and Rule : U. S. and Latin America", in Chandra, P., A. Ghosh and R. Kumar (eds.), *The Politics of Imperialism and Counterstrategies*, Dehli : Aakar Books, 2004.

Petras, J. and H. Veltmeyer, *What's Left in Latin America*, Aldershot : Ashgate, 2009.

Picciotto, "The Internationalisation of Capital and the International State System", in Clarke, S. (ed.), *The State Debate*, London : Macmillan, 1991.

Pirani, S., *The Russian Revolution in Retreat*, London : Routledge, 2008.

Poliakov, L., *Vom Antizionismus zum Anti-Semitismus*, Freiburg : Ça ira, 1992.

Postone, M., "Anti-Semitism and National Socialism", in A. Rabinbach and J. Zipes (eds.), *Germans and Jews since the Holocaust. The Changing Situation in West Germany*, New York : Holmes &

Meier, 1986.

________, *Time, Labour and Social Domination*, Cambridge : CUP, 1996.

Poulantzas, N., *Political Power and Social Classes*, London : New Left Books, 1973 [니코스 풀란차스, 『정치권력과 사회계급』, 홍순권 옮김, 풀빛, 1986].

________, "Theorie und Geschichte. Kurze Bemerkung über den Gegenstand des "Kapitals"", in Euchner, W. and A. Alfred Schmidt (eds.), *Kritik der politischen Ökonomie. 100 Jahre Kapital*, Frankfurt : EVA, 1968.

Proudhon, P. J., *Was ist Eigentum*, Vienna : Monte Verita, 1971 [피에르 조제프 프루동, 『소유란 무엇인가』, 이용재 옮김, 아카넷, 2003].

Psychopedis, K., "Das politische Element in der Darstellung der dialektischen Kategorien", in Bruhn, J. et al. (eds.), *Kritik der Politik*, Freiburg : Ça ira, 2000

________, "Dialectical Theory : Problems of Reconstruction", in Bonefeld, W., Gunn, R. and K. Psychopedis (eds.), *Open Marxism* Vol. I, London : Pluto, 1992.

________, *Geschichte und Methode*, Frankfurt/New York : Campus Verlag, 1984.

________, "Crisis of Theory in the Contemporary Social Science", in Bonefeld, W. and J. Holloway (eds.), *Post-Fordism and Social Form*, London : Palgrave Macmillan, 1991.

________, "Notes on Mediation-Analysis", *Common Sense*, no. 5, 1988.

Radice, H., "Globalization, Labour and socialist renewal", *Capital & Class*, no. 75, 2001.

________, "The National Economy : A Keynesian Myth?", *Capital & Class*, 22, pp. 111~140, 1984.

________, "Responses to Globalization : A Critique of Progressive Nationalism", *New Political Economy*, 5:1, pp. 5~19, 2000.

Reich, R., *The Work of Nations*, New York : Vintage, 1991.

Reichelt, H., *Die logische Struktur des Kapitalbegriffs bei Karl Marx*, Frankfurt : EVA, 1971.

________, "Jürgen Habermas' Reconstruction of Historical Materialism", in Bonefeld W. and K. Psychopedis (eds.), *The Politics of Change*, London : Palgrave, 2000.

________, "Social Reality as Appearance : Some Notes on Marx's Concept of Reality", in Bonefeld, W. and K. Psychopedis (eds.) *Human Dignity*, Aldershot : Ashgate, 2005.

________, "Some Notes on Jacques Bidet's Structuralist Interpretation of Capital", *Common Sense*, no. 13.

Ricardo, D., *On the Principles of Political Economy and Taxation*, Cambridge : Cambridge UP, 1995 [데이비드 리카도, 『정치경제학과 과세의 원리에 대하여』, 권기철 옮김, 책세상, 2010].

Robertson, W., *Works*, vol. II, Edinburgh : Thomas Nelson, 1890.

Robinson, W. I., *A Theory of Global Capitalism : Production. Class, and State in a Transnational World*, Baltimore : The Johns Hopkins University Press, 2004.

Robinson, J., *Doktrinen der Wirschaftswissenschaft*, Munich : Beck, 1965

Röpke, W., *Civitas Humana*, London : William Hodge, 1949.

________, *German Commercial Policy*, London : Longmans, 1934.

________, *International Economic Disintegration*, London : W. Hodge, 1942.

Rosenberg, A., *Der staastsfeindliche Zionismus*, Munich : F. Eher Nachfahren, 1938.

Rossiter, C. L., *Constitutional Dictatorship. Crisis Government in the Modern Democracies*, Princeton : Princeton University Press, 1948.

Rousseau, J. J., *The Social Contract*, London : Penguin, 1968 [장 자크 루소, 『사회계약론』, 이환 옮김, 서울대학교출판부, 1999].

Roux, J., "Das 'Manifest der Enragés' ", in ibid., *Freiheit wird die Welt erobern, Reden und Schriften*,

Frankfurt : Röderberg, 1985.

Ruigrok, W. and R. van Tulder, "Industrialisierung und Arbeitslosigkeit", *Verhandlungen des Vereins für Sozialpolitik in Dresden 28. and 29. September 1932*, pp. 62~67, 1932.

________, *The Logic of International Restructuring*, London : Routledge, 1995.

________, *Rede und Antwort*, Ludwigsburg : Hoch, 1963.

Rüstow, A., "General Social Laws of the Economic Disintegration and Possibilities of Reconstruction", Afterword to Röpke, *International Economic Disintegration*, London : W. Hodge, 1942.

Sartre, J-P., *Anti-Semite and Jew*, trans. G. J. Becker, New York : Schocken Books, 1976.

Scheuerman, W., *Carl Schmitt. The End of Law*, Boulder : Rowan & Littlefield, 1999.

Schlesinger, A. M., *The Age of Roosevelt : The Coming of the New Deal*, Cambridge, Mass : Riverside Press, 1959.

Schmidt, A., "Der strukturalistische Angriff auf die Geschichte", in A. Schmidt (ed.), *Beiträge zur marxistischen Erkennistheorie*, Frankfurt : Suhrkamp, 1969.

________, "Praxis", *Gesellschaft : Beiträge zur Marxschen Theorie 2*, Frankfurt : Suhrkamp, 1974.

________, *Marx's Concept of Nature*, London : New Left Books, 1971.

________, "Zum Erkenntnisbegriff der Kritik der politischen Ökonomie", in Euchner, W. and A. Schmidt (eds.), *Kritik der Politischen Ökonomie heute. 100 Jahre "Kapital"*, Frankfurt : Europäische Verlagsanstalt, 1968.

Schmitt, C., *Politische Theologie*, 5th edition 1990, Berlin : Duncker & Humblot, 1922 [칼 슈미트, 『정치 신학』, 김항 옮김, 그린비, 2010].

Schumpeter, J., *Capitalism, Socialism & Democracy*, London : Routledge, 1992 [요셉 슘페터, 『자본주의·사회주의·민주주의』, 이영재 옮김, 한서출판사, 1985].

________, *Geschichte der ökonomischen Analyse*, Göttingen : Vanderhoeck & Rubrecht, 1965

Sennett, R., *The Corrosion of Character*, New York : Norton, 1968.

Silver, B., *Forces of Labour*, Cambridge : Cambridge University Press, 2003 [비버리 실버, 『노동의 힘』, 백승욱·윤상우·안정옥 옮김, 그린비, 2005].

Smith, A., *Lectures on Jurisprudence*, Oxford : Oxford University Press, 1978.

________, *The Theory of Moral Sentiments*, Oxford : Oxford University Press, 1976 [애덤 스미스, 『도덕 감정론』, 박세일 옮김, 비봉출판사, 2009].

________, *The Wealth of Nations*, Oxford : Oxford University Press, 1976 [애덤 스미스, 『국부론 (상)』, 김수행 옮김, 비봉출판사, 2007].

________, *The Wealth of Nations*, Vol. II, Indianapolis : Liberty Fund, 1981 [애덤 스미스, 『국부론 (하)』, 김수행 옮김, 비봉출판사, 2007].

Sohn-Rethel, A., *Warenform and Denkform*, Frankfurt : Suhrkamp, 1978.

Soros, G., "Burst the Bubble of U.S. Supremacy", *The Miami Herald, International Edition*, March 13 2003.

Stalin, J., *Marxism and the National and Colonial Question*, New York : International Publishers.(nd)

Starosta, G., "The Commodity-Form and the Dialectical Method", *Science and Society*, vol. 72, no. 3, 2008.

Strange, S., *Casino Capitalism*, Manchester : Manchester University Press, 1997.

________, "The Declining Authority of the State", in Lechner, F and F. Bolil (eds.), *The Globalisation Reader*, Oxford : Blackwell, 2004.

________, *Mad Money*, Manchester : Manchester University Press, 1998.

Thomas, P., *Marxism and Scientific Socialism*, Berkely : UC Berkely Press, 2008.

Tribe, K., *Strategies of Economic Order : German Economic Discourse, 1750~1950*, Cambridge : Cambridge University Press, 1995.

Tronti, M., "The Strategy of Refusual", *Working Class Autonomy and Crisis*, London : Red Notes-CSE, 1979.

Türcke, Ch., *Vermittlung als Gott*, Lüneburg : von Klempen, 1986.

von Braunmühl, C., "On the Analysis of the Capitalist Nation State within the World Market Context", in J. Holloway and S. Picciotto (eds.), *State and Capital*, London : Edward Arnold, 1978.

Vuliamy, E., "US in denial as poverty rises", *The Observer*, March 11 2003.

Wallerstein, I., *After Liberalism*, New York : The New Press, 1995 [이매뉴얼 월러스틴, 『자유주의 이후』, 강문구 옮김, 당대, 1996].

Watson, G., "Race and the Socialists", *Encounter*, November, pp.15~23, 1976.

Weiss, L., *The Myth of the Powerless State*, London : Polity, 1998.

Wildcat and Holloway, J., "Wildcat (Germany) reads John Holloway — A Debate on Marxism and the Politics of Dignity", *Common Sense*, no. 24, pp. 58~75, 1999.

Wildcat, *Unruhen in China*, Beilage der Wildcat No. 80, December, 2007.

Willgerod, W. and A. Peacock, "German Liberalism and Economic Revival", in Peacock, A. and W. Willgerod (eds.), *German Neoliberals and the Social Market Economy*, London : Macmillan, 1989.

Wolf, M., "The need for a new imperialism", *Financial Times*, October 10 2001.

______, "We need more globalisation", *Financial Times*, October 5, 2004.

Žižek, S, *Revolution at the Gates*, London : Verso, 2002 [슬라보예 지젝, 『지젝이 만난 레닌』, 정영목 옮김, 교양인, 2008].

______, *Welcome to the Desert of the Real*, London : Verso, 2002 [슬라보예 지젝, 『실재계 사막으로의 환대』, 김종주 옮김, 인간사랑, 2003].

모하마드, 마하티르(Mohamad, Mahathir) 294,
309
모흔, 사이몬(Mohun, Simon) 56~58
뮈르달, 칼(Myrdal, Karl G.) 67, 68
뮐러-아르마크, 알프레드(Müller-Armack, Alfred)
165, 179, 190

ㅂ

바쿠닌, 미하일(Bakunin, Michael) 226
바크아우스, 한스-게오르그(Hans-Georg Backhaus)
43, 60, 63, 99, 100
베버, 막스(Weber, Max) 38, 74, 203, 215, 216,
296, 319, 321
벤야민, 발터(Benjamin, Walter) 10, 15, 190,
300, 335, 360
벨, 다니엘(Bell, Daniel) 68
뷰캐넌, 팻(Buchanan, Pat) 295
블로흐, 에른스트(Bloch, Ernst) 37, 45
비데, 쟈크(Bidet, Jacques) 60
비엘레, 안드레아스(Bieler, Andreas) 119
빅셀, 욘 G. K.(Wicksell, Johan G. K.) 69

ㅅ

샤론, 아리엘(Sharon, Ariel) 301
소로스, 조지(Soros, George) 198
쉬미트, 알프레드(Schmidt, Alfred) 281, 282
슈미트, 칼(Schmitt, Carl) 177~180, 183, 192,
197
슘페터, 요세프 알로이스(Schumpeter, Joseph
Alois) 68, 70, 74, 194, 370
스미스, 애덤(Smith, Adam) 26~28, 47, 74, 76,
93, 95, 161~163, 165, 167~169, 186, 203, 216,
280, 296, 297, 313, 320
스탈린, 이오시프(Stalin, Iosib) 250, 252, 299,

348
스트레인지, 수잔(Strange, Susan) 115, 145

ㅇ

아뇰리, 요하네스(Agnoli, Johannes) 23, 108,
199, 200, 327
아도르노, 테오도어(Adorno, Theodor) 21, 23~
25, 27, 31, 33~35, 37~40, 47, 61, 65, 121, 277,
282, 289, 293, 314, 349, 350
아민, 사미르(Amin, Samir) 268
아인슈타인, 알버트(Einstein, Albert) 301
알뛰세, 루이(Althusser, Louis) 28, 74, 118, 325,
330, 331, 348, 356
알트파터, 엘마(Altvater, Elmar) 153, 154
앤더슨, 페리(Anderson, Perry) 295~297, 303
엘스터, 존(Elster, Jon) 80
울프, 마틴(Wolf, Martin) 116, 158
월러스틴, 이매뉴얼(Wallerstein, Immanuel) 298

ㅈ

제솝, 봅(Jessop, Bob) 59, 72, 74, 81, 82, 89~91,
95, 106, 118, 119
조지, 수잔(George, Susan) 156
조지마, 쿠니히로(Jojima, Kunihiro) 70
지젝, 슬라보예(Žižek, Slavoj) 262, 263, 300

ㅋ

칸트, 이매뉴얼(Kant, Immanuel) 42, 43, 184~
187, 192
칼도르, 니콜라스(Kaldor, Nicholas) 68
캐리, 헨리 C.(Carey, Henry C.) 149
캘리니코스, 알렉스(Callinicos, Alex) 222, 316
콕스, 로버트(Cox, Robert) 119, 120, 121, 138,

97, 103, 108, 131, 223, 236
사회적 실천 15~18, 22, 24, 26, 32, 37, 39, 43, 44,
　48~51, 53, 55~57, 61, 63, 85, 87, 93, 100,
　103~105, 121, 133, 137~139, 145, 217, 221,
　223, 235, 236, 254~257, 259, 260, 271, 284,
　315, 322, 326, 342, 345, 356, 357
사회적 자율 18, 233, 234, 242, 244, 262, 337,
　339, 340, 345~347, 349, 350, 352, 355
사회적 재생산 25, 49, 50, 59, 62, 64, 75, 76, 84,
　91, 97, 102, 103, 150, 213, 216, 225, 231, 236,
　248, 252, 253, 257, 258, 261, 267, 272, 280,
　281, 286, 313, 326, 345, 354
사회적 적대 103, 106, 185, 186, 313
사회적 주체 39, 90, 237, 357
사회주의 9, 47, 120, 154, 157, 173, 180, 193,
　201, 202, 224, 240, 242, 251, 253, 254, 263,
　289, 301, 317, 321, 322, 324, 325, 344, 346
산 노동 51, 84, 143, 207, 210, 260, 275, 277, 352
산업자본 118, 310
삶-활동 39, 335
삶권력 38, 39, 347, 348
삶시간 208, 219, 285, 329, 330, 333
삶실천 237, 259, 260
상대적 자율성 116, 120, 149, 217
상부구조 160, 166, 203, 261, 323
상상된 공동체 292, 297, 305
상업 5, 142, 148, 161, 216, 334
상품 물신 93, 104
상품 물신주의 25, 58, 137, 284, 319
상품자본 81, 87, 90, 97, 126
상품형태 46, 55, 58, 75, 132, 210, 258, 271, 280
생산과정 52, 191, 250, 254, 260, 275, 288, 332
생산력 5~7, 15, 52, 98, 102, 104, 105, 109, 137,
　139, 140, 142, 143, 148, 221, 224, 225, 236,
　257~260, 289, 319, 328, 334
생산비용 143
생산성 92, 143

생산수단 7, 105, 131, 135, 151, 191, 194, 206,
　207, 211, 213, 215, 216, 221, 225, 230, 232~
　244, 248, 251, 252, 261, 265, 266, 277, 281,
　283
생산자본 81, 87, 90, 97, 126, 144, 154
생산적 노동 125, 230, 291, 319
생산적 축적 146, 147, 154, 160, 261, 323
생존수단 5, 148, 151, 215, 216, 218, 221,
　265~267, 269, 271, 274, 275, 280, 286, 288,
　334
생활관계 50
생활세계 16, 33
생활양식 103, 166
서구 중독화 301
선량한 공동체 354
선험적 세계 80
선험적 이성 79
세계 화폐 6, 126, 128, 167
세계시민 128
세계시장 7, 9, 115, 116, 122~143, 147, 150~152,
　167, 343, 356
세계화 113, 115~120, 127, 144, 145, 148, 149,
　229, 264, 296, 335, 340
세금 국가 166
세이의 수요공급 법칙 54
소부르주아 175
소비에트 234, 241, 242, 299, 325, 349
소비에트 맑스주의 325
소외된 노동 106, 108
소유권 161, 168, 186, 192, 193, 216, 218, 221,
　251, 273, 277, 308, 310
소프트 사이언스 67
수정주의자 47, 321
수탈 145, 224, 227, 234, 264, 265, 271, 272, 275,
　276, 278, 283, 285~287
순응주의 77
시대정신 263, 353

ㅌ

타자 86, 187, 272, 284, 286, 292, 295, 297, 300,
　　306, 307, 334
탈국민화 127
탈근대 군주 118
탈물질화 335
탈신비화 24, 25, 29, 30, 49, 56, 57
탈신화화 35
탈영토화 335
테러리즘 198
테러와의 전쟁 198, 297
테크노크라트 326
테크놀로지 144
통치불가능 182
투쟁 7, 9, 10, 18, 33, 37~40, 47, 104, 117, 118,
　　162, 163, 169, 173, 194, 203, 208, 229, 244,
　　246~249, 259~261, 270, 290, 294, 298~300,
　　302, 322, 325~327, 330, 332, 333, 335~339,
　　346, 347, 349~354, 356, 357
투쟁수단 347
트로츠키주의 299, 341, 356
트리클 업 156, 334

ㅍ

파리 코뮌 246
파시즘 22, 179, 301, 316
파업 33, 36, 331
팔레스타인 22, 292, 296, 299, 300
평균 이윤율 125, 147
포드주의 171
포스트스탈린주의 118
포스트신자유주의 159, 171, 355
포스트포드주의 89, 171
포퓰리즘 11
폭력 45, 65, 148, 162, 166, 175, 181, 184, 193,

195, 205, 207, 209, 217, 220, 245, 246, 249,
　　253, 258, 261, 262, 265, 266, 272, 288, 296,
　　297, 301, 329
폭력 기계 296
프롤레타리아 공중 349
프롤레타리아 국가 235, 245
프롤레타리아 국제주의 11
프롤레타리아 독재 241, 243~249, 253
프롤레타리아의 집행위원회 173
프롤레타리아화 165, 169, 270
프리메이슨 299
필요노동 134, 135, 139, 141~144, 147, 258, 260,
　　261, 285, 290, 328
필요노동시간 144, 258, 290, 328

ㅎ

합리성 32, 33, 61, 75, 93, 110, 138, 231, 349
합리적 선택 맑스주의 80
해방수단 251, 261
해방운동 10
해방적 실천 23
허위의식 165, 169
헌법 43, 174~176, 185, 186, 199
헌법적 독재 183, 195, 196
헤게모니 293
혁명적 당 238~240, 242, 254, 343
혁명적 사회민주당 238
혁명적 주체 85, 270, 343
혁명적 직접성 85
혁명평의회 249
현물형태 136
협력 16, 38, 44, 132, 210, 236, 244, 251, 256~
　　259, 356
형식적 자유 151, 218, 221, 233
형이상학 70, 71
화폐 물신 25